SV

Carl Pietzcker
Die Lyrik des jungen
Brecht
Vom anarchischen
Nihilismus zum
Marxismus
Suhrkamp

Erste Auflage 1974
© dieser Ausgabe Suhrkamp Verlag Frankfurt am Main 1974
Alle Rechte vorbehalten
Druck: H. Mühlberger, Augsburg
Printed in Germany

Inhalt

Siglen 7

Vorwort 9

I Von ontologisierender Situationserhellung zu dialektischer Situationsüberwindung 31
Von der Freundlichkeit der Welt und Gegenlied zu »Von der Freundlichkeit der Welt«
Einleitung 31 – Ontologisieren, Entfremdung 32 – Christliche Momente 38 – Objektivität als Medium der Subjektivität 42 – Die Entwicklung des Gedichts 48 – Zur ästhetischen Problematik 57 – Skizze der Entwicklung 68

II Anarchischer Nihilismus 76
Apfelböck oder die Lilie auf dem Felde
Einleitung 76 – Groteske Darstellung eines absurden Mords 76 – Die Tradition 84 – Die Verlassenheit im Nichts 89 – Existentialismusnähe 98 – Die anarchische Komponente 109 – Psychoanalytische Deutung 114 – Brechts Nihilismus: ein Verhalten während der Ablösung vom Mittelstand 127

III Der Abgesang des bürgerlichen Individuums 155
Vom ertrunkenen Mädchen
Einleitung 155 – Lyrik der Verwesung 157 – Die Rollenlyrik des Lyrikers 163 – Die an ihre Grenze gelangte Lyrik des bürgerlichen Individuums 173 – Zynische Anmut und vertierte Erhabenheit 178 – Die Wendung zur Mutter 186

IV Die vitalistische Abkehr von der Gesellschaft 191
Vom Schwimmen in Seen und Flüssen
Einleitung 191 – Das gute Nichts. Selbstaufgabe und

Selbstbewahrung 192 – Glückserfahrung und Todesnähe 199 – Versuch einer psychoanalytischen Deutung 204 – Von der Kriegslyrik zur Naturlyrik 209 – Von den frühen Gedichten zur Kriegslyrik 215 – Masochismus, Sexualangst und Mutterbindung 219 – Die phallisch-narzißtische Komponente 230 – Die homoerotische Komponente 233 – Vitalismus und Innerlichkeit 239 – Sentimentalischer Vitalismus 248 – Der Vitalismus als Reaktion auf die Gesellschaft 250

V *Sexualität und Aggressivität* 261

Einleitung 261 – Die Negation der bürgerlichen Liebe 261 – Die Spaltung des Liebeslebens 273 – Die Entwicklung der Sexualität 288 – Die Entwicklung der Aggressivität 294 – Die psychische Entwicklung und die Entwicklung zum Sozialisten 302

VI *Die verweigerte und die bewahrte Identität* 309

Einleitung 309 – Identität und Rolle 310 – Identitätsproblematik und anarchischer Nihilismus 319 – Realitätszuwendung und Realitätsflucht 326 – Identitätsproblematik und Vitalismus 337 – Zur weiteren Entwicklung 349

Verzeichnis der zitierten Literatur 360

Siglen

AÄ	Theodor W. Adorno: Ästhetische Theorie. Frankf./M. 1970
AJ	Bertolt Brecht: Arbeitsjournal 1938–1955. 2 Bde. Hrsg. v. Werner Hecht. Frankf./M. 1973
AND	Theodor W. Adorno: Negative Dialektik. Frankf./M. 1970
AR	Theodor W. Adorno: Rede über Lyrik und Gesellschaft. In: Th. W. Adorno: Noten zur Literatur [I]. Frankf./M. 1958, S. 73–104
AV	Theodor W. Adorno: Zum Verhältnis von Soziologie und Psychologie. In: Sociologica. Aufsätze. Max Horkheimer zum 60. Geburtstag gewidmet. Frankf./M. 1955, S. 11–45
BBA	Bertolt-Brecht-Archiv
BC	Brecht-Chronik. Daten zu Leben und Werk. Zusammengestellt von Klaus Völker. München 1971
BV II	Bertolt-Brecht-Archiv: Bestandsverzeichnis des literarischen Nachlasses. Bd. 2. Gedichte, bearbeitet von H. Ramthun. Berlin u. Weimar 1970
CR	Chronologisches Register [der Gedichte Brechts]. In: w. a., 10, Anhang S. 33–67
D	Bertolt Brecht: Im Dickicht der Städte. Erstfassung und Materialien. Ediert und kommentiert von Gisela Bahr. Frankf./M. 1968
F	Sigmund Freud: Gesammelte Werke. Chronologisch geordnet. Unter Mitwirkung von Marie Bonaparte hrsg. von Anna Freud. London–Frankf./M. 1940 ff.
HG	Bertolt Brecht: Hundert Gedichte 1918–1950. Berlin 1951
HP	Bertolt Brechts Hauspostille. Mit Anleitungen, Gesangsnoten und einem Anhange. Berlin 1927
M	Hans Otto Münsterer: Bert Brecht. Erinnerungen aus den Jahren 1917–22. Zürich 1963
MEW	Karl Marx, Friedrich Engels: Werke. Berlin 1955 ff.
SM I	Bertolt Brecht: Baal. Drei Fassungen. Kritisch ediert und kommentiert von Dieter Schmidt. Frankf./M. 1966
SM II	Bertolt Brecht: Baal. Der böse Baal der asoziale. Texte, Varianten, Materialien. Kritisch ediert und kommentiert von Dieter Schmidt. Frankf./M. 1968

SU	Klaus Schuhmann: Der Lyriker Bertolt Brecht 1913–1933. München 1971
SW	Peter Paul Schwarz: Brechts frühe Lyrik 1914–1922. Nihilismus als Werkzusammenhang der frühen Lyrik Brechts. Bonn 1971
TP	Bertolt Brechts Taschenpostille. Mit Anleitungen, Gesangsnoten und einem Anhange. Berlin ²1958
ÜL	Bertolt Brecht: Über Lyrik. Zusammenstellung und Redaktion: Elisabeth Hauptmann und Rosemarie Hill. Frankf./M. ³1968
w. a.	Bertolt Brecht: Gesammelte Werke in 20 Bänden. werkausgabe edition suhrkamp. Frankf./M. 1967

Vorwort

Zur Lyrik Brechts sind zwei größere Studien, zahlreiche Aufsätze und Einzelinterpretationen erschienen.[1] Eine überzeugende Gesamtdarstellung steht noch aus; die Voraussetzungen hierfür haben sich in den letzten Jahren dank editorischer und deutender Forschung freilich verbessert. Die 1967 erschienene *werkausgabe*[2] macht die Mehrzahl der Gedichte allgemein zugänglich; ihr *Chronologisches Register*[3] erleichtert die Datierung. Das *Bestandsverzeichnis des literarischen Nachlasses*[4] gibt einen Überblick über das zu berücksichtigende Material und viele Hinweise zur Datierung. Klaus Völkers *Brecht-Chronik*[5] erlaubt es, die Gedichte, das übrige Werk und die Biographie Brechts aufeinander zu beziehen. 1973 erschien das *Arbeitsjournal 1938-1955*.[6] Dennoch sind auch jetzt nicht alle Voraussetzungen erfüllt. Der Forschung ist noch nicht einmal eine in sich schlüssige Skizze der Entwicklung des lyrischen Werks gelungen. Die *werkausgabe* ist eine Ausgabe letzter Hand; die gerade bei Brecht, der seine Texte wiederholt überarbeitete, unentbehrliche historisch-kritische Ausgabe ist in diesem Jahrzehnt wohl nicht mehr zu erwarten. Die frühen Tagebücher, einige Gedichte und Erstfassungen sind noch nicht

---

1 Sie sind bibliographisch erfaßt in: Reinhold Grimm: *Bertolt Brecht*. Stuttgart ³1971, S. 130-136. Jetzt auch in: Edgar Marsch: *Brecht-Kommentar zum lyrischen Werk*. München 1974, S. 366 ff. Eine Kurzbesprechung bietet Petersen (Klaus-Dietrich Petersen: *Kommentierte Auswahlbibliographie*. In: *Text + Kritik. Sonderband Bertolt Brecht I*, München 1972, S. 142-158; dort S. 152), einen Forschungsbericht Knopf (Jan Knopf: *Bertolt Brecht. Ein kritischer Forschungsbericht*. Frankf./M. 1972, S. 124-144).
2 Bertolt Brecht: *Gesammelte Werke in 20 Bänden*. Frankf./M. 1967. Im folgenden zitiert als *w. a.* Die *Gesammelten Werke* erschienen 1967 auch in einer achtbändigen Dünndruckausgabe. Beide Ausgaben stimmen in der Zeilenzählung überein.
3 *w.a.*, 10, Anhang S. 33-67. Im folgenden zitiert als *CR*.
4 *Bertolt-Brecht-Archiv. Bestandsverzeichnis des literarischen Nachlasses*. Bd. 2. Gedichte. Bearb. von H. Ramthun. Berlin u. Weimar 1970. Im folgenden zitiert als *BV II*.
5 Klaus Völker: *Brecht-Chronik. Daten zu Leben und Werk*. Zusammengestellt von Klaus Völker. München 1971. Im folgenden zitiert als *BC*.
6 Bertolt Brecht: *Arbeitsjournal 1938-1955*. 2 Bde. Hrsg. v. Werner Hecht. Frankf./M. 1973. Im folgenden zitiert als *AJ*.

freigegeben; nur wenige Briefe sind allgemein zugänglich. Und: wenngleich die Beschäftigung mit Brecht eine kaum mehr zu überblickende Flut von Veröffentlichungen zeitigte, so läßt sich ein »Gesamtbild des Dichters [...] [doch] erst in Umrissen entwerfen. [...] Eine zuverlässige, erschöpfende Biographie, die den inneren und äußeren Werdegang des Dichters in seiner verschlungenen Dialektik sichtbar macht«[7], fehlt noch immer.
Die erste umfassende Darstellung einer längeren Epoche von Brechts lyrischem Schaffen verdanken wir Klaus Schuhmann; seine 1963 abgeschlossene Leipziger Dissertation *Die Entwicklung des Lyrikers Bertolt Brecht (1913-1933)* erschien 1964 als Buch und 1971 als Taschenbuch.[8] Sie sucht für den behandelten Zeitraum »alle von Brecht selbst publizierten Gedichte [...] der Forschung zu erschließen und in die wissenschaftliche Untersuchung einzubeziehen, um von einer möglichst breiten Materialbasis aus die Entwicklung des Lyrikers Brecht in einem größeren gesellschaftlichen, weltanschaulichen und literarisch-ästhetischen Zusammenhang darstellen zu können«[9]. Schuhmann bringt Material und Überlegungen zu den literarischen Vorbildern, der Form, dem Weltbild und den Themen dieser Lyrik, weist auf ihren Zusammenhang mit Brechts Theater hin und sucht ihren Ort in der Biographie und im historischen Geschehen zu bestimmen. Dieser erste Versuch, das lyrische Werk des jungen Brecht umfassend vorzustellen und chronologisch wie thematisch zu gliedern, legte der weiteren Forschung die Fundamente, mußte selbst aber beinahe notwendig im Informativen und Deskriptiven und beim Nachzeichnen einiger großer Linien verharren. So finden sich hier kaum Interpretationen einzelner Gedichte; die wenigen aber gelten eher Stoff, Thema oder einzelnen Formelementen als deren Zusammenhang im Gedicht. Sie sind eher Nacherzählungen und Beschreibungen dessen, was vor Augen liegt, als Versuche, die Prinzipien herauszuarbeiten, nach denen sich ein Gedicht in der Dialektik von Form und Inhalt konstituiert.[10] Diese Prinzipien,

---

7 Grimm: *Bertolt Brecht*, a. a. O., S. 104.
8 Klaus Schuhmann: *Die Entwicklung des Lyrikers Bertolt Brecht (1913-1933)*. Diss. Leipzig 1963 (Masch.).
ders: *Der Lyriker Bertolt Brecht. 1913 bis 1933*. Berlin 1964.
ders.: *Der Lyriker Bertolt Brecht. 1913-1933*. München 1971. Im folgenden zitiert als *SU*.
9 *SU*, S. 7.
10 Das kann sich nur im Vergleich mit vorgelegten Analysen erweisen. Vgl.; *SU*, S. 240-242 und unten S. 261 ff.; *SU*, S. 148, 162 und unten S. 76 ff.

die nur am einzelnen Gedicht gewonnen werden können, muß jedoch erkannt haben, wer die Entwicklung der Lyrik Brechts analysieren will, um dann – wie Schuhmann beabsichtigt – zu einer »zusammenhängenden Darstellung jenes komplizierten geistigen Prozesses, in dessen Verlauf Brecht zu einem sozialistischen Lyriker wurde«[11], zu gelangen. Das ist zumindest nötig, wenn jener Prozeß anhand der Lyrik selbst nachgezeichnet werden soll, um die Behauptung zu widerlegen, »die politische Entscheidung des Augsburger Bürgersohns habe zu einem Bruch in seinem literarischen Schaffen geführt«[12]. Da Schuhmann die Prinzipien, welche die einzelnen Gedichte konstituieren, nicht herausarbeitet, ist es ihm auch nicht möglich, die behauptete innere Einheit des Werks und seiner Entwicklung zu erweisen. Er stellt den Zusammenhang her, indem er die Motive, Themen, Formen und deren Wandel beschreibt, nicht aber, indem er erklärt, warum sie zusammengehören und sich in dieser bestimmten Weise entwickeln.[13] Er beschreibt die Entwicklung des Werks von außen, zeigt sie aber nicht als Ergebnis des Prozesses, in dem sich ein bestimmtes Individuum unter bestimmten Umständen entwickelt und als lyrisches Subjekt zum Objekt und zu sich selbst verhält. Entsprechend weist er auch nicht die Vermittlung von Individuum und Gesellschaft im Gedicht auf, obwohl er der Darstellung der historisch-gesellschaftlichen Situation den ihr zustehenden Raum gewährt. Eine so ausgedehnte und materialreiche Darstellung, wie Schuhmann sie bietet, muß auf der Ebene stärkerer Reflexion des Verhältnisses von Lyrik, Individuum und Gesellschaft wieder erreicht werden, zugleich aber auch auf der Ebene genauer, von Einzelanalysen ausgehender Durchdringung und Gliederung des lyrischen Frühwerks.

Peter Paul Schwarz geht mit seiner 1971 erschienenen Studie *Brechts frühe Lyrik. 1914-1922*[14] von dem im wesentlichen durch Schuhmann bestimmten Forschungsstand aus und sucht die Einheit der Lyrik des jungen Brecht in einem begrenzten Zeitabschnitt zu zeigen. Er fragt nach ihren thematischen und stilisti-

---

11 *SU*, S. 7.
12 *SU*, S. 7.
13 Vgl. z. B. die Darstellung des Wolkenmotivs *SU*, S. 103-109 und unten S. 267 ff.
14 Peter Paul Schwarz: *Brechts frühe Lyrik 1914-1922. Nihilismus als Werkzusammenhang der frühen Lyrik Brechts.* Bonn 1971. Im folgenden zitiert als *SW*.

schen Zusammenhängen und nach dem jene einschließenden Werkzusammenhang. Zu diesem Zweck sucht er in einer chronologisch und thematisch geordneten Abfolge von Gedichtinterpretationen die Gesetzmäßigkeit von Problemstellungen und Strukturtypen in ihrer Entwicklung herauszuarbeiten (S. 3). Dabei zeigt sich ihm »Brechts Entwicklung zum Nihilismus insofern von übergeordneter Bedeutung, als sich sämtliche thematische oder strukturelle Zusammenhänge vorbereitend, begleitend oder distanzierend auf diese Entwicklung beziehen [...], so daß in der Thematik des Nihilismus der zentrale Werkzusammenhang der frühen Lyrik Brechts gegeben scheint« (S. 183). Brechts Entwicklung zum Nihilismus stellt Schwarz, soweit er deskriptiv verfährt, überzeugend dar. Problematisch werden seine Ausführungen jedoch, wenn er dem Nihilismus die zentrale und allem übergeordnete Stellung in Brechts Jugendlyrik zuweist. Er entscheidet den sich durch die Forschung ziehenden Streit, ob die Lyrik des frühen Brecht dem Expressionismus, dem Vitalismus oder dem Nihilismus zuzurechnen sei,[15] zugunsten des letzteren und sieht im Vitalismus nur den Versuch einer Überwindung des Nihilismus. Eine Voraussetzung für diese Entscheidung scheint mir schon in seiner Methode zu liegen. Er geht von einem stilanalytisch-werkgeschichtlichen Ansatz aus und betrachtet die Lyrik von hier aus auch als Reaktion eines Individuums auf bestimmte Zeitereignisse. So verfolgt er die Auseinandersetzung mit dem Ersten Weltkrieg in den Gedichten und versteht die nihilistische Haltung Brechts als Reaktion auf die Kriegsereignisse. Er sieht die Lyrik jedoch nicht als Reaktion eines gesellschaftlich bestimmten Individuums auf eine historische Situation; das Individuum wird nicht als immer schon gesellschaftliches Wesen verstanden. Dementsprechend löst er Brechts Werk aus der gesellschaftlichen Totalität, berücksichtigt nur einzelne Momente des gesellschaftlichen Geschehens – hier den Ersten Weltkrieg – und reflektiert der Ort dieser Lyrik im dialektischen Verhältnis von Individuum und Gesellschaft nicht mit. Deshalb kann er einzelne Momente der

15 Schwarz gibt S. 5 ff. einen Bericht dieser Diskussion. - »Vitalismus« meint nicht den philosophischen, mit Namen wie Louis Dumas und Driesch verbundenen Begriff. Soweit der Begriff in der Brechtforschung verwandt wird (siehe SW, S. 6 f.), meint er ein Verhalten, das darauf gerichtet ist, Bedürfnisse sogleich und unmittelbar zu befriedigen und sinnliche Erfahrung ohne Rücksicht auf die Normen der Gesellschaft intensiv zu genießen: eine Reduktion des Menschen auf das Animalische (vgl. unten Kap. III, IV und S. 337 ff.).

Lyrik Brechts – hier den Nihilismus – als Reaktionen auf einzelne Momente des gesellschaftlichen Geschehens interpretieren, andere Momente dieser Lyrik dagegen – z. B. den Vitalismus – unabhängig vom Verhältnis Individuum–Gesellschaft betrachten. – Die von Schwarz überzeugend beschriebene Entwicklung zum Nihilismus muß soziologisch und psychologisch begriffen werden. Dann lassen sich auch Einzelprobleme wie die Zuordnung von Nihilismus und Vitalismus lösen.[16]

Methodische Voraussetzung der hier vorgelegten Studie ist die Überzeugung, daß Gedichte individuelle gesellschaftliche Äußerungen sind, Äußerungen eines Individuums, das als solches gesellschaftlich ist und sich von seinem gesellschaftlichen Ort aus zur Gesellschaft verhält – gerade auch, wenn es sich von ihr abzuwenden sucht.[17] Das vorausgesetzt, hat eine Untersuchung von Gedichten, die nicht bei Einzelergebnissen und Oberflächenbeschreibungen stehenbleiben will, die Frage nach dem konkreten Subjekt,[18] das sich in diesen Gedichten ausspricht, zu stellen und alle weiteren Fragen und Ergebnisse auf sie zu beziehen.[19] Von diesem Subjekt aus sind dann alle Einzelheiten der Gedichte, die Form wie die Vorstellungen und Bilder, als Momente eines konkreten Prozesses zu interpretieren, in dem das Subjekt sich zu sich selbst und seiner Situation verhält. Dabei ist zu beachten, daß in jenem Prozeß die Gesellschaft dreifach gegenwärtig ist: erstens, insofern das Subjekt selbst als konkretes gesellschaftlich ist und, indem es sich selbst aussagt, die von ihm untrennbare Gesellschaft mitaussagt; zweitens, insofern es sich zur Gesellschaft verhält; und drittens, insofern es Gesellschaft, vielleicht nur sehr mittelbar, zum Gegenstand hat – diese erscheint dann im Medium des Subjektiven.

In dem Prozeß, in welchem sich das Subjekt entwickelt, das sich

16 Das wird unten S. 127 ff., S. 319 ff., Kap. III und IV versucht.
17 Dieser Satz gibt keine Definition von Lyrik; er sucht nur den Rahmen zu zeigen, innerhalb dessen sie zu betrachten ist.
18 Zur Verwendung der Begriffe: Zum ›Subjekt‹ werden Individuum und Ich, sofern sie sich einem Objekt und damit sich selbst gegenüberstellen. Der Ich-Begriff wird im psychoanalytischen Sinn verwandt (Siehe unten S. 19 und S. 114 f.).
19 Der biographisch faßbare Autor, das hier angesprochene dichtende Subjekt und das als ›Ich‹ hervortretende Subjekt dürfen weder unvermittelt ineinsgesetzt noch gänzlich voneinander getrennt werden. Siehe unten S. 115 f.

über sich selbst und seine Situation im Medium der Lyrik verständigt, ist die von der Forschung gesuchte Einheit des lyrischen Werks zu suchen; sie ist die Einheit eines sich wandelnden Subjekt-Objekt-Verhältnisses. Ihr gilt die hier vorgelegte Arbeit. Um sie zu erkennen, müssen ihre Voraussetzungen und die einzelnen Phasen der Entwicklung analysiert werden. Das ist nur einer essentiell historischen Betrachtung möglich. Entsprechend ist auch das einzelne Gedicht, das als ein dem gesellschaftlichen Prozeß entronnenes Ding auftritt, als Moment jenes Werdens zu verstehen, durch den es erst den Charakter eines ästhetischen Dings annimmt: als Niederschlag des in ihm stillgelegten Bewußtseinsprozesses, der die widersprüchliche Einheit seiner Momente ausmacht. Dieser Bewußtseinsprozeß und so auch das Gedicht sind ihrerseits als Moment des sich durch die Jahre hin wandelnden Subjekt-Objekt-Verhältnisses des dichtenden Subjekts zu sehen. Dieses sich wandelnde Verhältnis ist wiederum als Moment der Bewußtseins- und Literaturgeschichte, in der es sich in der Reaktion auf Tradiertes selbst bestimmt, zu verstehen und letztendlich als Moment der gesamtgesellschaftlichen Geschichte, auf die es seinerseits reagiert.

Die Lyrik des jungen Brecht im geforderten Sinn gesellschaftlich situieren, heißt zunächst und ganz allgemein, sie als Lyrik eines bürgerlichen Individuums verstehen. Das bürgerliche Individuum entstand, als das unentwickelte Tauschsystem des Feudalismus durch das entwickeltere System warentauschender und Kapital akkumulierender Privatproduzenten gesprengt wurde. An die Stelle persönlicher Abhängigkeit trat die individuelle Freiheit.[20] Die Produzenten wurden als vereinzelte autonom. Ihre konkrete Arbeit, die Möglichkeit ihrer Selbstverwirklichung, ist allgemeine, gesellschaftliche jedoch nur als abstrakte.[21] So gehorchen sie einem »Individuationsprinzip, durch das [...] [sie] nur *scheinbare* Autonomie erlangen, in Wahrheit aber unter ein Abstrakt-Allgemeines [...] subsumiert werden«[22]. Hier hat die Entfremdung,[23] die Herrschaft des von den Menschen Produzier-

20 Siehe Karl Marx: *Grundrisse der Kritik der politischen Ökonomie.* Frankf.-Wien [o. J.; Nachdruck der Moskauer Ausgabe von 1939 und 1941], S. 80 f.
21 Siehe Marx in: *MEW,* 13, S. 17-30 und *MEW,* 23, S. 49-98.
22 Gert Schäfer: *Zum Problem der Dialektik bei Marx und W. I. Lenin.* In: *Studium Generale 21* (1968), S. 934-962; dort S. 953. Vgl. Marx: *Grundrisse,* S. 155, 156, 911, 912.
23 Marx entwickelt den Begriff der Entfremdung in den sog. *Pariser Manu-*

ten über die Menschen, die allgemeine Form sachlicher, nicht mehr persönlicher Abhängigkeit angenommen.[24] Als bürgerliche sind die Individuen sich selbst entfremdet, sie leben in der historisch-gesellschaftlichen »Gesamtsituation, in der die Beziehungen zwischen Menschen als Verhältnisse zwischen Sachen, Dingen erscheinen und in der die durch die materielle und geistige Tätigkeit der Menschen hervorgebrachten Produkte, gesellschaftlichen Verhältnisse, Institutionen und Ideologien den Menschen als fremde, sie beherrschende Mächte gegenübertreten«[25]. Im Gange fortschreitender Kapitalkonzentration im Monopolkapitalismus geraten die freien Privatproduzenten zunehmend in Abhängigkeit; der Schein ihrer Selbständigkeit beginnt sich aufzulösen. Das historisch gewordene bürgerliche Individuum geht zugrunde; oder mit den Worten Th. W. Adornos:

Was zu Beginn des neuen Zeitalters mit den Menschen sich zutrug, wiederholt sich heute, auf geschichtlich höherer Stufe, mit umgekehrtem Akzent. Als die freie Marktwirtschaft das Feudalsystem verdrängte und des Unternehmers wie des freien Lohnarbeiters bedurfte, bildeten sich diese Typen nicht nur als berufliche, sondern zugleich als anthropologische; Begriffe, wie der der Selbstverantwortung, des Vorblicks, des sich selbst genügenden Einzelnen, der Pflichterfüllung, aber auch starrer Gewissenszwang, die verinnerlichte Bindung an Autoritäten, stiegen auf. [...] Heute nun verlieren Konkurrenz und freie Marktwirt-

---

skripten zunächst philosophisch. Entfremdung, die ganz allgemein Herrschaft von Menschen über Menschen impliziert, versteht er dort als Entfremdung vom Produkt (S. 511), vom Akt der Produktion (S. 515), von der Gattung Mensch (S. 516) und von anderen Menschen (S. 517). (*Ökonomisch-philosophische Manuskripte. MEW*, Ergänzungsband, Erster Teil. Berlin 1968, S. 465-588). In der Differenzierung der Kategorien kommt Marx dann in der polit-ökonomischen Entfaltung des Begriffs aus der Warenform in: *Zur Kritik der politischen Ökonomie* und im *Kapital*. -
Zum Begriff der Entfremdung:
Georg Lukács: *Die Verdinglichung und das Bewußtsein des Proletariats*. In: G. Lukács: *Geschichte und Klassenbewußtsein. Studien über marxistische Dialektik*. Berlin 1923, S. 94-228.
Heinrich Popitz: *Der entfremdete Mensch. Zeitkritik und Geschichtsphilosophie des jungen Marx*. Frankf./M. ²1967.
Adam Schaff: *Marxismus und das menschliche Individuum*. Wien-Frankf./M.-Zürich 1965.
Friedrich Tomberg: *Der Begriff der Entfremdung in den ›Grundrissen‹ von Karl Marx*. In: F. Tomberg: *Basis und Überbau*. Neuwied 1969, S. 131 ff.
Joachim Israel: *Der Begriff Entfremdung. Makrosoziologische Untersuchung von Marx bis zur Soziologie der Gegenwart*. Reinbek b. Hamburg 1972.
24 Siehe Marx: *Grundrisse*. S. 81.
25 Werner Schuffenhauer: *Artikel ›Entfremdung‹* in: *Philosophisches Wörterbuch*. Hrsg. von Georg Klaus und Manfred Buhr. Bd. 1, Leipzig ⁶1969, S. 289.

schaft gegenüber den zusammengeballten Großkonzernen und den ihnen entsprechenden Kollektiven mehr und mehr an Gewicht. Der Begriff des Individuums, historisch entsprungen, erreicht seine historische Grenze.[26]

An diesem historischen Ort ist die Lyrik des jungen Brecht angesiedelt. Sie ist die Äußerung eines bürgerlichen Individuums, das an die Grenze des bürgerlichen Individuums gelangt.

»Die Undurchsichtigkeit der entfremdeten Objektivität wirft die Subjekte auf ihr beschränktes Selbst zurück und spiegelt ihnen dessen abgespaltenes Für-sich-sein, das monadologische Subjekt [...] als das Wesentliche vor.«[27] Diese Rückwendung des vereinzelten, ›monadologischen Subjekts‹ auf sich selbst und zugleich sein Versuch, seiner hilflosen Vereinzelung in ein ungesellschaftlich Allgemeines zu entfliehen, ist wesentliches Moment auch der Lyrik des jungen Brecht; sie sucht der Entfremdung ein Reich der Freiheit entgegenzusetzen und ist doch gerade darin noch von jener bestimmt. Ihre Entwicklung zur marxistischen Lyrik ist hervorgerufen und begleitet von der immer bewußteren Wendung zur Gesellschaft, von der wachsenden Erkenntnis der historischen Situation, der Entfaltung eines bewußt dialektischen Subjekt-Objekt-Verhältnisses und dem Übergang von der bürgerlichen Vereinzelung zur Solidarität mit dem Proletariat, das gegen die Entfremdung kämpft. Nun wird die Lyrik Brechts die Verfremdung als ein Mittel gegen die Entfremdung einsetzen.[28]

Brecht vollzieht dabei exemplarisch die Entwicklung von einer apolitischen bürgerlichen Lyrik,[29] in der sich das vereinzelte und

26 Theodor W. Adorno: *Einleitungsvortrag*. In: *Individuum und Organisation. Darmstädter Gespräch 1953*. Darmstadt 1954, S. 21-35; dort S. 30.
27 Theodor W. Adorno: *Zum Verhältnis von Soziologie und Psychologie*. In: *Sociologica. Aufsätze. Max Horkheimer zum 60. Geburtstag gewidmet*. Frankf./M. 1955, S. 11-45; dort S. 20. Im folgenden zitiert als *AV*.
28 Vgl. auch den Abschnitt »Verfremdung gegen Entfremdung« in: Alexander Mitscherlich: *Auf dem Weg zur vaterlosen Gesellschaft. Ideen zur Sozialpsychologie*. München 1963, S. 380 f. und den Abschnitt »Die ›Verfremdung der Entfremdung‹« in: Heinz Schäfer: *Der Hegelianismus der Bert Brecht'schen Verfremdungstechnik in Abhängigkeit von ihren marxistischen Grundlagen*. Diss. TH Stuttgart 1957, S. 67-73 (Typoskript).
29 Der Begriff ›bürgerliche Lyrik‹ läßt sich als historischer Begriff nicht definieren, sondern nur durch eine Darstellung der Geschichte der bürgerlichen Lyrik im Rahmen einer Geschichte der bürgerlichen Klasse und - nachdem diese sich durchsetzte - der bürgerlichen Gesellschaft mit bestimmtem Inhalt füllen. Politische und apolitische bürgerliche Lyrik wären dabei als zwei Momente derselben Entwicklung zu zeigen. Das ist an dieser Stelle nicht möglich. In dem hier angesprochenen Zusammenhang wird als bürgerlich eine Lyrik bezeichnet,

leidende Subjekt ausspricht und in einem mit der konkreten gesellschaftlichen Totalität nicht identischen Objektiven zu begegnen sucht, zu einer gegen die bürgerliche Gesellschaft gerichteten, politischen Lyrik. In dieser politischen Lyrik bedenkt ein Subjekt, das die Konsequenzen aus seiner Vereinzelung und seinem Leiden an der abstrakten Allgemeinheit gezogen hat, seinen gesellschaftlichen Ort und sucht sich bewußt gesellschaftlich zu verhalten.

Nicht nur die frühe Lyrik Brechts, sondern bürgerliche Lyrik allgemein, z. B. auch die der deutschen Klassik, ist als eine von Entfremdung bestimmte Reaktion auf Entfremdung zu verstehen, wenn die konkreten Formen der Entfremdung sich freilich auch wandelten. Nach Adorno ist das »Ich, das in Lyrik laut wird, [...] eines, das sich als dem Kollektiv, der Objektivität entgegengesetztes bestimmt und ausdrückt«[30]; die Forderung an die Lyrik, sie solle frei sein

vom Zwang der herrschenden Praxis, der Nützlichkeit, vom Druck der sturen Selbsterhaltung [...] ist in sich selbst gesellschaftlich. Sie impliziert den Protest gegen einen gesellschaftlichen Zustand, den jeder Einzelne als sich feindlich, fremd, kalt, bedrückend erfährt, [...]. Die Idiosynkrasie des lyrischen Geistes gegen die Übergewalt der Dinge ist eine Reaktionsform auf die Verdinglichung der Welt, die Herrschaft von Waren über Menschen, die seit der Neuzeit sich ausgebreitet, seit der industriellen Revolution zur herrschenden Gewalt des Lebens sich entfaltet hat.[31]

Die bürgerliche Lyrik ist eine Form der Selbstaussage, in der das bürgerliche Individuum, so sehr es Produkt des gesellschaftlichen

---

die in der bürgerlichen Gesellschaft geschrieben wurde und nicht bewußt von einem gesellschaftlichen Ort aus spricht, von dem her sich diese Gesellschaft aufheben läßt. Mag sie sich auch als antibürgerlich verstehen und z. B. anarchisch Außenseiter feiern oder gegen das juste-milieu angehen, so stellt sie die bürgerliche Gesellschaft doch nicht insgesamt in Frage, kritisiert nur Teilbereiche und bleibt der bürgerlichen Ideologie verhaftet. Eine Gesellschaft wird hier als bürgerlich bezeichnet, wenn die Warenform ihre Lebensäußerungen entscheidend bestimmt (zur Ware als Universalkategorie des gesamten gesellschaftlichen Seins siehe Lukács: *Die Verdinglichung und das Bewußtsein des Proletariats*. S. 94-122).
30 Theodor W. Adorno: *Rede über Lyrik und Gesellschaft*. In: Th. W. Adorno: *Noten zur Literatur [I]*. Frankf./M. 1958, S. 73-104; dort S. 80. - Im folgenden zitiert als *AR*. - Vgl. auch Christopher Caudwell: *Die Entwicklung der modernen Poesie*. In: *Marxistische Literaturkritik*. Hrsg. u. eingel. von Viktor Žmegač. Bad Homburg 1970, S. 155-173; dort S. 161.
31 *AR*, S. 78.

Ganzen ist, und eben deswegen, zu diesem in Widerspruch tritt und zugleich seinen bloß ›monadologischen‹ Widerspruch zur Gesellschaft wie sein bloßes Funktionieren in ihr negiert.[32] Bürgerliche Gedichte sind deshalb darauf zu befragen, wie der jeweilige Antagonismus von Individuum und Gesellschaft in ihnen wiederkehrt, wie er negiert wird, »wie das *Ganze* einer Gesellschaft als einer in sich widerspruchsvollen Einheit, im Kunstwerk erscheint, worin das Kunstwerk ihr zu Willen bleibt, worin es über sie hinausgeht«[33].

Die hier vorgelegte Studie geht davon aus, daß die Wissenschaften, die die antagonistische Einheit von Individuum und bürgerlicher Gesellschaft zu erfassen versprechen, der Historische Materialismus und die Psychoanalyse sind.[34] Der Historische Materialismus analysiert den Prozeß, in dem die Gesellschaft, so sehr sie sich durch die Individuen hindurch realisiert, diesen gegenübertritt und sie dabei erst als historische konstituiert. Die Psychoanalyse untersucht die Psyche dieser Individuen. Aus der Sicht des Historischen Materialismus analysiert sie »den Niederschlag der Gesellschaft in den Individuen, die gesellschaftlich vermittelten innerpsychischen Wirkungsmechanismen«[35]. Die Gesellschaft kehrt in Über-Ich, Es und Ich wieder. »Das Über-Ich ist sozusagen der Drehpunkt von Gesellschaft und Individuum; in ihm manifestieren sich gesellschaftliche Normen, Gebote, Restriktionen«[36]. Das Es ist, sofern es sich durch verdrängte Triebrepräsentanzen bestimmt, negativ an den Gesellschaftsprozeß gebunden[37] und leistet ihm stummen Widerstand.[38] Das Ich bildet sich im Rahmen der in einer Gesellschaft geforderten Rationali-

---

32 Vgl. *AR*, S. 87 und die allgemeine Äußerung Adornos *AÄ*, S. 479.
33 *AR*, S. 76. Hervorhebung dort. Vgl. *AÄ*, S. 451.
34 Vgl. Helmut Dahmer: *Psychoanalyse und historischer Materialismus*. In: *Psychoanalyse als Sozialwissenschaft*. Mit Beiträgen von A. Lorenzer, H. Dahmer u. a. Frankf./M. 1971, S. 60-92; dort besonders S. 63 f. und S. 70. Vgl. ders.: *Libido und Gesellschaft. Studien über Freud und die Freudsche Linke*. Frankf./M. 1973.
35 Bruno W. Reimann: *Psychoanalyse und Gesellschaftstheorie*. Darmstadt u. Neuwied 1973, S. 96.
36 Ebenda, S. 57.
37 Ebenda, S. 119.
38 Ebenda, S. 88.

tät.³⁹ Die Psychoanalyse untersucht die primäre Sozialisation, d. h. die vergesellschaftende Ausbildung der psychischen Struktur in der Familie.⁴⁰ Der Historische Materialismus hat zu zeigen, welche gesellschaftlichen Prozesse zu einem bestimmten Familientyp und damit zu einer bestimmten Sozialisation führen; außerdem hat er die Einflüsse zu erforschen, denen das Individuum später ausgesetzt ist.
Obwohl der Historische Materialismus der Psychoanalyse den Rahmen setzt, indem er ihren Gegenstand und ihre Kategorien historisch-gesellschaftlich einordnet und kritisiert, soll das psychoanalytische Verfahren nicht von vornherein in das marxistische einbezogen werden, um mit der Differenz der Ansätze auch die Differenz von Individuum und Gesellschaft gegenwärtig zu halten. Deshalb geht die Studie marxistisch und literaturpsychologisch vor, ohne beide Betrachtungsarten vorschnell zu vereinigen. Da sie bei Gedichten und nicht bei der Gesellschaft ansetzt, muß sie zunächst hier der Spur von Objektivität und Subjektivität nachgehen und das Vermitteltsein beider dialektisch klären. Das ist möglich, wenn sie das Gedicht als Niederschlag eines widerspruchsvollen Prozesses im Ich versteht und den Begriff des Ich selbst als »dialektisch, seelisch und nichtseelisch, ein Stück libido und [...] Repräsentant der Welt«⁴¹.
Literaturbetrachtung in diesem Sinne heißt dann Analyse des Prozesses, der sich als Gedicht niederschlägt und rückwirkend mit Hilfe von Erkenntnissen der Psychoanalyse und der Gesellschaftswissenschaften aus dem Gedicht erschlossen wird. Die Analyse dieses Prozesses erlaubt es, Form und Inhalt auch der einzelnen Gedichte als Momente konkreter Vermittlung von Individuum und Gesellschaft zu bestimmen, als Momente ihrer

---

39 Michael Schneider: *Neurose und Klassenkampf. Materialistische Kritik und Versuch einer emanzipativen Neubegründung der Psychoanalyse.* Reinbek b. Hamburg 1973, S. 191 ff.
40 Die Studie stützt sich, soweit sie psychoanalytisch vorgeht, auf die Arbeiten Freuds, Reichs und gelegentlich der Ich-Psychologie. Da es in einer literaturwissenschaftlichen Arbeit nicht gut möglich ist, auch noch die Psychoanalyse in ihrer Geschichte kritisch darzustellen, beschränke ich mich darauf, einzelne der eingebrachten psychoanalytischen Ergebnisse zu kritisieren, jedoch nur, soweit das im jeweiligen Zusammenhang nötig scheint. Die unkritisiert eingebrachten Ergebnisse wurden zuvor daraufhin überprüft, ob sie gesellschaftliche Phänomene psychologisieren (Freud), das Individuum naturalisieren (Reich) oder die subversiven Momente der Psychoanalyse neutralisieren (Ich-Psychologie).
41 *AV*, S. 33.

Vermittlung im Bereich des phantasierenden und reflektierenden Bewußtseins.

In dem Prozeß, der sich als Gedicht niederschlägt, verhilft das Ich im Zustand beherrschter Regression[42] verdrängten Wünschen zu ersatzweiser und gewöhnlich unbewußter Erfüllung[43] und trägt zugleich der Realität Rechnung, läßt unbewußten Konflikten ihren Lauf, objektiviert sie und wahrt die Herrschaft des Bewußtseins. Das Gedicht ist als widerspruchsvolle Einheit von Realitätsbewußtsein und Realitätsentfremdung zu interpretieren, als Widerstand gegen die Realität und als Pakt mit ihr: als Resultat des Konflikts zwischen entfremdetem Individuum und bürgerlicher Gesellschaft, der weiterdrängt, obwohl er in dem Gedicht als einem ästhetischen Ding stillgelegt[44] und distanziert ist. Zu erkennen ist die »Dialektik im Stillstand«[45], der in dem Gedicht zur Objektivität geronnene Prozeß[46]: »Kunst erfahren heißt soviel wie ihres immanenten Prozesses gleichwie im Augenblick seines Stillstands innezuwerden«[47]. Dem Gedicht darf nicht in Weiterführung einiger Formulierungen Freuds[48] nur der Charakter eines abschließenden Kompromisses zugesprochen werden,[49] in

---

42 Ernst Kris: *Psychoanalytic Explorations in Art*. New York 1952, S. 60: »Central to artistic - or indeed, any other - creativeness is a relaxation (›regression‹) of ego functions. The word ›fantasy‹ conveys just this disregard of external stringencies in its reference to the process and product of creative imagination. In fantasy and dream, in states of intoxication and fatigue, such functional regression is especially prominent, in particular, it characterizes the process of inspiration. But the regression in the case of aesthetic creation - in contrast to these other cases - is purposive and controlled [...]. The process involves a continual interplay between creation and criticism [...]«. - Vgl. auch das Kapitel »Création et autoanalyse« in Charles Mauron: *Des métaphores obsédantes au mythe personnel, Introduction à la Psychocritique*. Paris ³1962, S. 233-246.
43 Siehe *F*, XIV, S. 90.
44 Vgl. *ÄT*, S. 131: »Unterm näheren Blick sind auch Gebilde von beruhigter Gestik Entladungen, nicht sowohl der gestauten Emotionen ihres Urhebers wie der in ihnen sich befehdenden Kräfte. Ihrer Resultante, dem Einstand, ist gesellt die Unmöglichkeit, sie zum Ausgleich zu bringen; ihre Antinomien sind wie die der Erkenntnis unschlichtbar in der unversöhnten Welt.« *ÄT*, S. 17.
45 *ÄT*, S. 130.
46 Vgl. *ÄT*, S. 133, 263 f., 274, 288.
47 *ÄT*, S. 131.
48 Vgl. *F*, XIV, S. 90 und *F*, VII, S. 85.
49 Lesser vertritt die These, daß »[...] die Kunst einschließlich der Dichtung ebenso wie Träume, neurotische Symptome und Witz eine Kompromißbildung ist, die auf mehr oder weniger verzerrte Weise sowohl unseren Trieben als auch unserer Abwehr gegen sie Ausdruck gibt.« Simon O. Lesser: *Die Funktionen der Form*. In: *Moderne amerikanische Literaturtheorien*. Hrsg. von J. Strelka u. W. Hinderer. Frankf./M. 1970, S. 259-279; dort S. 267.

dem der Konflikt zwischen Individuum und Gesellschaft beigelegt ist.[50] Wie für Freud beim phantasierenden Individuum, auch wenn es in der Phantasie zu einer Kompromißbildung findet, dennoch die Dynamik erhalten bleibt, weil der alte, nur ersatzweise erfüllte Wunsch fortbesteht und weiterdrängt, so ist auch im Kunstwerk selbst, trotz des Scheins der Versöhnung, der unversöhnte und weiterdrängende Widerspruch zwischen Individuum und Gesellschaft zu erkennen; und das um so mehr als das Gedicht selbst den Widerspruch zwischen der Wunscherfüllung und deren Negation als bewußten enthält: indem das Subjekt sich aus der Identifikation mit seiner Phantasie löst, sie objektiviert und sein eigener Betrachter wird, hält es im bewußten Schein des Gedichts als einem fiktionalen Gebilde das Wissen gegenwärtig, daß reale Wunscherfüllung versagt bleibt. Gegenstand einer psychoanalytisch orientierten Literaturbetrachtung, die beim Gedicht ansetzt und die Gesellschaft nicht aus den Augen verliert, ist der Schauplatz des zu erschließenden unbewußten Konflikts von Triebregung und Verbot, in den die Gesellschaft als Über-Ich hereinragt, der Bereich also, wo Gesellschaftliches als Psychisches, Herrschaft als Triebunterdrückung begegnet. Ebenso ist ihr Gegenstand aber auch der Konflikt zwischen dem objektivierenden und reflektierenden Bewußtsein, dem auch Gesellschaft gegenwärtig bleibt, einerseits und der Tendenz jenes unbewußten Konflikts, das Bewußtsein zu überwältigen, andererseits. Die Bemühung gilt also nicht vornehmlich oder gar ausschließlich dem in den Text eingegangenen Unbewußten oder dem Unbewußten des Autors, sondern dem Prozeß, der sich im Werk und als Werk niederschlug;[51] einzelne Momente dieses Prozesses sind freilich unbewußt. Wollte man diesen Ansatz auf

---

50 Rank-Sachs z. B. schreiben: »Der Konflikt zwischen Verdrängung und Unbewußtem findet im Kunstwerk als einer Kompromißbildung eine zeitweilige Beilegung.« Otto Rank u. Hanns Sachs: *Die Bedeutung der Psychoanalyse für die Geisteswissenschaften*. Amsterdam 1965 [Nachdruck der Ausgabe Wien 1913], S. 85.
51 Hierin unterscheidet sich dieser Ansatz von der bisher vorherrschenden Tendenz psychoanalytischer Literaturbetrachtung, vor allem das Unbewußte zu entschlüsseln. Mauron z. B. schreibt: »La psychocritique ne prétend étudier que l'aspect inconscient du texte et singulièrement l'intervalle qui sépare celui-ci du mythe [sc. personnel]« (S. 220). Zum ›mythe personnel‹: »L'idée de mythe personnel, qui veut exprimer la constance et la cohérence structurée d'un certain groupe de processus inconscients« (Charles Mauron: *Introduction à la Psychocritique*. Paris ³1962, S. 211).

die Traumdeutung übertragen, so hieße das: untersucht werden nicht so sehr die latenten Traumgedanken wie die Traumarbeit, die zum manifesten Traumtext führt, und die sekundäre Bearbeitung, welche den Traum an die gesellschaftlich geltenden Denk- und Vorstellungsweisen anpaßt; die Kenntnis der latenten Traumgedanken ist jedoch unentbehrliche Voraussetzung einer Rekonstruktion der Traumarbeit.[52] Diese des besseren Verständnisses wegen beigezogene Analogie will Traum und Kunstwerk nicht gleichsetzen.

Die Bemühung gilt dem Prozeß, der sich als Werk niederschlug, weil in ihm dessen gesellschaftliche Momente sichtbar werden: er läßt die widersprüchliche Einheit von Individuum und Gesellschaft im Gedicht selbst erkennen. Das Kunstwerk ist nicht nur so ›sozial wie eben die Gesetze und Verbote, die es jeweils übertritt‹[53]; sein gesellschaftlicher Charakter bestimmt sich nicht allein nach den Verboten, gegen die es *als Kunstwerk* verstößt – schon in seine Konstituentien, Ich, Es und Über-Ich, ist Gesellschaft eingegangen:[54] »bis tief in ihre Psychologie, die maison tolérée des unerfaßt Individuellen, reagieren sie [sc. die Individuen im Kapitalismus] unterm Zwang des Allgemeinen«[55]. In dem Verdrängten wie in dem Verdrängenden ist der Gesellschaft nachzuspüren, ebenso aber auch dem Individuum und dem Widerspruch, in welchem es zur Gesellschaft steht; denn das Verdrängte bewahrt den verbotenen Anspruch des Individuums, und der Konflikt zwischen Trieb und verinnerlichtem Verbot wiederholt im Individuum selbst den Konflikt zwischen diesem Individuum und der Gesellschaft. Gleicherweise sind das objektivierend-gestaltende Bewußtsein und die Tendenz des unbewußten Konflikts, es zu überwältigen, als gesellschaftliche zu sehen, die zugleich den Widerspruch zwischen Individuum und Gesellschaft

---

52 Vgl. Freuds *Traumdeutung*; F, II/III.
53 So Peter von Matt: *Literaturwissenschaft und Psychoanalyse. Eine Einführung.* Freiburg i. Br. 1972, S. 29.
54 Der Satz Maurons: »Je tiefer und beständiger das in Betracht gezogene Phantasma ist, desto mehr scheint sich der Anteil der sozialen Faktoren zu verringern« wäre also nur anzuerkennen, insofern das in frühester Kindheit Verdrängte und Geprägte in der Regel nur über die Familie mit der Gesellschaft vermittelt ist, nicht aber, insofern er davon ausgeht, daß jene frühen Prägungen keine gesellschaftlichen sind. Charles Mauron: *Die Ursprünge des ›persönlichen Mythos‹.* In: alternative 49/50 (1966), S. 13-17; dort S. 17.
55 Theodor W. Adorno: *Negative Dialektik.* Frankf./M. 1970, S. 304. Im folgenden zitiert als *AND.*

in sich tragen. – Das bürgerliche Individuum, nach seinem Individuationsprinzip gesellschaftlich und im Widerspruch zur Gesellschaft, hat stets auch ein Bewußtsein seiner selbst und der Gesellschaft; ebenso ist das bürgerlich-individualistische Gedicht gesellschaftlich und im Widerspruch zur Gesellschaft und läßt ein bestimmtes – in es eingegangenes – Bewußtsein von sich selbst als Gedicht und von der Gesellschaft erkennen. Diese widersprüchliche Einheit gilt es zu untersuchen.
Einer psychoanalytisch ausgerichteten Literaturbetrachtung, welche derart die Dialektik von Individuum und Gesellschaft beachtet, können Kunstwerke nicht wesentlich »Projektionen des Unbewußten derer, die sie hervorgebracht haben«[56], sein. Sie sind ihr vielmehr Ergebnis eines konfliktreichen Prozesses zwischen Trieb, Ich, Über-Ich und einer Realität, zu welcher die soziale Situation des Autors so gut gehört wie die Tradition des literarischen Mediums. Sie sind eine Leistung des Subjekts, eine Antwort, mit der sich das Subjekt den vom Realitätsprinzip verhängten Beschränkungen verweigert[57] und zugleich beugt.[58] Solche Betrachtungsweise überträgt keineswegs »die Banausie feinsinniger Ärzte« auf das Kunstwerk, um »Künstler, deren œuvre die Negativität des Daseienden ohne Zensur objektiviert, als Neuro-

---

[56] Adorno urteilt über psychoanalytische Literaturbetrachtung: »sie ist psychologisch ergiebiger als ästhetisch. Ihr gelten die Kunstwerke wesentlich als Projektionen des Unbewußten derer, die sie hervorgebracht haben, und sie vergißt die Formkategorien über der Hermeneutik der Stoffe, überträgt gleichsam die Banausie feinsinniger Ärzte auf das untauglichste Objekt, auf Lionardo oder Baudelaire« (*AÄ*, S. 19). Diese Kritik ist als allgemeine Kritik der psychoanalytischen Literaturbetrachtung nicht berechtigt; sie wendet sich jedoch zurecht gegen eine einseitig triebpsychologisch ausgerichtete Literaturbetrachtung, die, weil sie die Dialektik von Individuum und Gesellschaft nicht beachtet, die Realität psychologistisch als nicht viel mehr denn als Bühne von Projektionen versteht und die Kunstwerke als niedergeschriebene Projektionen. Zu kritisieren wäre auch, daß die orthodoxe Psychoanalyse und die ihr entstammende Literaturbetrachtung – z. B. Otto Rank: *Das Inzest-Motiv in Sage und Dichtung* (Wien 1912) – es versäumten, den historischen und gesellschaftlichen Ort ihrer Gegenstände und Begriffe mitzureflektieren (vgl. Hans Kilian: *Das enteignete Bewußtsein*. Neuwied 1971, S. 7 und 43, und Herbert Marcuse: *Das Veralten der Psychoanalyse*. In: H. Marcuse: *Kultur und Gesellschaft 2*, Frankf./M. 1967, S. 85-106). Deshalb sind ihre Methoden und Ergebnisse jedoch nicht schlechthin falsch. Die Literaturpsychologie muß sich ihr Selbstverständnis und ihr Instrumentarium erst erarbeiten. In Deutschland hatte sie dazu an den Universitäten nicht erst seit 1933 und nun bis 1945 keine Gelegenheit.
[57] Vgl. Herbert Marcuse: *Triebstruktur und Gesellschaft. Ein philosophischer Beitrag zu Sigmund Freud*. Frankf./M. 1968, S. 148.
[58] Vgl. ebenda S. 144.

tiker abzukanzeln«[59]. Sie sieht die Regression in die Phantasie vielmehr als ein Moment der Dialektik von Individuum und Gesellschaft, rechnet sie dieser mindestens so sehr zu wie jenem, versteht sie als ein wenn auch fragwürdiges Mittel der Selbstbehauptung und bleibt sich der Wahrheit des – freilich nicht umkehrbaren – Satzes bewußt, wonach, »was immer menschlich heute wahrhaft auf einen höheren Zustand vordeutet, nach dem Maß des Bestehenden immer zugleich das Beschädigte, nicht etwa das Harmonischere« sei.[60] Auch beachtet sie, daß der Autor im Zustand literarischen Produzierens, im Gegensatz zum Neurotiker, beherrscht und, ohne sich ihnen zu überantworten, auf neurotische Stufen regrediert,[61] auf denen auch jene sich befinden, die allgemein als gesund gelten.[62]

Solche Literaturbetrachtung versucht Geltung und Genese in ihrer Einheit und Differenz zugleich zu denken.[63] Sie sieht das Werk als Produkt eines Prozesses und erkennt ihm zugleich Geltung zu, insofern sich in ihm ein bestimmtes Verhältnis von Individuum und Gesellschaft niedergeschlagen hat, in welchem sich das Subjekt auf Objektives bezieht und zugleich über dieses hinaus geht, indem es ihm die Möglichkeit einer Versöhnung von Subjekt und Objekt entgegenzuhalten sucht; das geschieht dadurch, daß es sich infantile Wünsche ersatzweise befriedigt, sich der Herrschaft des Realitätsprinzips teilweise entzieht und zugleich mit der Einheit des Kunstwerks die Einheit einer Welt vorwegnimmt. Für solche Literaturbetrachtung sind Kunstwerke Dokumente, freilich nicht einer von der Gesellschaft isoliert gesehenen Psyche und ihrer bloß individuellen Pathologie, sondern Dokumente historisch konkreter Auseinandersetzung des Menschen mit seiner Situation, einer Auseinandersetzung im Bereich des phantasierenden und reflektierenden Bewußtseins; so sind sie ihr kraft der ihnen mitgegebenen Sehnsucht nach Versöhnung und kraft des mit dem Widerspruch von Individuum und Gesellschaft in sie eingegangenen Leidens auch Monumente: »Data des Eingeden-

---

59 *AÄ*, S. 19.
60 *AV*, S. 31.
61 Vgl. oben S. 20, besonders Anm. 42; außerdem Frederick J. Hofmann: *Psychologie und Literatur*. In: *Moderne Amerikanische Literaturtheorien*, a. a. O., S. 244-258; dort S. 248. Vgl. auch *F*, VIII, S. 53 f.
62 Siehe *F*, VIII, S. 54, *F*, XI, S. 388, 475.
63 Vgl. hierzu *AV*, S. 41.

kens«[64]. Weder deutet solche Literaturbetrachtung das Resultat eines Prozesses, das Kunstwerk, als Ewiges und Unableitbares, noch reduziert sie es auf die unbewußten oder vorbewußten Vorgänge seines aus dem gesellschaftlichen Kontext gelösten Verfassers.

Die hier vorgelegte Studie baut auf den von Schuhmann und Schwarz gewonnenen Ergebnissen auf; sie soll eine künftige historisch-systematische Gesamtdarstellung der Lyrik Brechts vorbereiten helfen. Dabei beschränkt sie sich weitgehend auf die zwischen 1913 und 1933 entstandenen Gedichte und lenkt innerhalb dieses Zeitraums ihre Aufmerksamkeit wiederum besonders auf die Jahre um 1920, weil sich die damals geschriebenen Gedichte leicht als Übergangsstationen auf dem Weg zeigen lassen, den Brecht mit seiner Lyrik ging. Dieser Weg führt in dem hier behandelten Zeitraum, wenn freilich nicht zielgerichtet, so doch in einander konsequent folgenden Schritten, von einer Lyrik, die sich noch nicht im Widerspruch zur bürgerlichen Gesellschaft weiß (um 1914), über eine antibürgerliche, anarchisch-nihilistische Lyrik (um 1920), die den Boden der bürgerlichen Gesellschaft noch nicht verläßt, in Richtung auf eine dialektisch-materialistische Lyrik, welche die bürgerliche Gesellschaft erkennt und angreift (um 1930).
Dieser Entwicklung gilt die Untersuchung.[65] Sie orientiert sich an dem oben skizzierten methodischen Ideal, kann ihm jedoch nicht in allem gerecht werden. Das hat seine Gründe im derzeitigen Stand der Theorie- und Methodendiskussion, der Brecht-Forschung und nicht zuletzt in der – sicher nicht untypischen – Entwicklung des Verfassers während der Beschäftigung mit

64 Benjamin bezeichnet Baudelaires ›correspondances‹ als »Data des Eingedenkens«. Walter Benjamin: *Charles Baudelaire. Ein Lyriker im Zeitalter des Hochkapitalismus.* Frankf./M. 1969, S. 149.
65 Die Tatsache, daß hier vom historisch-materialistischen Ansatz aus eine Entwicklung untersucht wird, die zu historisch-materialistischer Lyrik führt, kann den Verdacht aufkommen lassen, die Methode verdanke sich dem hermeneutischen Zirkel: der frühe Brecht werde durch den späten interpretiert, eine Distanz sei allein durch die Kritik des späten Brecht an seiner Vergangenheit, also letztlich gar nicht gegeben. Dem ist nicht so; der Historische Materialismus ist eine unabhängig von Brecht entwickelte Methode, die alle Phänomene dieser Gesellschaft zum Gegenstand hat - auch eine Lyrik, die sich auf sie beruft.

Brechts Lyrik. – Die psychoanalytische Literaturbetrachtung steht trotz über fünfzigjährigen Bemühungen erst in den Anfängen; die marxistische Literaturtheorie ist noch nicht so weit entwickelt, daß sie Gedichte bis in alle inhaltlichen und formalen Details erschließen könnte; Historischer Materialismus und Psychoanalyse sind noch kaum miteinander vermittelt.[66] So kann es nicht verwundern, daß auch die Vermittlung des historisch-materialistischen und des psychoanalytischen Ansatzes der Literaturbetrachtung ein zwar anzustrebendes, aber noch längst nicht erreichtes Ziel ist. Deshalb soll versucht werden, im Rahmen des skizzierten Frage- und Verständnishorizontes die Methoden jeweils am einzelnen Text zu entwickeln und die verschiedenen Ansätze und Ergebnisse danach in einen Zusammenhang zu bringen.

Der Brecht-Forschung gelang bisher weder eine in sich schlüssige Skizze des lyrischen Werks, noch eine »zuverlässige, erschöpfende Biographie, die den inneren und äußeren Werdegang des Dichters [...] sichtbar macht«[67]; auch eine umfassende und zugleich konkrete Darstellung des Zusammenhangs der Brechtschen Lyrik und ihres historisch-gesellschaftlichen Kontextes steht noch aus. Das alles zu leisten, übersteigt die Kräfte wahrscheinlich nicht nur des Verfassers dieser Schrift. Deshalb beschränkt sich die Studie darauf, die Lyrik als individuelle Äußerung in ihrem Wandel zu zeigen. Von diesem Ansatz aus scheint es am ehesten möglich, zur »Darstellung jenes komplizierten geistigen Prozesses, in dessen Verlauf Brecht ein sozialistischer Dichter wurde«[68], zu gelangen, zu einer Darstellung, die schon Schuhmann versuchte. Gesellschaft und Geschichte werden einerseits relativ abstrakt als Rahmen gezeichnet, andererseits geht die Analyse ihnen nach, soweit

---

66 Zur Diskussion des Verhältnisses von Historischem Materialismus und Psychoanalyse vgl. Hans Jörg Sandkühler. (Hrsg.): *Psychoanalyse und Marxismus. Dokumentation einer Kontroverse.* Frank./M. 1970. Hans-Peter Gente (Hrsg.): *Marxismus, Psychoanalyse, Sexpol.* Frankf./M., Bd. 1, 1970; Bd. 2, 1972. Alfred Lorenzer, Helmut Dahmer u. a.: *Psychoanalyse als Sozialwissenschaft,* a. a. O. Hans Kilian: *Das enteignete Bewußtsein,* a. a. O. Wolfgang Beutin (Hrsg.): *Literatur und Psychoanalyse.* München 1972, S. 16-21; 42 f. Alfred Lorenzer: *Zur Begründung einer materialistischen Sozialisationstheorie.* Frankf./M. 1972. Alfred Lorenzer: *Über den Gegenstand der Psychoanalyse oder: Sprache und Interaktion.* Frankf./M. 1937. Bruno W. Reimann: *Psychoanalyse und Gesellschaftstheorie,* a. a. O. Michael Schneider: *Neurose und Klassenkampf,* a. a. O. Helmut Dahmer: *Libido und Gesellschaft,* a. a. O.
67 Vgl. oben Anm. 7.
68 *SU*, S. 7.

sie sich als Reflex des Subjekts im Werk selbst aufzeigen lassen; vernachlässigt wird also die ins Konkrete gehende Untersuchung der unabhängig vom Subjekt bestehenden Gesellschaft und entsprechend die allen Stufen folgende Vermittlung des Besonderen und des Allgemeinen. Das gilt auch für den Begriff der Entfremdung; er bezeichnet einerseits relativ abstrakt die Entfremdung im Monopolkapitalismus und beschränkt sich andererseits auf das vom Subjekt unmittelbar Erfahrene und am Gedicht Ablesbare, z. B. auf die Fremdheit, Gleichgültigkeit und Isoliertheit der Individuen, die wechselseitig voneinander abhängig und zugleich gegeneinander gleichgültig ihren gesellschaftlichen Zusammenhang gefunden haben.[69] Trotz solcher Beschränkung soll die konkrete Vermittlung von Subjekt und Gesellschaft bzw. von Gedicht und Gesellschaft wenigstens dort versucht werden, wo sie sich der psychoanalytischen Betrachtung anbietet, also im Bereich der primären Sozialisation, des späteren Verhaltens zur Rolle, der Identitätsproblematik und, soweit möglich, der Ideologie.[70] Die äußere Biographie Brechts, sein Verhältnis zur zeitgenössischen Literatur und die Wirkungsgeschichte seiner Lyrik werden jedoch kaum berücksichtigt. So liegt die Gefahr nahe, daß die Untersuchung bei einem individualgeschichtlichen Ansatz stehen bleibt und Brecht als isolierten Einzelnen zeigt, der individuelle Erfahrungen verarbeitet und artikuliert. Dem ist dadurch zu begegnen, daß seine individuellen Äußerungen immer auch als gesellschaftliche interpretiert werden.

Der Verfasser begann die Beschäftigung mit der Lyrik Brechts als phänomenologisch ausgerichteter Literaturwissenschaftler und suchte sich die Psychoanalyse, den Historischen Materialismus und ganz allgemein die Sozialwissenschaften erst im Gang der deshalb an Perspektivenwechseln reichen Arbeit anzueignen. So ist die Studie mehr erprobende Weiterführung methodischer Ansätze als in sich abgeschlossene Anwendung ausgearbeiteter Methoden. Wie sie ihren Gegenstand historisch betrachtet, so will sie selbst historisch verstanden werden, als ein – vielleicht notwendiger – Schritt, dem weitere folgen müssen; als nächster wohl der

69 Siehe Marx: *Grundrisse*, S. 74.
70 Es liegt auf der Hand, daß eine literaturwissenschaftliche Arbeit nur in sehr beschränktem Maß zu einer eigenen Gesellschaftsanalyse kommen kann. So werden auch hier die weiterführenden Hintergrunds- und Rahmeninformationen der wissenschaftlichen Literatur entnommen und nur gelegentlich vom psychoanalytischen Befund her differenziert.

Versuch, das Verfahren zu systematisieren und auf seine Übertragbarkeit zu befragen.
Die Untersuchung führt von der vorwiegend immanenten formanalytischen Betrachtung einzelner Gedichte zur psychoanalytischen und in Ansätzen soziologischen Deutung des lyrischen Frühwerks. Sie geht von exemplarischen Einzelinterpretationen aus, die sich am Detail orientieren, und sucht, immer neu einsetzend, größere Komplexe und Entwicklungslinien von verschiedenen Seiten her zu fassen und so zu Begriffen und Einsichten zu kommen, die schließlich zu einem Gesamtbild führen. In den späteren Kapiteln haben sich die in den früheren gewonnenen Deutungen und Verallgemeinerungen, sowie die Methoden, die zu ihnen führten, zu bewähren. Die Studie folgt also nicht einer schon erkannten Systematik des Gegenstands und der Methoden, sondern gewinnt sie allmählich in einem Verfahren, das einkreisend und freilegend von der Phänomenologie zur Einordnung und zur Erklärung vordringt.
Die Entwicklung des lyrischen Frühwerks stellt die Studie idealtypisch dar und sucht zugleich dessen hierbei verdeckter Widersprüchlichkeit mit genauen Einzelanalysen gerecht zu werden, wie sie umgekehrt der Gefahr, vom einzelnen Gedicht aus zu falschen Verallgemeinerungen zu gelangen, dadurch entgegenwirkt, daß sie andere Gedichte und entsprechende Stellen aus dem nichtlyrischen Werk beizieht. Um voreilige Spekulationen und eine nur intuitive Interpretation zu vermeiden, gilt ihr besonderes Augenmerk der Aussageweise der Gedichte: Das Subjekt-Objekt-Verhältnis soll aus nachweisbaren formalen Elementen erschlossen werden. Erst dann wird es möglich sein, mit Aussicht auf zuverlässige Ergebnisse nach dem dichtenden Subjekt, seiner Entwicklung, den Gesetzen seiner Phantasie und deren Bestimmung durch die Gesellschaft zu fragen.
Die Studie geht von der These aus, daß Brechts frühe Lyrik vom Leiden an seiner Situation bestimmt ist, die er als allgemein und unveränderbar erfährt und nicht in ihren Ursachen begreift. Seine Lyrik spiegelt die Entfremdung eines Autors, der dem Leiden an der Entfremdung dadurch zu entkommen sucht, daß er sich mit ihr einverstanden erklärt oder sich aus ihr hinausphantasiert in Abenteuer, Anarchismus, Untergang und eine Sinnlosigkeit, die ihm als Befreierin erscheint. Zugleich zeugt sie jedoch von der Lust dessen, der sich auf sich als vitales Wesen

zurückzieht, und von jenem Protest gegen die eigene Situation, von jener im Leiden erfahrenen Distanz zu ihr, welche es Brecht später erlauben wird, sich aus ihr zu lösen. Die Entwicklung seiner Lyrik entspricht dem Prozeß, in welchem er sich von seinem sozialen Ausgangspunkt entfernt. Dieser Ausgangspunkt war für ihn, dessen Vater ein erfolgreicher kaufmännischer Angestellter und dessen Großväter ein Lithograph und ein Eisenbahner waren,[71] der Mittelstand, genauer: der Teil des gehobenen ›neuen Mittelstands‹, der sich aus dem ›alten Mittelstand‹, den Kleineigentümern, rekrutierte.

Die Entwicklung Brechts bis in die dreißiger Jahre läßt sich als Prozeß der Ablösung vom Bürgertum, von den in seiner Entwicklung erworbenen bürgerlichen Verhaltensweisen und Werten verstehen. Dieser Prozeß, der die Entwicklung seiner Lyrik bestimmt, ist ohne Brechts Auseinandersetzung mit der historisch-gesellschaftlichen Situation nicht zu denken.

Die Studie wurde im Herbst 1972 fertiggestellt und im Frühjahr 1974 leicht überarbeitet. In sie sind zahlreiche Anregungen aus Gesprächen mit Freunden und Bekannten eingegangen. Ihnen allen habe ich zu danken.

---

[71] Zur Genealogie Brechts siehe Werner Frisch: ›*Ich Bertolt Brecht bin aus den schwarzen Wäldern...*‹. *Kurzgefaßte Genealogie des Dichters.* In: *Augsburger Allgemeine.* Augsburg. Nr. 34, 10. II. 1968, S. IX.

I
Von ontologisierender Situationserhellung zu dialektischer Situationsüberwindung

»Von der Freundlichkeit der Welt« und »Gegenlied zu ›Von der Freundlichkeit der Welt‹«

Brechts frühe Lyrik versteht die Situation des Subjekts, das sich in ihr äußert, als naturgegebene, nicht als historisch-gesellschaftliche. Sie stellt das Subjekt, seine Situation und seine Versuche, diese zu bewältigen, als allgemein-menschliche dar: Was in einer bestimmten Gesellschaft geschichtlich wurde, erscheint tendenziell als ahistorische Invariante menschlichen Schicksals. Dieses Verfahren wird hier abkürzend ›Ontologisieren‹ genannt. Das Subjekt, das sich in der Lyrik des jungen Brecht äußert, ist vereinzelt und leidet an seiner Situation und an seinem Verhalten zu ihr. Es erfährt sich als gefangen, weil es selbst und seine Situation ihm nicht veränderbar erscheinen. Bewegt es sich, so kreist es im Käfig der eigenen Situation und seiner selbst oder es sucht den Weg nach unten, die Flucht in den Untergang. Kreisen und Versinken sind die strukturbestimmenden Bewegungen in der Lyrik des jungen Brecht. Die Erkenntnis, welche das Subjekt im Gang seiner Gedichte gewinnt oder zu vermitteln sucht, ist letzten Endes die seiner verschlossenen Situation. Es leuchtet kreisend und dabei leidend den Käfig aus, in dem es sich immer schon weiß, und zeigt die verschiedenen Weisen, sich in ihm zu verhalten. So erhellt es seine Situation – jedoch immer nur von innen. Das Licht fällt auf die Innenwände, die Außenmauern des Gefängnisses bleiben im Dunkeln. Allen Glanz der Phantasie leiht das gefangene Subjekt aber seiner erträumten Flucht, dem Versinken im Wasser und dem Aufgehen in der Natur und in gesellschaftsferner Vitalität.

Hiervon unterscheidet sich Brechts spätere Lyrik grundlegend. Die Situation wird als historisch-gesellschaftliche bestimmt und die Gesellschaft selbst als bürgerliche. Das Subjekt sprengt die Kreisbewegung: Es artikuliert den Klassenantagonismus, den der bürgerlichen Gesellschaft immanenten Widerspruch, stellt sich auf die Seite des in dieser Gesellschaft leidenden und gegen sie kämpfenden Proletariats und sucht dadurch den Widerspruch weiterzutreiben, daß es selbst zu diesem Kampf auffordert oder

sonst auf seine Weise zu ihm beiträgt. An die Stelle der frühen Situationsverfangenheit ist die dialektische Überwindung der Situation getreten und an die Stelle der Selbstverfangenheit des vereinzelten Subjekts die Solidarität im gemeinsamen Kampf. Zu solcher Lyrik gelangt Brecht in einer langen, von Widersprüchen nicht freien Entwicklung, in deren Verlauf er die menschliche Situation zunehmend als gesellschaftliche, gewordene und werdende, darstellt.
Um den größeren Rahmen abzustecken, in dem die frühe Lyrik und ihre Entwicklung gesehen werden müssen, soll nun eine frühe und eine späte Station dieser sich langsam vollziehenden Wandlung betrachtet und der Weg skizziert werden, der von Brechts bürgerlicher Lyrik zu seiner marxistischen führte. Für eine exemplarische Betrachtung dieser Entwicklung eignet sich das Gedicht »Von der Freundlichkeit der Welt« besonders gut, weil es von Brecht mehrfach bearbeitet und schließlich mit einem »Gegenlied« beantwortet wurde. Die Geschichte dieses Gedichts zeigt den Weg von ontologisierender Situationserhellung zu dialektischer Situationsüberwindung.

Ontologisieren, Entfremdung

Von der Freundlichkeit der Welt

1
Auf die Erde voller kaltem Wind
Kamt ihr alle als ein nacktes Kind
Frierend lagt ihr ohne alle Hab
Als ein Weib euch eine Windel gab.

2
Keiner schrie euch, ihr wart nicht begehrt
Und man holte euch nicht im Gefährt.
Hier auf Erden wart ihr unbekannt
Als ein Mann euch einst nahm an der Hand.

3
Und die Welt, die ist euch gar nichts schuld:
Keiner hält euch, wenn ihr gehen wollt.
Vielen, Kinder, wart ihr vielleicht gleich.
Viele aber weinten über euch.

4
Von der Erde voller kaltem Wind
Geht ihr all bedeckt mit Schorf und Grind.
Fast ein jeder hat die Welt geliebt
Wenn man ihm zwei Hände Erde gibt.

Diese Fassung erschien 1927 in der *Hauspostille*[1]; der erste uns zugängliche Entwurf[2], dem vermutlich bald die Ausarbeitung folgte, stammt aus dem Jahre 1921.[3] Zunächst soll die Hauspostillen-Fassung untersucht werden, dann der Entwurf und schließlich der Weg, der zum »Gegenlied« führte.
Das Gedicht spricht vom Lebenslauf des Menschen auf der »Erde voller kaltem Wind« und nennt hierbei nur wenige charakteristische Stationen: in Strophe I die Geburt und die erste Gabe der Mitmenschen, in Strophe IV den Tod und die letzte Gabe; dazwischen, dem Lebensgang folgend, den Eintritt in die Welt der Menschen (II) und das Heraustreten aus ihr (III). Es thematisiert das lange Leben mit den Menschen, nimmt ihm aber zugleich dadurch seinen Eigenwert, daß es dieses Leben aus der Perspektive der Existenzialien Geburt und Tod zeigt.[4] So übergeht es unter dem Zeichen von Geburt und Tod auch Gesellschaft und Geschichte, obwohl es eine historisch bestimmbare, hier mit ›Kälte‹ und ›Freundlichkeit‹ umschriebene soziale Situation zum Thema hat. Da Geburt und Tod allgemein und unveränderbar zum menschlichen Dasein gehören, erweckt es darüber hinaus den Anschein, als gelte das auch für den ›kalten Wind‹ und die ›Freundlichkeit‹.
Die so ontologisierte Situation zeigt wenig ›Freundlichkeit der Welt‹, der Titel des Gedichts klingt ironisch. Die ›Freundlich-

---

1 *HP*, S. 47.
2 *BBA*, 437/111 und 112; *BV* II, S. 178; siehe unten S. 48.
3 Seit dieser Entwurf bekannt wurde, läßt sich die von Münsterer (*M*, S. 80) und Mayer vertretene Datierung auf 1917 wohl nicht mehr halten (Hans Mayer: *Über Brechts Gedichte*. In: *Études Germaniques* 20 (1965), S. 269-274; dort S. 272).
4 Dem entsprechen drei Bauprinzipien: erstens die einlinige zeitliche Abfolge von der Geburt bis zum Tod, die den unumkehrbaren Lebenslauf wahrt; zweitens die Opposition von Ankunfts- (I und II) und Abgangsstrophen (III und IV), die das Leben bei den Menschen ausspart; und drittens die Gliederung in Rahmen- (I und IV) und Mittelstrophen (II und III). Stellung, Thematik und Entsprechungen der Rahmenstrophen entwerten die Mittelstrophen zu Stationen des Lebensganges zwischen Geburt und Tod.

keit‹, das läßt schon der Bau der Strophen erkennen,[5] verschwindet nahezu vor der ›Kälte‹; die Zuwendung einiger weniger Menschen zum frierenden Mitmenschen ist gering, ohne Wärme und Dauer: das Weib gibt nur eine Windel, der Mann, der »euch einst nahm an der Hand«, hat sie längst losgelassen oder wird dies noch tun, und nur »zwei Hände Erde« bekommen die Toten ins Grab, nicht drei, wie es der Brauch will.[6] Der ›kalte Wind‹, der die ganze Erde erfüllt, läßt die bezugslosen und vereinzelten Menschen[7] leiden. Vereinzelung, Gefühllosigkeit und Unfähigkeit zur Kommunikation werden als ›Kälte‹ erfahren.[8] ›Kalt‹ erscheinen Erde und Welt, die den Menschen gleichgültig sich selbst überlassen, der sich dann seinerseits kalt und gleichgültig verhält[9] und vielleicht einen geringen Schutz in der dicken Haut aus »Schorf und Grind« findet, die er in der ›Kälte‹ ausbildet[10].

5 Die Zeilen 1-3 sprechen, ohne eine bestimmte Situation zu bezeichnen, jeweils von der Kälte auf Erden (außer IV 3), die vierte dann von der Freundlichkeit der Welt in einer bestimmten, nur wenige Augenblicke dauernden Situation (beachte: »als« I 4, II 4; »wenn« IV 4), die gleichsam eine Insel in der allgemeinen und dauernden Kälte darstellt. Von der Kälte sprechen jeweils drei Zeilen in Hauptsätzen, von der Freundlichkeit nur jeweils eine Zeile in den einzigen Nebensätzen des Gedichts (außer III 4).
6 So auch Helmut Motekat: *Bertolt Brecht: Von der Freundlichkeit der Welt*. In: *Orbis litterarum*, 19 (1964), S. 145 ff.; dort S. 150. Vgl. Paul Geiger: Artikel «Begräbnis» in: *Handwörterbuch des dt. Aberglaubens*. Hrsg. von H. Bächtold-Stäubli, Bd. 1, Berlin und Leipzig 1927; Sp. 976-997; dort Sp. 984: »Der Priester, die Verwandten [...] werfen eine oder drei Hand oder Schaufeln voll Erde [...] auf den Sarg«. - Brecht kannte den Brauch, *drei* Hände Erde zu werfen (w. a., 1, S. 242).
7 Vgl. w. a., 8, S. 241: »Der warme Wind bemüht sich noch um Zusammenhänge, der Katholik [...] Ich komme sehr vereinzelt vor«.
8 Vgl. die Worte Shlinks: »Die Liebe, Wärme aus Körpernähe, ist unsere einzige Gnade in der Finsternis! Aber die Vereinigung der Organe ist die einzige, sie überbrückt nicht die Entzweiung der Sprache. [...] Und die Generationen blicken sich kalt in die Augen. Wenn ihr ein Schiff vollstopft mit Menschenleibern, daß es birst, es wird eine solche Einsamkeit in ihm sein, daß sie alle gefrieren.« w. a., I, S. 187.
9 Vgl. w. a., 8, S. 61: »die Leute [...] Einst mir so freundlich und mir so feindlich heute!/Plötzlich waren sie wie ausgewechselt!/Ach, was war mit ihnen geschehen?/Da fragte ich mich: Was für eine Kälte/Muß über die Leute gekommen sein!/Wer schlägt da so auf sie ein!/Daß sie jetzt so durch und durch erkaltet?«. In einer Notiz zum *Dickicht* schreibt Brecht von der »fast unerträglichen Gleichgültigkeit des Menschen gegen den Menschen« (*D*, S. 136). In der *Heiligen Johanna* schreibt er später: »Bald/Vergeht vor der alles beherrschenden Kälte seine/Wenige Wärme. Die Güte verläßt ihn, der den schützenden/Ofen flieht« (w. a., 2, S. 679).
10 Vgl. w. a., 1, S. 153: »Die Menschenhaut im natürlichen Zustande ist zu dünn für diese Welt, deshalb sorgt der Mensch dafür, daß sie dicker wird.« Vgl. *SM* I, S. 120.

In der ›Kälte‹ wird auch die ›Freundlichkeit‹ ›kalt‹[11]. Der ›kalte Wind‹ und die ›Kälte‹, die menschliches Leben zum Leiden machen,[12] bezeichnen hier noch nicht die Wirkung einer als solche erkannten antagonistischen Gesellschaft, die Menschlichkeit verhindert,[13] wenn das Gedicht auch schon die Angeredeten mittelbar von denen abhebt, die im Gefährt geholt werden und zu Ruhm gelangen. Der ›kalte Wind‹ läßt sich eher als ein Bild verstehen, in dem das Subjekt die Erfahrung zu fassen sucht, daß es einer unmenschlichen Welt vereinzelt, verlassen und ohnmächtig ausgeliefert ist. Hier schlägt sich, so läßt sich thesenhaft formulieren, die nicht zur Erkenntnis ihrer selbst gelangte Erfahrung der Entfremdung in der bürgerlichen Gesellschaft nieder.

In die Klage über diese – nicht erkannte – Entfremdung geht eines von deren wesentlichen Momenten ein: das Produkt menschlicher Tätigkeit, die Situation des vereinzelten Einzelnen in der ihm gleichgültig begegnenden Gesellschaft, erscheint als naturgegeben. Die Begriffe ›kalter Wind‹, ›Welt‹ und ›Erde‹ verfälschen und ontologisieren: das Gedicht nennt nicht beim Namen, was konkret ›Welt‹ ist, etwa die Gesellschaft, die Einzelnen, die Klassen, was ›Erde‹ ist, Städte in einem bestimmten Zeitalter an einem bestimmten Ort, was ›kalter Wind‹ ist, Hunger, Ausbeutung, Arbeitslosigkeit, Unrecht oder Vereinzelung. Es spricht in bedeutungsgeladenen Begriffen und subsumiert dabei unterschiedliche Sachverhalte unter ein Bild: was es von dem einen mit Recht behaupten kann, nimmt es durch Analogie und Subsumption unter dasselbe Bild auch für den anderen in Anspruch. Der ›kalte Wind‹ etwa läßt sich nicht beseitigen, wohl

---

11 Vgl. *w. a.*, 8, S. 261: »Ich, Bertolt Brecht, bin aus den schwarzen Wäldern. [...] Und die Kälte der Wälder/Wird in mir bis zu meinem Absterben sein. [...] Ich bin zu den Leuten freundlich. Ich setze/Einen steifen Hut auf nach ihrem Brauch./Ich sage: Es sind ganz besonders riechende Tiere/Und ich sage: Es macht nichts, ich bin es auch.« Vgl. oben Anm. 9.
12 Vgl. den Schlußchoral der *Dreigroschenoper*: »Bedenkt das Dunkel und die große Kälte/In diesem Tale, das von Jammer schallt« (*w. a.*, 2, S. 486).
13 Vgl. dagegen die Bedeutung der Kälte in dem 1941 entstandenen (*CR*, S. 58) »Kinderkreuzzug« (*w. a.*, 10, S. 833-838), besonders S. 835 (»Die Liebe konnte nicht bestehen/Es kam zu große Kält:/Wie sollen die Bäumchen blühen/Wenn so viel Schnee drauf fällt?«) und S. 837 (»Wenn ich die Augen schließe/Seh ich sie wandern [...] Mühsam wandernd gegen kalte Winde/Heimatlose, Richtungslose/Suchend nach dem Land mit Frieden«). Eine Untersuchung des Bilds vom »kalten Wind« in Brechts Werk könnte zeigen, wie Brecht eine frühe Erfahrung zunehmend präzisiert, als gesellschaftliche erkennt und einordnet.

aber Unrecht; solche Unterschiede werden verdeckt. Die gesellschaftliche Wirklichkeit erhält den Anschein des Natürlichen und so auch Naturnotwendigen; und das um so mehr, als eigentliche und uneigentliche Bedeutung einander erst im Gang des Gedichts durchdringen. Der ›kalte Wind‹ kann in der ersten Gedichtzeile durchaus noch im eigentlichen Sinn verstanden werden und trägt die mit ihm verbundenen Vorstellungen, z. B. die des Natürlichen hinein in die späteren Strophen, die von den zwischenmenschlichen Beziehungen sprechen. Da er in Strophe 4 abermals genannt und mittelbar auf das bereits Gesprochene zurückbezogen wird, erhält er nun die Bedeutung des Sozialen, das dadurch als Natürliches erscheint.

Dort aber, wo das Soziale nicht im Bild eines Natürlichen erscheint, gehört es einer geschichtlich vergangenen Zeit an oder gibt sich übergeschichtlich. Das läßt sich an den Handlungen zeigen, denen das Gedicht die Anschaulichkeit des Konkreten und zugleich die Abstraktheit allgemeiner Bedeutung verdankt. Eine Windel geben, Erde ins Grab werfen, jemand an der Hand nehmen oder im Gefährt holen – diese Handlungen sind bildhaft und tragen dennoch, sogar unabhängig vom Kontext, Zeichencharakter. Es sind brauchtümliche oder in der Nähe des Brauchtümlichen stehende soziale Zeichen, mit und in denen sich Gemeinschaft bildet und erhält: der Gefeierte wird im Gefährt eingeholt, dem Toten gibt die Gemeinschaft die letzte Ehre. Sie verleihen dem Gedicht Schlichtheit und unscheinbare Kraft. Sie sind jedoch nicht repräsentativ für die hochzivilisierte Gesellschaft, in der Brecht das Gedicht schrieb. Sie kommen in ihr zwar noch vor, gehören aber einer früheren Zeit an. Da nur sie das Gedicht bestimmen, in dem sich keine als modern kenntlichen Handlungen finden, reduzieren sie die gesellschaftliche Wirklichkeit auf das, was sich von früher her durchgehalten hat. Ihre Verwendung suggeriert ein Allgemeines und verschweigt den historischen Ort, von dem aus und über den hier gesprochen wird. Die Teilwahrheit, daß sie auch heute noch vorkommen, verdeckt die weitere, daß sie nur noch verschwindendes, nicht aber repräsentatives Moment sind. Da sie jedoch nicht konkret dargestellt, sondern so allgemein gebraucht werden, daß sich etwa das ›Gefährt‹ auch als Automobil verstehen läßt, können sie sich als unhistorisch geben, obwohl sie in Wahrheit ihren historischen Ort in der Vergangenheit haben. Sie gewinnen den Schein des Überzeitlichen und legen dadurch das scheinbar Überzeitliche und mit ihm die Gegenwart auf die Eigenheit einer vergangenen Zeit fest. Das Situationsbewußtsein, das sie vermitteln, ist von der Situation selbst längst überholt. Das Subjekt, unfähig, die Situation, an der es leidet, als historisch-gesellschaftliche zu erfassen, fällt unter dem Druck des Leidens auf ein überholtes Verständnis zurück. Das kann dem Gedicht den Anschein größerer Allgemeingültigkeit geben, denn die Tendenz, auf eine frühere Bewußtseinsstufe zurückzufallen und das Selbstverständnis der Realitätskontrolle zu entziehen, bedroht alle, die ihre Ohnmacht gegenüber einer undurchschauten gesellschaftlichen Wirklichkeit erfahren. Der Leser kann sich in dieser seiner Tendenz bestärkt fühlen und glauben, in der partiellen Wahrheit des Gedichts die ganze seiner Situation zu finden.

Im Rückzug des Gedichts aus der historischen Situation kehrt diese jedoch wieder. In der eben aufgewiesenen schlechten Abstraktion von der konkreten Situation schlägt die historisch gegebene, tatsächliche gesellschaftliche Abstraktion durch. Das Bild der ahistorisch-natürlichen Gesellschaft, die sich nach dem Unterschied der Geschlechter (»ein Weib« – »ein Mann«), der Generationen (›ein Kind‹ – »ein Weib«) und nach dem zwischen dem einzelnen und den anonym (»man«) erscheinenden Vielen (III 4) gliedert, reproduziert im archaisierenden Rückgang auf eine frühere gesellschaftliche Stufe die Massengesellschaft, in der Brecht lebte, ihre Abstraktheit, ihre Anonymität, die Vereinzelung ihrer Mitglieder und sogar den inselhaften Bereich zwischenmenschlicher Kommunikation in der Familie.

Gleichwohl ist es gerade der Rückzug aus der historischen Situation, in dem das Subjekt hier zum Widerstand gegen sie findet. Das mag das Beispiel der einem schwäbisch gefärbten Luther-Deutsch nahestehenden Sprache[14] zeigen. Sie gibt dem Gedicht Einfachheit, Volksnähe, Drastik (»Schorf und Grind«) sowie den der Bibel- und Predigersprache eigenen Ton allgemeingültiger Aussage. Doch sie archaisiert und simplifiziert – als eine Folge der Entfremdung und als Reaktion auf sie – die moderne und komplexe Erfahrung der Entfremdung und trägt hierdurch dazu bei,

---

14 Volkstümlich-schwäbisch sind Flexion (»voller«), Apokope (»Hab«, »all«) und Wortwahl (»schrie euch« = »rief euch«; jmd. »gleich« sein = jmd. gleichgültig sein); biblisch-lutherisch sind neben solchen Volkstümlichkeiten Flexionsformen (»auf Erden«) und Wortwahl (»ein Weib«).

diese Erfahrung so zu verfestigen, daß das Subjekt sie nur schwer befragen kann.[15] Dennoch gibt gerade diese Sprache dem Subjekt einen Ort, von dem aus es sich von seiner Situation abheben und sie negieren kann: sie repräsentiert die frühbürgerliche – vom jungen Brecht übrigens immer wieder aufgesuchte – Lutherzeit, in der die Warenform noch nicht die herrschende, alle Lebensäußerungen entscheidend beeinflussende Form war,[16] eine Zeit, in der das Individuum noch kaum zum bürgerlichen, und damit einsamen geworden war, sondern sich weitgehend in der Gesellschaft geborgen wußte.[17] Unter diesem Aspekt kann, was aus vergangener Zeit stammt, auch das Humanere repräsentieren.[18] Die Diskrepanz zwischen der Sprache jenes frühen Zustands und dem Zustand, zu dessen Darstellung sie dient, trägt unausgesprochen die Negation der jetzigen Situation und die Klage über sie in sich. Aus dieser Negation kann sich die Sehnsucht nach einem anderen Zustand entwickeln. Der Fluchtort ist geheimer Ort des Widerstands; die Mittel, welche die Selbstverfangenheit des Bewußtseins stärken, sind ihm zugleich als unerkannter Sprengstoff eingelagert. In dem Widerspruch zwischen der Luthersprache und dem Leiden an der Entfremdung in einer fortgeschrittenen kapitalistischen Gesellschaft, das sei im Vorgriff thesenhaft formuliert, kehrt der Widerspruch zwischen ›altem‹ und ›neuem‹ Mittelstand wieder, in den Brecht hineingeboren wurde. Der junge Brecht erfährt Vereinzelung und Ohnmacht, denen die Angehörigen des ›neuen Mittelstands‹ verstärkt ausgesetzt sind, und sucht ihnen mit dem Bewußtsein des ›alten Mittelstands‹ zu begegnen, der die frühbürgerlichen, auch die religiösen Lebensformen bewahrt.[19]

Christliche Momente

Das Gedicht läßt die Sprache Luthers anklingen und christliche Vorstellungen assoziieren: Strophe 1 erinnert an die Geburt

---

15 Die Luthersprache kann später andere Funktionen haben, z. B. die der Verfremdung.
16 Hierzu Lukács: *Geschichte und Klassenbewußtsein*, a. a. O., S. 95-113.
17 Dementsprechend sind die Handlungen im Gedicht nicht einmalig und individuell, sondern nahezu überpersönliche Verhaltensweisen mit Ritualcharakter.
18 Hierzu *AA*, S. 102.
19 Siehe unten S. 134.

Christi,[20] den Prediger Salomo[21] und Hiob,[22] Strophe 4 an Hiob und das ganze Gedicht an das Erdenleben als Leben im Jammertal;[23] wie eine Predigt redet es die Menschen als »Kinder« an. Dennoch ist es nicht christlich, weist nicht auf Gottvater, kennt keine Erlösung und gibt keine Anweisung zu christlichem Verhalten; dem »Hier auf Erden« entspricht kein »Dort im Himmel«.[24] Das Gedicht ersetzt die Lehre der Erlösung durch Christus durch die neue, daß die Menschen ohne Gott und in der Kälte leben und allenfalls durch die »Freundlichkeit der Welt« zur Liebe – freilich nicht Gottes, sondern – der ›Welt‹ gelangen. Der Satz »Fast ein jeder hat die Welt geliebt/Wenn man ihm zwei Hände Erde gibt« polemisiert wahrscheinlich gegen Johannes, 3,16: »Also hat Gott die Welt geliebt, daß er seinen eingeborenen Sohn gab, auf daß alle, die an ihn glauben, nicht verloren werden, sondern das ewige Leben haben«. An die Stelle Gottes tritt der Mensch (»Fast ein jeder«), an die des ewigen Lebens das Grab, an die des eingeborenen Sohnes, den Gott »gab«, die zwei Hände Erde, die »man gibt«; an die Stelle der niedrigen und unbekannten Geburt Christi, welche das Heil bringt, tritt die unbekannte Geburt aller Angeredeten und an die der Geborgenheit in Gott die Verlassenheit des Menschen: »Keiner schrie euch« negiert Jesaja 43,1 »Fürchte dich nicht, denn ich habe dich bei deinem Namen gerufen; du bist mein«[25].

Das Gedicht wendet sich zwar polemisch-parodistisch gegen

---

20 Lukas 2, 7: »Und sie gebar ihren ersten Sohn und wickelte ihn in Windeln und legte ihn in eine Krippe; denn sie hatten sonst keinen Raum in der Herberge«. Vgl. Luk. 2. 12; vgl. w. a., 8, S. 120-124. - Die Bibel wird hier und künftig nach der Übersetzung Luthers zitiert (Neu durchgesehen nach dem vom Deutschen Evangelischen Kirchenausschuß genehmigten Text. Berlin. Britische und Ausländische Bibelgesellschaft 1925).
21 Prediger 4, 14: »Wie er nackt ist von seiner Mutter Leibe gekommen, so fährt er wieder hin«.
22 Hiob I, 21: »Ich bin nackt von meiner Mutter Leibe gekommen, nackt werde ich wieder dahinfahren«. - 7, 7 »Gedenke, daß mein Leben ein Wind ist«. - 14,1-2 »Der Mensch, vom Weibe geboren, lebt kurze Zeit und ist voll Unruhe; geht auf wie eine Blume und fällt ab; flieht wie ein Schatten und bleibt nicht«.
23 Diese Vorstellung findet sich häufig bei Brecht; vgl. w. a., 2, S. 497.
24 Gleichwohl läßt das Gedicht eine Transzendenz ahnen, wenn auch eine leere. »Hier auf Erden« läßt ein »Dort« assoziieren und die Vorstellung daß der Mensch auf die Erde kommt und wieder von ihr geht, läßt sie auch als Wegstrecke auf dem Weg vom Unbekannten ins Unbekannte erscheinen.
25 Brecht änderte den Suevismus »schrie euch«, wohl weil er mißverständlich war, später in »rief euch". Bertolt Brecht. *Gedichte und Lieder*. Berlin und Frankf./M. [o. J.], S. 13.

christliche Vorstellungen, bleibt ihnen aber verpflichtet und benutzt sie zur Mitteilung seines eigenen Verständnisses. Das wird deutlich, wenn man es in die Tradition der christlichen Contemptus-Mundi-Literatur stellt.[26] Dort ist ›Welt‹ mundus, das diesseitige, zeitverhaftete Dasein »auf Erden«, saeculum im Gegensatz zur Ewigkeit. Diese Bedeutung übernimmt Brecht, wenn er den Begriff zusammen mit anderen christlichen verwendet.[27] Das Subjekt seines Gedichts transzendiert zwar ebenfalls sein zeitliches Dasein[28] und wertet es ab, kann ihm aber keine erfüllte Transzendenz entgegensetzen. Die ›Welt‹, von deren karger Freundlichkeit es spricht, trägt noch wesentliche Züge des saeculum, meint zugleich aber schon die Gesellschaft[29] als einzigen

26 Ein Beispiel:

> Der Weltreihen
> Was ist unser tuhn auff Erden?
> An die Welt geboren werden:
> Sprach- und ganglos in der wiegen
> Sonder eigne hülffe liegen:
> Kriechen/lauffen/stehen/sizen/
> Hungern/dürsten/frieren/schwizen:
> Eitle müh und arbeit tragen:
> Sich mit vielen sorgen plagen:
> Stets in todsgefahren schweben:
> Und zu letst den geist aufgeben:
> Wiedrum staub und asche werden/
> Das ist unser tuhn auf Erden

Das Gedicht stammt von Johann Grob; es erschien in: *Reinholds von Freienthal Poetisches Spazierwäldlein/Bestehend aus vielerhand Ehren-Lehr-Scherz- und Strafgedichten.* [o. J.], [1700], S. 16. - Zitiert nach: *Gedichte 1700-1770.* Nach den Erstdrucken in zeitlicher Folge. Hrsg. von J. Stenzel. München 1969, S. 18.
27 Hierauf verweist auch die Anspielung auf Joh. 3, 16: »Also hat Gott die Welt geliebt«. - Auch die »Kälte« gehört in den Traditionszusammenhang der christlichen Literatur. Bei Gryphius z. B. meint die »kalte welt« die von der göttlichen Wahrheit nicht erleuchtete und damit im geistigen Sinn tote, irdische Welt: »Bisher hab ich die alte kalte welt/Bisher hab ich die eitelkeit gelibet:/Bisher hatt mich der harte sturm betrübet./Mich der ich falschem gutte nachgestelt./Kom reiner Geist/entzünde meine kält.« (Andreae Gryphii: *Sonnette.* Das erste Buch. II. An Gott den Heiligen Geist. In: Andreas Gryphius: *Gesamtausgabe der deutschsprachigen Werke.* Hrsg. von Marian Szyrocki und Hugh Powell. Bd. 1, Tübingen 1963, S. 29 f.).
28 Vgl. oben Anm. 24.
29 Helmut Motekat, a. a. O., S. 147: »Was hier als ›die Welt‹ bezeichnet wird, das entspricht wohl am ehesten dem, was der Franzose meint, wenn er ›le monde‹ sagt. Das ist die menschliche Gesellschaft, das Mit- und Nebeneinander der Menschen: die Menschheit.« - Vgl. Str. III: »Und die *Welt,* die ist euch gar nichts schuld/*Keiner* hält euch, wenn ihr gehen wollt./*Vielen,* Kinder, wart ihr vielleicht gleich./*Viele* aber weinten über euch.« Die »Welt«, die nichts schuld ist,

Bereich des Menschen. Sie wird nur in einer Negation transzendiert, die wieder zu ihr zurückführt: noch der Tod erscheint im Zeichen der Liebe zur ›Welt‹, nicht in dem einer Wendung ins Jenseits.

Insofern das Gedicht die ›Welt‹, das Zusammenleben der Menschen, als saeculum versteht und abwertet, kann es ihre Eigengesetzlichkeit, insbesondere die ihres geschichtlichen Orts, nicht verstehen. Die Betrachtung sub specie aeternitatis läßt das Geschichtliche als Allgemeines erscheinen und rückt Geburt und Tod als wichtige Übergangsstationen in den Vordergrund; da das Gedicht jedoch kein erfülltes Jenseits kennt, hält es den Menschen zwischen Geburt und Tod in einer weithin entwerteten Welt gefangen.

Die christliche Verhaltensstruktur, real in der Welt zu sein, sich aber ideell über sie zu erheben, sie sub specie aeternitatis zu entwerten, sich ihr aber in Wirklichkeit auszuliefern,[30] führt, nachdem der christliche Gehalt verloren ging, zum Leiden an der Welt, die erst in dieser Struktur als minderwertig erfahren wird. Dies Leiden mildert sich, je mehr das Subjekt eine »Freundlichkeit der Welt« erkennt und anerkennt; das kann es nur, wenn es sich selbst als ›weltliches‹ und so auch die ›Welt‹ nicht völlig abwertet, sondern zumindest teilweise bejaht. Das der Lyrik des jungen Brecht eigene Einverständnis mit der Faktizität ist Voraussetzung einer »Freundlichkeit der Welt«.

Die Auffassung der ›Welt‹ als saeculum in »Von der Freundlichkeit der Welt« und das ihr entsprechende Verhalten lassen das Subjekt, welches das Gedicht spricht, zwar an seiner konkreten Situation vorbeisehen und geben ihr den Anschein des Allgemein-Menschlichen, doch sie gewähren ihm zugleich Abstand von seiner Situation und verhindern, daß es dem Hier und Jetzt verfällt: die christliche Negation der ›Welt‹ und die von der Religion bewahrte Sehnsucht halten den Weg zur Überwindung der Situation offen.

---

sind die Menschen. Und wenn es heißt »Fast ein jeder hat die Welt geliebt«, liegt es nahe, »Welt« als das zu verstehen, was dem einzelnen Gutes tat; das sind aber das Weib (I 4), der Mann (II 4) und die Vielen (III 4).
30 Hierzu vgl. Marcuses Abhandlung über den christlichen Freiheitsbegriff von Luther bis Kant. Herbert Marcuse: *Studie über Autorität und Familie.* In: H. Marcuse: *Ideen zu einer kritischen Theorie der Gesellschaft.* Frankf./M. ²1969, S. 55-156; dort S. 59-97.
Anm. 31-36 bei Korrektur entfallen.

Die Verwendung christlicher Momente in diesem Gedicht ist mehrfach bedingt. Brecht hat sich bereits von christlichen Gehalten gelöst und polemisiert parodistisch gegen sie; die Verhaltensstruktur, die sein vorgetragenes Weltbild bestimmt, ist jedoch noch vom Christentum geprägt. Er sucht seine nicht verstandene Situation in christlichen Schemata zu verstehen, und er benutzt christliche Vorstellungen poetisch, weil sie auf bekannte, schlichte und eingängige Weise eine abstrakte Totalität darzustellen gestatten.

Objektivität als Medium der Subjektivität

Das Gedicht gibt sich didaktisch und will als ›Exerzitie‹ »Aufschluß über das Leben« geben.[37] Das Subjekt scheint weder zu sich noch über sich zu sprechen, sondern zu einem Kreis von Zuhörern über deren Leben; sein Gestus ist rhetorisch. Es benutzt jedoch die didaktische Haltung als Maske und verbirgt hinter der scheinbaren Objektivität der Lehre den subjektiven Charakter seiner Aussagen.[38] Das gelingt um so eher, als das Gedicht den Schein der Objektivität dadurch zu stärken sucht, daß es die Angeredeten am Entstehen der Lehre beteiligt: es spricht so zu ihnen über ihre Situation (zumeist ihre frühere), daß sie sich zu ihr verhalten[39] und aus der eigenen Erfahrung Erkenntnis schöpfen können; doch es präformiert die Situationen, an welche sie sich hierbei ›erinnern‹ sollen, der-

37 Es gehört zu den ›Exerzitien‹ der *Hauspostille*, zu denen die ›Anleitung‹ bemerkt: »Die zweite Lektion (Exerzitien = geistige Übungen) wendet sich mehr an den Verstand [...] Aus den darin verborgenen Sprüchen sowie unmittelbaren Hinweisen mag mancher Aufschluß über das Leben zu gewinnen sein.« *w.a.*, 8, S. 169.
38 So kann es auch Sentimentalität fernhalten. Da es nicht zu sich, sondern zu anderen spricht, und nicht über sich, sondern über andere, kann es versuchen, sich aus Distanz emotionsfrei über die menschliche Situation zu äußern, die auch die seine ist. Es kann seine Selbstverständigung extrovertieren und alles Private, den Genuß der eigenen Subjektivität, und die Klage über sein Leid verbergen und, statt in einer Elegie über den ›kalten Wind‹ und die spärliche »Freundlichkeit« zu klagen, lehrend auf die »Freundlichkeit« weisen und die Klage nur noch mittelbar vernehmen lassen.
39 Die Angeredeten verhalten sich zu ihrer gegenwärtigen Situation mittelbar, indem sie sich auf ihre frühere (I, II) oder künftige Situation (IV 2) oder auf die anderer Menschen (IV 3, 4) beziehen. Anfangs sollen sie ihre Vergangenheit erinnern; aus der hierbei gewonnenen Erkenntnis zieht dann Strophe III die Folgerungen für die Gegenwart.

art, daß sich aus ihnen nur wieder seine Sicht bestätigt. Das Gedicht suggeriert die ›Kälte‹ – und auch die Angeredeten haben ›Kälte‹ erfahren – als allgemein gegeben, um sie dann erinnern zu lassen. So sucht es die Angeredeten in seinen pessimistischen Ansatz zu zwingen und verstärkt dadurch den Anschein von dessen Allgemeingültigkeit. Es scheint ganz von der Absicht bestimmt, über die als allgemein-menschlich verstandene Situation zu belehren. Da es etwas mitteilen will, ist es verständlich, Bilder und Syntax sind einfach; seine Sprache ist die eines Predigers,[40] der alles Einzelne und Besondere, weil es angesichts der aufzuweisenden Gesetzmäßigkeit gleichgültig ist, unerwähnt läßt oder nur als Beispiel aufführt, eine karge Sprache, welche die Aufmerksamkeit nicht auf sich, sondern auf die Aussage lenkt. Die angeführten Situationen sind typisch, nur auf das Allgemein-Menschliche konzentriert, so allgemein, daß sie die Phantasie zur Ausgestaltung reizen, zugleich aber doch so konkret, daß sie ihr einen Anhaltspunkt und einen die Bedeutung begrenzenden Rahmen geben.[41]

So sehr jene didaktischen und suggestiven Momente aber auch eine Objektivität vorspiegeln mögen, diese scheinbare Objektivität ist Medium der Subjektivität. Auch »Von der Freundlichkeit der Welt« ist ein im Sinne der bürgerlichen Tradition lyrisches Gedicht, ein »Sichaussprechen des Subjekts«[42], wenn auch ein durch die didaktische Haltung vermitteltes.

Diese Vermittlung der Subjektivität gelingt, weil das Subjekt sich durch die Mehrdeutigkeit der scheinbar objektiven Aussagen zu erkennen gibt. Die Situationen, ihre Verbindungen untereinan-

[40] Die christlichen Vorstellungen, der rhetorisch-didaktische Vortrag und die Anrede »Kinder« erinnern an die Predigt. Wie sie belehrt das Gedicht über die allgemeine Situation und läßt die Angeredeten ihre individuelle von da aus verstehen; und eindringlich wie eine Predigt zwingt es sie, sich dieser Situation zu stellen.
[41] Die Situationen sind vielfach negiert (II 1, 2, 3; III 2) und verweisen lediglich auf die Bedeutung der durch ihre Verneinung positiv gesetzten Situation. So meint etwa »man holte euch nicht im Gefährt« ›ihr wart unbeachtet und verlassen‹. Auch die nicht negierten Situationen sind auf ein Minimum an Konkretion und Bildkraft reduziert. Die einzelnen Gegebenheiten, seien es Dinge oder Menschen, sind als Momente eines Zeichens – z. B. der sozial bedeutsamen Geste, daß »ein Weib euch eine Windel gab« – nahezu ohne Eigenwert. Dennoch haben sie nicht alle Konkretion verloren. Das gilt auch für anderes, was im Gedicht erscheint; ›nackt‹ und ›frierend‹, ›Wind‹ und ›Kälte‹ z. B. geben nicht nur eine Bedeutung, sondern auch sinnlich erfahrbare Realität.
[42] Georg Wilhelm Friedrich Hegel: *Ästhetik*. Mit einer Einführung v. Georg Lukács. Frankf./M. [o. J.], Bd. 2, S. 400.

der[43] und die Verbindungen der einzelnen Sätze[44] sind ebenso mehrdeutig, wie das Verhältnis von ›Kälte‹ und »Freundlichkeit«[45], das Selbstverständnis des Subjekts und sein Verhältnis zu den Angeredeten.[46] Mehrdeutig ist noch der Schluß des Gedichts »Fast ein jeder hat die Welt geliebt/Wenn man ihm zwei Hände Erde gibt«[47]. Der Satz kann einen Sachverhalt objektiv feststellen oder tröstend zeigen, daß die ›Welt‹ so freundlich ist, daß sie trotz der ›Kälte‹ geliebt wird,[48] ja daß der ›kalte Wind‹[49] und vielleicht sogar der Tod[50] noch Genuß gewähren und die ›Welt‹ liebenswert machen. Er kann aber auch zynisch darauf verweisen, daß der Mensch die schlimmste ›Kälte‹ erträgt und dennoch, vielleicht wegen seiner Blindheit,[51] die ›Welt‹ liebt, oder

43 II 4 z. B. läßt offen, ob der Vater, der Lehrer oder ein Verwandter das Kind an der Hand nahm. Ebenso unbestimmt bleibt, ob II 1, 2 von der Geburt oder einer anderen Lebensstation sprechen; deshalb ist es unklar, wie sich II 1, 2 an I 4 anschließen. Meinen sie die Geburt, so deuten sie Strophe I aus und heben die Tat des Weibes als außerordentlich hervor. Meinen sie aber eine Station der Sozialisation, so fügen sie Str. II additiv hinzu und machen die ›Kälte‹ bewußt, ohne die Freundlichkeit zu betonen.
44 Die zumeist kurzen und apodiktischen Sätze sind mit wenigen Ausnahmen (III 4 die einzige nicht-reihende Konjunktion) unverbunden aneinandergereiht und beziehen sich nicht eindeutig aufeinander; das gilt auch für die Strophen. IV 3, 4 kann adversativ, aber auch nur additiv zu IV 1, 2 stehen. II 3, 4 kann eine bloß erläuternde Erweiterung von II 1, 2, aber auch eine Schlußfolgerung daraus oder eine einfache Hinzufügung sein. II 4 kann sich zu II 3 temporal oder adversativ verhalten.
45 Die ersten drei Zeilen der Strophen I-III können die unerbittliche Herrschaft der ›Kälte‹ bewußt machen, um die Freundlichkeit als eine geringe, beinahe zwecklose Linderung erscheinen zu lassen, aber auch, um den außergewöhnlichen Wert einer scheinbar geringen Freundlichkeit zu zeigen.
46 III 3 werden die Hörer als »Kinder« angeredet. Es kann im Ton der Predigt zu Hilflosen und Ergebenen sprechen oder in dem des Kumpans zu Zechgenossen (vgl. w. a., 1, S. 3 »Mag Baal müd sein, Kinder, nie sinkt Baal«), dabei ließe es dann eine zynische Unbekümmertheit und Burschikosität spüren, mit der sich das Subjekt über die Situation zu erheben sucht, in der es selbst und die Angeredeten hilflos leiden (vgl. w. a., 8, S. 42 »Oft wurde nachts der Himmel rot/Sie hieltens für das Rot der Früh./Dann war es Brand, doch auch das Frührot kam./ Die Freiheit, Kinder, die kam nie.//Und drum, wo immer sie auch warn/Das ist die Hölle, sagten sie.«).
47 Möglicherweise ging in diesen Satz die Erinnerung an Tolstois Erzählung *Wieviel Erde braucht der Mensch?* ein. Leo N. Tolstoi: *Wieviel Erde braucht der Mensch?* Bern 1953.
48 Vgl. die Worte des sterbenden Baal »Es war sehr schön«. w. a., 1, S. 66.
49 Vgl. w. a., 8, S. 38: »François Villon, den nie ein Bett bedeckte/Fand früh und leicht, daß kühler Wind ihm schmeckte«.
50 Vgl. w. a., 8, S. 39: »Als er alle viere streckte und verreckte/Da fand er spät und schwer, daß auch dies Strecken schmeckte«.
51 Vgl. w. a., 8, S. 90: »In den frühen Tagen meiner Kindheit [...] Liebte ich die Welt und wollte Blindheit.«

darauf, daß der Mensch sich durch den Tod zu dieser Liebe verführen läßt.[52] Der Schlußsatz kann das bedauern, er kann aber auch sentimental die Menschen wegen dieser rührenden, beinahe unverständlichen Liebe bemitleiden.

Solche Mehrdeutigkeit bestimmt das ganze Gedicht. Es ist zugleich ontologisierende Predigt, Klage über die Situation und hilflos-unartikulierter Protest gegen sie.[53] Die Mehrdeutigkeit hilft der Subjektivität, die durch das scheinbar objektive Nennen von Tatsachen aus dem Gedicht verwiesen scheint, mittelbar zum Ausdruck. Die Absicht des Gedichts läßt sich bei der Vielzahl möglicher Absichten nicht genau erkennen, zugleich wird jedoch deutlich, daß es nicht ohne Absicht ist.[54] Das Subjekt zeigt sich und verbirgt sich zugleich.

Dieses Zurücktreten des Subjekts hinter scheinbar objektive Belehrung und sein Hervorlugen hinter dem Schleier der Mehrdeutigkeit lassen sich als Folgen der Entfremdung in der bürgerlichen Gesellschaft und als Reaktion auf sie verstehen. Das vereinzelte Subjekt kann sich in seiner Situation, an der es leidet, ohne sie überschauen oder verändern zu können, nicht verwirklichen. Aus dieser Not macht es eine Tugend und zieht sich weiter zurück, um dem Leiden zu entgehen und sich zu bewahren. Es verbirgt sich, um nicht betroffen zu werden, bemüht sich, fühllos zu sein, um nicht zu leiden, und zieht sich hinter die Autorität der Predigt zurück, um nicht für seine Aussagen einstehen zu müssen.

---

52 Vgl. w. a., 8, S. 88: »Immer beruhigt der Tod/Verdunkelnd das Ziel/Er begräbt unter Schmutz/Und Zufriedenheit/Den nicht zu Wort Gekommenen ganz.«
53 Vielleicht klagt es sogar die Angeredeten an: »Viele weinten über euch« weist wahrscheinlich, an biblische Sprache anklingend, tröstend darauf hin, daß viele über die Leiden der Angeredeten weinen, kann aber auch ›weinten über eure Untaten‹ gelesen werden. Vgl. unten S. 48. - Den Protest übersieht Lüthy, wenn er schreibt: »Ganz einfach, von kindlicher Frömmigkeit und Fügsamkeit wird dieses Hinnehmen des Daseins in der ergreifend schlichten *Ballade von der Freundlichkeit der Welt*« (Herbert Lüthy: *Fahndung nach dem Dichter Brecht*. Zürich 1972, S. 17). Da er die Widersprüchlichkeit solcher frühen Gedichte nicht sieht, erscheint ihm Brechts Wendung zur marxistischen Lyrik dann auch als ein Bruch »mit sich selbst und seiner eigenen Lebendigkeit« (ebenda, S. 25).
54 Es nennt Tatsachen, ohne sie eindeutig miteinander zu verbinden. Da das sprechende Subjekt diese aber in irgendeiner Weise unausgesprochen verbunden und so auch gedeutet haben muß, und seine Deutung durch die Reihenfolge, in der es sie nennt, nahelegt, führt es den Leser dazu, hinter dem objektiven Nennen die subjektive Bedeutung zu erspüren. Da es ihm jedoch keine verläßlichen Hinweise gibt, sondern verschiedene Deutungsmöglichkeiten offenläßt, kommt es zur Spannung zwischen ihnen und zwischen jeder von ihnen und dem Objektiven.

Da es jedoch immer auch seine eigene Situation meint, soweit es sich auch zurückziehen mag, und so allgemein es auch von der Situation aller Menschen spricht, kann es seine Subjektivität nicht verleugnen: es ist von seiner Situation in allem Ernst betroffen und reagiert auf sie. Dabei verhält es sich widersprüchlich und deshalb mehrdeutig. Da ihm seine Situation unveränderlich erscheint, hat es sie insofern immer schon akzeptiert; dieses Einverständnis mit seiner Situation, an der es leidet, bricht es aber wieder durch die versteckte Klage über sie und über dieses Einverständnis mit ihr und kommt so zu einem verzweifelten Einverständnis, das zwischen jener Klage und der Einsicht verharrt, daß ein Einverständnis unumgänglich ist. So mischt das Subjekt hoffnungslose Passivität, quietistische Rührung über sich selbst, versteckte Sentimentalität, Selbstmitleid des hoffnungslos Leidenden und dennoch Liebenden, Rührung über die trotz der ›Kälte‹ nicht abgestorbene Liebe, aber auch Selbstqual, Zynismus, hilflosen Protest und einen verzweifelt burschikosen Ton, mit dem es sich, wohl wissend, daß dies unmöglich ist, über seine Situation zu erheben sucht (vgl. Anm. 46) – eine Haltung, die sich, mit Akzentverschiebungen, auch in anderen Gedichten des jungen Brecht findet.[55] Diese Mehrdeutigkeit gibt dem Gedicht den die Phantasie anregenden und beschäftigenden Reiz der nicht bewältigten Situation, aus der heraus und in die hinein hier gesprochen wird. Das leicht eingängige, scheinbar einfache und unmittelbar verständliche Gedicht erhält einen unaufgeklärten Hintergrund, in dem das Verstehen nicht zur Ruhe kommt.

Das Gedicht sucht die Situation des Subjekts und der Angeredeten zu erhellen. Da diese als unveränderliche und geschlossene Situation »Hier auf Erden« und als alle anderen Situationen umgreifend erscheint, kann ihre Erhellung nur im Kreise gehn; sie beginnt mit der »Erde voller kaltem Wind« (I 1) und endet wieder (IV 1) an diesem nie verlassenen Ort menschlichen Lebens. Geburt und Tod bilden den Rahmen; der Tod leitet nur ins Nichts, das Gehen (III 2) kommt nirgendwo an. – Eine offene Zukunft kennt das Gedicht nicht; die Zukunft der Angeredeten (IV) ist die Vergangenheit anderer (IV 3,4). Der Ausblick in die verschie-

---

[55] Vgl. oben Anm. 46-51 und »Gesang des Soldaten der roten Armee« (*w. a.*, 8, S. 41), »Vom Mitmenschen« (*w. a.*, 8, S. 190), »Ballade von den Abenteurern« (*w. a.*, 8, S. 217), »Ballade von den Geheimnissen jedweden Mannes« (*w. a.*, 8, S. 218).

denen Zeiten dient der Bestätigung des immer Gleichen: aus der Vergangenheit (I, II) bestätigen sich Gegenwart (III) und Zukunft (IV), Gegenwart und Vergangenheit kehren als Zukunft wieder, und Zukunft und Gegenwart bestätigen spiegelnd die Vergangenheit.
Derart kreisende Situationserhellung bringt keine Konsequenz, sie verstärkt lediglich das Bewußtsein, ein Leben lang auf der »Erde voller kaltem Wind« gefangen zu sein. Die Tätigkeit des Subjekts, so sehr sie solche bleibt und sich dadurch vor dem Untergehen im Objektiven bewahrt, führt zur Anerkennung eines übermächtigen, mit dem Subjekt nicht zu vermittelnden Objektiven, zu einer Anerkennung, von der sie bereits ausging. Dieser auch oben aufgewiesenen Unterwerfung des Subjekts unter das Objektive gerade dort, wo es Subjekt bleibt, entspricht die »Freundlichkeit«, welche die ›Kälte‹, in der sie geschieht, in sich aufgenommen hat und dennoch »Freundlichkeit« bleibt. Solche Unterwerfung ist Kennzeichen der ›freundlichen‹ Handlungen, anonymer, gesellschaftlich vorgegebener Verhaltensweisen, in denen sich die individuelle Zuwendung verbirgt und dennoch mitteilt. Diese »Freundlichkeit«, in der vorherrschenden ›Kälte‹ kaum noch merkbar, aber doch gerade noch zu spüren und zu schätzen,[56] ist in einer Situation, die das leidende Subjekt anerkennt, gegen die es sich zugleich aber auch zu behaupten sucht, ein »Minimalprogramm der Humanität«[57].

[56] Vgl. w. a., 8, S. 117: »Ein pessimistischer Mensch/Ist duldsam./Er weiß die feine Courtoisie auf der Zunge zergehen zu lassen/Wenn ein Mann eine Frau nicht totprügelt [...] Die Gewissensbisse eines Mannes, der seinen Freund/Verkauft hat/Erschüttern ihn, der die Kälte der Welt kennt«.
[57] Walter Benjamin: *Kommentare zu Gedichten von Brecht*. In: W. Benjamin: *Versuche über Brecht*. Frankf./M. 1966, S. 49-83; dort S. 83. - In seinem Kommentar zu dem 1926 entstandenen (*BC*, S. 40) Gedicht »Vier Aufforderungen an einen Mann von verschiedener Seite zu verschiedenen Zeiten« schreibt er: »Bemerkenswert ist die freundliche Indifferenz, die allen vier Aufforderungen eigen ist. Daß die Härte der Zumutung für diese Freundlichkeit Raum läßt, daran erkennt man, daß die gesellschaftlichen Verhältnisse dem Menschen von außen als ein ihm Fremdes entgegentreten. Die Freundlichkeit, mit der ihr Verdikt ihm von seinen Nebenmenschen übermittelt wird, zeigt, daß diese sich nicht mit ihnen solidarisch fühlen. Nicht nur der Angeredete scheint hinzunehmen, was er zu hören bekommt; auch die, die sich an ihn wenden, haben sich mit den Verhältnissen abgefunden. Die Unmenschlichkeit, zu der sie verurteilt sind, hat ihnen die Höflichkeit des Herzens nicht nehmen können.« (ebenda, S. 72). Das gilt auch für »Von der Freundlichkeit der Welt«, mit dem Unterschied allerdings, daß hier die Verhältnisse noch nicht explizit als gesellschaftliche erscheinen und die Menschen sich deshalb von ihnen nicht in dem Maße wie dort

Die Entwicklung des Gedichts

Im Notizbuch von 1921[58] findet sich der wahrscheinlich erste Entwurf:

> Lied gegen die Ansprüche!
>
> 1) Auf die Erde voller kaltem Wind
> kamt ihr alle als ein nacktes Kind.
>
> 3) Keiner wünscht euch. Ihr wart nicht begehrt.
> Und man holte euch nicht im Gefährt.
>
> 2) Frierend lagt ihr ohne alle Hab
> als ein Weib euch eine Windel gab.
>
> 6) Und von nun an war es immer gleich:
> Viele aber litten unter euch.
> (Jene bauten Steine gen den Wind) [= gestrichen]
>
> 4) Ihr wart hier auf Erden unbekannt:
> Als ein Mann euch einst nahm an der Hand.
>
> Baum und Tier war für euch nurmehr da
> (Drum mein ich: Habt frohen Mut) [= gestrichen]
> und der Himmel war euch immer nah.
>
> Darum mein ich: Habet frohen Mut!
> Denn dem Besten geht es noch zu gut.
> Wenns ihm schlecht geht, gehts ihm doch zu gut!
> Darum Brüder habet frohen Mut!
>
> Wenn das Schicksal euch ins Dunkel wirft
> Freut euch doch noch daß ihr da sein dürft:
> Seht, die Erde ist euch gar nichts schuld:
> Keiner hält euch wenn ihr gehen wollt.[59]

---

abheben können. Die Trennung von Subjekt und Objekt und entsprechend die von »Freundlichkeit« und ›Kälte‹ ist noch nicht so weit fortgeschritten. - Zur Entwicklung der ›Freundlichkeit‹ bei Brecht siehe Cyrus Hamlin: *The Development and Use of the Concept of ›Freundlichkeit‹ in the Drama of Bertolt Brecht*. Senior Thesis. March 15. 1958 (*BBA*, 1430/01) und Kurt Bräutigam: *Von der Freundlichkeit der Welt*. In: *Interpretationen zur Lyrik Brechts*. Hrsg. v. Rupert Hirschenauer und Albrecht Weber, S. 42-56; dort S. 42-46.
58 *BV* II, S. 178.
59 *BBA* 437/111-112. Der Nachdruck erfolgt mit freundlicher Genehmigung der Bertolt-Brecht-Erben.

Der Entwurf weist auf die ›Kälte‹ und wendet sich »gegen die Ansprüche«. Er fordert zu einem Einverständnis auf, wie es der sterbende Baal zeigt, der, verachtungsvoll bespuckt, sich den Speichel aus dem Gesicht wischen läßt, dabei lacht, und gefragt, warum er lache, antwortet »Es schmeckt mir«[60]. Die Aufforderung, sich abzufinden und wenigstens das pure Dasein zu genießen, wird begründet mit einer verborgenen Schuld der Menschen, mit ihrer Naturnähe und mit der Beziehungslosigkeit zwischen »Erde« und Einzelnem. Die Menschen verdienen das Leiden, wenn es dem Besten »schlecht geht, gehts ihm doch zu gut«. Diese Anklage, die natürlich auch eine Selbstanklage ist, läßt sich kaum allein aus dem anderen zugefügten Unrecht erklären (»Viele aber litten unter euch«). Das hier zutage tretende Schuldgefühl weist auf die Abhängigkeit von einer Autorität, der gegenüber man sich schuldig gemacht hat, eine Autorität, die als »Schicksal« erscheint, »ins Dunkel wirft« und gestattet, daß man wenigstens noch ›da sein *darf*‹. Der ›kalte Wind‹ wird als Strafe angenommen.[61] Diejenigen, die keine »Steine gen den Wind« bauen und sich ihm schutzlos aussetzen,[62] sind jedoch Baum, Tier und Himmel nah und gewinnen neues Lebensgefühl. In der gesellschaftsfernen Natur, nicht bei den Mitmenschen, finden sie Rückhalt und »frohen Mut«. Wie in der Hauspostillen-Fassung, so erscheint der Mensch auch hier als Einzelner, doch während er dort in seinem Verhältnis zu den Mitmenschen gesehen wurde, tritt der soziale Bezug im Gang dieses Entwurfs immer mehr zurück; nicht die »Welt« ist »nichts schuld«, sondern die »Erde«, und nicht die »Freundlichkeit« der Menschen kontrastiert der ›Kälte‹, sondern die Nähe der Natur.

In der Hauspostillen-Fassung versagt sich das Subjekt diesen Rückzug in die Natur und beginnt Leiden und Rückhalt gegen das Leiden als soziale darzustellen, wenn ihm das Gesellschaftliche auch noch als Natürliches erscheint. Eine Selbstanklage läßt sich kaum noch ahnen; das Leiden ist nicht durch Schuld verdient, sondern unbegründet gegeben. Entsprechend fordert das Subjekt nicht mehr zum Einverständnis mit der leidenschaffenden Situa-

---

60 w. a., 1, S. 66.
61 Zu der masochistischen Komponente der Lyrik des jungen Brecht, besonders zu ihrem hier anklingenden Zusammenhang mit dem Vitalismus, siehe unten Kap. IV.
62 Vgl. unten S. 107 f.

tion und zum Verzicht auf die »Ansprüche« auf, sondern nimmt das Gegebene hin, wendet sich zugleich hilflos gegen es und beginnt insgeheim den Anspruch auf die in der »Freundlichkeit« erfahrene und bewahrte Humanität einzuklagen. An die Stelle eindeutiger Lehre und Aufforderung (z. B. »Freut euch doch noch daß ihr da sein dürft«) tritt die scheinbar objektive Darstellung (z. B. »Fast ein jeder hat die Welt geliebt«), hinter der das Subjekt seine widersprüchliche Reaktion zu verbergen sucht.

Diese Entwicklungstendenz läßt sich durch die möglicherweise bald nach dem ›Entwurf‹ entstandene und 1926 in der *Taschenpostille* veröffentlichte Fassung[63] bestätigen. Sie ist mit der Hauspostillen-Fassung, ihrer Wendung zur Gesellschaft und ihrer scheinbaren Objektivität schon nahezu identisch, unterscheidet sich von ihr jedoch durch die erste Zeile von Strophe III. Sie lautet »*Ja,* die Welt, die ist euch gar nichts schuld«, noch nicht »*Und* die Welt, die ist euch gar nichts schuld«. Dadurch wird die dritte Strophe zum Höhepunkt des Gedichts; sie resümiert die vorausgegangenen, zieht die Schlußfolgerung aus ihnen und erklärt sie. Das ganze Gedicht erhält schlußfolgernden Charakter.[64] Die ›Kälte‹ erhält stärkeres Gewicht als später, die »Freundlichkeit« geringeres, die »Ansprüche« werden noch zurückgewiesen. Die Hauspostillen-Fassung läßt dann Strophe III die vorausgegangenen nur additiv fortführen; das belehrende Subjekt tritt weiter zurück, es verhält sich nicht mehr zu seinen Worten, deutet sie nicht und setzt dabei seine Subjektivität nicht mehr ein, sondern stellt – jedenfalls dem Anschein nach – nur noch Tatsachen fest.

Das ist auch die Tendenz der nächsten Änderung. 1951 veröffentlichte Brecht eine neue Fassung:

> Von der Freundlichkeit der Welt
>
> 1
>
> Auf die Erde voller kaltem Wind
> Kamt ihr alle als ein nacktes Kind.
> Frierend lagt ihr ohne alle Hab
> Als ein Weib euch eine Windel gab.
>
> 2
>
> Keiner schrie euch, ihr wart nicht begehrt

---

[63] *TP*, S. 18.
[64] II 3, 4 und selbst I 3, 4 lassen sich als Erklärung bzw. Schlußfolgerung lesen.

Und man holte euch nicht im Gefährt.
Hier auf Erden wart ihr unbekannt
Als ein Mann euch einst nahm an der Hand.
3
Von der Erde voller kaltem Wind
Geht ihr all bedeckt mit Schorf und Grind.
Fast ein jeder hat die Welt geliebt
Wenn man ihm zwei Hände Erde gibt.[65]

Die bisherige Strophe 3 fehlt. Dadurch wirkt das Gedicht objektiver und nüchterner;[66] es reiht lediglich Situationen, die es, ohne Folgerungen aus ihnen zu ziehen, als faktische darstellt und nur noch sehr mittelbar deutet. Das Subjekt spricht aus Distanz zur dargestellten Situation und gibt dadurch, daß es sie nur konstatiert, den Angeredeten die Möglichkeit, sich frei zu ihr zu verhalten. Während die früheren Fassungen in die Situation einwiesen, weist diese auf die Situation hin; sie kann deshalb zum Ausbruch aus ihr führen und, entsprechend gelesen, ein Aufruf hierzu sein.[67]
Die Entwicklung des Gedichts geht noch weiter; sie führt vom Rückzug in die Natur zum Weg in die Gesellschaft, von der Wendung »gegen die Ansprüche« zum Stellen der Ansprüche, vom Einverständnis mit dem Leiden zur Aufforderung, sich von ihm zu befreien, und von der Selbstanklage zur Anklage der Herrschenden. Sie führt zum politischen Kampfgedicht, zu dem um 1956[68] entstandenen

---

65 w. a., 8, S. 205. Erstmals erschienen in den *Hundert Gedichten*. Dort andere, jedoch nicht sinnverändernde Zeichensetzung.
66 Mit der Anrede »Kinder« sind die Bitterkeit und der zynische Ton gespielter Unbekümmertheit verschwunden. Das Subjekt gibt sich nicht mehr so deutlich durch seine Sprechweise zu erkennen. - In den früheren Fassungen war als eine der ›Freundlichkeiten‹ das Weinen der Vielen erschienen; sie beurteilten das Verhalten der Menschen nach den Gefühlen, ohne die praktische Wirkung zu beachten. Dieses sentimentalisierende Verständnis fehlt nun; nur noch die reale Verlassenheit erscheint. - III 1 sprach eine Erwartung der Angeredeten an, enttäuschte sie und brachte so ihre Subjektivität ins Gedicht; auch sie ist jetzt zurückgedrängt. - Der augenfällige Bezug auf die gegenwärtige Situation der Angeredeten fehlt; sie gewinnen mehr Abstand zu ihr.
67 Die Streichung von Strophe III brachte auch rein ästhetischen Gewinn: die unreinen Reime »schuld-wollt« und »gleich-euch«, die in der zynischen Schlußfolgerung freilich ihre Funktion hatten, fallen weg; ebenso der unruhige Zeitenwechsel, der aus der Vergangenheit (I 1 - II 4) in die Gegenwart (III 1-2), zurück in die Vergangenheit (III 3-4) und dann wieder in die Zukunft führte.
68 *BV II*, S. 517.

Gegenlied zu ›Von der Freundlichkeit der Welt‹

Soll das heißen, daß wir uns bescheiden
Und ›so ist es und so bleib es‹ sagen sollen?
Und die Becher sehend, lieber Dürste leiden
Nach den leeren greifen sollen, nicht den vollen?

Soll das heißen, daß wir draußen bleiben
Ungeladen in der Kälte sitzen müssen
Weil da große Herrn geruhn, uns vorzuschreiben
Was da zukommt uns an Leiden und Genüssen?

Besser scheint's uns doch, aufzubegehren
Und auf keine kleinste Freude zu verzichten
Und die Leidenstifter kräftig abzuwehren
Und die Welt uns endlich häuslich einzurichten![69]

Die Tradition der Contemptus-Mundi-Literatur ist verlassen; Brecht greift statt dessen auf die Tradition der progressiven politischen Dichtung des Bürgertums zurück. Heine hatte im *Wintermärchen* geschrieben:

Ein kleines Harfenmädchen sang
[...]

Sie sang vom irdischen Jammerthal,
Von Freuden, die bald zerronnen,
Von Jenseits, wo die Seele schwelgt
Verklärt in ewigen Wonnen.

Sie sang das alte Entsagungslied,
Das Eiapopeia vom Himmel,
Womit man einlullt, wenn es greint
Das Volk, den großen Lümmel.

Ich kenne die Weise, ich kenne den Text,
Ich kenne auch die Verfasser;
Ich weiß, sie tranken heimlich Wein
Und predigten öffentlich Wasser.

Ein neues Lied, ein besseres Lied,
O Freunde, will ich euch dichten:

[69] w. a., 10, S. 1032.

>Wir wollen hier auf Erden schon
Das Himmelreich errichten.

Wir wollen auf Erden glücklich sein,
Und wollen nicht mehr darben;
Verschlemmen soll nicht der faule Bauch,
Was fleißige Hände erwarben.⁷⁰

Wie bei Heine richtet sich das ›Gegenlied‹ gegen ein »Entsagungslied«; während Heine jedoch noch das der Unterdrückung dienende Christentum angreift, gilt Brechts Angriff dem nicht mehr christlichen und nicht mehr explizit auffordernden Verweisen auf ›die Situation, wie sie ist‹. Beide zeigen den ideologischen Charakter der Entsagung; Heine, indem er ihren Zweck und das widersprüchliche Verhalten derer benennt, die sie fordern, Brecht, indem er die Angeredeten selbst fragen und erkennen läßt, was dieses Verweisen auf die ›Kälte‹ für sie bedeuten soll: es wird als Ideologie erkannt, die den Beherrschten im Interesse der ›großen Herrn‹ angeboten wird, um ihnen die wahren sozialen Verhältnisse zu verschleiern.⁷¹ Nicht mehr nur die im Verweisen auf die Verhältnisse, wie sie nun einmal sind, verborgene Aufforderung zur Entsagung, sondern das Bild selbst, in dem die Verhältnisse erscheinen, zeigt sich als ideologisch: die ›Kälte‹ wird sozial gedeutet. Nur wer draußen sitzt, friert; die Leiden sind von Menschen verursacht. Diese ›Leidenstifter‹ gilt es nun ›kräftig abzuwehren‹ oder, wie es an anderer Stelle heißt:

Zieht gen die großen Räuber jetzt zu Felde
Und fällt sie allesamt und fällt sie bald:
Von ihnen rührt das Dunkel und die große Kälte
Sie machen, daß dies Tal von Jammer schallt.⁷²

Heine setzt gegen das »Entsagungslied« ein besseres Lied«: »Wir wollen hier auf Erden schon/Das Himmelreich errichten«. Brecht

70 Heinrich Heine: *Deutschland. Ein Wintermärchen. Kaput I.* In: Heinrich Heine: *Sämtliche Werke.* Hamburg 1885, Bd. 2, S. 211-278; dort S. 218 f.
71 Vgl. hierzu *w. a.*, 12, S. 450.
72 *w. a.*, 2, S. 497. Wie das ›Gegenlied‹ auf ›Von der Freundlichkeit‹, so antwortet hier der ›Neue Schlußchoral‹ der *Dreigroschenoper* auf den alten; dessen letzte Zeilen lauten: »Bedenkt das Dunkel und die große Kälte/In diesem Tale, das von Jammer schallt« (*w. a.*, 2, S. 486). - Vgl.: »die welt ist kalt/darum verändert sie/ist der mensch wärme gewohnt/und erfriert ohne mantel/gebt ihm den mantel gleich/der denkende liebt/die welt wie sie wird« (ca. 1930), *SM II*, S. 86.

dagegen läßt die in »Von der Freundlichkeit« Angeredeten im
›Gegenlied‹ erst zur Erkenntnis der Verhältnisse und dann zum
Entschluß kommen, ›die Welt endlich häuslich einzurichten‹.
Während bei Heine Lied und Gegenlied, Position und Gegenposition einander fertig gegenüberstehen, entwickelt sich bei Brecht
die Gegenposition, der Entschluß zur Veränderung, in der Auseinandersetzung der – fiktiven – Angeredeten mit dem ihnen angebotenen Bild ihrer Situation. Sie befragen es und stellen ihm
ihre eigene Deutung und dann ihre Schlußfolgerung entgegen.
Auch hier führt Brecht die Tradition der politischen bürgerlichen
Dichtung fort. G. A. Bürger hatte Ende des 18. Jahrhunderts geschrieben:

DER BAUER

An seinen durchlauchtigen Tyrannen.

Wer bist du, Fürst, daß ohne Scheu
Zerrollen mich dein Wagenrad,
Zerschlagen darf dein Roß?

Wer bist du, Fürst, daß in mein Fleisch
Dein Freund, dein Jagdhund, ungebläut
Darf Klau' und Rachen haun?

Wer bist du, daß durch Saat und Forst
Das Hurrah deiner Jagd mich treibt,
Entathmet, wie das Wild? –

Die Saat, so deine Jagd zertritt,
Was Roß, und Hund, und du verschlingst,
Das Brot, du Fürst, ist mein.

Du Fürst hast nicht, bei Egg' und Pflug,
Hast nicht den Erntetag durchschwitzt.
Mein, mein ist Fleiß und Brot! –

Ha! du wärst Obrigkeit von Gott?
Gott spendet Segen aus; du raubst!
Du nicht von Gott, Tyrann![73]

---

[73] Gottfried August Bürger: *Gedichte.* Hrsg. von Karl Reinhard. Erster Theil.
Göttingen 1796, S. 107.

Hier fragt der Unterdrückte, besinnt sich dann auf sein eigenes Recht und geht schließlich zum Angriff über. Diese Abfolge von Verhaltensweisen, wie die Tradition sie kannte, nimmt Brecht auf und läßt sie aus den ungelösten Widersprüchen des Gedichts »Von der Freundlichkeit der Welt« hervorgehen: er gestaltet einen dialektischen Prozeß, der sich im Verhalten des Subjekts (die Angeredeten) zur Objektivität konstituiert.

Die dreistrophige Fassung von 1951 weist aus Distanz auf die Situation, in der die Angeredeten leiden, und gewährt so auch ihnen Distanz zu ihr; diese Distanz wird aber zum Widerspruch zwischen den (fiktiven) Angeredeten und ihrer Situation, wenn sie den Anspruch auf Menschlichkeit, welcher in der ›Freundlichkeit‹ bewahrt wird, erfahren und als den ihren übernehmen. So entwickelt sich der dem Gedicht eigene Widerspruch zwischen »Freundlichkeit« und ›Kälte‹ zu dem zwischen Angeredeten und Gedicht, schließlich zu dem zwischen Gedicht und Gegengedicht. Die Angeredeten werden Redende; sie, die sich vorher, so stellte es das Gedicht dar, in der allgemeinen ›Kälte‹ kaum als Subjekte verwirklichen konnten, kommen im Gang des ›Gegenlieds‹ in dem Maße zu sich als Subjekten, wie sie Distanz zur Situation gewinnen, den dieser immanenten Widerspruch als gesellschaftlichen erkennen, sich selbst als ein Moment dieses Widerspruchs sehen und daraus Konsequenzen für ihr Handeln in ihr und gegen sie ziehen. Das geschieht in einem schrittweise von Erkenntnisstufe zu Erkenntnisstufe fortschreitenden Prozeß. Zunächst beziehen sie das Gedicht auf ihr Verhalten – »Soll das heißen, daß wir uns bescheiden [...] sollen?« –, das sie nun als Verhalten zur eigenen Situation als zu verändernder bzw. nicht zu verändernder ansehen – »Und ›so ist es und so bleib es‹ sagen sollen?«. In den folgenden Fragen wird ihre Situation zunehmend als die von Herrschaft und Unterdrückung bewußt: anfangs sprechen sie nur von Möglichkeiten des Genusses, die sie ergreifen können, obwohl sie nicht für sie bereitstehen (1 3,4), dann erscheint der Unterschied zwischen Genuß und Leiden als einer, der die Menschen trennt (»draußen« – drinnen), schließlich wird deutlich, daß er von den ›großen Herrn‹ aufgezwungen, also von Menschen geschaffen wurde. Nun kommt es zum Umschlag: die von Menschen geschaffene Situation kann auch von Menschen verändert werden; sie ist die Situation des Klassenkampfs. Die Angeredeten stellen sich ihr. Der Bewußtseinspro-

zeß, den das Gedicht darstellt, nimmt eine neue Qualität an; auf die Fragen, welche die Erkenntnis der Situation vorantreiben, folgt die zum Entschluß führende Überlegung »Besser scheint's uns doch, aufzubegehren«.
In dieser dialektischen Bewegung gelangen die Angeredeten hinaus aus ihrer im ersten Gedicht statisch erscheinenden Situation; der Zustand, in dem das Subjekt früher kreisend verharrte, wird zum Prozeß. Das Subjekt selbst hat sich verändert: zog sich das vereinzelte Subjekt im Gang der Fassungen immer mehr hinter das scheinbar Objektive und allen Gemeinsame zurück, so antwortet ihm hier eine solidarische Gruppe der unteren Klasse oder diese Klasse selbst. Erkenntnis, Praxisbezug und Selbstkonstitution des Menschen als kollektives Subjekt sind hier nur verschiedene Momente des einen befreienden Prozesses. Die Selbsterzeugung des Menschen wird vorgeführt als Erzeugung des Bewußtseins seiner selbst, und das ist: des Bewußtseins der eigenen Situation, der eigenen Ansprüche, Möglichkeiten und Ziele; solches Bewußtsein fordert eine die Entfremdung aufhebende Praxis. Die Dialektik der Bewegung soll zur revolutionären Praxis führen, die als bestimmte Negation der Situation den Begriff einer mündigen Menschheit vorwegnimmt. In der Aufhebung konkreter Unfreiheit, hier der Unterdrückung, wird Freiheit erfahren und im Prozeß der Auflösung von Zwängen Selbstverwirklichung. Der lyrische Genuß besteht in der dialektischen Bewegung; es ist der Genuß dessen, der sich gegen Widerstand befreit und verändert.
Das ›Gegenlied‹ hebt die kreisend-statische Aussage des frühen Gedichts auf, zerstört sie aber nicht. Es befragt das dort vorgetragene Bild der menschlichen Situation auf seine Bedeutung für die soziale Lage und das Verhalten der Angeredeten und läßt Geburt und Tod, die unabdingbar zum menschlichen Leben gehören, unbeachtet, denn sie stehen für den Menschen, der sich im Klassenkampf »hier auf Erden« verwirklichen will und muß, nicht im Zentrum des Denkens. Das kann nicht heißen, daß es sie leugnet. Es greift die Folgen jener Situationsdeutung an, ohne die Situationsbeschreibung völlig zu verwerfen und das dort behauptete Leiden abzustreiten, und ohne dem frühen Gedicht eine Gesamtdeutung der menschlichen Situation entgegenzustellen. Als Moment der Gesamtbewegung und von ihr relativiert, behält auch das Gedicht »Von der Freundlichkeit der Welt« seine Wahrheit.

Zur ästhetischen Problematik

Das ›Gegenlied‹ tritt nicht mehr mit dem Anspruch auf, für alle zu sprechen. Es meidet als Rollenlied den Anschein, aus einer allen gemeinsamen Situation zu reden, und betrachtet die menschliche Situation allein unter dem Aspekt der Unterdrückung, die nicht notwendig zu ihr gehört und nicht für alle gleich relevant ist. So beschränkt es sein Publikum und spricht unmittelbar nur einen Teil der möglichen Leser an, einen allerdings nicht geringen, denn es meint die Unterdrückten allgemein, nicht nur die Proletarier. Diese Beschränkung wird der gesellschaftlichen Realität eher gerecht als die usurpierte Allgemeingültigkeit des frühen Gedichts, hinter der sich eine konkrete, historisch-gesellschaftlich situierte Subjektivität verbirgt. An die Stelle der abstrakten Allgemeingültigkeit des frühen Gedichts, die als schlecht abstrakte – weil an der konkreten Wirklichkeit vorbeigehende – schon nicht mehr allgemeingültig ist, ist der Bezug auf die historische Situation der Unterdrückung getreten.

Für den Marxisten Brecht hat sich Literatur aus dem Bezug zur Realität des Klassenkampfs zu bestimmen. So schließt er 1938 den Aufsatz »Weite und Vielfalt der realistischen Schreibweise«[74]:

Über literarische Formen muß man die Realität befragen, nicht die Ästhetik [...]. Die Wahrheit kann auf viele Arten verschwiegen und auf viele Arten gesagt werden. Wir leiten unsere Ästhetik, wie unsere Sittlichkeit, von den Bedürfnissen unseres Kampfes ab [...];

und 1953 postuliert er:

[...] Scheinlösungen in der Kunst [müssen] als soziale Scheinlösungen bekämpft werden – nicht als ästhetische Irrtümer.[75]

Doch obwohl ein Gedicht wie das ›Gegenlied‹ sich von den Bedürfnissen des politischen Kampfes her bestimmt, und obwohl Brecht seine ästhetische Lösung sicher auch als soziale betrachtete, geht es doch nicht in einer bestimmten historischen Situation und im Kampf gegen einen bestimmten Mißstand auf; ja seine Parteilichkeit ist so allgemein, daß sie sich nicht auf eine bestimmte politische Partei einschränken läßt. Es geht um eine besondere

---

[74] w. a., 19, S. 340-349; dort S. 349.
[75] *Kulturpolitik und Akademie der Künste.* w. a., 19, S. 540-544; dort S. 542; Datierung S. 544.

Verhaltensweise, welche befreiende gesellschaftliche Praxis ist und intendiert, nicht um eine bestimmte politische Aktion. Deshalb ist das Gedicht vieldeutig[76] – vielleicht sogar gegen den Willen seines Verfassers. Es führt ein Verhalten von Beherrschten zu sich und ihrer Situation vor, das zu situationsverändernder Praxis führt, und lädt als Modell materialistisch-dialektischer Bewegung den Leser zum Nachvollzug dieses Verhaltens ein. Will es das erreichen, muß das ›Gegenlied‹ so abstrakt-allgemein sein, daß *jeder* Beherrschte das vorgeführte Verhalten in seiner konkreten Situation nachvollziehen kann, und zugleich so konkret, daß es dabei immer dieses besondere Verhalten bleibt. Abstrakt-allgemein ist das Gedicht, insofern es die Situation nicht historisch-konkret als Leiden im Kapitalismus festmacht – auch in anderen Systemen können ja die ›vollen Becher‹ wenigen vorbehalten und die ›Leiden und Genüsse‹ von ›großen Herrn‹ vorgeschrieben werden. So kann das ›Gegenlied‹, wiewohl gegen eine bestimmte Unterdrückung, gegen die im Kapitalismus, geschrieben, gegen jede gelesen werden. Konkret ist das Gedicht dagegen, insofern es eine bestimmte, unumkehrbare Verhaltens- und Bewußtseinsentwicklung vorführt, und insofern diese Entwicklung wesentlich die Besinnung des Subjekts auf den eigenen Anspruch und die eigene, als gesellschaftliche erkannte Situation einschließt. Dieser materialistische Ansatz, der den Widerspruch zwischen konkretem Anspruch und konkreter Situation und schließlich die situationsverändernde, konkrete Praxis hervortreibt, führt dazu, daß das abstrakt-allgemeine Gedicht beim Leser konkret werden kann. Seine Abstraktheit zielt nicht wie die schlechte Abstraktion im frühen Gedicht auf den Verbleib in einer als natürlich und ahistorisch erscheinenden Situation; sie zielt vielmehr auf erkennende und verändernd-tätige Hinwendung zur konkreten Situation.

Dennoch hat auch das ›Gegenlied‹ archaisierende und simplifizierende Momente, die zwar dazu dienen mögen, dem Leser das Abstrakte anschaulich zu machen und ihn so emotional anzusprechen, die aber auch die konkrete gesellschaftliche Abstraktion im Kapitalismus verdecken und deshalb zu einer ihr nicht angemessenen Praxis führen können. Archaisierend-simplifizierend ist der personalisierende Angriff auf die »Leidenstifter« und die ›gro-

---

[76] Vgl. Theodor W. Adorno: *Engagement*. In: Th. W. Adorno: *Noten zur Literatur III*. Frankf./M. 1965, S. 109-135; besonders S. 110 und 113.

ßen Herrn‹, die ›Leiden und Genüsse‹ vorschreiben, so als werde die Unterdrückung im Kapitalismus von einzelnen gemacht und als funktionalisiere nicht umgekehrt das System die einzelnen zu ›Charaktermasken‹[77]. Hier kehrt in der Nachfolge des agitatorisch wirksamen, der Erkenntnis jedoch nicht entsprechenden[78] Angriffs auf den bösen Kapitalisten, der, Melone auf dem Kopf und Zigarre im Mund, die hungernden Arbeiter ausbeutet, der bürgerliche Angriff auf die willkürlich herrschenden Einzelnen wieder, ein Nachklang des Angriffs auf den Fürsten. Solche Personalisierung ging schon bei Heine an der Sache vorbei, wenn er, die christliche Religion und ihre Funktion angreifend, von den ›Verfassern der Texte‹ sprach. Diesem archaisierenden Stilisierungsprinzip entspricht, daß sich das ›Gegenlied‹ nur gegen die unmittelbar spürbare und zunächst sichtbare Form der Herrschaft des vom Menschen Produzierten über den Menschen, gegen Unterdrückung wendet und das Leiden im Bild des Durstes darstellt, während offene Unterdrückung und bewußter Mangel schon 1956 in Europa nur für wenige als Auswirkungen des Kapitalismus unmittelbar erfahrbar waren. In einer dialektisch-materialistischen Rezeption müßte das ›Gegenlied‹ deshalb selbst als zu überschreitendes Moment eines Prozesses verstanden werden, der zur genaueren Erkenntnis der Situation und zu verändertem Vorgehen führt. Diese Bewegung kann vom ›Gegenlied‹ angeregt werden, doch sie muß es nicht.

Während das Gedicht »Von der Freundlichkeit der Welt«, und apolitische bürgerliche Lyrik allgemein, durch den »Protest gegen einen gesellschaftlichen Zustand, den jeder Einzelne als sich

---

77 Nach Marx sind »die ökonomischen Charaktermasken der Personen nur die Personifikation der ökonomischen Verhältnisse [...], als deren Träger sie sich gegenübertreten.« *MEW*, 23, S. 100.
78 Mit dem Durchsetzung des Finanzkapitals »wird die Figur des fungierenden Kapitalisten, des autonomen Fabrikanten, obsolet« (Michael Mauke: *Die Klassentheorie von Marx und Engels*. Frankf./M. [4]1973, S. 100). »Mit dem Verschwinden des klassischen Kapitalisten tritt das Kapital den Lohntätigen [...] als unmittelbare Macht der Dinge über die Menschen gegenüber, als ein System ›technischer‹ Sachzwänge« (ebenda, S. 103). »Nachdem die Kapitalisten nicht mehr als Unternehmer funktionell das Kapital personifizieren, personifiziert sich die Kapitalistenklasse unmittelbar und unsichtbar im Kapital als blindselbsttätigem Funktionssystem. Mit dieser totalen Verdinglichung der Klassenkategorie wird sie jedoch als spezifisch soziologische Kategorie hinfällig« (ebenda, S. 103). Damit wird aber auch die poetisch-personifizierende Darstellung problematisch wie Brecht sie hier und deutlicher noch in seinen Stücken - z. B. in der Gestalt Maulers - vornahm.

feindlich, fremd, kalt, bedrückend erfährt«[79] geprägt sind und diesen Protest nur in der stummen Abwendung von der Gesellschaft zeigen, wendet das ›Gegenlied‹ seinen explizit gesellschaftlichen Protest gegen die als ›kalt‹ erfahrene Gesellschaft und will ihn mitteilen. Und während apolitische bürgerliche Lyrik wie »Von der Freundlichkeit der Welt« sich der Praxis verweigert und den Anspruch auf bessere Praxis nur als gänzlich abstrakten[80] so bewahrt, daß er in der Regel nur noch subtiler Interpretation zugänglich wird, intendiert das ›Gegenlied‹ offen eine Praxis, die zur Herstellung eines besseren Lebens führen soll. Im Gegensatz zu dem frühen Gedicht lädt es den Leser zu einer Bewegung ein, die ihn über es selbst und über seine eigene gesellschaftliche Situation hinausführen kann. Nicht nur die immanente Bewegung des Gedichts ist also gesellschaftlich, sondern auch seine manifeste Stellungnahme und seine intendierte Wirkung.

Damit widerspricht es – anders als »Von der Freundlichkeit der Welt« – den Anforderungen Adornos an das moderne Kunstwerk. Dieser Widerspruch erleichtert es, die von Brecht hier erreichte marxistische Position und deren Voraussetzungen zu reflektieren. Nach Adorno nämlich wäre heute die »adäquate Haltung von Kunst [...] die mit geschlossenen Augen und zusammengebissenen Zähnen«[81]. Das Kunstwerk verschließt sich nach Adorno, denn »wahr ist nur, was nicht in diese Welt paßt«[82]. Sich verschließend, bezieht es »bestimmte Stellung zur empirischen Realität, indem es aus deren Bann heraustritt [...], bewußtlos polemisch gegen dessen Stand zur geschichtlichen Stunde«[83]; »der Kunst [ist] ihr eigenes gesellschaftliches Wesen verhüllt«[84]. Nahezu funktionslos[85] und intentionslos[86] verweigert sich das Kunstwerk der Kommunikation, die nur Anpassung an die Warenwelt wäre,[87] und kritisiert durch sein bloßes Dasein

79 AR, S. 78.
80 Adorno: Engagement, a. a. O., S. 134: »Als rein gemachte, hergestellte, sind Kunstwerke, auch literarische, Anweisungen auf die Praxis, deren sie sich enthalten: die Herstellung richtigen Lebens.«
81 AÄ, S. 475.
82 Ebenda, S. 93.
83 Ebenda, S. 15.
84 Ebenda, S. 345.
85 Ebenda, S. 475.
86 Ebenda, S. 121.
87 Ebenda, S. 115.

die Gesellschaft wortlos in bestimmter Negation.⁸⁸ »Gesellschaftlich an der Kunst ist ihre immanente Bewegung gegen die Gesellschaft, nicht ihre manifeste Stellungnahme«⁸⁹. »Unter den Vermittlungen von Kunst und Gesellschaft ist die stoffliche, die Behandlung offen oder verhüllt gesellschaftlicher Gegenstände, die oberflächlichste und trügerischste«⁹⁰. Kunstwerke greifen nicht politisch unmittelbar ein,⁹¹ »Praxis ist nicht die Wirkung der Werke, aber verkapselt in ihrem Wahrheitsgehalt«⁹²: »der Prozeß, den jedes Kunstwerk in sich vollzieht, wirkt als Modell möglicher Praxis, in der etwas wie ein Gesamtsubjekt sich konstituiert, in die Gesellschaft zurück«⁹³. Kunstwerke sind »weniger als Praxis und mehr. Weniger, weil sie [...] vor dem, was getan werden muß, zurückweichen, vielleicht es hintertreiben [...]. Mehr aber als Praxis ist Kunst, weil sie durch ihre Abkehr von jener zugleich die borniete Unwahrheit am praktischen Wesen denunziert«⁹⁴. »Sie wiederholt in sich, modifiziert und, wenn man will, neutralisiert, Praxis und bezieht dadurch Positionen«⁹⁵; zugleich bezahlt sie freilich ihre Abgespaltenheit von Praxis mit ihrer Vergeistigung, mit ihrer Logik als einem Komplement von Herrschaft.

Adornos ästhetische Position, der Rückzug aus der Gesellschaft auf das autonome Kunstwerk und der Ersatz gesellschaftlich verändernder Praxis durch die Negation der Gesellschaft im Kunstwerk, ist eine gesellschaftliche Position. Er ist sich dessen bewußt:

Der Akzent auf dem autonomen Werk jedoch ist selber gesellschaftlich-politischen Wesens. Die Verstelltheit wahrer Politik hier und heute, die Erstarrung der Verhältnisse, die nirgendwo zu tauen sich anschicken, nötigt den Geist dorthin, wo er sich nicht zu encanaillieren braucht.⁹⁶

Das ästhetische Urteil ist bedingt durch das Verhältnis des Urteilenden zur historisch-gesellschaftlichen Situation. Für Adorno, der keine Möglichkeit sieht, die Gesellschaft, an der er leidet, zu verändern, zieht sich Praxis weitgehend in das autonome Kunstwerk

---

88 Ebenda, S. 335.
89 Ebenda, S. 336. Vgl. ebenda, S. 479.
90 Ebenda, S. 341.
91 Vgl. ebenda, S. 359.
92 Ebenda, S. 367.
93 Ebenda, S. 359.
94 Ebenda, S. 358.
95 Ebenda, S. 358.
96 Adorno: *Engagement,* a. a. O., S. 134.

zurück. Hier im immanenten Prozeßcharakter des Gebildes, im Austrag der Antagonismen, die es in sich hat,[97] vermag er noch Dialektik zu erkennen, allerdings nur eine bewußtlose »Dialektik im Stillstand«[98]. Dieser immanenten, stillstehenden Dialektik gilt sein esoterisch-leidendes Interesse, während über die bewußte, und damit auch über die bewußt dialektische Gestaltung des Verhältnisses von Individuum und Gesellschaft sein ästhetisches Anathema ergeht. Ein Gedicht, das, wie hier verlangt, ›die Augen schließt und die Zähne zusammenbeißt‹, stellt das Verhältnis von Individuum und Gesellschaft einzig als »geschichtsphilosophische Sonnenuhr«[99] dar. Zum ästhetischen Postulat wird, daß

in jedem lyrischen Gedicht das geschichtliche Verhältnis des Subjekts zur Objektivität, des Einzelnen zur Gesellschaft im Medium des subjektiven, auf sich zurückgeworfenen Geistes seinen Niederschlag muß gefunden haben. Er wird um so vollkommener sein, je weniger das Gebilde das Verhältnis von Ich und Gesellschaft thematisch macht, je unwillkürlicher es vielmehr im Gebilde von sich aus sich kristallisiert.[100]

Die Überzeugung, daß die schlechte Gesellschaft nicht verändert werden kann, verbannt die Gesellschaft als Gegenstand und Adressat aus dem Gedicht; entsprechend basiert Brechts Einbeziehung der Gesellschaft als Gegenstand und Adressat auf der Überzeugung von ihrer Veränderbarkeit. Wesentlich ist, daß es für ihn ein kollektives Subjekt gibt, das den gesellschaftlichen Zustand zu einem menschenwürdigen hin über sich hinaustreiben kann: das Proletariat. Es ist das verborgene Subjekt des ›Gegenlieds‹. Für Adorno gibt es dagegen im historischen Augenblick kein kollektives Subjekt, das die ersehnte gesellschaftliche Veränderung und so eine Lyrik ermöglichte, welche die Gesellschaft einbezieht. Im Gegenteil, nach seiner Einsicht steht das dichterische Subjekt »für ein [...] kollektives Subjekt« ein,[101]

auch der Widerstand gegen den gesellschaftlichen Druck sei nichts absolut Individuelles, sondern in ihm regten, durchs Individuum und seine Spontaneität hindurch, künstlerisch sich die objektiven Kräfte, welche einen beengten und beengenden gesellschaftlichen Zustand über sich hin-

---

97 Vgl. *AÄ*, S. 262.
98 Ebenda, S. 130; vgl. ebenda S. 131-133, S. 262-268, S. 274, 288, 446.
99 *AR*, S. 92.
100 Ebenda, S. 82 f.
101 Ebenda, S. 91.

aus treiben zu einem menschenwürdigen hin; Kräfte also einer Gesamtverfassung, keineswegs bloß der starren Individualität, die der Gesellschaft blind opponiert.[102]

Da es für Adorno kein kollektives Subjekt gibt, das fähig wäre, praktisch-politisch zu handeln, kann er nur anerkennen, daß das allgemein-gesellschaftliche Interesse vom ohnmächtigen Individuum[103] und vom individualistisch-monadologischen Kunstwerk bewahrt wird. Während Brecht von einem bewußt handelnden kollektiven Subjekt ausgeht, es modellhaft vorführt und zu seiner Selbstkonstitution beizutragen sucht, gelangt nach Adorno das gesellschaftlich Allgemeine nur bewußtlos ins Werk.[104]
Dieser resignative Rückzug auf das ohnmächtige Subjekt entspricht Adornos Bild vom entfalteten Kapitalismus: er nähere sich einer absoluten und geschlossenen Tauschgesellschaft,[105] deren Widersprüche so erstarrt seien, daß »Praxis [...] auf unabsehbare Zeit vertagt«[106] sei. Zu solcher »Hypostase [...] einer erstarrten [...] Realität«[107] kommt er unter dem Eindruck des Faschismus,[108] des Kalten Kriegs und des Stalinismus. Er stellt der in ihren Widersprüchen fixierten Gesellschaft statisch das stumm-ohnmächtige Individuum und sein Kunstwerk entgegen, gibt solche abstrakte Negation als bestimmte aus, nähert sich im Rückzug von der geschichtlichen Praxis einer trotzig leidenden Kontemplation und verkehrt die marxistischen Kategorien, deren er sich bedient, in solche eines verzweifelt resignierten Bürgertums.
Zwar gehört zu der mit dem begrifflichen Instrumentarium der

---

102 Ebenda, S. 84. Adorno führt hier zustimmend Hegel an.
103 Vgl. auch *Offener Brief an Hochhuth*. In: Th. W. Adorno: *Kleine Schriften zur Gesellschaft*. Frankf./M. 1971, S. 136, und Th. W. Adorno: *Einleitungsvortrag*. In: *Individuum und Organisation*, a. a. O., S. 33: »Gegenüber den kollektiven Mächten [...] kann das Allgemeine und Vernünftige beim isolierten Einzelnen besser überwintern, als bei den stärkeren Bataillonen, welche die Allgemeinheit der Vernunft gehorsam preisgegeben haben.«
104 *ÄT*, S. 343. Vgl. ebenda, S. 71, S. 69, S. 133, S. 250.
105 Ebenda, S. 335.
106 *AND*, S. 13.
107 Heinz Brüggemann: *Theodor W. Adornos Kritik an der literarischen Theorie und Praxis Bertolt Brechts. Negative Dialektik des ›autonomen‹ Werks oder kulturrevolutionäre Fundierung der Kunst auf Politik?* In: *alternative* 84/85 (1972), S. 137-149; dort S. 142.
108 Vgl. Hans-Jürgen Krahl: *Der politische Widerspruch der kritischen Theorie Adornos*. In: ders., *Konstitution und Klassenkampf. Zur historischen Dialektik von bürgerlicher Emanzipation und proletarischer Revolution*. Frankf./M. 1971, S. 285-288. Und ders., *Kritische Theorie und Praxis*. Ebenda, S. 289-297.

Kritischen Theorie explizierten ästhetischen Position Adornos auch die Erkenntnis, daß die gesellschaftlichen Verhältnisse von Menschen geschaffen sind und verändert werden müßten, dennoch entspricht sie der ins Extrem getriebenen Position des frühen Gedichts »Von der Freundlichkeit der Welt«, dem leidend-passiven Protest des gefangenen Subjekts. Wie das ›Gegenlied‹ das frühe Gedicht aufhebt, so kann es in dieser Hinsicht mit gebotener Zurückhaltung als Aufhebung der von Adorno eingenommenen Position gelesen werden. Das heißt aber auch, daß es sie bewahrt: Auch das ›Gegenlied‹ verhält sich zur Gesellschaft, indem es sie negiert; doch seine abstrakte Negation zielt auf bestimmte Negation. Sie ist nicht Moment einer stillstehenden Dialektik, in der das Subjekt die Gesellschaft zu übersteigen sucht, sondern einer modellhaft vorgeführten dialektisch fortschreitenden Bewegung, die über das Gedicht und die Situation des Subjekts hinausweist und nur insofern stillsteht, als sie in einem Modell, d. h. begrenzt und stets wiederholbar vorgetragen wird. Auch das ›Gegenlied‹ greift nicht politisch unmittelbar ein, doch es intendiert bewußt mittelbare Einwirkung. Auch der Prozeß, den es vollzieht, »wirkt als Modell möglicher Praxis, in der etwas wie ein Gesamtsubjekt sich konstituiert, in die Gesellschaft zurück«[109], doch diese Praxis wird bewußt gestaltet und als bestimmte vorgeführt. Auch ein Gedicht wie das ›Gegenlied‹ läßt sich als »geschichtsphilosophische Sonnenuhr«[110] betrachten, die das »geschichtliche Verhältnis des Subjekts zur Objektivität, des Einzelnen zur Gesellschaft im Medium des subjektiven, auf sich zurückgeworfenen Geistes«[111] anzeigt, nur daß der auf sich zurückgeworfene Geist sich in dialektischer Bewegung der Gesellschaft zuwendet. Auch in Gedichten wie dem ›Gegenlied‹ regen sich ›durchs Individuum [...] hindurch künstlerisch die objektiven Kräfte, welche einen beengenden Zustand über sich hinaustreiben zu einem menschenwürdigen hin‹[112], nur sieht sich das Subjekt jetzt selbst als Moment des kollektiven Subjekts und sucht den Zustand bewußt und mit der Intention auf Praxis über sich hinauszutreiben.

Mögen Gedichte wie das ›Gegenlied‹ sich auch lesen lassen, als

109 Siehe oben Anm. 93.
110 Siehe oben Anm. 99.
111 Siehe oben Anm. 100.
112 Siehe oben Anm. 102.

höben sie die Position von Adornos resignativ-emphatischer Ästhetik auf, so müssen sie dennoch von ihr her befragt werden: Geht in sie die bestimmte historische Situation, aus der heraus und in die hinein sie sprechen, auch adäquat ein? Und läuft eine Lyrik, die ein kollektives Subjekt voraussetzt und aus dessen Rolle spricht, nicht Gefahr, die Dialektik, nun aber im Konkret-Gesellschaftlichen, zum Stillstand kommen zu lassen, wenn sie sich affirmativ zu einer Partei verhält, die für sich in Anspruch nimmt, im Namen dieses Subjekts zu sprechen oder es zu sein? – Die erste Frage läßt sich nicht eindeutig bejahen; vor der künstlerischen Auseinandersetzung mit dem Monopolkapitalismus, den Adorno zur erstarrten Welt hypostasiert, weicht Brecht jedenfalls partiell nicht nur in Gedichten wie dem ›Gegenlied‹, sondern auch in Stücken wie dem *Arturo Ui* und dem *Guten Menschen von Sezuan* in Simplifizieren und Archaisieren aus. Vor der an jedes parteiliche Gedicht zu stellenden Frage, ob es Gefahr läuft, die Subjekt-Objekt-Dialektik im Konkret-Gesellschaftlichen zum Stillstand zu bringen, kann das ›Gegenlied‹ jedoch bestehen. Es bewahrt sich vor dieser Gefahr dadurch, daß es eine Verhaltensweise modellhaft vorführt, ohne unmittelbar einzugreifen. Voraussetzung seines Modellcharakters ist jedoch jene Abstraktion, zu deren Momenten auch das eben kritisierte Simplifizieren und Archaisieren zählt.

Brecht war sich bewußt, daß seine Lyrik, wenn sie der historisch-gesellschaftlichen Situation gerecht werden sollte, nicht nur einige von der Tradition zwar geschätzte, die gesellschaftliche Wirklichkeit aber verdeckende Momente aufgeben und neue Verfahren entwickeln mußte, daß sie vielmehr im Klassenkampf einen schmerzlichen Preis zu entrichten hatte. So trug er 1938 in sein ›Arbeitsbuch‹ ein:

Die ›Hauspostille‹, meine erste lyrische Publikation, trägt zweifellos den Stempel der Dekadenz der bürgerlichen Klasse. Die Fülle der Empfindungen enthält die Verwirrung der Empfindungen. Die Differenziertheit des Ausdrucks enthält Zerfallelemente. Der Reichtum der Motive enthält das Moment der Ziellosigkeit. Die kraftvolle Sprache ist salopp. usw. usw. Diesem Werk gegenüber bedeuten die späteren ›Svendborger Gedichte‹ ebensogut einen Abstieg wie einen Aufstieg. Vom bürgerlichen Standpunkt aus ist eine erstaunliche Verarmung eingetreten. Ist nicht alles auch einseitiger, weniger ›organisch‹, kühler, ›bewußter‹ (in dem verpönten Sinn)? Meine Mitkämpfer werden das, hoffe ich, nicht einfach gelten lassen. Sie werden die ›Hauspostille‹ dekadenter nennen als die ›Svendborger Gedichte‹. Aber mir scheint es wichtig, daß sie erkennen, was der Aufstieg, sofern er zu konstatieren ist, gekostet hat. Der Kapitalismus hat uns zum Kampf gezwungen. Er hat unsere Umgebung verwüstet. Ich gehe nicht mehr ›im Walde so für mich hin‹, sondern unter Polizisten. Da ist noch die Fülle, die Fülle der Kämpfe. Da ist Differenziertheit, die der Probleme. Es ist keine Frage: die Literatur blüht nicht. Aber man sollte sich hüten, in alten Bildern zu denken. Die Vorstellung von der Blüte ist einseitig. Den Wert, die Bestimmung der Kraft und der Größe darf man nicht an die idyllische Vorstellung des organischen Blühens fesseln.[113]

Der Klassenkampf zwingt, in einer Weise politisch zu werden, welche die Selbstverwirklichung des einzelnen im Umgang mit der Gesellschaft, der Natur und den anderen einzelnen und eine entsprechende Lyrik nahezu ausschließt. Wie in »Von der Freundlichkeit der Welt« die Freundlichkeit der Menschen noch von der sie umgebenden ›Kälte‹ geprägt war, so nimmt die spätere politische Lyrik, die sich der Humanität verpflichtet weiß, eben um dieser Humanität willen Momente der Kälte in sich auf. Doch Brecht ist sich dessen bewußt, wie ein Gedicht von 1934 zeigt:

Ausschließlich wegen der zunehmenden Unordnung
In unseren Städten des Klassenkampfs
Haben etliche von uns in diesen Jahren beschlossen
Nicht mehr zu reden von Hafenstädten, Schnee auf den Dächern, Frauen
Geruch reifer Äpfel im Keller, Empfindungen des Fleisches
All dem, was den Menschen rund macht und menschlich
Sondern zu reden nur mehr von der Unordnung
Also einseitig zu werden, dürr verstrickt in die Geschäfte
Der Politik und das trockene ›unwürdige‹ Vokabular
Der dialektischen Ökonomie
Damit nicht dieses furchtbare gedrängte Zusammensein
Von Schneefällen (sie sind nicht nur kalt, wir wissen's)
Ausbeutung, verlocktem Fleisch und Klassenjustiz eine Billigung

---

113 *ÜL*, S. 74 f.; siehe *AJ*, S. 28.
Ein Beispiel der Betrachtung von dem hier angesprochenen ›bürgerlichen Standpunkt‹ aus bietet Lüthy: »Der vegetative, lässige Vagant [...] ist zum revolutionären Aktivisten geworden, der chaotisch expressionistische Bänkelsänger zum lehrhaften Asketen und Pedanten [...]« (Lüthy, a. a. O., S. 25), »die Sprache des armen B. B. ist verdorrt und ausgezehrt bis aufs Skelett, erstarrt zum Theorem. Die ganze lyrische Kraft Brechts ist jäh verschüttet [...]« (S. 26). »Alle Vision ist ins bildlos Abstrakte, buchhalterisch Rationale gewandelt, kein Geheimnis, keine Undurchsichtigkeit, kein innerer Monolog ist mehr statthaft: alles ist erklärbar und wegerklärbar« (S. 27).

So vielseitiger Welt in uns erzeuge, Lust an
Den Widersprüchen solch blutigen Lebens
Ihr versteht.[114]

Solche politische Lyrik kann wenig dazu beitragen, den ›Lebensgenuß zu erhöhen, die Sinne zu schärfen‹[115] und zu ›genußfähigen, feiner empfindenden Menschen‹ zu bilden[116]. Sie trägt der Politik Rechnung, wie umgekehrt nur die Politik die Voraussetzungen für eine bessere Lyrik schaffen kann: »Die schlacht um Smolensk geht auch um die lyrik.«[117] Brecht ist sich der ›Einseitigkeit‹ seiner politischen Lyrik bewußt, doch er wählt das, was die historische Situation fordert:

> In mir streiten sich
> Die Begeisterung über den blühenden Apfelbaum
> Und das Entsetzen über die Reden des Anstreichers.
> Aber nur das zweite
> Drängt mich zum Schreibtisch.[118]

Das von der Situation Geforderte nimmt er freilich nicht klaglos hin:

> Was sind das für Zeiten, wo
> Ein Gespräch über Bäume fast ein Verbrechen ist
> Weil es ein Schweigen über so viele Untaten einschließt![119]

Politische Lyrik, die sich ihrer ›Einseitigkeit‹ bewußt bleibt, sie bedauert und so ihre eigene Negation mit sich führt, hält den Weg zu einer Subjekt-Objekt-Dialektik offen, in der das Individuum zur Selbstverwirklichung im Gesellschaftlich-Allgemeinen kommen könnte.[120] Doch auch die im Bedauern bewahrte Nega-

---

114 *w. a.*, 9, S. 519. Datierung *CR*, S. 46. Zur ›Einseitigkeit‹ der Lyrik vgl. *AJ*, S. 23.
115 Das wäre nach Brecht eine wesentliche Leistung von Dichtung. *ÜL*, S. 48.
116 Um 1927 schreibt er von Gedichten, »die etwa einen Regentag schildern oder ein Tulpenfeld, und sie lesend oder hörend verfällt man in die Stimmung, welche durch Regentage oder Tulpenfelder hervorgerufen wird [...]. Damit ist man aber ein besserer Mensch geworden, ein genußfähigerer, feiner empfindender Mensch [...]«. *ÜL*, S. 27 f.
117 *AJ*, S. 406 (5. 4. 1942); vgl. *AJ*, S. 411.
118 »Schlechte Zeit für Lyrik«; *w. a.*, 9, S. 744.
119 »An die Nachgeborenen«; *w. a.*, 9, S. 723.
120 Vgl. Franz Norbert Mennemeier: *Bertolt Brecht als Elegiker*. In: *Der Deutschunterricht*, 23 (1971), S. 59-73; dort S. 59: »Das Elegische nuanciert auf

tion ist angesichts der Situation und der erforderlichen Praxis zu negieren:

> Das Bedauern wird ausgesprochen.
> (Was könnte es helfen?)[121]

Skizze der Entwicklung

Die Geschichte des Gedichts »Von der Freundlichkeit der Welt« ist exemplarisch für eine der wichtigsten Entwicklungslinien der Lyrik Brechts: die Entwicklung vom ontologisierenden und kreisenden Gedicht, das in die Situation einweist, zum materialistisch-dialektischen, das über sie hinausweist. Diese Linie soll nun an weiterem Material ganz allgemein nachgezeichnet werden. Hierbei werden idealtypisch einzelne Phasen unterschieden; ihre Überschneidungen, Verschiebungen und fließenden Übergänge bleiben unberücksichtigt.

Um 1920 schreibt Brecht Gedichte wie »Von der Freundlichkeit der Welt«, »Der Choral vom Manne Baal«[122] und »Vom armen B. B.«[123], die eine ontologisierte Situation, in der die Menschen gefangen sind, darstellen und deuten. Hier erscheint der Mensch, so unterschiedlich die Gedichte auch sein mögen, noch nicht als Angehöriger einer Klasse. Bestimmend für diese Phase ist das Kreisen: die Situationsdeutung vollzieht sich im Zirkel, das Gedicht selbst rundet sich zu einem in sich geschlossenen ästhetischen Gebilde, die letzte Strophe nimmt die erste wieder auf. Den weiteren Horizont dieses Kreisens bildet die von Brecht mehrfach im Gedicht gestaltete Vorstellung vom Kreislauf der Natur,[124] in dem das Leben des Menschen, der geboren wird, stirbt und wiedergeboren wird, nur ein Moment ist. »Der ewige Kreislauf der

---

spezifische Weise den aufklärerischen Optimismus, der Brechts Werke durchdringt. Es ist dialektisches Begleitmotiv seines produktiv utopischen Denkens und hat dessen Elan nicht geschwächt, sondern vertieft, ihn bewahrend vor der Kurzschlüssigkeit einer klassenkämpferischen Subalternmentalität«.
121 »Schlechte Zeiten«; w. a., 10, S. 963. Das Gedicht beginnt: »Der Baum erzählt, warum er keine Früchte gebracht hat./Der Dichter erzählt, warum die Verse schlecht geworden sind.«
122 w. a., 8, S. 249.
123 w. a., 8, S. 261.
124 Z. B. »Jene verloren sich selbst aus den Augen« (w. a., 8, S. 67) und »Die Geburt im Baum« (w. a., 8, S. 85).

Natur schließt Geschichte aus, seine Natur ist Geschichtslosigkeit«[125].

Der Kreis als Form des Verhaltens und so auch des Denkens und des Vorstellungsablaufs ist – wie auch als Prinzip der ästhetischen Gestaltung – wesentlich konservativ.[126] Mit ihm wiederholt, bestätigt und verfestigt sich die geschlossene Situation, mag sie im Einzelfall als metaphysische oder als soziale verstanden sein. Dem Kreis als ästhetischem Prinzip entspricht die Geschlossenheit des selbstgenügsamen Werks, das sich als Mikrokosmos vom materiellen Sein abgrenzt. Der Kreis kann jedoch auch dem – allerdings hilflosen – Protest gegen die Situation zum Ausdruck verhelfen; Hilflosigkeit und Ausgeliefertsein werden dort protestierend erfahren, wo die in sich zurückkehrende Bewegung die Gefangenschaft in einer trostlosen Welt bewußt macht, deren immer gleiche zukunftslose Gegenwart nichts ist als ihre eigene Vergangenheit.[127] Das gilt auch für Brechts Lyrik: Je bewußter er die erlittene Situation ins Bild des Kreises faßt und je deutlicher sie als soziale erscheint, desto stärker wächst der Protest gegen sie, bis er schließlich den Kreis sprengt.

In der ersten der hier zu beschreibenden Phasen geht das Bemühen des Menschen im Kreis, er kann sein Ziel in der ungenügend eingerichteten Welt nicht erreichen:

> Wo er liegen bleibt, der Platz
> War das Ziel nicht, und oft
> Stand er schon dort.[128]

»Das Leben ist [...] ein einziges Eingefügtwerden in die gegebene Weise des Menschseins«[129]. Zielgerichtete Aktivität ist

---

125 Klaus-Detlef Müller: *Die Funktion der Geschichte im Werk Bertolt Brechts. Studien zum Verhältnis von Marxismus und Ästhetik.* Tübingen 1967, S. 16.
126 Das ließe sich aus zahlreichen der von Poulet angeführten Stellen belegen. Poulet bezieht seinen Gegenstand – den Kreis in der Dichtung – allerdings nicht auf die Gesellschaft. Er läßt sich von ihm faszinieren. (Georges Poulet: *Metamorphosen des Kreises in der Dichtung.* Frankf./M. 1966).
127 Ein Beispiel hierfür ist ›der kreisförmige Charakter der Wirklichkeitsdarstellung‹ in Flauberts ›Madame Bovary‹. Er entspricht der erlittenen Gefangenschaft Emmas im engen und unüberschreitbaren Kreis der sich ständig wiederholenden, gleichförmig zeitlosen Banalität (Poulet: *Metamorphosen.* S. 294-297). Der Protest ist hier in Eskapismus, Leiden und gespielter impassibilité zu spüren.
128 »Immer beruhigt der Tod«; *w. a.*, 8, S. 88.
129 Müller; a. a. O., S. 11 anläßlich des Gedichts »Vom Mitmensch« (*w. a.*, 8, S. 190).

deshalb nicht möglich. Was bleibt, ist hektische und sinnlose Bewegung im Kreis oder resignierte Passivität:

> So mancher rennt sich müd
> Weil er die Ruh zu sehr
> Liebt. Alle rennen nach dem Glück:
> Das Glück rennt hinterher.
>
> [...]
>
> Wollt ihr Sterne langen
> Müßt ihr rennen sehr.
> Denn ihr tragt an Stangen
> Schnell sie vor euch her.[130]

Auch in der folgenden Phase, in der Mitte der zwanziger Jahre, kreisen Brechts Gedichte noch in sich selbst, ihr Erkenntnisprozeß geht im Zirkel, die Situation bleibt ohne konkreten historischen Bezug, überzeitlich und unübersteigbar;[131] das Bewußtsein ist in ihr befangen. Doch Situation und Leiden sind als soziale erkannt, Unterdrücker und Unterdrückte sind geschieden. Das sprechende Subjekt steht auf der Seite der Unterdrückten, will ihnen die Furcht vor ihren augenblicklichen Unterdrückern nehmen und weist deshalb auf den Kreislauf der Mächtigen, ihren immer neuen Aufstieg und Fall.[132] So erhebt es die Unterdrückten und sich selbst abstrakt über die jetzige Situation, in der sie von einem Mächtigen beherrscht werden, und beweist dessen künftigen Sturz: die Situation wird etwas erträglicher, ihr Zwang bleibt jedoch bestehen. Solche Unterweisung, die einzelne Momente der Situation, nicht aber diese selbst als veränderlich zeigt, ist noch versteckte Einweisung. Ein besonders deutliches Beispiel ist

Der ›AUS NICHTS WIRD NICHTS‹-Song[133]

> I
> Seht, wie er aufsteigt! Er kommt
> Unaufhaltsam, in den Händen die Sonne.

---

130 »Das Beschwerdelied«; *w. a.*, 8, S. 16.
131 Vgl. *SU*, S. 138 ff.
132 Der Kreislauf hilft die Nichtigkeit darstellen. Vgl. den Prediger Salomo, der viele Spuren im Werk Brechts hinterließ, Kap. 1, 2-11.
133 *w. a.*, 7, S. 2961.

Jetzt steigt er herauf
Er heißt: der Cäsar!
Horcht, was er sagt!
Jetzt sagt er: Ich helf euch!
Aber in Wirklichkeit
Hilft er nur sich, euch aber
Bedrückt er, ihr aber
Fürchtet ihn.
Wer ist er?
    Fürchtet euch nicht!
    Sehet ihn an
    Wartet ab
    Er ist nichts!
    Er dauert nicht lang
    Er kennt sich nicht aus
    Nichts ist er allein
    Er ist nichts!

2
Seht, wie er aufstieg! Er kam
Unaufhaltsam, in den Händen die Sonne.
Oft stieg er herauf
Er hieß immer anders.
Oft sagte er: Ich helf euch!
Aber in Wirklichkeit
Half er nur sich, euch aber
Bedrückte er, ihr aber
Fürchtetet ihn.
Wer war er?
    Er dauerte nicht lang
    Er kannte sich nicht aus
    Nichts war er allein
    Er war nichts!

3
Seht, wie er absteigt! Er geht
Unaufhaltsam, in den Händen die Leere.
Jetzt steigt er hinab
Horcht, was er sagt!
Jetzt sagt er: Wer hilft mir?

4
Bald hört ihr: Er kommt
Unaufhaltsam, in den Händen die Sonne.

> Bald steigt er herauf
> Bald heißt er: Wer weiß es?
> Bald sagt er: Ich helf euch!
>> Fürchtet euch nicht!
>> Sehet ihn an
>> Wartet ab
>> Er ist nichts!
>> Er dauert nicht lang
>> Er kennt sich nicht aus
>> Nichts ist er allein
>> Er ist nichts!

Brecht greift das Bild der »rota Fortunae« auf,[134] das Aufstieg und Fall der Herrscher zeigt.[135] »Mittelalterliche Illustratoren gaben ihren Darstellungen des Glücksrades mit dem aufsteigenden, thronenden, stürzenden und am Boden liegenden Herrscher durch die Beischriften ›regnabo‹, ›regno‹, ›regnavi‹, ›sum sine regno‹ häufig eine zusätzliche Erklärung«[136]. Bei Opitz heißt es über das Glück:

> Diß ist sein altes Thun; Es steht auff einem Rade:
> Was newlich oben war/erfüllt mit Gunst und Gnade/
> Das ist jetzt vnten an/vnd was vor unten war/
> Das steht jetzt oben auff/ist ausser der Gefahr.[137]

Die im Bild der »rota Fortunae« gefaßte Erkenntnis, daß die Unterdrücker ›nichts‹ sind, dient Brecht dazu, die Situation erträglicher zu machen. Das sprechende Subjekt braucht nicht zu handeln oder zum Handeln aufzurufen. Die Vernichtung der Unterdrücker geschieht ›rein geistig‹; in Wirklichkeit bleibt alles beim alten. In dieser Phase kommt die Geschichte in den Blick, jedoch als geschichtslose.

In der dritten Phase[138] deutet Brecht die geschlossene Situation zwar immer noch im Bild des Kreises, zeigt aber, daß die Situa-

---

134 Hierzu: Gottfried Kirchner: *Fortuna in Dichtung und Emblematik des Barock. Tradition und Bedeutungswandel eines Motivs.* Stuttgart 1970, S. 21-23.
135 Abbildungen finden sich bei Howard R. Patch: *The Goddess Fortuna in Mediaeval Literature.* Cambridge 1927, Plate 1, 5, 9, 10.
136 Kirchner, a. a. O., S. 22.
137 Zit. nach Kirchner, a. a. O., S. 22.
138 Sie ist eine Übergangsphase, die sich nicht als klar abgrenzbare situieren, sondern nur idealtypisch rekonstruieren läßt.

tion als ganze veränderungsbedürftig ist. Ein augenfälliges Beispiel ist »Die Ballade vom Wasserrad«. Hier ist das Bild der »rota Fortunae« um das des Wassers erweitert, welches das Rad treibt. In *Die Rundköpfe und die Spitzköpfe* lautet die Ballade:[139]

1
Von den Großen dieser Erde
Melden uns die Heldenlieder:
Steigend auf so wie Gestirne
Gehn sie wie Gestirne nieder.
Das klingt tröstlich und man muß es wissen.
Nur: für uns, die wir sie nähren müssen
Ist das leider immer ziemlich gleich gewesen.
Aufstieg oder Fall: wer trägt die Spesen?
   Freilich dreht das Rad sich immer weiter
   Daß, was oben ist, nicht oben bleibt.
   Aber für das Wasser unten heißt das leider
   Nur: daß es das Rad halt ewig treibt.

2
Ach, wir hatten viele Herren
Hatten Tiger und Hyänen
Hatten Adler, hatten Schweine
Doch wir nährten den und jenen.
Ob sie besser waren oder schlimmer:
Ach, der Stiefel glich dem Stiefel immer
Und uns trat er. Ihr versteht: ich meine
Daß wir keine andern Herren brauchen, sondern keine!
   Freilich dreht das Rad sich immer weiter
   Daß, was oben ist, nicht oben bleibt.
   Aber für das Wasser unten heißt das leider
   Nur: daß es das Rad halt ewig treibt.

3
Und sie schlagen sich die Köpfe
Blutig, raufend um die Beute
Nennen andere gierige Tröpfe
Und sich selber gute Leute.
Unaufhörlich sehn wir sie einander grollen
Und bekämpfen. Einzig und alleinig

---

[139] *w. a.*, 3, S. 1007.

> Wenn wir sie nicht mehr ernähren wollen
> Sind sie sich auf einmal völlig einig.
> > Freilich dreht das Rad sich immer weiter
> > Daß, was oben ist, nicht oben bleibt.
> > Aber für das Wasser unten heißt das leider
> > Nur, daß es das Rad halt ewig treibt.

Hier ist der Trost des Aus-nichts-wird-nichts-Songs als belanglos erkannt; die Unterdrückten wissen, »Daß wir keine andern Herren brauchen, sondern keine«, und versuchten bereits, sich aufzulehnen (111 7). Dennoch ist die Grundstruktur des Aus-nichts-wird-nichts-Songs beibehalten; das Rad dreht sich ewig, der Refrain der letzten Strophe ist der der ersten. Die Situation hat sich noch nicht als veränderbar erwiesen, doch sie ist als veränderungsbedürftig erkannt. Noch bleibt sie geschlossen, doch die Antithese tritt dadurch, daß die Unterdrückten ihre Situation klar von der der Unterdrücker abheben und ihre eigene Position beziehen, schon so stark hervor, daß sie die Kreisbewegung zu sprengen droht.

Das geschieht in der vierten, der dialektischen Phase. Brecht veränderte den Refrain der letzten Strophe; in den ›Hundert Gedichten‹ lautet er nun:

> Denn dann dreht das Rad sich nicht mehr weiter,
> Und das heitre Spiel, es unterbleibt,
> Wenn das Wasser endlich mit befreiter
> Stärke seine eigne Sach betreibt.[140]

---

[140] *HG*, S. 7. – Zur Interpretation des Gedichts siehe Winfried Pielow: *Weitere Gedichte von Bertolt Brecht im Unterricht*. In: *Westermanns Pädagogische Beiträge im Unterricht*. 11 (1967), S. 515-523; dort S. 518 f. über den dialektischen Aufbau. – Nicht immer löst sich die Kreisbewegung so deutlich wie in der ›Ballade vom Wasserrad‹ in eine dialektische auf. Es gibt mannigfache Zwischenstufen. Im ›Moldaulied‹ z. B. wird der Zeitenwechsel – im Gegensatz zum »Aus-nichts-wird-nichts-Song« – zwar die Herrschaft der Mächtigen beenden und einen neuen Tag hereinbrechen lassen, doch gerade das Bild vom Zeitenwechsel impliziert die weitere Kreisbewegung, in deren Verlauf die jetzt Kleinen, die morgen groß sein werden, übermorgen in ihre jetzige Lage zurücksinken:

> Es wechseln die Zeiten. Die riesigen Pläne
> Der Mächtigen kommen am Ende zum Halt.
> Und gehn sie einher auch wie blutige Hähne
> Es wechseln die Zeiten, da hilft kein Gewalt.
>
> Am Grunde der Moldau wandern die Steine
> Es liegen drei Kaiser begraben in Prag.

Die »rota Fortunae« kommt zum Stehen, der »Mann der Arbeit« hat seine Macht erkannt, wie Herwegh es im ›Bundeslied‹ gefordert hatte:

> Mann der Arbeit, aufgewacht,
> und erkenne deine Macht!
> Alle Räder stehen still,
> wenn dein starker Arm es will![141]

In den dialektisch aufgebauten Gedichten[142] wird das Bestehende in seiner Bewegung betrachtet, es erscheint als Gewordenes und Vergehendes. Vergangenheit, Gegenwart und Zukunft bestätigen sich nicht mehr gegenseitig und wiederholen nicht mehr im Kreislauf das Immer-Gleiche, sondern gliedern die fortschreitende Geschichte. Das Subjekt selbst erfährt sich als geschichtliches, es hat sich aus der Gefangenschaft in einer ewigen Gegenwart gelöst und kann die frühere Negation der Gegenwart in einen Schritt in die Zukunft verwandeln.

> Das Große bleibt groß nicht und klein nicht das Kleine.
> Die Nacht hat zwölf Stunden, dann kommt schon der Tag.

(*w. a.*, 5, S. 1993) (vgl. *w. a.*, 5, S. 2015). Das Lied verharrt im Widerspruch zwischen dem Bild des Zeitenwechsels und der Behauptung »Die riesigen Pläne/ Der Mächtigen kommen am Ende zum Halt«. Das hat seinen Grund nicht zuletzt darin, daß es kein gesellschaftsveränderndes Subjekt kennt. Geschichte wird hier erlitten, nicht gestaltet. Sie ist Naturvorgang. Das entspricht der Konzeption des *Schweyk*: das ›Volk‹ überdauert passiv und im Verzicht auf gesellschaftsverändernde Aktivität eine Fremdherrschaft. - In der *Mutter Courage* setzt Brecht die Drehbühne, die ihren Wagen im Kreis ziehende Courage und ihr stets wiederholtes Lied als Mittel ein, die beim Zuschauer zum dialektischen Umschlag führen sollen.

141 Georg Herwegh: »Bundeslied für den Allgemeinen Deutschen Arbeiterverein«. In: G. Herwegh: *Werke in drei Teilen*. Hrsg. von H. Tardel. Berlin-Leipzig-Stuttgart-Wien 1909, Bd. 3, S. 89.
142 Vgl. z. B. »Lob der Dialektik« (*w. a.*, 9, S. 467) und »Der Schneider von Ulm« (*w. a.*, 9, S. 645). - Vgl. auch Günter Dietz: *Bertolt Brechts dialektische Lyrik*. In: *Deutschunterricht* 18 (1966), S. 66-77; besonders S. 68 und 75.

II
Anarchischer Nihilismus

Apfelböck oder die Lilie auf dem Felde

Nach dieser Skizze der Gesamtentwicklung kann sich die Untersuchung nun ihrem eigentlichen Gegenstand, der frühen Lyrik, zuwenden. Sie setzt ein mit der Analyse des anarchischen Nihilismus, der bestimmenden Haltung während der ersten jener beschriebenen Phasen. Kapitel III und IV gelten dann der vitalistischen Komponente der ersten Phase; danach erst soll die Entwicklung verfolgt werden, die Brecht über sie hinaus nahm.

Das Kapitel wird mit einer Interpretation der Ende August 1919 entstandenen[1] Apfelböck-Ballade eingeleitet. Auf die geistes- und gesellschaftsgeschichtliche Einordnung, die die Nähe zu Nihilismus und Existentialismus betont, folgt die psychoanalytische Deutung, die das Individuelle im Allgemeinen herausarbeitet. Schließlich wird der anarchische Nihilismus zur genaueren Bestimmung seines gesellschafts- und individualgeschichtlichen Orts im Zusammenhang der mittelständischen Sozialisation Brechts und seiner Ablösung vom Bürgertum betrachtet.

Groteske Darstellung eines absurden Mords

Am 29. Juli 1919, das geht aus den Zeitungsberichten[2] und der Prozeßakte[3] hervor, tötete der sechzehnjährige Elektromonteur Joseph Apfelböck in einer Münchner Mietskaserne seine Mutter durch zwei Revolverschüsse und am selben Abend noch sei-

---

[1] Der erste Zeitungsbericht über Apfelböcks Tat erschien am 18. August (Michael Morley: *An Investigation and Interpretation of two Brecht Poems*. In: Germ. Rev. 46 (1971), S. 5-25; dort S. 8; Morley bringt Zeitungsberichte und einen Vergleich mit der Ballade). Auf die früheste erhaltene Fassung schrieb Brecht »Frau Dr. Feuchtwanger in Dankbarkeit gewidmet. August [19] 19« (*BV II*, S. 11).
[2] Morley, a. a. O., S. 8-10.
[3] Sie wird im Staatsarchiv für Oberbayern, München 22, Schönfelderstraße 3, unter der Signatur »Staatsanwaltschaft München I Nr. 2293« verwahrt. - Joseph wurde am 18. August festgenommen, am 25. August fällte das Volksgericht München I das Urteil. Brecht konnte also, bevor er die Ballade schrieb, von dem Urteil erfahren haben.

nen Vater durch einen Schuß und einige Messerstiche. Er stammte aus der zweiten Ehe seines Vaters; dieser war Tagelöhner. Joseph, damals arbeitslos, bewarb sich bei Filmgesellschaften als Schauspieler und bei Kinos als Operateur. Als er nach einem vergeblichen Gang nach Hause kam, wurde er von der Mutter seines Planes wegen beschimpft. Sie ordnete im Schlafzimmer Wäsche und schimpfte auf ihn ein, er wich in die Küche aus, sie folgte ihm schimpfend, plötzlich zog er die Pistole, drehte sich um und schoß. Wahrscheinlich geschah die Tat im Affekt; er selbst wenigstens behauptete, ›er wisse nicht, wie er dazu gekommen sei, die Pistole zu ziehen und was er weiter getan habe, erst durch den Knall des Schusses sei er wieder zur Besinnung gekommen‹. Das Gericht nahm jedoch ›volle Überlegung und Tötungsabsicht‹ an. Den Vater ermordete er dann, um sich vor ihm zu schützen, zugleich erfüllte er sich damit den schon früher geäußerten Wunsch, von ihm frei zu sein.

Nach der Tat lebte er drei Sommerwochen mit den verwesenden Leichen in derselben Wohnung. Er erwog verschiedene Pläne, begann eine Kiste zu zimmern, um die Eltern fortzuschaffen, wollte flüchten, sich stellen, sich das Leben nehmen. Wenn er die Leichen sah, packte ihn Reue, außerhalb des Zimmers beruhigte er sich jedoch wieder. Er besuchte mehrmals seine Pflegemutter, der keine Veränderung auffiel, und lud seine Freunde zu sich ein. Er sorgte dafür, daß immer etwas im Zimmer lag, womit er den Geruch begründen konnte; so legte er beim Besuch der Freunde einen großen Käse auf den Küchentisch. Als die Leichen zu sehr stanken, verbrachte er einige Nächte auf dem Küchenbalkon. Als Nachbarn wegen des Geruchs fragten, fand er Erklärungen. Schließlich wurde die Wohnung in seiner Abwesenheit aufgebrochen. Später legte er nach einigen Ausreden ein Geständnis ab und brach danach bewußtlos zusammen. Betont wird immer wieder seine Gleichgültigkeit; sie wurde allerdings schon vor der Tat beobachtet. – Er wurde zu fünfzehn Jahren Gefängnis verurteilt.

Brecht ließ sich von diesem Fall anregen und schrieb das Bänkellied

Apfelböck oder die Lilie auf dem Felde

1

In mildem Lichte Jakob Apfelböck
Erschlug den Vater und die Mutter sein
Und schloß sie beide in den Wäscheschrank
Und blieb im Hause übrig, er allein.

2

Es schwammen Wolken unterm Himmel hin
Und um sein Haus ging mild der Sommerwind
Und in dem Hause saß er selber drin
Vor sieben Tagen war es noch ein Kind.

3

Die Tage gingen und die Nacht ging auch
Und nichts war anders außer mancherlei
Bei seinen Eltern Jakob Apfelböck
Wartete einfach, komme was es sei.

4

Es bringt die Milchfrau noch die Milch ins Haus
Gerahmte Buttermilch, süß, fett und kühl.
Was er nicht trinkt, das schüttet Jakob aus
Denn Jakob Apfelböck trinkt nicht mehr viel.

5

Es bringt der Zeitungsmann die Zeitung noch
Mit schwerem Tritt ins Haus beim Abendlicht
Und wirft sie scheppernd in das Kastenloch
Doch Jakob Apfelböck, der liest sie nicht.

6

Und als die Leichen rochen durch das Haus
Da weinte Jakob und ward krank davon.
Und Jakob Apfelböck zog weinend aus
Und schlief von nun an nur auf dem Balkon.

7

Es sprach der Zeitungsmann, der täglich kam:
Was riecht hier so? Ich rieche doch Gestank.
In mildem Licht sprach Jakob Apfelböck:
Es ist die Wäsche in dem Wäscheschrank.

8
Es sprach die Milchfrau einst, die täglich kam:
Was riecht hier so? Es riecht, als wenn man stirbt!
In mildem Licht sprach Jakob Apfelböck:
Es ist das Kalbfleisch, das im Schrank verdirbt.

9
Und als sie einstens in den Schrank ihm sahn
Stand Jakob Apfelböck in mildem Licht
Und als sie fragten, warum er's getan
Sprach Jakob Apfelböck: Ich weiß es nicht.

10
Die Milchfrau aber sprach am Tag danach:
Ob wohl das Kind einmal, früh oder spät
Ob Jakob Apfelböck wohl einmal noch
Zum Grabe seiner armen Eltern geht?[4]

In der *Anleitung zum Gebrauch der einzelnen Lektionen* weist Brecht auf den Fall Apfelböck hin: »Der in Kapitel 2 erwähnte Apfelböck, geboren zu München 1906, wurde 1919 durch einen von ihm an seinen Eltern begangenen Mord bekannt.«[5] Diese Angabe ist nicht korrekt; Joseph wurde 1903, nicht 1906 geboren; Brecht verjüngte ihn. Das ist nur eine der zahlreichen Änderungen, die Joseph in die Phantasiefigur Jakob verwandeln. Sein Name, sein Alter, seine Tat, sein späteres Verhalten und seine Umwelt bleiben nicht mehr die gleichen.[6] Ablauf und Umstände der Tat werden verschwiegen; sie wird nicht motiviert; ihre sozialen Ursachen werden nicht gezeigt. Die Schichtzugehörigkeit der Eltern, die beengten Wohnverhältnisse in der Mietskaserne, die Nachkriegs- und die Familiensituation beachtet Brecht nicht. Unerwähnt bleibt, daß Joseph ein Kind aus zweiter Ehe war und seine ersten sechs Lebensjahre bei einer Pflegemutter verbringen mußte, ebenso, daß sein Vater wegen Gewalttätigkeit im Gefängnis gesessen hatte und daß seine Mutter des Diebstahls verdäch-

---

[4] w. a., 8, S. 173. In der Hauspostillen-Fassung hatte die Ballade noch eine hier nicht angeführte Strophe (siehe unten S. 81).
[5] w. a., 8, S. 169.
[6] Joseph war nicht dabei, als die Leichen gefunden wurden; er hatte sie vorher nicht in den Schrank geschlossen, sondern neben die Betten gelegt. Jakob wiederum kennt Josephs Ausrede nicht, der Vater habe die Mutter und dann sich selbst getötet. Joseph erschlug seine Eltern nicht, sondern erschoß sie.

tig war. Prozeß und Urteil erscheinen nicht. Den grausigen Anblick der Leichen, das Entsetzen derer, die sie zuerst sahen, sowie die grausigen Einzelheiten der Tat selbst stellt Brecht nicht dar. Merkwürdig ist die Gewichtsverlagerung von der Tat selbst auf die Zeit danach: nur drei Zeilen sprechen von der Tat, das ganze übrige Gedicht von Jakobs späterem Verhalten, das sich von dem Josephs unterscheidet, der Kontakte zur Umwelt suchte und nicht untätig blieb. Milchfrau und Zeitungsmann hat Brecht erfunden. Sie tragen zur Veränderung des Tagelöhnermilieus in ein bürgerliches bei: ein Tagelöhner läßt weder Milch noch Zeitung ins Haus kommen; wahrscheinlich liest er auch nicht viel. Joseph wohnte ärmlich in einer Mietskaserne, nicht in einem Einfamilienhaus wie Jakob.

Das Gedicht verändert das Geschehen und stellt es als absurdes grotesk[7] dar. Es wendet sich an das Kunstbedürfnis einer bürgerlichen Leserschaft, sucht ihr Spaß zu bereiten und zugleich ihren Wertkodex und ihr gesichertes Wohlbehagen zu erschüttern.[8] Jakob tötet unmotiviert und weiß später nicht, warum er tötete; auch der Erzähler erklärt die Tat nicht. Jakob begeht einen absurden Mord.[9] Absurd ist dann auch die Reaktion auf die Tat, das untätige Warten, das gegenüber der Tat so ungewöhnliches Gewicht erhält. Da die Absurdität im Mittelpunkt des Gedichts steht, meidet Brecht die Darstellung des Grausigen – etwa der Tat oder der Verwesung –, das die Aufmerksamkeit zu sehr auf sich zöge und

---

7 Absurd wird hier ein Geschehen genannt, das sich mit den vom Gedicht angebotenen Kategorien der Weltorientierung nicht sinnvoll einordnen läßt, und dem Leser als unbewältigter und unheimlicher Fremdkörper begegnen soll. Ein Geschehen *ist* nicht absurd, es erscheint lediglich einem Bewußtsein so, das es nicht bewältigen kann. Grotesk wird hier eine Darstellung genannt, welche die Erwartung zu wecken sucht, ein dargebotener Sachverhalt werde gedeutet, diese Erwartung jedoch enttäuscht, keine weitere Deutungsmöglichkeit beiträgt und den Rezipienten dadurch vor einer nicht eingeordneten »Realität« beläßt. Carl Pietzcker: *Das Groteske.* DVjs 45 (1971), S. 197-211. Zu dem Zusammenhang von Absurdem und Groteskem ebenda, S. 202-204, S. 207.
8 Einige Änderungen sind freilich allein durch die poetische Gestaltung bedingt. Jakob Apfelböck klingt besser als Joseph Apfelböck (die Spirantenfolge »Jos*eph* Apfelböck« stört), die Anwesenheit Jakobs bei der Entdeckung vereinfacht die Fabel, das Motiv der im Schrank eingeschlossenen Leichen gibt dem Gedicht Anschaulichkeit und nimmt ironisch ein Klischee auf. Die Ausrede, der Vater hätte die Mutter umgebracht, läßt Brecht weg, um das Geschehen einfach und übersichtlich zu halten, vor allem aber weil sie die Vorstellung vom passiven Mörder störte.
9 Zum absurden Mord siehe Rainer Zoll: *Der absurde Mord in der modernen deutschen und französischen Literatur.* Diss. Frankf./M. 1961.

von der Absurdität ablenkte. Deshalb läßt er auch Prozeß und Urteil unbeachtet; sie könnten das Geschehen deuten, das nur als nicht deutbares absurd erscheinen kann. Da Jakobs Milieu nicht mehr das gesellschaftlich bestimmte und vom Leser distanzierte eines Tagelöhners, sondern ein ungenau bestimmtes bürgerliches ist, kann es auch das des Lesers sein, dem nun der Mord und Jakobs späteres Verhalten in seiner eigenen Welt begegnen, wo er sie nicht erwartet. Er kann erkennen, daß das ihm Selbstverständliche, das Normale, worin er sich gesichert fühlt, die Möglichkeit des Absurden in sich trägt. Das Selbstverständliche und das Absurde treten, wie sich zeigen wird, in groteske Spannung: die Erwartung, das Geschehen mit den gewohnten Kategorien einordnen zu können, wird durch dessen Absurdität enttäuscht; Selbstverständliches und Absurdes negieren sich wechselseitig und bleiben dennoch nebeneinander bestehen.

Diese groteske Struktur[10] bestimmt die ganze Ballade. Es genügt, sie an einer Stelle exemplarisch nachzuweisen:

> In mildem Lichte Jakob Apfelböck
> Erschlug den Vater und die Mutter sein
> Und schloß sie beide in den Wäscheschrank
> Und blieb im Hause übrig, er allein.

Die ersten Worte – »In mildem Lichte« – stimmen den Leser auf harmonisch-lyrisches Wohlbefinden ein, das durch den leicht komisch wirkenden Namen »Jakob Apfelböck« sogleich gestört wird, sich jedoch nicht ganz verliert, weil der streng alternierende fünfhebige Jambus und die Wortstellung der Zeile etwas von der Weihe klassischer deutscher Literatur geben; der gehobene lyrische Stil (»Lichte«) und das Wohlbefinden, das er gewährt, scheinen gerettet. Doch schon in Zeile 2 zerstört »Erschlug« die eben noch bewahrte poetisch-harmonische Stimmung; Roheit und Poesie dissonieren. Die Roheit steigert sich noch: Apfelböck »Erschlug den Vater und die Mutter«, er beging ein ungeheuerliches Verbrechen. Jetzt scheint die von der ersten Zeile geweckte poeti-

---

10 Ulrich Weisstein streitet das groteske Moment der Ballade ab und sieht in ihr - reichlich unhistorisch - »ein neusachliches Gegenstück zu dem kalten Grotesken Kafkas« (U. Weisstein: ›Apfelböck oder die Lilie auf dem Felde‹: Zur Interpretation eines Gedichtes aus Bertolt Brechts ›Hauspostille‹. In: G. Q., 45 (1972), S. 295-310; dort S. 307).

sche Stimmung vernichtet, mit ihr aber auch die Dissonanz zwischen ihr und der die zweite Zeile beherrschenden Roheit. Doch das altertümelnd und romantisierend inversiv gestellte Possessivpronomen »sein« führt das Anheimelnd-Poetische wieder in die Zeile zurück, die nun Volksliedcharakter gewinnt; die Begriffe »Vater« und »Mutter« werden mit Sentiment aufgeladen. Die gefühlige Poesie umfaßt nun die Brutalität des Mords und stellt dadurch die groteske Dissonanz des Unverträglichen wieder her; sie verstärkt jene Dissonanz sogar, weil sie selbst jetzt stärker ist als in Zeile 1. Die ersten beiden Zeilen wirken grotesk. Da sie jedoch von jener gefühligen Poesie eingerahmt werden und da die so umfaßte Brutalität nicht betont wird – die grausigen Einzelheiten erscheinen nicht –, ist das Groteske hier nicht so grell wie in anderen Bänkelparodien. Es wirkt heimtückisch, still und versteckt sich hinter dem treuherzig-sentimentalen Umgangston.

Das gilt auch für die Zeilen 3 und 4. Der Erzähler berichtet weiter, als wäre etwas Selbstverständliches, durchaus Alltägliches geschehen. Er erregt sich nicht über die Bluttat, klagt nicht über die Sünde, verurteilt nicht, motiviert nicht und zeigt kein Mitgefühl mit den Opfern, sondern erzählt in naivem Volkston ohne schauerliche Übertreibung. Apfelböck »schloß« seine Eltern ein, die Brutalität, die »sperrte« hier bewirkt hätte, ist ebenso vermieden wie das Schauerballadenrequisit »Kiste«, in welche die Opfer gesperrt werden. Er schloß sie in den zur bürgerlichen Wohnung gehörigen »Wäscheschrank«. Die Tat wird im bürgerlichen Bereich, in der alltäglichen Welt des Lesers angesiedelt und scheinbar verharmlost.[11] In Zeile 4 geht der Erzähler noch weiter, wendet sich beinahe mitleidvoll dem Mörder zu und stellt die Tatsache, daß er die Menschen umbrachte, die mit ihm zusammenlebten, als ihm widerfahrene Vereinsamung dar. Er konzentriert das Mitgefühl, das normalerweise den Opfern gilt, auf den Mörder.

Die groteske Dissonanz zwischen der Tat einerseits und den poetischen,[12] naiven[13] und alltäglichen[14] Elementen der Darstellung

---

11 Diese verharmlosende Tendenz ist bereits in Zeile 1 angelegt. »In mildem Lichte« erinnert an die dem jungen Brecht bekannte (w. a., 1, S. 53) Redeweise, etwas Negatives ›in mildem Licht‹, d. h. gutmütig und verständnisvoll betrachten.
12 Z. B. »In mildem Lichte«.
13 Z. B. »Mutter sein« und die naive Frage der Milchfrau in der letzten Strophe.
14 Z. B. »Wäscheschrank«, »Milchfrau«, »Zeitungsmann«, »Buttermilch«, »Kalb-

sowie der Selbstverständlichkeit ihres Vortrags andererseits ist stark, aber untergründig und unauffällig, da die miteinander dissonierenden Elemente nicht so deutlich herausgearbeitet sind, daß sie sofort ins Auge fallen.[15] Das ganze Gedicht wirkt unauffällig-grotesk. In der *Hauspostille* von 1927 fand sich zwischen den Strophen III und IV der hier zugrunde gelegten Fassung noch eine weitere Strophe:

> Und als die Leichen rochen aus dem Spind
> Da kaufte Jakob eine Azalee
> Und Jakob Apfelböck, das arme Kind
> Schlief von dem Tag an auf dem Kanapee.[16]

Das Grausige der ersten Zeile, die Sentimentalität der dritten und die vielfachen Dissonanzen waren Brecht offenbar zu grob und effektvoll herausgearbeitet. Deshalb strich er die Strophe und verstärkte so die heimtückische Unauffälligkeit des Gedichts.
Die Ballade ist darauf angelegt, beim bürgerlichen Leser bestimmte Weisen zu evozieren, sich und seine Situation zu verstehen und sich in ihr zu verhalten, die poetische, die naive und diejenige, sich im gewohnten Alltag selbstverständlich zu bewegen, Verhaltensweisen, mit deren Hilfe er sich vorspiegeln kann, ein gesichertes Leben in einer gedeuteten und ihn bergenden Welt zu führen. Diese Verhaltensweisen sucht die Ballade dann anzugreifen und mit dem absurden Geschehen zu konfrontieren, um den Leser dadurch zu verunsichern und ihm zugleich die Lust am spielerischen Angriff zu verschaffen. Das gelingt ihr allerdings nur bei demjenigen, der die angebotene Leserrolle annimmt. Wenn künftig von ›dem Leser‹ gesprochen wird, ist darunter die von der Ballade angebotene Leserrolle zu verstehen, nicht aber ein ›idealer Leser‹.

---

fleisch«, »Wäsche«. Brecht hat, um das Alltägliche zu vergegenwärtigen, prägnant konkretisiert, so verdirbt z. B. nicht das »Fleisch« wie in Josephs Ausrede, sondern das »Kalbfleisch«.
15 Die Tat wird dem Leser z. B. nicht grell und effektvoll als grausig vorgeführt, er muß selbst etwas beitragen, will er sie so erfahren. Das Poetische und Naive sind nicht eindeutig zum Sentimentalen und Borniertem verzeichnet, das Bürgerlich-Alltägliche nicht ins Spießige und die selbstverständliche Vortragsweise gibt sich nicht ausdrücklich als selbstverständlich zu erkennen.
16 *HP*, S. 5.

Die Tradition

Die Ballade nimmt Momente des Bänkellieds¹⁷ auf, gibt ihnen jedoch eine neue Funktion. Die lange Strophenfolge reizt nicht,

17 Zum Vergleich diene ein überliefertes Bänkellied:

	Bei Brecht fehlt:
Der furchtbare Mord, welchen der Sohn an seiner Mutter und seinen vier Geschwistern verübt hat. Geschehen den 17. Juni 1874 in Mühlhausen im Elsaß. – Druck und Verlag von H. Kohlbrock, Hamburg. [...]	sensationsbedachte Ankündigung

Das Lied

Weh, wenn Roheit tief im Herzen Und verstockt ist das Gemüth Und wenn grauser Mordgedanke In des Menschen Herzen zieht. Wenn der Keim zu wilden Morden, Bald zur Reife ist geworden Und die grause That dann wird Nun in blinder Wuth vollführt.	moralisierend-einordnende Vorbereitung
Joseph Most, noch jung von Jahren, Sonst ein unbescholtner Mann, Doch sollt' man an ihm erfahren, Wie weit der Mensch es bringen kann. Wuth und Rachsucht, Neid und Tücke Und was sonst den Geist berückte, Wie ihn trieb die Bosheit fort Endlich zu dem grausen Mord.	Vorstellung und weitere moralisierende Einordnung
Denn vielleicht von seiner Mutter Fühlt er sich zurückgesetzt Und er ward in seinem Herzen Arg gekränket und verletzt.	Kausalität
Und zur Reif kam der Gedanke, Der nicht wieder in ihm wankte, Die, die ihm das Leben gab, Sollte in die Gruft hinab.	Plan
[...]	
Und er kaufte sich ein Messer Und er schärfte allemal Nun zum grausen Mord den Stahl.	schaurige Vorbereitung der Tat

Dann bei nächtlich stiller Weile
Schlich er zu dem Hause hin
Und erkletterte das Gitter
Nur den grausen Mord im Sinn.

[...]

Dann mit Katzenschritten schlich er,
Zu des Bruders Ruhstatt hin
Und sein Dolchstoß, der traf sicher
Und was kümmerte das ihn
Und als er dem jungen Leben
Nun den Todesstoß gegeben
Eilte er sehr schleunig fort
Zu begehn den zweiten Mord.

[...]

Und die Mutter und die Schwester
Hielten fest die Thüre zu
Die sie von dem Mörder trennte
Doch derselbe nun im Nu
Er zertrümmerte die Scheiben
Und er stach dazu nach Beiden
Brachte wüthend dann aufs Neu
Ihnen mehre Stiche bei.

[...]

Als vollendet nun sein Morden
Ging der Unhold still zu Haus
Und als er sich umgekleidet
Ging er in die Stadt noch aus.
Da hat man ihn arretiret
Und ihn in Arrest geführet
Wo die grause Mörderthat
Er ohn' Reu gestanden hat.

Christen seht an diesem Menschen
Hier ein redend Beispiel an,
Haltet fest an Gottes Lehren
Ach und nichts euch bringen kann.
Nur durch Neid und Tück zum Morden
Sei er fähig erst geworden.
Drum halt fest an Gottes Wort
Nur auf ewig immer fort.

Den Text verdanke ich Dr. Leander Petzoldt.

Weg zum Tatort

ausführliche Darstellung der Tat

Festnahme durch die Staatsgewalt

Geständnis

Religiös-moralische Ermahnung als Abschluß des Exempels

wie im Bänkellied, mit Hilfe immer neuer sensationeller Verbrechen oder der einer Kriminalgeschichte eigenen Spannung, sondern malt die Länge der Zeit und mit ihr Jakobs dumpfes Warten. Der Doppeltitel klagt in seiner zweiten Hälfte nicht das ›Ungeheuer von München‹ an, wie es das Bänkellied täte, sondern weist auf die Unschuld des Mörders; der Blick von außen auf die Figur verschafft dem Erzähler Distanz und Objektivität und läßt das nicht ausgesagte Innere der Figur geheimnisvoll erscheinen; die monotone Prosodie, die einfache Syntax und die häufigen Wiederholungen malen das dumpfe Bewußtsein Jakobs und verhelfen der Ballade als didaktische Mittel zu größerer Verständlichkeit. Der sentimental-moralisierende Bänkelliedschluß zerstört im Widerspruch zu seiner ursprünglichen Funktion Sentimentalität und Moralisieren:

> Die Milchfrau aber sprach am Tag danach:
> Ob wohl das Kind einmal, früh oder spät
> Ob Jakob Apfelböck wohl einmal noch
> Zum Grabe seiner armen Eltern geht?

Die Moral des Bänkellieds, seine Mahnung und sein Hinweis auf die unausweichliche Strafe und die Macht Gottes fehlen. An ihre Stelle ist die naiv-sentimentale, von einer unausgesprochenen Moral getragene Frage der Milchfrau getreten. Brecht stellt dem absurden Geschehen das naive Verständnis dieser Frau, die nichts begriffen hat, grotesk gegenüber und läßt es so sich selbst entwerten. Der groteske Schluß leugnet Moral, Notwendigkeit der Strafe, göttliche Macht und den hohen Wert eines pietätvollen Sohn-Eltern-Verhältnisses. Er ist gegen den Bänkelsang geschrieben, aber auch gegen das Gassenlied, das die Kind-Eltern-Beziehung sentimental besingt.[18] Die Erwartung der Milchfrau, Jakob

---

18 Die Schlußstrophe liest sich wie eine widerlegende Antwort auf das vielgesungene Gassenlied
> Am Elterngrab
> Ich kenn' ein einsam Plätzchen auf der Welt,
> Liegt ruhig, still verborgen,
> Dort flieh' ich hin, wenn mich der Kummer quält,
> Es plagen mich die Sorgen.
> Und fragst du mich, so sag' ich's dir,
> Es liegt nicht weit, nicht weit von hier:
> Der liebste Platz, den ich auf Erden hab',
> Das ist die Rasenbank am Elterngrab.

werde einen Rest von Gefühl für seine Eltern zeigen, nimmt ›des Lesers‹ Reaktion auf das vorgetragene Geschehen sentimental überzeichnet vorweg und führt sie ad absurdum. Brecht setzt die Naivität des Bänkellieds zugleich aber auch spielerisch als ästhetischen Reiz ein und schafft dem Leser durch Parodie einer niederen Form, die er belächeln kann, Distanz zu dem Ungeheuren, womit er ihn konfrontiert.

Dennoch dient die Parodie vor allem dazu, dieses Ungeheure, die Absurdität, zu vermitteln. Das zeigt ein Vergleich mit dem ›Tantenmörder‹ Wedekinds, einer Bänkellied-Parodie, die nicht ohne Einfluß auf die Apfelböck-Ballade geblieben sein dürfte.

Der Tantenmörder

Ich hab' meine Tante geschlachtet,
Die Tante war alt und schwach;
Ich hatte bei ihr übernachtet
Und grub in den Kisten-Kasten nach.

Da fand ich goldene Haufen,
Fand auch an Papieren gar viel
Und hörte die alte Tante schnaufen
Ohn Mitleid und Zartgefühl.

Was nutzt es, daß sie sich noch härme –
Nacht war es rings um mich her –
Ich stieß ihr den Dolch ins Gedärme,
Die Tante schnaufte nicht mehr.

Das Geld war schwer zu tragen,
Viel schwerer die Tante noch.

Da zieht's mit Zaubermacht mich hin,
Wenn Menschen mit mir streiten.
Dort merk' ich nicht, wie ich verlassen bin,
Dort klag' ich meine Leiden.
Da reden mir die Toten zu,
Die Eltern mein, in ew'ger Ruh.
[...]

Elsbeth Janda und Fritz Nötzold: *Die Moritat vom Bänkelsang oder Lied von der Straße*, München 1959, S. 178. – Brecht kannte dieses Lied und griff es rüde an: »Orge sagte mir:/Der liebste Ort, den er auf Erden hab/Sei nicht die Rasenbank am Elterngrab [...] Orge sagte mir: der liebste Ort/Auf Erden war ihm immer der Abort« *(w. a.,* 1, S. 15 und »Wißt ihr auch, was eine Mutter ist?/Ach, ihr Herz so weich wie Butter ist. [...] Deckt die Rasenbank einst ein Mutterherz/Zieht's 'ne noble Seele himmelwärts« (w. a., 1, S. 386).

Ich faßte sie bebend am Kragen
Und stieß sie ins tiefe Kellerloch. –

Ich hab' meine Tante geschlachtet,
Meine Tante war alt und schwach;
Ihr aber, o Richter, ihr trachtet
Meiner blühenden Jugend-Jugend nach.19

Auch Wedekind provoziert seine bürgerliche Leser- bzw. Hörerschaft durch die triviale Form, das unerwartete Verhalten des Helden und das Fehlen von Reue und Entrüstung. Wie Brecht, benutzt auch er das in literarischem Spiel parodierte und zugleich ernst genommene Bänkellied zu literarischem und gesellschaftlichem Protest. In beiden Fällen entsprechen triviales Geschehen und triviale Form einem gegenidealistischen Weltbild. Dennoch lassen sich wichtige Unterschiede nicht übersehen. Im Gegensatz zu Brecht motiviert und verteidigt Wedekind den Mord. Er zerstört bürgerliches Verständnis, um es durch ein anderes zu ersetzen: aus dem Mund des Mörders spricht der nur leicht ironisierte Missionar ›blühender Jugend-Jugend‹, der ihr Recht auf freien Lebensgenuß verkündet und die Richter des geplanten Vergehens an diesem Wert zeiht. In dem Gedicht Wedekinds dient das Groteske dazu, provozierend eine Vitalität zu behaupten, die jenseits von Gut und Böse steht, in dem Gedicht Brechts dient es dagegen dazu, ›den Leser‹ vor das Absurde zu führen, wenn auch hier das vitalistische und das provozierende Moment nicht ganz fehlen. Während Wedekind seine Bänkelparodie auf die augenzwinkernde Interaktion zwischen Provokateur und Provozierten anlegt und den Erwartungen der Kabarettbesucher entgegenkommt, bietet Brecht Interaktion an, um sie dann zu verweigern.
Wedekinds Gedicht relativiert als Rollenlied seine Aussage, weil es sie als Ansicht und Geschichte eines einzelnen vorträgt, der zudem für den Leser ohne Bedeutung ist; Brecht sucht dagegen ›den Leser‹ in das Gedicht hineinzuziehen, damit er dort – bei aller Distanzierung und allem Spaß an der Bänkelparodie – die Absurdität, auch seine eigene, erfahre. Brecht läßt das Ich, das die Ballade spricht, nicht hervortreten und macht es ›dem Leser‹ dadurch schwer, ihre Aussagen zu relativieren und als subjektive zu be-

---

19 Frank Wedekind: *Gesammelte Werke*. München 1920, S. 107.

trachten. Wer seine Ballade liest, begegnet einem – scheinbar – objektiven Geschehen, wer die Wedekinds liest, einer provozierenden Selbstdarstellung. Obwohl Wedekind von der Gefährlichkeit seines Gedichts überzeugt war,[20] wirkt es harmlos: dem Leser können weder die dargestellte bzw. sich darstellende Figur, noch er selbst fremd werden. Wedekind ist mehr auf den theatralischen Effekt bedacht als Brecht; er gibt seinem Zuhörer durch grelle Provokation und überzeichnete Brutalität[21] zu verstehen, daß er sich im Kabarett befindet, sich also nicht betroffen, sondern nur über die Provokation amüsiert zu fühlen braucht. Brecht dagegen meidet alles Grelle, spricht in heimtückisch-stiller Selbstverständlichkeit, sänftigt den Leierkastenton Wedekinds beinahe zu dem eines Volkslieds und kapriziert sich nicht wie Wedekind (»Kisten-Kasten«) auf Wortspiel und Klangmalerei. Bei ihm ist das Groteske sanft, aber gefährlich.

Die Verlassenheit im Nichts

Das Gedicht führt den Mord als ein unverstandenes, in kein Bezugssystem eingeordnetes Faktum brutum vor.

Mord aus Gewinnsucht, Mord aus Rache, Mord aus Eifersucht, Mord aus Rassenwahn, alles geht in Ordnung. Läßt sich erklären, läßt sich verurteilen. Aber ein Mord einfach so? Das ist wie ein Riß in der Mauer. Man kann tapezieren, um den Riß nicht zu sehen. Der Riß bleibt. Man fühlt sich nimmer zuhaus in seinen vier Wänden.[22]

›Der Leser‹ soll sich »nimmer zuhaus« fühlen, es soll ihm grauen.

Das Grauen, das den befällt, der von Jakobs Tat hört oder liest, hat Brecht in der Erzählung *Die Erleuchtung*[23] dargestellt. Er schreibt:

20 Seine Überzeugung war, »daß der Tantenmörder das Bedenklichste und Gefährlichste meiner Sachen ist« (*Der vermummte Herr. Aus den Briefen Frank Wedekinds aus den Jahren 1881–1917*. Hrsg. von Wolfdietrich Rasch. München 1967, S. 131).
21 Er wählt eine Sprache, die schockieren soll (»geschlachtet«; bei Brecht dagegen »erschlug«), führt die grausigen Mordumstände vor (»Nacht«, »Dolch ins Gedärme« usw.) und treibt die Bänkelparodie so weit, daß Mordumstände und Sprache den Charakter von Requisiten erhalten.
22 Der Staatsanwalt in *Graf Öderland*. Max Frisch: *Stücke*. Frankf./M. 1962, Bd. 1, S. 304.
23 *w. a.*, 11, S. 47 f.

Ein Mann in mittleren Jahren ging eines Abends in der Pappelallee spazieren, als er beim Anblick eines großen Hundes, der entlang eines schwarzen Baches Tauben jagte, merkte, daß er nicht erwünscht sei. Er ging sofort heim.
Es war an dem Tag nichts Besonderes geschehen. Seine Geschäfte standen gut, seine Geliebte war das einzige Mädchen seiner Bekanntschaft, das nicht dumm war. Jemand hatte vormittags beim Friseur die Geschichte von dem dreizehnjährigen Apfelböck erzählt, der seine Eltern erschossen hatte. Jetzt zitterten die Knie des Mannes, als er die Stiege emporstieg.
Als er sich wieder mit dem Studium des Falles Apfelböck beschäftigte (der Knabe hatte seine Elternleichname sieben Tage in einer Kiste aufbewahrt), fiel ihm ein, daß er morgen den Zahnarzt ohne weiteres töten könne, etwa mit einem Messer. Der Zahnarzt hatte einen schönen weißen vollen Hals. Aber er konnte ihn auch nicht töten.
Er wollte sich ans Klavier setzen und Haydn spielen; aber Apfelböck hatte sieben Tage gewartet, und in der Zeit war er (des Geruches wegen) zuerst auf das Kanapee des Wohnzimmers und dann auf den Balkon gezogen. Darüber konnte Haydn nicht hinwegtäuschen.
Der Mann ging im dunklen Zimmer umher, von Fenster zu Fenster, schaute ins Leere, auf die blauen Dächer in der Tiefe und rang die Hände. Das konnte man nicht aushalten. Jetzt waren es sieben Tage.
Dann legte er sich ins Bett. Man hat keine Verantwortung, dachte er. Das Gestirn ist rein vorläufig. Es saust mit allerlei andern, einer Reihe von Gestirnzeug, auf einen Stern der Milchstraße zu. Auf einem solchen Gestirn hat man keine Verantwortung, dachte er. Aber dann wurde es zu dunkel im Bett.
Er mußte aufstehen und Kerzen anzünden, er fand fünf; die nahm er und entzündete sie und tat sie an die Ecken des Bettes, zwei zu Häupten und zwei zu Füßen, eine aber auf den Nachttisch. Es waren fünf Lichter. Das muß eine Bedeutung haben, dachte er.
Dann, nachdem er eine solche Mühe gehabt hatte, roch er den Geruch der beiden Elternleichname. Er sollte wohl auf den Balkon ziehen? Das tat er auf keinen Fall. Es handelte sich um Hirngespinste. Auch war kein Balkon da.
Wenn ich stürbe, sagte sich der Mann, aber aus dem Kreis kommt man nicht heraus. Ich bin ausgeliefert. Die Fußdecke ist rot, auch wenn ich nicht will, auch wenn ich gestorben bin, bleibt sie rot. Die Fußdecke ist stärker als ich. Sie hat sicher keinen Wunsch. Sie kann nicht albern werden.
[...]
Wenn ich stürbe, dachte er. Ich möchte ein Kind haben. Vielleicht habe ich ein Kind. Wenn ich sterbe, kräht kein Hahn danach. Wenn ich leben

bleibe, kräht auch kein Hahn. Ich kann tun, was ich mag, es *kräht* keiner.
Der Mann stand beunruhigt auf und zog einen Soldatenmantel über das Hemd. So ging er auf die Straße. [...]
[...]
Dann ging er schneller, an den andern Menschen vorbei, schließlich laut singend, im Hemd; denn er warf den Mantel ab; auf einem solchen Gestirn brauchte man keinen Mantel.
Er lief laut psalmodierend durch die Straßen und wußte von nichts mehr.

Es gibt keine feste Wertordnung und keine sichere Weltdeutung mehr. In dieser Situation zerfällt auch das Ich: der ›Held‹ der Erzählung kann dies oder jenes tun, den Zahnarzt töten oder auch nicht. In einer »Erleuchtung« geht ihm am Beispiel Apfelböcks auf, daß der Mensch seiner selbst nicht mehr gewiß sein und Taten begehen kann, von denen er überfallen wird.[24] So werden er selbst und das, was ihn umgibt, ihm fremd, ja unheimlich. Das verstärkt sich, wenn er am Beispiel Apfelböcks außerdem die gänzliche Verlassenheit des Menschen, also auch seine eigene, in einer fremdgewordenen Welt erfährt und zugleich die Möglichkeit völliger menschlicher Fühllosigkeit. Angesichts solcher Erfahrungen muß alle Pflege harmonischer Schönheit als Mittel, den Menschen über sein wahres Wesen zu täuschen, erscheinen. Deshalb wird in der Erzählung Haydn abgetan und in der Ballade das beruhigend-sichernde Poetische angegriffen.
Die Wirkung von Jakobs Mord und Verhalten auf den ›Helden‹ der Erzählung läßt vermuten, welche Wirkung Brecht mit der Ballade intendierte: auch ›der Leser‹ sollte sich selbst fremd und vor eine fremde Wirklichkeit geführt werden; zumindest sollte das eine Komponente der Wirkung sein.
Mehr als der Mord wirkt Apfelböcks späteres Verhalten auf den ›Helden‹ der Erzählung. Auch die Ballade ist mehr durch dieses Verhalten als durch die Tat selbst bestimmt. Jakob »wartete einfach, komme, was es sei«[25], er zeigt kein Gefühl, reflektiert nicht und läßt die gewohnten Reaktionen vermissen. Wie dem ›Helden‹ der Erzählung ist auch ›dem Leser‹ diese unmenschliche Un-

---

[24] »so konnte es jedem von uns gehen, mitten im Lichte wurde man überfallen, so unsicher sind wir alle auf diesem Stern«, bemerkt der Erzähler zu der homosexuellen Verfallenheit Bargans in der 1921 veröffentlichten Erzählung *Bargan läßt es sein* (w. a., 11, S. 35).
[25] »Wártéte« ist durch schwebende Betonung hervorgehoben.

empfindlichkeit fremd, ja unheimlich; noch fremder wird sie ihm, weil er nicht weiß, was in Jakob vorgeht, und weil auch der Erzähler sich jeden Gefühls und jeder Reflexion enthält und Inneres nur durch Äußeres darstellt, wie etwa Jakobs sanfte, unschuldige Bewußtseinsferne durch das immer wiederkehrende milde Licht. So wird ›dem Leser‹ Jakobs Warten zweifach fremd: durch die Inhumanität des Wartens selbst und durch die des Berichts. – Da über Jakobs Erfahrungen nichts ausgesagt wird, einige seiner Reaktionen aber auf innere Vorgänge schließen lassen und die Phantasie entsprechend reizen,[26] projiziert ›der Leser‹ das von ihm empfundene Fremde und Unheimliche in Jakob hinein. Nicht Jakob erfährt also im Gedicht das Unheimliche, sondern ›der Leser‹. Er versetzt sich in ihn, wartet, daß nach der ungeheuerlichen Tat etwas geschieht, und erfährt in der Enttäuschung seiner Erwartung das unheimliche Ausbleiben von Ereignissen, welche die gestörte Ordnung wiederherstellen.[27] Der klareren Darstellung wegen wird fortan die ›Projektionsfigur Jakob‹, deren innere Vorgänge vom ›Leser‹ projiziert werden, von ›Jakob‹, dessen Verhalten im Gedicht berichtet wird, geschieden. Die Einheit beider wird ›Jakob Apfelböck‹ genannt.

Nach der Tat greift keine Obrigkeit, kein Mensch und kein Gott ein. Unberührt geht das Leben seinen gewohnten Gang; wie früher wechseln Tag und Nacht, kommen Milchfrau und Zeitungsmann. Doch eben, weil alles gleich bleibt, wird alles fremd: »Und nichts war anders außer mancherlei.« Das Gewohnte hat den Schein des Selbstverständlichen verloren; die Welt, welche auf die absurde, weil nicht sinnvoll einzuordnende Tat nicht und schon gar nicht sinnvoll reagierte, erscheint nun ihrerseits absurd. Die ›Projektionsfigur Jakob‹ erfährt sie in ihrer sinnlosen puren Tatsächlichkeit als bloß faktische und damit fremde.[28] Dabei erfährt sie ihre völlige Verlassenheit. Diese Erfahrung und der Mord trennen sie von der normalerweise angenommenen Geborgenheit und Unschuld der Kindheit: »Vor sieben Tagen war es noch ein

---

[26] Vor allem Strophe IV-VI.
[27] Da das Gedicht nichts über Jakobs Inneres aussagt, weiß ›der Leser‹ aber auch nicht, ob Jakob hier tatsächlich das Unheimliche erfährt und nicht nur völlig fühllos bleibt. Das verunsichert seine Erfahrung des Unheimlichen und gibt ihm gleichzeitig Distanz zu ihr.
[28] Dazu tragen Hinweise auf Jakobs Reaktionen bei und Feststellungen wie »Vor sieben Tagen war es noch ein Kind« und »Und nichts war anders außer mancherlei«.

Kind.« Sie wird aus der fremden Welt auf sich selbst zurückgeworfen: wo das gewohnte Leben aufdringlich und laut[29] auf ›Jakob‹ eindringt,[30] zieht er sich zurück;[31] seine einzige Aktivität besteht darin, das abzuwehren, was ihn bedrängt.[32] Die Erfahrung der Absurdität bestimmt das Verhalten der ›Projektionsfigur Jakob‹: da alles Geschehen in einer absurden Welt selbst wieder absurd ist, lohnt es sich nicht zu handeln; deshalb greift sie nicht ein, bleibt gleichgültig und passiv, steckt sich keine Ziele, sondern ergibt sich in die bloße Tatsächlichkeit ihres Daseins und starrt dumpf auf das Unheimliche, das mit ihr geschehen ist und noch geschieht. Die andauernde, immer gleiche Fremdheit des rein Tatsächlichen stumpft ihr Bewußtsein ab und das Grauen vor dem Unheimlichen tötet ihre Gefühle oder läßt nicht zu, daß sich überhaupt welche entwickeln. So wird sie innerlich ›leer‹[33]: frei von Gefühl, Selbstdeutung, Verantwortung, ohne Beziehung zu anderen Menschen und ohne die Fähigkeit, die Welt, in der sie lebt, zu übersehen.

Brecht sucht hier die Erfahrung des Absurden zu vermitteln und die, daß das Absurde durch Konventionen verdeckt wird. Das gelingt ihm dadurch, daß er in die Ballade erstens ein als wirkliches dargestelltes Geschehen – ›Jakobs‹ Tat und Warten –, zweitens ›Jakobs‹ Verhalten zu ihm und drittens ein konventionelles Verständnis von Wirklichkeit aufnimmt und zwischen ihnen einen Raum grotesker Spannung schafft: die ›Projektionsfigur Jakob‹ begegnet der ›Wirklichkeit‹ ihrer selbst und der Welt, und ›der Leser‹ begegnet, so sehr dies auch seine eigene Projektion ist, wiederum der Wirklichkeitsbegegnung der ›Projektionsfigur Jakob‹ und der Gefühlsleere, aus der heraus hier gesprochen wird; die ›Wirklichkeit‹ aber widerlegt die Erwartungen der ›Projektionsfigur Jakob‹ und ›des Lesers‹. Da jene Erwartungen nicht artikuliert werden, und deshalb schweigend der ›Wirklichkeit‹ begegnen, und die Enttäuschungen ebenfalls nicht ausgesprochen werden, bleibt der Spannungsraum unausgesagt. Das Gedicht schafft einen Raum schweigender Erwartung und Enttäuschung, in dem die Absurdität erfahren wird. Aus ihm holt es seine lyri-

---

29 »Gerahmte Buttermilch, süß, fett und kühl« - »Und wirft sie scheppernd in das Kastenloch«.
30 IV-IX.
31 IV 4, V 4, VI 4, VII 4, VIII 4, IX 4.
32 VII 4, VIII 4.
33 Vgl. das Sonett ›Von der inneren Leere‹ unten S. 122.

sche Kraft. Die groteske Vernichtung gewohnter Verständnisweisen ist hier also zugleich Medium des Absurden und der Poesie. Sie holt Welt und Ich aus der Selbstverständlichkeit, in der sie gewöhnlich begegnen, und gibt ihnen die Frische des Unmittelbaren und Ungewohnten, eine Frische freilich, die sich ungedeuteter Faktizität verdankt.

Brecht gestaltete um 1920 wiederholt die Erfahrung des vergeblich Wartenden, verlassen und einer fremden Welt ausgeliefert zu sein. In der Erzählung »Die Hilfe« schreibt er von dem ›bösen Menschen‹ Lorge:

Dieser Mensch wurde eines Tages im Kampfe über die Augen geschlagen, und davon wurde er blind. Er stand mitten in einer Wiese, im hellen Mittag, und nun ging eilends die Sonne für ihn unter, und der Wind wurde sehr laut um ihn. Seine Knechte verjagten den Feind, aber Lorge saß den ganzen Tag auf einem Baumstumpf und dachte nach. [...] Lorges Widersacher [...] ließ bekannt machen: er würde jeden so zurichten wie Lorge selbst, der diesem etwas antue, wodurch sein Leben verkürzt würde. [...] [Lorge] saß auf seinem Hof, und niemand tat ihm etwas zuleid. [...] Lorge sagte nichts. Er wartete auf etwas. Lorge wartete drei Wochen und es kam nichts. Da fing er an zu begreifen, daß von nun an niemals wieder irgend etwas zu ihm kommen würde.[34]

In der »grauenvollen und eigentümlichen Belagerung des einzelnen Mannes« Malatesta[35] arbeitete Brecht die Verlassenheit des Menschen, der nicht versteht, warum er plötzlich ausgeschlossen ist, und wenigstens auf einen Angriff wartet, noch deutlicher heraus. Malatesta, als einziger in einer großen Stadt belagert, wird, als er vergeblich auf eine Aktion wartet, »von einem Gefühl völliger Fremdheit seiner Vaterstadt gegenüber befallen«[36]. Schließlich, so wird berichtet, habe man ihn »zu Gott und dem Teufel schreien hören, sie möchten ihn doch töten. Sicher scheint, daß er bis in seine letzte Stunde und auch da nicht wußte, warum dies

---

34 w. a., 11, S. 57 ff.; dort S. 57 f. Die Erzählung entstand wahrscheinlich 1921, die *werkausgabe* ordnet sie wenigstens zwischen die 1921 erschienene Erzählung *Bargan läßt es sein* und den *Javameier* aus dem Jahr 1921 ein (w. a., 11, Anm. S. 2).
35 *Der Tod des Cesare Malatesta*. w. a., 11, S. 91 ff.; dort S. 93. Die Erzählung erschien 1924 (ebenda, Anm. S. 2).
36 Ebenda, S. 93.

alles sei«[37]. Der Mensch ist beim jungen Brecht in einer Welt verlassen, die ihn nicht kennt:

> Sitzt er auch gelassen auf den Steinen
> Daß der Schwamm ihm auswächst im Genick
> Die Gestirne, die ihn kühl bescheinen
> Wissen ihn nicht mager und nicht dick.
>
> Sondern die Gestirne wissen wenig
> Sahn ihn noch nicht, und er ist schon alt
> Und das Licht wird schwärzer, fettig oder sehnig
> Sitzt er schauernd in der Sonne, ihm ist kalt.[38]

Er ist der Welt ausgeliefert, kein Hahn kräht nach ihm:[39]

> Aber spät am Abend ward mir die Belehrung:
> Daß kein Hahn schreit, wenn ich auch verreckte
> Und daß auch die innerste Bekehrung
> Keinen Gott aus seinem Schlafe weckte.[40]

Der Mensch ist nicht nur von seinen Mitmenschen verlassen, sondern auch von Gott, da es ihn nicht gibt:

Über der Welt sind die Wolken, sie gehören zur Welt. Über den Wolken ist nichts. [...] Immer denke ich: wir werden nicht beobachtet. Der Aussatz des einzigen Sternes in der Nacht, vor er untergeht![41]

Wer, wie die ›Projektionsfigur Jakob‹, auf das Eingreifen Gottes wartete und deshalb enttäuscht wurde, sitzt bewußtseinsarm, stumm und allein:

> Immer Stille über großen Steinen
> Wenig Helle, aber immer Schein
> Trübe Seelen, satt sogar vom Greinen
> Sitzen traumlos, stumm und sehr allein.[42]

37 Ebenda, S. 95.
38 »Kalendergedicht«. *w. a.*, 8, S. 109 f.; entstanden 1922 (*CR*, S. 36).
39 Vgl. oben S. 91.
40 »Der Gesang in der Opiumhöhle« (*w. a.*, 8, S. 90); um 1920 (*BV II*, S. 50).
41 »Erster Psalm« (*w. a.*, 8, S. 241); um 1920 (*BV II*, S. 86).
42 »Der Himmel der Enttäuschten« (*w. a.*, 8, S. 55); 1919 (*CR*, S. 14). In einer früheren Fassung lautet die letzte der hier zitierten Zeilen: »Sitzen tränenlos, stumm und sehr allein« (*BBA 454/18*. Mit freundlicher Genehmigung der Bertolt-Brecht-Erben). Das entspricht der Tränenlosigkeit ›Jakobs‹, der sich nur durch grob Physisches, den Leichengeruch, zum Weinen bringen läßt.

Der Titel der Ballade stellt die Verlassenheit ›Jakob Apfelböcks‹ in einen theologischen Rahmen: »Die Lilie auf dem Felde« weist zwar auch auf die Unschuld des Mörders, erinnert aber mehr noch an Matthäus VI, 28/30:

Und warum sorget ihr für die Kleidung? Schauet die Lilien auf dem Felde, wie sie wachsen; sie arbeiten nicht, auch spinnen sie nicht. Ich sage euch, daß auch Salomo in aller seiner Herrlichkeit nicht gekleidet gewesen ist wie derselben eins. So denn Gott das Gras auf dem Felde also kleidet, das doch heute steht und morgen in den Ofen geworfen wird: sollte er das nicht viel mehr euch tun, o ihr Kleingläubigen.

»Wenn in der Bergpredigt auf die Lilien des Feldes hingewiesen wird, die nicht arbeiten und nicht spinnen (Matth. 6,28), dann läßt sich aus dem Bild der Lilien auch die vertrauensvolle Hingabe an den Willen Gottes herauslesen, der seine Erwählten versorgt: das mystische Sichausliefern an die Gnade Gottes.«[43] Der Titel der Ballade bezieht ›Jakob Apfelböcks‹ passives Warten auf die Untätigkeit der Lilien und das, was ihm widerfährt – seine Tat, seine Verlassenheit und sein Grauen –, auf die Fürsorge und Gnade Gottes. So kehrt er den Sinn der Bibelstelle um. Denn die Lilien sind untätig im Genuß der Schöpfung Gottes und dieser sorgt dennoch für sie; ›Jakob Apfelböcks‹ aber ist untätig im Grauen vor dem fremden Ich und der fremden Welt und Gott sorgt nicht für ihn. Es gibt ihn gar nicht: der Mensch ist im Absurden mit sich allein. Das Sein in der Welt erscheint als Verlassensein von Gott, ja als dessen Negation. Die hier dargestellte Absurdität will als absolutes Fehlen von Sinn und Geborgenheit verstanden werden. ›Jakob Apfelböcks‹ Passivität und Schweigen ist das seiner Verlassenheit angemessene Verhalten:

Ich habe immer, wenn ich Leute sah, die vor Schmerz oder Kummer die Hände rangen oder Anklagen ausstießen, gedacht, daß diese den Ernst ihrer Situation gar nicht in seiner ganzen Tiefe erfaßten. Denn sie vergaßen vollständig, daß nichts half, es war ihnen noch nicht klar, daß sie von Gott nicht nur verlassen oder gekränkt waren, sondern, daß es überhaupt keinen Gott gab und daß ein Mann, der, allein auf einer Insel, Aufruhr macht, wahnsinnig sein muß.[44]

Wer die Illusionen, die ihn sicherten, verloren hat und nun seine wahre Situation erkennt, erfährt das Nichts:

---

43 Gerd Heinz Mohr: *Lexikon der Symbole. Bilder und Zeichen der christlichen Kunst*. Düsseldorf-Köln 1971, S. 189.
44 w. a., 20, S. 9. Aus Brechts Notizbüchern des Jahres 1920.

> Ich gestehe: ich
> Habe keine Hoffnung.
> Die Blinden reden von einem Ausweg. Ich
> Sehe.
>
> Wenn die Irrtümer verbraucht sind
> Sitzt als letzter Gesellschafter
> Uns das Nichts gegenüber.[45]

Brecht überschrieb dieses Gedicht »Der Nachgeborene«, der nach der Auflösung der Irrtümer Geborene. Die in ihm ausgesprochene Erfahrung entspricht derjenigen der ›Projektionsfigur Jakob‹: die Irrtümer, der Mensch könne seiner selbst gewiß sein, die Welt habe einen Sinn und berge ihn, oder strafe ihn wenigstens, sind in der Zeit des Wartens von ihm abgefallen; nun erfährt er die Wirklichkeit: das Nichts. Dieser Weg zum Nihilismus ist auch sonst zu beobachten.[46] Nihilismus entsteht, wenn sich entscheidende Vorstellungen, die sicherten oder gar bargen, als Illusionen erweisen;[47] der Mensch, verunsichert, weil seine am Gewohnten ausgerichteten Sinnerwartungen enttäuscht werden, verwirft Sinn überhaupt. Erweist sich ein Sinn als illusionär, der, wie in der Apfelböck-Ballade, mit religiösem, also absolutem Anspruch auftritt, so entsteht die Versuchung, das Absolute durch absolute

---

45 *w. a.*, 8, S. 99; um 1920 (*BV II*, S. 55).
46 Zum Nihilismus vgl. Walter Hof: *Stufen des Nihilismus. Nihilistische Strömungen in d. dt. Lit. von Sturm und Drang bis zur Gegenwart*. In: *GRM* 44 (1963), S. 397-423. Dieter Arendt: *Der Nihilismus - Ursprung und Geschichte im Spiegel der Forschungsliteratur seit 1945. Ein Forschungsbericht*. In: *DVjs*. 43 (1969), S. 346-369 und S. 544-566.
47 Vgl. die Feststellung Nietzsches: »man entdeckt, aus welchem Material man die ›wahre Welt‹ gebaut hat: und nun hat man nur die verworfene übrig und rechnet jene höchste Enttäuschung mit ein auf das Konto ihrer Verwerflichkeit. Damit ist der Nihilismus da: man hat die richtenden Werte übrigbehalten – und nichts weiter!« (Friedrich Nietzsche: *Werke in drei Bänden*. Hrsg. von Karl Schlechta. München 1956, Bd. III, S. 533) und seine weitere Feststellung: »Was bedeutet Nihilismus? – *Daß die obersten Werte sich entwerten*. Es fehlt das Ziel. Es fehlt die Antwort auf das ›Wozu?‹ (ebenda S. 557; Hervorhebung dort). – Die verschiedenen Phasen des Nihilismus bestimmen sich nach ihrer Abhängigkeit von den ›Werten‹. Der Nihilismus der Apfelböck-Ballade ist z. B. ein Zustand während und kurz nach der Vernichtung der ›Werte‹, der Nihilismus bei Beckett dagegen ein Zustand längere Zeit nach solcher Vernichtung: die ›Projektionsfigur Jakob‹ wartet, daß nach der Tat etwas geschieht und erfährt so erst das Nichts, die Figuren in *Warten auf Godot* leben voll Langeweile im Nichts und warten auf einen unbestimmten ›Godot‹.

Verneinung von Sinn und die Behauptung einer absurden Wirklichkeit zu retten. So bleibt der Nihilist noch in der Negation abhängig von den Irrtümern, die er glaubt überwunden zu haben. Das gilt auch für Brecht. Seine ganze nihilistische Phase hindurch ist er abhängig von dem, was er scheinbar verwirft: vom Christentum, der bürgerlichen Gesellschaft, ihrer Wertordnung und ihrer Poesie. Seine nihilistische Dichtung ist bestimmt von dem, was sie als Irrtum angreift und als Halt vermißt. Sie läßt sich als bürgerlich-christliche Negation bürgerlich-christlicher Vorstellungen und Werte verstehen.

Existentialismusnähe

Brechts frühe Gedichte stehen, insofern sie von der Verlassenheit des einzelnen im Nichts zeugen, existentialististischem Verständnis nahe,[48] wenn sie sich auch durch ihre vitalistische Komponente[49] von ihm unterscheiden und sich in dem Maße von ihm entfernen, wie sich ihr Bild von der Gesellschaft zu dem von der Klassengesellschaft differenziert. Rückt man die Lyrik des jungen Brecht in die Nähe des Existentialismus, so läßt sich ihr Ort zunächst allgemein gesellschaftsgeschichtlich bestimmen. Der junge Brecht und die Existentialisten reagieren in ähnlicher Weise auf die gleiche oder zumindest eine ähnliche historische Situation: sie negieren in einer gesellschaftlichen Krisensituation bürgerlich und christlich die bürgerliche Gesellschaft und die christliche Re-

---

48 Die ›Existentialisten‹ - darunter werden hier die deutschen Existenzphilosophen und die französischen Existentialisten verstanden - und die ihnen nahestehenden Schriftsteller haben kein ihnen allen gemeinsames System entwickelt, mit dem das Welt- und Menschenbild Brechts verglichen werden könnte (vgl. Otto Friedrich Bollnow: *Existenzphilosophie*. Stuttgart [6]1955). Es gibt jedoch Züge, die bei allen oder doch den meisten wiederkehren. - Schwarz gibt im Anschluß an Münsterer einen kurzen Hinweis auf Brechts Nähe zum Existentialismus, führt sie aber auf Brechts nihilistische Position zurück (*SW*, S. 105).
49 Zu den vitalistischen Zügen siehe unten Kap. IV. Vitalistische Züge finden sich freilich auch bei Camus (siehe unten S. 108). - Das Grauen führt bei Brecht im Gegensatz zum Existentialismus nicht zur eigenen, bewußt ergriffenen Existenz, sondern reduziert die Menschen auf ihre vitale Kreatürlichkeit; sie kommen bei ihm nicht zu ihrem ›Selbstsein‹ (Martin Heidegger: *Sein und Zeit*. Tübingen [10]1963, § 53) und zum - scheinbar - klaren Bewußtsein ihrer Situation. Dementsprechend fehlt bei ihm auch das aktivistische Moment des Existentialismus, das im *Mythos von Sysiphos* seine Ausprägung fand.

ligion; beide ontologisieren[50] die eigene Situation und ziehen sich aus der bedrohlich fremden Welt auf das bedrohte, vereinzelte Individuum zurück.[51]
In der mit dem Ende des Ersten Weltkriegs, der Weltwirtschaftskrise und in Frankreich mit der Niederlage von 1940 offenbar gewordenen – jedoch nicht erst entstandenen – Krise der bürgerlichen Gesellschaft verlieren die einzelnen bürgerlichen Individuen die Sicherheit, welche ihnen die jetzt brüchige und in ihren Augen nicht mehr legitimierte soziale Ordnung bisher gewährte.[52] Verlassen, ohnmächtig dem ausgeliefert, was mit ihnen geschieht, und auf sich selbst zurückgeworfen, erfahren sie, ohne es zu begreifen, nur deutlicher, was ihnen schon begegnete, bevor es manifest wurde: die stets gegenwärtige, wenn auch meist latente ökonomische und politische Krise und, damit verbunden, die Gefahr der Proletarisierung und der Revolution,[53] das zunehmende Abstraktwerden des Allgemeinen, den Zerfall bisheriger bürgerlicher Ideologeme, besonders den des Ideologems vom autonomen Individuum, und das Ungültigwerden christlicher Vorstellungen; dazu kommt die mit der fortschreitenden Verstädterung verbundene Erfahrung, aus der unmittelbaren sozialen Kontrolle des Dorfs und der Kleinstadt entlassen zu sein. Diese Erfahrungen werden nun nicht als historische aus einem bestimmten Stadium des Ka-

---

50 Vgl. Roger Garaudy: *Perspectives de l'homme. Existentialisme, pensée catholique, marxisme.* Paris ³1961, S. 53: »De ce qui était la situation des hommes d'une certaine nation à un moment de crise, Heidegger a fait la condition humaine, la caractéristique tragique de toute existence.« Vgl. Georg Lukács: *Die Zerstörung der Vernunft.* Berlin 1954, S. 397. Theodor W. Adorno: *Versuch, das Endspiel zu verstehen.* In: Th. W. Adorno: *Noten zur Literatur II*, S. 188-236; dort S. 195; Herbert Marcuse: *Existentialismus.* In: Herbert Marcuse: *Kultur und Gesellschaft 2.* Frankf./M. ⁴1967, S. 49-84; dort S. 52; und *Existentialismus und Marxismus. Eine Kontroverse.* Hrsg. A. Schmidt. Frankf./M. 1965.
51 Vgl. Bollnow, a. a. O., S. 12 f.: »In einer Zeit, wo alle festen Ordnungen sich aufzulösen drohten und alle sonst als unverbrüchlich geltenden Werte sich als zweifelhaft erwiesen [...], da mußte notwendig das Verlangen nach einem letzten Halt erwachen. Und nachdem der Mensch in jedem objektiven Glauben enttäuscht und ihm alles zweifelhaft geworden war, nachdem alle inhaltlichen Sinngebungen des Lebens von der Relativierung in Frage gestellt waren, blieb nur der Rückgang auf das eigene Innere, um hier in einer letzten, allen inhaltlichen Festlegungen schon vorausliegenden Tiefe denjenigen Halt zu gewinnen, der in einer objektiven Weltordnung nicht mehr zu finden war. Diesen letzten, innersten Kern des Menschen bezeichnet man mit dem von Kierkegaard übernommenen Begriff der Existenz.«
52 Vgl. Bollnow: a. a. O., S. 126.
53 Vgl. Garaudy: a. a. O., S. 41-113.

pitalismus begriffen, sondern von ihren ökonomischen Bedingungen losgelöst, idealistisch subjektiviert[54] und ontologisiert. Die nicht begriffene Entfremdung kehrt wieder als Fremdheit des Menschen in einer fremden Welt;[55] ebenso kehrt die Tatsache, daß der Mensch als Gattung die Herrschaft über die von ihm geschaffene Welt verloren hat, als Ausgeliefertsein des einzelnen in dieser fremden Welt wieder. Die nicht überschaubare bedrohliche Gesellschaft läßt kollektive Verantwortung nicht aufkommen; da das Individuum sich nicht als gesellschaftliches verwirklichen kann, zieht es sich aus der Gesellschaft zurück[56] und überhöht sich als nicht-soziales im verzweifelten Versuch, so zu sich selbst zu finden:[57] »die Intensität der Vereinsamung, Enttäuschung und Verzweiflung schafft hier eine neue Inhaltlichkeit«[58]. Die Bedrohung des Individuums durch die kapitalistische Gesellschaft erscheint im Existential der Angst.[59] So versuchen die Angehörigen bürgerlicher Schichten ihre Bedrohung durch Proletarisierung und Arbeitslosigkeit[60] ebenso wie ihre Angst vor der Revolution[61] als gesellschaftliche aus dem Bewußtsein auszublenden. Das ontologisierte Leiden und die verzweifelte Bejahung der eigenen Vereinzelung verlangen nach keiner Änderung des Systems; sie können nun der Rechtfertigung bürgerlicher Intelligenz dienen, die sich frei von Verantwortung für die profane Gesellschaft weiß und ihre hochstilisierte Ohnmacht genießt.

Die Sinnlosigkeit eines Systems, das seine eigene Reproduktion zum obersten Zweck hat,[62] dringt ins Bewußtsein als Sinnlosigkeit überhaupt und führt zum Leiden unter dem Verlust von

---

54 Lukács: *Die Zerstörung der Vernunft.* S. 399: »Das, was Heidegger beschreibt, ist die subjektiv-bürgerlich-intellektuelle Kehrseite der ökonomischen Kategorien des Kapitalismus, selbstverständlich in der Form einer radikal idealistischen Subjektivierung und deshalb Verzerrung.«
55 Vgl. ebenda, S. 315.
56 Vgl. Karl Jaspers: *Philosophie.* Berlin 1932, Bd. 2, S. 30: »aber als soziales Ich bin ich nicht ich selbst«.
57 Vgl. ebenda, S. 31: »Wenn in jener Verdünnung des sozialen Ich zu dem ›wir alle‹, das sich übermächtig durch die Allgemeinheit aufzudrängen strebt, das Selbstsein mit Entschiedenheit sich wehrt und den Vorrang beansprucht, so steht seine Unbedingtheit gegen alle Bedingtheiten des Seins als wir alle.«
58 Lukács: *Die Zerstörung der Vernunft.* S. 391.
59 Vgl. Theodor W. Adorno: *Jargon der Eigentlichkeit. Zur deutschen Ideologie.* Frankf./M. 1964, S. 32.
60 Vgl. ebenda, S. 31 f.
61 Vgl. Garaudy: a. a. O., S. 44.
62 Vgl. Adorno: *Jargon.* S. 34.

Sinn. »Daß Sinn, welcher auch immer, allerorten ohnmächtig scheint gegen das Unheil; daß keiner ihm abzugewinnen ist und daß seine Beteuerung es womöglich noch befördert, wird als Mangel an metaphysischem Gehalt, vorzugsweise an religiös-sozialer Bindung registriert.«[63] Nicht von ungefähr freilich: bisher hatten die christlichen Religionen u. a., aber wesentlich die Funktion, Herrschaft zu legitimieren und die Untertanen, besser als Polizei das je vermöchte, dadurch zu disziplinieren,[64] daß sie sie zwangen, die Werte und Tugenden zu verinnerlichen, welche Unterdrückung gestatteten; dazu bedienten sie sich der metaphysischen Verankerung jener Werte und des sozialen Drucks. Mit der fortschreitenden Entwicklung des Kapitalismus aber konnten die herrschaftslegitimierende und die disziplinierende Funktion jedenfalls teilweise vom Markt übernommen werden;[65] außerdem trat die Irrationalität der Religion in Widerspruch zu dem wachsenden Erfordernis des Kapitalismus, in Teilbereichen Rationalität zu gewährleisten. Die hieraus resultierende Schwächung der Religion wurde gefördert durch die Erkenntnisse der Naturwissenschaften und der Historischen Wissenschaften und durch die zunehmende Verstädterung, welche die Möglichkeiten der Kirchen, unmittelbaren sozialen Druck auf den einzelnen auszuüben, verringerte. In dem Maße, in dem die metaphysische Sinngebung verloren ging, drang aber die bisher von ihr verdeckte Sinnlosigkeit des gesellschaftlichen Systems als Angst ins Bewußtsein. Auch wird die Schwächung christlicher Glaubensinhalte von denen, die sich noch nicht gänzlich vom Christentum gelöst haben, als hereinbrechende Sinnlosigkeit erfahren. Jene Erfahrung kann nun der der Sinnlosigkeit des gesellschaftlichen Geschehens aufgelegt werden und die Sinnlosigkeit als gesellschaftliche verdecken. So beziehen sich die Existentialisten, aber auch der junge Brecht, nicht ohne Grund in der Negation auf das Christentum, an das sie gebunden bleiben,[66] und unterlassen die Analyse des gesellschaftlichen Systems.

63 Ebenda, S. 33.
64 Vgl. Wilhelm Reich: *Massenpsychologie des Faschismus. Zur Sexualökonomie der politischen Reaktion und zur proletarischen Sexualpolitik.* Kopenhagen-Prag-Zürich 1933, S. 169-200.
65 Vgl. Jürgen Habermas: *Technik und Wissenschaft als ›Ideologie‹.* Frankf./M. ²1969, S. 65-73; besonders S. 68 f.
66 Kierkegaard ist ihrer aller Ahnherr. Camus setzt sich mindestens seit seiner Arbeit *Über die Beziehungen zwischen Hellenismus und Christentum in den*

Dieses Verhalten findet sich vor allem beim Angehörigen des Mittelstands, der sich mit Hilfe der bürgerlich-christlichen Werte und Vorstellungen über seine bedrohte ökonomische Situation zu erheben und zu täuschen sucht und deshalb deren Schwächung als besondere Bedrohung erfährt, und das Ungültigwerden jener Werte und Vorstellungen als Sinnlosigkeit. Er sucht in dieser Lage die ihm eigene, scheinbar überhistorische und überparteiliche Position des ›Allgemein-Menschlichen‹, die den Klassenantagonismus leugnet, zu retten und bildet die Vorstellung der allgemein-menschlichen Verlassenheit und Verzweiflung aus, hypostasiert sie und erkennt dem, der sie als Haltung verwirklicht, das hohe Prädikat der Eigentlichkeit zu.

Wie die Existentialisten fragt auch Brecht in Gedichten wie der Apfelböck-Ballade nicht nach Bedingungen und historischem Ort der eigenen Situation, sondern irrationalisiert und ontologisiert die Erfahrung, vereinzelt, verlassen und ausgeliefert zu sein. Wie die Existentialisten sucht auch er das Absolute und das Unmittelbare zu retten und kommt zur Ausbildung des Absurden.[67] Das Grauen, das die Apfelböck-Ballade intendiert, ist weder bloße ästhetische Sensation, noch Furcht vor einzelnem Bedrohlichen, sondern jenes Grauen vor sich und der Welt, das die ›Projektionsfigur Jakob‹ befällt, wenn sie der absurden Tatsächlichkeit des nicht sinnvoll eingeordneten Faktum brutum begegnet und ins Gorgonenantlitz der fremden Welt und des fremden eigenen Ich blickt. Brecht steht hier jener Angst nicht fern, die Heidegger ontologisierte und dann analysierte.[68] Wie bei Heidegger ›das Dasein‹ in der Angst seine ›Überlassenheit an sich selbst‹ erfährt, so hier die ›Projektionsfigur Jakob‹ im Grauen. Auch die Erfahrung der Welt entspricht der bei Heidegger, wenn er schreibt:

Werken von Plotin und Augustin mit dem Christentum auseinander, z. B. in der *Pest*. Sartre schreibt seinen *Le Diable et le Bon Dieu* und Heidegger bezieht sich auf frühchristliche Autoren und deren Erfahrungen, besonders auf Augustin (vgl. Martin Heidegger: a. a. O., S. 43, 44, 139, 171, 190, 199, 427 und den Abschnitt »Die faktische Lebenserfahrung im christlichen Glauben« in Otto Pöggeler: *Der Denkweg Martin Heideggers*. Pfullingen 1963, S. 36-45). Wie die anderen oben angeführten Komponenten auch, kann die verbliebene Bindung an das Christentum bei den einzelnen Autoren von unterschiedlicher Bedeutung sein; das Beispiel Gabriel Marcels zeigt, daß sogar ein Existentialismus möglich ist, der sich als christlich versteht. Immer aber ist der Existentialismus bestimmt durch Bindung an überkommene Religion und Ablösung von ihr.
67 Vgl. Wolfgang Fritz Haug: *Jean Paul Sartre und die Konstruktion des Absurden*. Frankf./M. 1966.
68 Heidegger: a. a. O., §§ 40, 68 b.

Das Nichts der Welt, davor die Angst sich ängstet, besagt nicht, es sei in der Angst etwa eine Abwesenheit des innerweltlich Vorhandenen erfahren. Es muß gerade begegnen, damit es so *gar keine* Bewandtnis mit ihm haben und es sich in einer leeren Erbarmungslosigkeit zeigen kann. Darin liegt jedoch: das besorgende Gegenwärtigen findet nichts, woraus es sich verstehen könnte, es greift ins Nichts der Welt [...].⁶⁹

Die Welt wird fremd. Camus beschreibt den Vorgang in *Le mythe de Sisyphe:*

Le monde nous échappe puisqu'il redevient lui-même. Ces décors masqués par l'habitude redeviennent ce qu'ils sont. Ils s'éloignent de nous. [...] cette épaisseur et cette étrangeté du monde, c'est l'absurde.⁷⁰

Das Absurde besteht nicht für sich, sondern zeigt sich als das nicht zu bewältigende Fremde und Unheimliche erst, wenn menschliches Bewußtsein der Welt begegnet:

l'absurdité naît d'une comparaison. Je suis donc fondé à dire que le sentiment de l'absurdité ne naît pas du simple examen d'un fait ou d'une impression mais qu'il jaillit de la comparaison entre un état de fait et une certaine réalité, entre une action et le monde qui la dépasse. L'absurde est essentiellement un divorce. Il n'est ni dans l'un ni dans l'autre des éléments comparés. Il naît de leur confrontation. [...] je puis donc dire, que l'absurde n'est pas dans l'homme [...] ni dans le monde, mais dans leur présence commune.⁷¹

Diese Beschreibung stimmt mit der überein, die oben von der Erfahrung des Absurden durch die ›Projektionsfigur Jakob‹ gegeben wurde.

Der Mensch, der meint, dem Absurden zu begegnen, erfährt, daß er in eine absurde Welt ›geworfen‹⁷² und ihr ausgeliefert ist. So geschieht es der ›Projektionsfigur Jakob‹ und dem ›Helden‹ der Erzählung »Die Erleuchtung«, dem aufgeht, daß er einer Welt, die ihrem Untergang zurast, überantwortet und in den Tod ›geworfen‹ ist.⁷³ Er erkennt, daß er den Menschen und der Welt

---

69 Ebenda, S. 343.
70 Albert Camus: *Essais.* Bibliothèque de la Pléiade (Gallimard) 1965, S. 108.
71 Ebenda, S. 120.
72 Zur Geworfenheit vgl. Heidegger, a. a. O., §§ 29, 31, 38, 58, 68 b. - Vgl. Theodor W. Adorno: *Einleitungsvortrag.* In: *Individuum und Organisation,* a. a. O., S. 29.
73 »Das Gestirn ist rein vorläufig. Es saust [...] auf einen Stern der Milchstraße zu«. - Vgl. »Wir fahren mit großer Geschwindigkeit auf ein Gestirn in der Milchstraße zu. [...] Mein Herz geht zu schnell. Sonst ist alles in Ordnung« (*w. a.,* 8, S. 241); »Von diesen Städten wird bleiben, der durch sie hin-

gleichgültig, daß er überflüssig[74] ist, ja mehr noch: daß er, wie es bezeichnend heißt, »nicht erwünscht« ist. In dem 1925 erschienenen »Brief über eine Dogge« berichtet Brecht die Geschichte eines Mannes, der von einem Hund abgelehnt wird, dabei das ›Nichterwünscht-Sein‹ als »endgültige und unkorrigierbare Haltung des Planeten mir gegenüber« erfährt[75] und an sich selbst zu zweifeln beginnt:

Seit der Haltung jenes Tieres mir gegenüber denke ich unaufhörlich darüber nach, was für eine Art Mißbildung, denn eine solche muß es ja wohl sein, mich von anderen Menschen unterscheidet. Ja, seit einigen Monaten fange ich sogar an, zu glauben, daß es innere, tiefer gelegene Mißbildungen in mir sein könnten, und das schlimmste ist, daß ich, je weiter ich meine Untersuchungen ausdehne und je mehr ich Abweichungen von der Norm an mir entdecke und dann eine zu der andern lege, desto fester zu glauben beginne, daß ich den eigentlichen Grund niemals entdecken kann; denn gerade mein Geist ist es ja vielleicht, der unnormal ist und überhaupt nicht mehr Abstoßendes als abstoßend erkennen kann.[76]

In der wohl nach 1925 entstandenen kurzen Erzählung *Meine längste Reise* faßt Brecht das »Nichterwünscht-Sein« schon deutlicher als gesellschaftliches:

Man hatte mir eben irgendwo zu verstehen gegeben, daß man auf mein Vorhandensein in dieser Stadt keinen direkten Wert legte, man hatte es für unnötig gefunden, mir noch ein weiteres Mittagessen bei Aschinger zu finanzieren.[77]

Und in dem *Lesebuch für Städtebewohner* schreibt er:

durch ging, der Wind! [...] Wir wissen, daß wir Vorläufige sind« (*w. a.*, 8, S. 262); »Das alles tue ich nur einstweilen« (*w. a.*, 8, S. 81).
74 Während Baal stirbt, spielen die Holzfäller Karten. Einer spricht: »Da liegt jetzt dieser Mann mit seiner Lungenentzündung [...] Kennt ihr die Sache von dem Knaben und dem Mond? Also: zwei Knaben schauen den Mond an. Da sagt der eine: Schau, das ist ein ganz abgestorbener Körper. Da sagt der andere: Ja, dann ist er doch vollkommen überflüssig. Da sagt der eine: das schon. Aber wo soll er hin? - Spiel weiter! - Er geht einem gar nichts an, aber es ist etwas in dem schwammigen Ast, daß du an dich denkst, –« (*SM I*, S. 180; »Lebenslauf des Mannes Baal«; 1926). Vgl. die Erzählung der Großmutter in *Woyzeck* (Georg Büchner: *Sämtliche Werke*. Hrsg. von Hans Jürgen Meinerts. Gütersloh ³1965, S. 194).
75 »Brief über eine Dogge«, *w. a.*, 11, S. 108-115; dort S. 114. Zur Datierung dort ›Anmerkungen‹, S. 3.
76 Ebenda S. 115.
77 *w. a.*, 11, S. 195. Die *werkausgabe* datiert nicht, führt die Erzählung aber vor der 1928 erschienenen Erzählung *Die Bestie*.

> Laß es dir sagen: du bist
> Das fünfte Rad
> Denke nicht, ich, der ich's dir sage
> Bin ein Schurke
> Greife nicht nach einem Beil, sondern greife
> Nach einem Glas Wasser.
> [...]
> Denn nicht die vier sind zuviel
> Sondern das fünfte Rad
> Und nicht schlecht ist die Welt
> Sondern
> Voll.
>
> (Das hast du schon sagen hören.)[78]

Schon 1922 hatte Brecht die ›Lilien auf dem Felde‹ sozial gedeutet. In der Apfelböck-Ballade dienten sie noch dazu, die Untätigkeit dessen zu zeigen, der das Nichts und sein eigenes Überflüssigsein erfährt. Nun erscheint als überflüssig und unerwünscht, wer nicht zahlen kann:

DER WIRT [...] Ich verlange die Miete, hier ist alles verpfändet. [...]
MAE Haben Sie Nachsicht mit uns, Sie werden bezahlt.
DER WIRT Mit Pfandscheinen! Man vegetiert hier wie die Lilien auf dem Felde. Eine schmutzige Liliensorte [...][79]

In der *Heiligen Johanna* zeigt er Untätigkeit und Überflüssigsein dann als Arbeitslosigkeit und Armut, wenn er die Worte Johannas mit der Lage der Arbeitslosen konfrontiert, denen sie predigt:

Ihr Kleingläubigen, die Vögel unter dem Himmel haben keine Stellungsnachweise und die Lilien auf dem Felde haben keine Arbeit und er ernährt sie doch, weil sie lobsingen zu seinem Preis.[80]

Sartre hat in *La nausée* das Leben eines Menschen gestaltet, der sich bewußt wird, eine unerwünschte und überzählige Existenz zu führen.[81] Camus steigert das Bewußtsein, unerwünscht zu sein, gelegentlich sogar zu dem, von der Welt verneint zu werden:

---

78 *w. a.*, 8, S. 269; entstanden 1926 (*CR*, S. 39).
79 *D*, S. 62.
80 *w. a.*, 2, S. 575.
81 Jean Paul Sartre: *La nausée*. Paris 1962. Dort vor allem S. 162. - Vgl. auch J. P. Sartre: *L'être et le néant. Essai d'ontologie phénoménologique*. Paris ⁵1957, S. 34, 65, 126. - Mit ›eine überzählige Existenz führen‹ wird hier »être de trop« übersetzt.

voici l'étrangeté: s'apercevoir que le monde est épais, entrevoir a quel point une pierre est étrangère, nous est irreductible, avec quelle intensité la nature, un paysage peut nous nier.[82]

Die Überlegenheit des bloß Faktischen über das Subjekt erfährt auch der ›Held‹ der ›Erleuchtung‹:

Ich bin ausgeliefert. Die Fußdecke ist rot, auch wenn ich nicht will, auch wenn ich gestorben bin, bleibt sie rot. Die Fußdecke ist stärker als ich. Sie hat sicher keinen Wunsch. Sie kann nicht albern werden.

Wem die Welt und er selbst fremd werden, von dem fallen alle einzelnen Gefühle als irrelevant ab. Diese Fühllosigkeit thematisierte Camus im ›Etranger‹, dessen Verwandtschaft mit der Apfelböck-Ballade in die Augen fällt: er verbindet wie Brecht einen absurden Mord mit dem Ausbleiben der gewohnten Trauerreaktionen und der Erfahrung des Absurden.[83]

Camus stellt die Fühllosigkeit eines Sohnes dar, der nach dem Tod der Mutter nicht die erwartete Trauer zeigt und nach dem von ihm begangenen Mord nicht die erwartete Reue. Diese insensibilité trägt zu seiner Verurteilung durch die Gesellschaft bei, in der er – wie ›Jakob Apfelböck‹ – als Fremder lebt. Wie Brecht stellt Camus Fühllosigkeit und Absurdität dadurch dar, daß er sie mit der gesellschaftlichen Erwartung von Gefühl und Sinn konfrontiert, doch im Gegensatz zu Brecht, der sie den Leser lediglich erfahren läßt, benennt Camus beide und zeigt die Reaktionen der Gesellschaft auf sie. Die Gesellschaft fühlt sich durch Gleichgültigkeit und innere Leere bedroht:

---

82 Camus: *Essais.* S. 107.
83 Brecht hat diese Momente in einem Handlungsstrang vereinigt. Camus benötigt zwei: Meursault bleibt gleichgültig beim Tod der Mutter und bringt dann unabhängig hiervon den Araber um. Erst in der Zeit im Gefängnis, wo ihm das Absurde bewußt wird, vereinigen sich beide Stränge. Diese Zeit im Gefängnis entspricht der Zeit ›Jakob Apfelböcks‹ nach der Tat (vgl. auch Jakob »wartete einfach, komme was es sei« - Meursault: »En réalité je n'étais pas réellement en prison les premiers jours: j'attendais vaguement quelque événement nouveau.« Albert Camus: *Théatre, récits, nouvelles.* Bibliothèque de la Pléiade, 1962, S. 1125). Bei Camus wird Meursaults Verhalten, wenn auch von wenig berufener Seite, in die Nähe des Elternmords gerückt (ebenda, S. 1195). Wie dem ›Held‹ der »Erleuchtung« einfällt, »daß er [...] den Zahnarzt ohne weiteres töten könne [...] Aber er konnte ihn auch nicht töten«, denkt Meursault, als er mit seinen Begleitern vor die Araber tritt, »qu'on pouvait tirer ou ne pas tirer« (ebenda, S. 1164); und von seiner ersten Begegnung mit den Arabern heißt es »Rester ici ou partir, cela revenait au même« (ebenda, S. 1164).

Il [der Staatsanwalt] disait qu'à la vérité, je n'en avais point d'âme, et rien d'humain, et pas un des principes moraux qui gardent le cœur des hommes ne m'était accessible. [...] le vide du cœur tel qu'on le découvre chez cet homme [Meursault] devient un gouffre où la societé peut succomber.[84]

Die absurde Tat verunsichert den christlichen Untersuchungsrichter, das Leugnen der Existenz Gottes und das Einverständnis mit der absurden Welt den Anstaltsgeistlichen. Staatsanwalt, Untersuchungsrichter und Geistlicher haben als Repräsentanten der Gesellschaft die Funktion, die bei Brecht den gesellschaftlichen Sprechweisen und ›dem Leser‹ zukommt. Brecht und Camus sind hier nur insofern gesellschaftskritisch, als sie Gesellschaftliches angreifen, um die Einsamkeits- und Entfremdungserfahrung des einzelnen, der sich als nichtgesellschaftlich versteht, darzustellen.[85] Die bestimmte Gesellschaft dient, so konkret sie auch dargestellt sein mag, lediglich als Kontrastfolie: das Nichtgesellschaftliche wird durch die Zerstörung des Gesellschaftlichen dargestellt. Hier zeigt sich, wie sehr Camus und Brecht, ohne daß sie sich dessen bewußt sind, von der Gesellschaft abhängig bleiben.

Das läßt die groteske Vernichtung der Sprechweisen verstehen. Mit ihr steht Brecht dem existentialistischen Kampf gegen das ›Man‹[86] nahe, von dem sich ›das Dasein‹ nach Heidegger immer erst lösen muß, um zu sich selbst zu kommen. Das ›Man‹ flieht im ›Gerede‹[87] vor der Wirklichkeit, die sich in der Angst erschließt; das Groteske aber zerstört das ›Gerede‹ und führt den einzelnen vor die absurde Wirklichkeit. Es setzt ihn der Faktizität, dem »Ansturm des Dinges« und der Verlorenheit und Kreatürlichkeit seines Menschseins aus:

Viele Dinge sind erstarrt, die Haut hat sich ihnen verdickt, sie haben Schilde vor, das sind die Wörter. Da sind Haufen toter Häuser, einmal Steinhaufen mit Löchern, in denen abends Lichter angezündet werden und in denen Fleischpakete herumwandeln, unter Dächern gegen den Regen des Himmels und die Verlorenheit des grauenhaften Sternenhimmels, gesichert gegen dies und alles und den Wind, und nachts liegen die Pakete erstarrt unter Tüchern und Kissen, mit offenem Mund, Luft

---

84 Ebenda, S. 1195.
85 Schwarz versteht die Ballade als gesellschaftskritische Studie (*SW*, S. 175). Wer die Auslieferung an das Absurde durch einen Angriff auf gesellschaftliche Momente darstellt, betreibt jedoch noch keine Gesellschaftskritik.
86 Heidegger, a. a. O., § 27 ff.
87 Ebenda, §§ 35, 37, 38, 51.

aus- und einpumpend, die Augenlöcher zu. Dies alles ist totgeschlagen durch das Wort ›Häuser‹, das uns im Gehirn sitzt und uns sichert gegen den Ansturm des Dinges. Wir haben von den Dingen nichts als Zeitungsberichte in uns. Wir sehen die Geschehnisse mit den Augen von Reportern, die nur bemerken, was interessieren könnte, was verstanden wird. [...] Das Schlimmste, wenn die Dinge sich verkrusten in Wörtern, hart werden, weh tun beim Schmeißen, tot herumliegen. Sie müssen aufgestachelt werden, enthäutet, bös gemacht. [...] Man hat seine eigene Wäsche, man wäscht sie mitunter. Man hat nicht seine eigenen Wörter, und man wäscht sie nie. Im Anfang war nicht das Wort. Das Wort ist am Ende. Es ist die Leiche des Dinges.[88]

Im Sinne dieser Sprachkritik greift Brecht mit der Apfelböck-Ballade zwar die bürgerliche Gesellschaft seiner Zeit an, doch nicht als historisch bestimmte, sondern als Gesellschaft überhaupt, da und insofern sie nach seiner Ansicht mit ihrer Sprache die absurde Wirklichkeit verdeckt.

Die Zerstörung der gesellschaftlichen Wertordnung, die sich hier in der der Sprechweisen spiegelt, macht jedoch nicht nur den Blick auf eine als unheimlich erfahrene Welt frei, sie gibt auch die Möglichkeit, sich mit der sinnfreien und gleichgültigen Welt einverstanden zu erklären, und sich von ihr, insbesondere von der Natur, aufnehmen zu lassen, um ein nihilistisches Glück zu genießen[89] wie Baal und der Schwimmer in Seen und Flüssen. In der Apfelböck-Ballade ist diese Möglichkeit kaum sichtbar,[90] im *Étranger* tritt sie deutlich hervor:

Des bruits de campagne montaient jusqu'à moi. Des odeurs de nuit, de terre et de sel rafraîchissaient mes tempes. La merveilleuse paix de cet été endormi entrait en moi comme une marée. [...] je m'ouvrais pour la première fois à la tendre indifférence du monde. De l'éprouver si pareil à moi, si fraternel enfin, j'ai senti que j'avais été heureux, et que je l'étais encore.[91]

Im *Étranger* ist der Zusammenhang von Erfahrung der Absurdität, Einverständnis und nihilistischem Glück dargestellt, der bei

---

88 *w. a.*, 20, S. 13. Die erste Klammer nach der *werkausgabe*. Notiz vom 6. September 1920.
89 Siehe unten Kap. IV.
90 In der zweiten Strophe - »Es schwammen Wolken unterm Himmel hin/Und um sein Haus ging mild der Sommerwind« - ist sie zumindest angedeutet, um so mehr, als der ›milde Sommerwind‹ an das Jakob umgebende ›milde Licht‹ erinnert.
91 Camus: *Théatre*. S. 1209.

Brecht erst in der Zusammenschau mehrerer Gedichte rekonstruiert werden muß.

Die anarchische Komponente

Der Nihilismus des jungen Brecht ist anarchisch.[92] Das zeigen Aussage und Form der Ballade. Sie tritt insgeheim auf die Seite des Gesetzesbrechers par excellence, des Mörders seiner Eltern, des Zerstörers inkarnierter Autorität. Der Titel »Jakob Apfelböck oder die Lilie auf dem Felde« stellt, freilich nicht ungebrochen, den Mörder auch als Beispiel der Unschuld vor und rechnet dem Kind seine Tat und sein dumpfes Warten nicht an, die dann auch in der Ballade wie etwas Selbstverständliches berichtet werden. ›Jakob‹ erscheint, von hier aus betrachtet, wie eine Pflanze, wie eine Lilie auf dem Feld, unbewußt und von dem milden Licht bestimmt und umgeben,[93] in dem er tötet und spricht, ein auf seine Kreatürlichkeit reduzierter Mensch,[94] aus gesellschaftlichen und historischen Bezügen entlassen und dem dumpf als schicksalhaft erfahrenen Geschehen ausgeliefert. Seine Unschuld ist zweideutig, sie ist die des noch nicht zum Menschsein gelangten Naturwesens und zugleich die eines Menschen, der auf die Stufe eines Naturwesens zurückfiel und zum Unmenschen ward. ›Jakob‹ tötet seine Eltern und spricht seine fühllosen Antworten »in mildem Lichte«; er ist gerade dann, wenn seine Unmenschlichkeit in der Konfrontation mit anderen besonders deutlich wird, von ihm wie von einem Heiligenschein umgeben. Ja, die Vermutung läßt sich nicht ganz abweisen, das Licht handle und spreche durch ihn hindurch.[95] Er erscheint als gleichgültig-sanftes Moment der Natur, die tötet, danach selbstverständlich und

---

92 Die Bezeichnung des Brechtschen Nihilismus als anarchisch findet sich meines Wissens erstmals bei Schumacher (Ernst Schumacher: *Die dramatischen Versuche Bertolt Brechts*. Berlin 1955, S. 34).
93 Er ist vom milden Licht umgeben wie die Bäume, die der Mensch beneidet (w. a., 8, S. 62): »Ihr großen Bäume in den Niederungen/Mit mildem Licht von Wolken in den Kronen/Die finstern Wurzeln in sich tief verschlungen [...] Wir sind sehr einsam und es macht auch nichts./Wir haben nie ein Licht und nicht einmal Gespenster/Und hätten wir's, was täten wir mit Licht?«
94 Er ist nur noch ein Neutrum: »Vor sieben Tagen war *es* noch ein Kind.«
95 Esslin: *Brecht. Das Paradox des politischen Dichters*. S. 328: »In Apfelböck, der dahinvegetiert, steigt der Gedanke an den Mord auf wie der Saft in der Lilie, die ebenso passiv dahinlebt.«

gleichgültig-sanft weiterbesteht und auch ihn in sich aufnimmt: »Im milden Lichte Jakob Apfelböck/Erschlug den Vater und die Mutter sein [...] Und um sein Haus ging mild der Sommerwind.«[96]

›Jakob‹ trägt Züge eines Heiligen: er ist von dem milden Licht wie von einem Heiligenschein umgeben, die Lilie legt nahe, ihn als Erwählten zu verstehen,[97] die Ballade verstärkt als umgekehrter Bittgang[98] dieses Moment und läßt ihn als Märtyrer erscheinen. Indem sie provozierend einen Unmenschen als von der Natur getragenen oder sogar geheiligten Nicht-Menschen darstellt, greift sie Humanität anarchisch an. Die ›Projektionsfigur Jakob‹ erfährt in einer »Erleuchtung« im milden Licht das gnadenlose Nichts. Es offenbart sich ihr in einem Zustand, der dem messianischen Zustand entspricht und ihn zugleich negiert, einem Zustand, welcher – wie Adorno anmerkt – »gemäß den jüdischen Beschreibungen [...] in allem sei wie der gewohnte und nur um ein Winziges anders«[99]: »Und nichts war anders außer mancherlei«. Von hier aus und nur von hier aus betrachtet, erscheint die Apfelböck-Ballade als anarchisch-nihilistische Initiationsballade, welche die Gnadenwahl des Heiligen, seine Erleuchtung und seine Erfahrung der absoluten Negation des Sinns von Welt und Ich vorführt und den Leser als Adepten in diese einweiht. Brecht versucht hier nicht nur, »die unbefleckte Rein-

---

96 Um 1919 bildet Brecht die Chiffre vom »milden Licht« aus, zu der er vielleicht von Wedekind angeregt wurde (*SW*, S. 174, Anm. 424). Das »milde Licht« scheint friedlich, wenn Untergang droht: »in mildem Lichte lag die Stadt vor uns [...]. In aller Stille fingen wir unser scheußliches Geschäft an [...] und es gab einen gemeinen Kampf in den Häusern« (w. a., 11, S. 20, *Bargan läßt es sein*, entstanden 1919; *BC*, S. 19), »die geliebten Winde schieben/ Die Wolken in das milde Licht« (vor dem Untergang der Seeräuber in: »Ballade von den Seeräubern«, w. a., 8, S. 218 ff.; entst. 1918; *CR*, S. 38). Mild scheint das Licht, wenn der Tod naht (w. a., 11, S. 27), und mild und gleichgültig, wenn er eingetreten ist: »Am Abend feierten wir die Wiederkunft sowie das Andenken an unsere lieben Leichnahme, die jetzt, wie einer schön sagte, unter dem milden Sternenlicht aufwärts schwammen« (w. a., 11, S. 34) und »Es ist der Cas verblichen/Als wie das Gras verweht -/Dieweil die Sonne lange noch/Im milden Mittag steht« (w. a., 8, »Der dicke Cas«; entst. 1920; *CR*, S. 35).
97 Vgl. Gerd Heinz Mohr, a. a. O., S. 189: »In der biblischen Tradition ist die L. [sc. Lilie] zudem das Symbol der Erwählung, der Wahl des geliebten Wesens.«
98 Die Ballade gehört zu den ›Bittgängen‹ (w. a., 8, S. 169). Zur Umkehrung der Bittgänge *SW*, S. 81-89.
99 *AÄ*, S. 208. - Vgl. jedoch Herrmann L. Strack u. Paul Billerbeck: *Kommentar zum Neuen Testament aus Talmud und Midrasch*. Bd. 4, Teil 2, München 1924, S. 1144 ff.

heit und mystische Selbstverständlichkeit dieses Elternmords herauszuarbeiten«[100], sondern läßt auch den Mörder in Wiederaufnahme der Licht-Mystik zum Heiligen des Nichts werden.[101] Dabei geht er freilich so unaufdringlich vor, daß die Heiligung nirgends mit Händen greifbar, aber immer gegenwärtig ist.[102]
Anarchisch ist an der Apfelböck-Ballade auch die groteske Zerstö-

100 Kurt Wais: *Das Vater-Sohn-Motiv in der Dichtung*. Berlin 1931, Bd. 2, S. 74.
101 Vgl. »Die Legende von der Dirne Evlyn Roe« (*w. a.*, 8, S. 18). - Camus stellt Meursault ebenfalls als Heiligen des Nichts dar, wenn er z. B. dessen letzten Satz »Pourque tout soit consommé« beginnen läßt und damit auf Johannes 19, 30 »Consummatum est« anspielt, und ihn »il me restait à souhaiter qu'il y ait beaucoup de spectateurs le jour de mon exécution et qu'ils m'accueillent avec des cris de haine« enden läßt, diesmal in Anspielung auf Johannes 15, 18/19. Sartre spricht in seiner Erläuterung des *Étranger* (*Explication de L' Étranger*. In: Jean-Paul Sartre: *Situations I*. Paris 1947, S. 99-121) von ›Heiligen des Absurden‹ bei Camus (S. 107) und wenig später von der ›Erleuchtung‹ Meursaults und der ›Gnade des Absurden‹, der er - gäbe es sie - teilhaftig sein müsse (ebenda, S. 109).
Die christliche Legende kennt als Heilige die Elternmörder Julian, Matthias, Elias, Gregorius und Albanus. Sie werden allerdings nicht durch ihre Tat, sondern durch die auf sie folgende Buße zu Heiligen (vgl. Erhard Dorn: *Der sündige Heilige in der Legende des Mittelalters*. München 1967, besonders S. 80-103). R. W. Brednichs Aufsatz *Die Legende vom Elternmörder in Volkserzählung und Volksballade* (in: *Festschrift zum 75. Geburtstag von Erich Seemann*. Hrsg. von Rolf Wilhelm Brednich. Berlin 1964, S. 116 ff.) ist zu entnehmen, daß diese Legenden zweigeteilt sind, wie ja auch die Apfelböck-Ballade; der erste Teil berichtet von dem Frevel, der zweite von der langen Zeit der Buße (S. 123), die Buße selbst steht im Mittelpunkt (S. 119). Bei Brecht entspricht der langen Buße ›Jakobs‹ langes Warten - und widerspricht ihr dadurch. Auch in der Legende geschieht der Elternmord unwissentlich, nur daß dort der Mörder nicht weiß, *wen* er tötet, während ›Jakob‹ nicht weiß, *warum* er tötete. Brednich breitet eine so überwältigende Materialfülle aus (besonders S. 123-126), daß die Vermutung nicht ganz unberechtigt erscheint, Brecht sei einer Legende vom Elternmörder begegnet und habe hier auf sie geantwortet. - Brednich weist auf den Zusammenhang des Motivs mit den Inzesterzählungen hin (S. 122), der in der Gregoriuslegende offen zu Tage tritt. In der Apfelböck-Ballade ist der Bezug zum Inzestmotiv verdeckt, er läßt sich jedoch in der Zusammenstellung mit anderen Gedichten nachweisen (vgl. unten Kap. III und IV). - Rank behandelt das Motiv des Elternmords in den christlichen Legenden ausführlich (Otto Rank: *Das Inzest-Motiv in Sage und Dichtung. Grundzüge einer Psychologie des dichterischen Schaffens*. Leipzig und Wien 1912, S. 336-367). - Zur Lichtmystik siehe Hans Blumenberg: *Licht als Metapher der Wahrheit. Im Vorfeld der philosophischen Begriffsbildung*. In: *Studium generale* 10 (1957), S. 432-447; besonders S. 444. Zum Stehen im Licht S. 434-435; Literatur S. 433, Anm. 1.
102 Die Initiation ist verbunden mit dem auch die Apfelböck-Ballade untergründig bestimmenden Motiv der Wiedergeburt. Zu diesem vgl. »Unsere Erde zerfällt« (*w. a.*, 8, S. 69) und unten Kap. III und IV. - Über »Die Geburt im Baum« (*w. a.*, 8, S. 85), »Der Tod im Wald« (*w. a.*, 8, S. 56) und »Ihr großen Bäume in den Niederungen« (*w. a.*, 8, S. 62) läßt sich das ›milde Licht‹ in Beziehung zum Wiedergeburtsmotiv setzen.

rung bestehender Verständnisweisen. Sie ist die der Lyrik des jungen Brecht eigene Ausprägung der sein Werk bestimmenden grotesken Zerstörung bürgerlicher Verhaltensweisen, Werte und Vorstellungen. Diese anarchische Zerstörung ist eine Folge des Verfalls bürgerlicher Ideologie und treibt diesen ihrerseits weiter: »Aber ich sage: was fällt, das soll man auch noch stoßen!«[103] Sie führt – in Gedichten wie der Apfelböck-Ballade – zur Erfahrung des Nichts, bereitet zugleich aber Lust am Sturz von Autoritäten. Sie ist ein Mittel der Sozialkritik – wie in der Kindesmörderin-Ballade[104] –, des satirischen Angriffs und der Komik – wie in der ›Kleinbürgerhochzeit‹[105] –, sie reduziert den Menschen auf seine Kreatürlichkeit, zeigt ihn als ›Fleischpaket‹[106], weist die ›Fleischbank‹ als das einzig Leibhaftige hinter allen Illusionen und Kulissen auf – wie in »Trommeln in der Nacht«[107] – und führt nach allgemeiner Zerstörung in vitalistischer Reduktion zum Geschlechtsakt ins »große, weiße, breite Bett« – wie in »Trommeln in der Nacht«[108] und in der ›Kleinbürgerhochzeit‹[109].

In den dreißiger Jahren schrieb Brecht:

Destruktive und anarchistische Lyrik spiegelt gewiß eine destruktive und anarchistische Gesellschaftsordnung wider, ist von ihr ›angesteckt‹, zeugt von ihr – aber zugleich destruiert sie oft diese destruktive Gesellschaftsordnung, welche ja darauf angewiesen ist, sich als konstruktiv hinstellen zu lassen, und der Ruf nach ›keiner Herrschaft‹ mag insofern der bestehenden dienen, als er den Ruf nach einer besseren übertönt, jedoch ist dies immerhin ein Bärendienst, und die Herrschenden nehmen ihn entsprechend auf.[110]

Was Brecht hier von anarchischer[111] Lyrik schreibt, gilt auch für die Apfelböck-Ballade. Wenn Münsterer richtig berichtet, nah-

---

103 Friedrich Nietzsche: *Werke*. a. a. O., Bd. 2, S. 455. Brecht kannte diesen Zarathustra-Satz (*SW*, S. 71).
104 »Von der Kindesmörderin Marie Farrar« (*w. a.*, 8, S. 176). Vgl. Carl Pietzcker: *Von der Kindesmörderin Marie Farrar*. In: Dyck u. a.: *Brechtdiskussion*. Kronberg/Ts. 1974.
105 w. a., 7, S. 2713 ff.; hier macht Brecht die allmähliche Auflösung des Scheins bürgerlicher Ehrbarkeit und Solidität im Zerfall der Möbel sinnfällig.
106 Siehe oben S. 107.
107 *w. a.*, 1, S. 122 ff.
108 Ebenda, S. 123.
109 *w. a.*, 7, S. 2744.
110 *w. a.*, 19, S. 407.
111 Brecht meint hier nicht eine politisch-anarchistische Lyrik etwa von Anhängern Kropotkins, das zeigt auch der Hinweis auf die »destruktive und an-

men die Herrschenden auch sie entsprechend auf: im April 1921, so Brechts Jugendfreund, wurde »die bei Hardy in Worms als Musikalie gedruckte Apfelböck-Ballade noch vor der Auslieferung beschlagnahmt und eingestampft«[112].

Der anarchische Nihilismus Brechts ist eine Übergangsstation. Die anarchische Zerstörung bestehender Verständnisweisen in seiner Lyrik, die über sich hinausweist auf die Vernichtung und den Zerfall der bürgerlichen Ordnung, führt vor das Nichts und macht zugleich den Weg frei für ein neues Leben:[113]

> Unsre Erde zerfällt, doch die Erde rollt weiter
> O Tier, von der roten Sonne behext!
> Aus dem Aasloch Europa erhebt sich befreiter
> Ein neues Geschlecht, und es dehnt sich und wächst.
>
> Unter den fiebrigen Abendröten der Untergänge
> Wandern Schwärme von neuen Menschen her
> Über die Meere rollen sie so wie junge Gesänge
> [...]
>
> Und noch hat er die bittere Nacht in den Gelenken
> Die Angst vor dem Licht in der Falte der Haut!
> Nachts findet er blind die schwärzlichen Tränken
> Und er schläft mit der Eule ein, wenn es graut.
>
> Doch schon ist Gelächter, Lachen, oh, Lachen!
> In ihm, des Lasziven Kindergemüt!
> Doch noch Erz sein Gesicht, nur den tausendfachen
> Windhauch spürt man, der ängstlich darüberflieht![114]

Der anarchische Nihilist erfährt Untergang und Zerfall als Wiedergeburt und Befreiung. Er ängstet sich *noch*, lacht *schon* und sucht zugleich, sich kein Gefühl zu gestatten: »noch Erz sein Gesicht«. Auch die Apfelböck-Ballade ist von Grauen vor dem Nichts, Lust an der Befreiung und gleichmütiger Gefühllosigkeit geprägt.

archistische Gesellschaftsordnung«, d. h. aber auf die kapitalistische. Anarchische Lyrik, wie der Begriff fortan verstanden werden soll, erhebt den »Ruf nach ›keiner Herrschaft‹«; bei Brecht wendet sie sich, wie gezeigt werden soll, vor allem gegen Herrschaft, die als Ideologie begegnet.
112 *M*, S. 174. Völker erwähnt den Vorgang nicht; ich selbst konnte in Worms keinen Verlag Hardy ausmachen.
113 Vgl. *Von alten und neuen Tafeln* in Friedrich Nietzsche: *Werke*, a. a. O., Bd. 2, S. 443-460.
114 *w. a.*, 8, S. 69 f.; entstanden 1920 (*CR*, S. 34).

Psychoanalytische Deutung

Der anarchische Nihilismus und seine bisher aufgewiesenen Momente – die groteske Darstellungsweise, das Absurde sowie jene Einheit von Grauen, Lust und Gleichmut – sollen nun mit Hilfe der Psychoanalyse am Beispiel der Apfelböck-Ballade untersucht werden.[115] Von ihrer individualpsychologischen Bestimmung aus wird dann nach ihrem Ort in der Entwicklung Brechts zu fragen sein: sie werden sich als Momente einer bestimmten Phase des Prozesses erweisen, in dem Brecht sich von seinem sozialen Ausgangsort, dem mittelständischen Bürgertum, löst. – Die Analyse der Apfelböck-Ballade gilt den bereits erreichten Abstraktionen – dem Grotesken, dem Grauen, dem Gleichmut usw. –, sie beachtet nicht alle einzelnen Momente des Gedichts, erhebt jedoch den Anspruch, daß sie sich von den gewonnenen Ergebnissen her begreifen lassen.

Eine Voraussetzung, die sich dann im Gang der Deutung zu bestätigen hat, ist, daß sich hier ein psychischer Zustand gleichermaßen in Aussageweise und Aussageinhalt ausdrückt, beide also als Objektivationen des *einen* dichtenden Subjekts zu betrachten sind. Dementsprechend sind dessen einzelne Objektivationen – z. B. ›Jakob Apfelböcks‹ Psyche und Verhalten, die einzelnen Sprechweisen und ihre groteske Aufhebung – nicht gesondert zu untersuchen, sondern immer auf jenes dichtende Subjekt zu beziehen, das hier verkürzend das ›dichtende Ich‹ genannt wird, das ›dichtende Ich‹, in dem der Austrag des Konflikts zwischen Es,

---

115 Eine gewisse Freud-Kenntnis wird beim Leser vorausgesetzt. Über die Terminologie unterrichtet man sich am schnellsten in ›Psychoanalyse‹ und ›Libidotheorie‹ (*F*, XIII, S. 209 ff.) und in *Abriß der Psychoanalyse* (*F*, XVII, S. 402 ff.). Über Voraussetzung und Berechtigung psychoanalytischer Literaturbetrachtung: *Der Dichter und das Phantasieren* (*F*, VII, S. 213 ff.) und die Einleitung von Otto Rank in: *Das Inzest-Motiv in Sage und Dichtung.* Zum Verhältnis von Dichtung und Phantasie: *F*, VIII, S. 236, und *F*, XIV, S. 90. – Siehe auch Carl Pietzcker: *Zum Verhältnis von Traum und literarischem Kunstwerk.* In: J. Cremerius (Hrsg.): *Psychoanalyse und Literaturwissenschaft.* Hamburg 1974.
Die wichtigsten Bibliographien:
A. B. Feldman: *Fifty Years of the Psychoanalysis of the Literature 1900-1950.* In: *Literature and Psychology; The News Letter of the Conference on Literature and Psychology of the Modern Language Association.* Bd. IV-VI, New York 1954-1956.
N. Kiell: *Psychoanalysis, Psychology and Literature. A Bibliography.* Madison 1963.

Über-Ich und Realität als Dichtung seinen Niederschlag findet. Die einzelnen Objektivationen werden als Momente dieses Austrags, also dynamisch aufgefaßt.[116] Sie alle werden auf das ›dichtende Ich‹ rückbezogen, auch ›Jakob Apfelböck‹ selbst, den dieses Ich aus der historischen Figur Joseph Apfelböck in eine fiktive umschmolz.

Vom ›dichtenden Ich‹, in dem der Phantasievorgang greifbar wird, ist das ›dichtende Individuum‹ zu scheiden, d. h. das Individuum im Zustand des Dichtens; sein Es und sein Über-Ich lassen sich nur erkennen, soweit sie das ›dichtende Ich‹ bestimmen. Das ›dichtende Ich‹ ist von dem ›Ich des Autors‹, dessen nur vorübergehender Zustand es ist, ebenso zu scheiden, wie das ›dichtende Individuum‹ vom ›Autor‹. Von ihnen allen ist wiederum das ›sprechende Ich‹ zu unterscheiden, d. h. das Ich, welches das Gedicht in einer bestimmten Rolle spricht. Das ›sprechende Ich‹ kann selbst hervortreten, dann wird es ›explizites Ich‹ genannt. Diese Differenzierungen lassen sich graphisch darstellen:

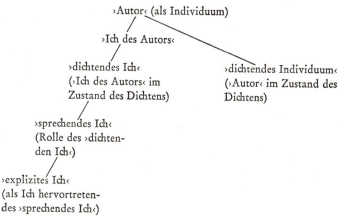

Diese Unterscheidungen, die sich eine psychoanalytische Literaturbetrachtung bewußt halten muß, will sie nicht vorschnell vom Autor auf das Werk oder von einer Figur auf den Autor schließen, sollen keineswegs den Zusammenhang und die Verbindung auch der extremsten Positionen leugnen. In »Vom armen B. B.«[117] z. B. tritt der ›Autor‹ als ›explizites Ich‹ auf – »Ich,

---

116 Hierzu *F*, XI, S. 86.
117 *w. a.*, 8, S. 260.

Bertolt Brecht« –, distanziert sich von sich selbst, vom »armen B. B.«, und führt sich dabei in einem Spiel von Verbergen und Selbstpreisgabe vor.

Das ›dichtende Ich‹ wird hier als ein Ich im Sinne Freuds verstanden,[118] d. h. als die psychische Instanz, welche die Bewältigung der inneren wie der äußeren Welt zu leisten und zwischen äußerer Realität, Es und Über-Ich zu vermitteln hat. Das Ich, »aus der Rindenschicht des Es entwickelt«[119], ist zu einem Teil bewußt, zu einem nicht unbeträchtlichen anderen aber unbewußt,[120] es ist relativ autonom, zugleich aber von den Ansprüchen des Es, den Befehlen des Über-Ich und den Forderungen der Realität abhängig.[121] Die dichterische Phantasie wird hier als eine psychische, teils bewußte, teils unbewußte Tätigkeit verstanden, in der das ›dichtende Ich‹, während der ›Autor‹ sich von der Realität abwendet,[122] verdrängten Wünschen im Kompromiß zwischen Es, Über-Ich und gleichwohl bewußt gehaltener Realität zu ersatzweiser Befriedigung verhilft.[123] Das ›dichtende Ich‹ reagiert hierbei auf Realität[124] und bearbeitet seine Phantasie so, daß sie eine auch anderen verständliche, sie anziehende, nicht aber – oder zumindest nicht nur – abstoßende[125] Mitteilung wird und von ihnen nachvollzogen werden kann.[126]

Das ›dichtende Ich‹ ist ein vorübergehender Zustand des ›Ich des Autors‹, es ist bestimmt durch beherrschte Regression, durch bewußtes und beabsichtigtes Nachlassen der nie aufgegebenen Kontrolle[127] durch, wie Kris es nennt, »a continual interplay between creation and criticism, manifested in the painter's alternation of working on the canvas and stepping back to observe the effect«[128]; Kris fährt fort: »We may speak here of a *shift in psychic level,* consisting in the fluctuation of functional re-

---

118 Vgl. den Artikel ›Ich‹ in J. Laplanche - J.-B. Pontalis: *Das Vokabular der Psychoanalyse.* Frankf./M. 1972; dort ein Überblick über die Geschichte des Ich-Begriffs bei Freud.
119 *F,* XVII, S. 129.
120 *F,* XIII, S. 244.
121 Ebenda, S. 286.
122 *F,* V, S. 127; VIII, S. 234; XI, S. 387.
123 *F,* VII, S. 85; XIV, S. 90.
124 *F,* VII, S. 192.
125 Vgl. Lesser, a. a. O., S. 259 ff.
126 *F,* VIII, S. 53 ff.; VIII, S. 236.
127 Vgl. Frederick J. Hofmann: *Psychologie und Literatur,* a. a. O., S. 248.
128 Ernst Kris: *Psychoanalytic Explorations,* a. a. O., S. 253.

gression and control.«[129] Die psychische Struktur, auf die das ›dichtende Ich‹ regrediert, darf also nicht unbesehen mit der des ›Autors‹ ineinsgesetzt werden. Andererseits ist jedoch zu bedenken, daß das ›dichtende Ich‹ nur auf eine auch dem ›Autor‹ eigene psychische Struktur regredieren kann. Dieser erprobt beim Dichten Möglichkeiten seiner selbst, treibt sie ins Extrem, distanziert sie und weist in bewußter, artistischer Gestaltung auf sie hin. Soweit sich dieser Abschnitt um die psychische Struktur bemüht, gilt das Interesse vor allem der Struktur, auf welche das ›dichtende Ich‹ regrediert, nicht so sehr der gesamten psychischen Struktur des Autors. Die gesuchte Struktur muß alle Gedichte Brechts, die derselben Phase angehören, bestimmen und sich von ihnen aus rekonstruieren lassen. Die psychoanalytische Betrachtung der Apfelböck-Ballade hat sich deshalb an der weiterer Gedichte zu bewähren. Wenn die hier gewonnene psychische Struktur mit der übereinstimmt, die aus anderen Gedichten derselben Phase gewonnen wurde, und wenn sie sich außerdem als Station auf dem Entwicklungsgang der Lyrik Brechts verstehen läßt, kann sie als verifiziert betrachtet werden.[130] Der hier nicht bestrittene Zusammenhang zwischen der psychischen Struktur, auf welche das ›dichtende Ich‹ regrediert, und der psychischen Struktur des ›Autors‹ soll dort angesprochen werden, wo die Entwicklung der Lyrik als Moment der Entwicklung des ›Autors‹ verstanden wird.

Dem Kenner der deutschen Literatur um 1920 wird es nicht entgehen, daß Brecht sich hier in der Nähe des expressionistischen Motivs vom Vatermord befindet. Allerdings wird er auch beträchtliche Unterschiede feststellen: ›Jakob‹ ermordet nicht den Vater, sondern Vater und Mutter,[131] und Brecht gibt nicht dem Mord und seinen Motiven das Hauptgewicht, sondern dem Warten nach der Tat. Hier geht es offensichtlich nicht mehr darum, einen Vater zu töten, der den Sohn unterdrückt und vielleicht sogar deutlich als Repräsentant einer unterdrückenden Gesellschaftsschicht gezeichnet ist; hier kämpft der Sohn nicht bewußt oder gar pathetisch um seine Freiheit.

[129] Ebenda, S. 253 f.; Hervorhebung dort.
[130] Zum Problem der Verifikation siehe *F*, XI, S. 44 f.
[131] Der Angriff auf den Vater ist auch bei den Expressionisten gelegentlich mit dem auf die Mutter verbunden (vgl. Kurt Wais, a. a. O., Bd. 2, passim); bei Hanns Johst richtet sich der Angriff sogar vor allem gegen die Mutter (*Der Anfang*, *Der Einsame*, *Der König*).

Brechts Phantasie vom Elternmord holt, wie die der Expressionisten auch, ihre Energie aus dem infantilen Wunsch, den Vater zu töten, einem Wunsch, der sich nach Freud bei jedem männlichen Mitglied unserer Gesellschaft findet.[132] Dieser Wunsch hat sich durch Substitution zu dem Wunsch verwandelt, das Über-Ich – die verinnerlichte Elternrepräsentanz[133] – zu vernichten, das hier im Phantasiegebilde durch ›Jakobs‹ Eltern vertreten wird.[134] Dementsprechend läßt sich die Phantasie von ›Jakobs‹ Tat als phantasierter Angriff auf das Über-Ich, die verinnerlichte gesellschaftliche Autorität, verstehen. Das ganze Gedicht ist formal und inhaltlich Wunschphantasie solch eines Angriffs und mehr noch: Auseinandersetzung des ›dichtenden Ich‹, das sich diesen Wunsch erfüllt, mit seinem Versuch, das Über-Ich zu vernichten. Diese Auseinandersetzung gehört jedoch, wie sich zeigen wird, zur Wunschphantasie der Über-Ich-Vernichtung.

Das Gedicht soll nun – unter vorläufiger Vernachlässigung seiner objektivierenden Momente – als Phantasie interpretiert werden, mit der sich das ›dichtende Ich‹ den verbotenen Wunsch, das Über-Ich zu vernichten, so erfüllt, daß es sich zugleich für die Übertretung des Verbots selbst bestraft, sie durch Entstellung unkenntlich macht, um der Strafe zu entgehen, und sich durch die Strafe davon abschreckt, das Verbot zu übertreten. Es wird als Produkt des Konflikts zwischen Trieb und Hemmung[135] analysiert, der den unbewußten Tötungswunsch befriedigt, zugleich aber den Abwehrforderungen gerecht wird.[136] Die psychische Struktur, auf die das ›dichtende Ich‹ hier regrediert, ist – wie gezeigt werden soll – dadurch gekennzeichnet, daß die bewußten

---

132 Hierzu, wie überhaupt zur Interpretation der Apfelböck-Ballade: »Die Träume vom Tod teurer Personen« (F, II/III, S. 254 ff.).
133 F, XIII, S. 379 ff.
134 Da hier beide Eltern zusammen das Über-Ich repräsentieren, besteht kein grundsätzlicher Unterschied zur üblichen Vatermordphantasie, in der sich ebenfalls u. a. der Wunsch nach Über-Ich-Vernichtung befriedigt. Die Eltern können das Über-Ich repräsentieren, weil sie beide an seiner Ausbildung beteiligt sind; auch die Mutter sucht Normen durchzusetzen. Es wird sich zeigen, daß die Verlagerung vom Vater- auf den Elternmord bei Brecht nicht zufällig ist. Im ›neuen Mittelstand‹ tritt der Vater bei der Erziehung in den Hintergrund, die Mutter übernimmt mehr als im ›alten Mittelstand‹ die Aufgabe, die Normen durchzusetzen. Das von Freud skizzierte Schema der Beziehungen des Knaben zu Vater und Mutter wird verwischt. Siehe unten S. 221-223; S. 226 f.
135 Vgl. Hofmann, a. a. O., S. 249.
136 Vgl. Lesser, a. a. O., S. 267; F, XI, S. 373; Laplanche - Pontalis, a. a. O., Artikel ›Kompromißbildung‹.

Über-Ich-Anteile schon weitgehend vernichtet sind, während die unbewußten noch wirksam bleiben.[137]
Das Gedicht vermittelt das Grauen bei und nach versuchtem Vater- bzw. Elternmord. Da das ›dichtende Ich‹ sich noch nicht so weit vom Über-Ich, der Elternintrojektion, lösen konnte, daß es nicht mehr von ihm beherrscht wird, entwickelt es – soweit es regrediert, und nur hiervon ist künftig die Rede – Schuldgefühle, d. h. es nimmt die Aggressionen des sich wehrenden Über-Ich wahr und aktualisiert den Wunsch nach Strafe, den das Kind gebildet hatte, als es der Strafe des Vaters bzw. der Eltern zuvorkommen wollte und die Eltern als strafende Instanz verinnerlichte. Aus Angst, vom Über-Ich bestraft zu werden, bestraft es sich selbst und läßt seinen Angriff nicht zur Freiheit vom Über-Ich, sondern zu grauenvoller Verlassenheit führen. Vor der selbstgewählten Strafe graut es ihm jedoch; mit diesem potenzierten Grauen verstärkt es wiederum seine Strafe. Das Grauen lähmt das ›dichtende Ich‹ so sehr, daß es, abgesehen von seinem Dichten, passiv bleibt und sich nicht auf sich selbst und seine Aktivität besinnen kann, was hier seinen Ausdruck darin findet, daß die von ihm phantasierte Gestalt ›Jakob‹ nicht weiß, warum sie getötet hat. Das ›dichtende Ich‹ ist so gelähmt, daß es die Funktionen eines Ich, Vermittlung zwischen Es und Realität und handelnde Veränderung der Realität, kaum wahrnehmen kann. So erklärt sich – zumindest psychologisch – die Passivität der antibürgerlichen Helden in der Lyrik des jungen Brecht, die nie zu realitätsverändernden Handlungen, sondern allenfalls zu Ausschweifungen und Leiden kommen.[138] Sie sind Projektionen eines ›dichtenden Ich‹, dessen Über-Ich-Anteile – die bürgerlich-christliche Wertordnung –, soweit sie bewußt waren, vernichtet, aber als unbewußte noch existent[139] und so wirksam sind, daß sie die Ausbildung eines aktiven Ich, das sich der Realität stellt, durch Aggression verhindern.[140]

137 Zur Frage bewußter und unbewußter Über-Ich-Anteile: *F*, XV, S. 62 ff.; besonders S. 75 und 76.
138 Z. B. in der »Ballade von den Abenteurern« (*w. a.*, 8, S. 217) oder in der »Ballade von den Seeräubern« (*w. a.*, 8, S. 224).
139 Siehe oben S. 38-41, 97 f., 101 f. und 110 f.
140 Das findet im Gedicht seine bildliche Entsprechung: die Eltern, die Über-Ich-Repräsentanten, sind zwar erschlagen, im Schrank aber penetrant und stinkend anwesend. ›Jakob‹ ist, im Gegensatz zu dem historischen Apfelböck, immer mit ihnen zusammen in der Wohnung. - In dem 1921 geschriebenen Drehbuch *Drei im Turm* (Bertolt Brecht: *Texte für Filme I, Drehbücher, Protokolle.*

Brecht hat den Zusammenhang von Angst vor der Strafe, die ja Schuldgefühl voraussetzt, und Lähmung später an sich selbst beobachtet:[141]
In einer Tagebuchnotiz von 1925 schreibt er:
Ich habe das Gefühl, ich dürfe nichts sagen, sonst verfiele ich einem Strafgericht. Es sei nicht erwünscht, von mir etwas gesagt zu hören. Die Gefährlichkeit jeglicher Äußerung von meiner Seite war mir außerordentlich klar. Wenn ich aber nachdachte, was ich nun zu sagen hätte und was man von mir um keinen Preis zu hören wünschte, so konnte ich (so eigentümlich dies vielleicht klingen mag) nichts finden.[142]

Das ›Ich des Autors‹ Brecht kann sich nicht behaupten, weil es die Rache des zurückgedrängten Über-Ich fürchtet. Aus Furcht hat es seinen Wunsch, das Über-Ich zu vernichten, wieder verdrängt. So bleibt es stumm und kann sich nicht artikulieren, obwohl ihm durchaus bewußt ist, *daß* es etwas zu sagen hat. Verdrängt hat es nur, *was* es zu sagen hat.

Das durch die Apfelböck-Ballade vermittelte Grauen ist nicht nur Angst, vom Über-Ich bestraft zu werden, also aktualisierte Kastrationsangst, sondern auch aktualisierte Angst des hilflosen Kindes, von den Eltern verlassen zu werden: es nährt sich von der Angst des vom Über-Ich nicht mehr geschützten hilflosen Ich. Das ›dichtende Ich‹ entzieht sich in seiner Hilflosigkeit, so wenig ihm das auch bewußt sein mag, seiner Aufgabe, die Wirklichkeit zu bewältigen. Es stellt die auch vom ›Autor‹ nicht ver-

---

Frankf./M. 1969, S. 9-48; Entstehungsdatum ebenda S. 297) verwendete Brecht ein ähnliches Motiv: der Ehemann hat auf sich geschossen, sich im Schrank versteckt, und ist dort gestorben. Die Ehefrau und ihr Geliebter wissen das ganze Jahr, das sie in der alten und stinkenden Wohnung verbringen, weder, was genau mit ihm geschehen ist, noch, wo er sich befindet. Er bleibt in ihren Schuldgefühlen stets gegenwärtig, die Ehefrau halluziniert ihn sogar. Ihre Liebesbeziehung läßt sich nicht fortführen, bei beiden kommt es zum Persönlichkeitszerfall. Da entdeckt der Liebhaber das Skelett des Ehemanns im Schrank und wirft es aufs Bett. Nun kommt es auf diesem Bett und neben dem Skelett endlich zur Vereinigung der Liebenden: der in Wirklichkeit schon lange tote, aber nie totgewußte Ehemann ist als tot erkannt, die Liebenden sind frei. - Hier wie in der Apfelböck-Ballade gestaltet Brecht einen Zustand, in dem Repräsentanten der Werte, die Selbstverwirklichung behindern, getötet, aber als tote noch gegenwärtig sind, und sie dadurch weiter verhindern. Der Schluß des zwei Jahre später entstandenen Drehbuchs kann anzeigen, daß Brecht diesen Zustand überwinden wird.
141 Er konnte ins Bewußtsein treten, weil das Über-Ich inzwischen weiter geschwächt war.
142 w. a., 20, S. 21. - Beachte auch: »es sei *nicht erwünscht* von mir etwas gesagt zu hören«; vgl. oben S. 103 ff.

standene, erlittene Wirklichkeit als wesentlich ungesellschaftlich, unverständlich, unheimlich und außerhalb seines Einflusses liegend vor und verstärkt die durch den objektiven Schein der warentauschenden Gesellschaft vorgegebene Tendenz zum Ontologisieren, weil es in seiner Schutzlosigkeit nicht die Kraft hat, die Wirklichkeit zu bewältigen, und weil es so, wenn auch kaum bewußt, seine Passivität rechtfertigen kann. Damit verstellen das ›dichtende Ich‹ und der ›Autor‹ sich jedoch den Blick auf die Ursachen dieser unheimlichen Wirklichkeit und der eigenen psychischen Situation noch mehr und hindern sich daran, sie zu überwinden. – Irrationalisierung und Ontologisierung sind, aus dieser Perspektive betrachtet, hier Abwehrmechanismen eines Ich, das von dem Über-Ich, das es zu vernichten sucht, noch abhängt, Strafe und Schutz von ihm erwartet, sie nicht erhält und deshalb versucht, sich selbst zu strafen und zu schützen. Da die Über-Ich-Anteile, die Mensch und Welt als sinnvoll deuteten, für das Bewußtsein vernichtet sind, im Unbewußten aber weiterwirken und das Verlangen nach Sinn aufrechterhalten, gewinnt das ›dichtende Ich‹ das Bild einer sinnlosen Wirklichkeit. Ontologisierung und Irrationalisierung der Sinnlosigkeit führen es dann zur Erfahrung der Absurdität. So kehrt die Sinnlosigkeit der kapitalistischen Gesellschaft als Vorstellung von Sinnlosigkeit schlechthin wieder.

Das Verhältnis des ›dichtenden Ich‹ zum angegriffenen Über-Ich ist ambivalent. Das ›dichtende Ich‹ entwickelt unter der verinnerlichten Strafandrohung und auf der Flucht vor Eigenverantwortung zwar Grauen, findet in der Phantasie der Über-Ich-Vernichtung aber auch vorübergehende und ersatzweise Befreiung und Befriedigung. Deshalb vermittelt das Gedicht auch ein Gefühl der Freiheit und Befriedigung und eine anarchische Lust am Zerstören, die ›den Leser‹ fesseln und ihn das Grauen ertragen und gelegentlich nicht einmal spüren lassen. Dieser phantasierte Sieg über das Über-Ich gibt dem ›dichtenden Ich‹ das Freiheitsgefühl, das ihm erlaubt, den Mörder als geheiligtes Naturwesen darzustellen.

Neben Grauen und Befreiungsgefühl bestimmt hier auch Gleichmut das Verhalten des ›dichtenden Ich‹ zum angegriffenen Über-Ich.[143] Es hat sich von dessen bewußten Anteilen gelöst, braucht

---

143 Vgl. oben S. 113 f.

sich zumindest insofern nicht mehr vor ihm zu fürchten,[144] und kann seinen Gleichmut bewußt und voll Stolz auf seine neuerrungene Freiheit darstellen. Daher rührt teilweise der Gleichmut der ›Projektionsfigur Jakob‹ und des Erzählers und der, mit dem die ›Helden‹ im Werk des jungen Brecht gegen die Normen der bürgerlichen Gesellschaft verstoßen. Das ist jedoch nur eine Komponente jenes Gleichmuts. Er ist auch eine Wunschprojektion des nicht gleichmütigen gefährdeten ›dichtenden Ich‹, die Grauen erspart, eine Haltung, die es dem Über-Ich entgegensetzt und ihm gegenüber einübt, um sich vor seinen Angriffen zu schützen; denn, wenn es sich gleichgültig gibt und die Existenz des Über-Ich nicht zur Kenntnis nimmt, braucht es sich auch nicht vor ihm zu fürchten. Zugleich ist der Gleichmut aber auch Resultat der ›inneren Leere‹ des ›dichtenden Ich‹: seines Mangels an gefühlsmäßigem und rationalem Bezug zu sich und seiner Umgebung. Diese ›innere Leere‹ dient ihm jedoch auch, so sehr es unter ihr leiden mag, zur Verteidigung; denn je ›leerer‹ es ist, je weniger es als ein Ich existiert, desto weniger ist es der gefährlichen und von ihm selbst als absurd verstandenen Wirklichkeit ausgesetzt. Deshalb besteht eine starke Tendenz, die ›innere Leere‹ und mit ihr den Gleichmut zu bewahren. Brecht hat später diese Abwehrfunktion der ›inneren Leere‹ selbst erkannt: in dem bisher unveröffentlichten, in der Mitte der zwanziger Jahre entstandenen ›Augsburger Sonett‹ »von der inneren leere«[145] schreibt er, als er die Leute von ihm sagen hörte, »ich sei ein mensch von innerlicher leere«, habe er aus mehreren Gründen erwidert, »dies seis was ich gern wäre«; als wichtigsten Grund führt er dann an: »ich muß noch platt sein, daß ich alle überdaure«. Er muß so »leer« sein, daß er »platt« ist und keinen Widerstand mehr bietet.

Zwar verstärkt der Gleichmut die Lust an der Freiheit, doch er erregt auch Grauen. Denn das ›dichtende Ich‹ muß, solange es noch an das angegriffene Über-Ich gebunden ist, diesen Gleichmut, der Schuldlosigkeit vorspiegelt, als Schuld empfinden. Auch wird es dazu verlockt, sich weiter vom Über-Ich zu lösen, wenn es be-

---

144 Baal zu dem Jüngling Johannes: »Deine Eltern, das sind verflossene Menschen«. *w. a.*, 1, S. 11.
145 Sonett Nr. 14. *BBA* 2212/41. Mit freundlicher Genehmigung des Bertolt-Brecht-Archivs.

merkt, daß trotz Angriff und Gleichmut die Strafe ausbleibt. Diese Verlockung muß es unter der Drohung des Über-Ich verdrängen, wenn es ihr standhalten will. Das Verdrängte drängt jedoch zum Licht; und das wird als grauenhaft erfahren; und dies um so mehr, als das Gedicht dem verdrängten infantilen Wunsch, den Vater zu töten, eine phantasierte Ersatzbefriedigung gewährt, ihn dabei verhüllt ins Bewußtsein dringen läßt und dann mit desto größerer Energie wieder verdrängen muß.

Die Analyse zeigte: das ›dichtende Ich‹, das den Angriff auf das Über-Ich phantasiert, gleichwohl aber noch an unbewußte Über-Ich-Anteile gebunden ist, bildet die Vorstellung des Absurden aus; es lähmt sich, indem es sich zu befreien sucht. Die anarchische Lust ist hier nicht von Gleichmut und Grauen zu lösen. Der Angriff führt zum Stillstand; doch das erreichte Gleichgewicht ist labil und nur mühsam aufrechtzuerhalten. Der Kompromiß droht zu zerbrechen. – Nun kann sich die Untersuchung auch dem wichtigsten formalen Moment der Ballade, dem Grotesken, zuwenden. Das noch unbewußt an das Über-Ich gebundene ›dichtende Ich‹ sucht auch durch das Groteske die bewußten Über-Ich-Anteile zu vernichten, sich zugleich zu bestrafen und seine Wunscherfüllung zu verbergen.

Das Über-Ich ist in den Weisen des Welt- und Selbstverständnisses, besonders in den durch die Sprache gesetzten Erwartungen im Gedicht präsent. Indem das Ich die sprachlichen Zeichen, welche die Wirklichkeit deuten, grotesk entwertet, zerstört es Verständnisweisen, also Über-Ich-Anteile. Für den Dichter Brecht ist Über-Ich-Kritik hier Sprachkritik, denn Sprache repräsentiert vom Über-Ich geprägtes Bewußtsein und Verhalten; sie ist ›Muttersprache‹, die im ›Vaterland‹ gilt. Das ›dichtende Ich‹ benützt die Sprache des Über-Ich und vernichtet sie; eine eigene deutende und wertende Sprache hat es noch nicht entwickelt, weil es sich selbst noch nicht als seiner Aufgabe gewachsenes Ich konstituieren konnte. Wo die Sprache des Über-Ich nicht hinreicht, schweigt es oder gibt die Wirklichkeit deutungslos wieder.

Hier findet sich ein Hinweis auf die Bedeutung der Parodie in der Lyrik des jungen Brecht. Brecht benutzt Sprechweisen und Formen, von denen er sich noch nicht ganz gelöst hat, und löst sich weiter von ihnen, indem er sie parodiert. Doch zugleich verwendet er sie, um eigene Gehalte darzustellen. Im Lauf der zwanziger Jahre gewinnt er zunehmend Abstand von vorgegebenen

Bewußtseins- und Sprechformen;[146] entsprechend wandeln sich seine Parodien; bis er schließlich so parodiert, daß eine Form oder eine Sprechweise als Ideologie, das meint als Rechtfertigung einer Klasse, sichtbar wird. Mit der *Heiligen Johanna der Schlachthöfe* ist das erreicht; die Ballade »Von der Kindesmörderin Marie Farrar« und später die »Liturgie vom Hauch« sind Stationen auf dem Weg zur entlarvenden klassenkämpferischen Parodie.

An der Entwicklung der Parodie läßt sich Brechts Weg zur Ideologiekritik aufweisen: es ist ein Prozeß allmählicher Lösung von Teilen des Über-Ich. Solche Teile, mit denen er sich ursprünglich identifizierte, z. B. die christlichen,[147] entleert er zunächst ihrer spezifischen Bedeutung und benutzt ihre sprachlichen Repräsentanzen als Formeln, die auf Eigenes verweisen, für das er selbst noch keine Begriffe hat.[148] Danach verwendet er jene Repräsentanzen zwar auch noch, um mit ihnen auf Eigenes zu deuten, zeigt sie aber schon als schichtenbestimmt,[149] bis er schließlich ihre Nützlichkeit für eine Klasse sichtbar macht.[150] Seine Entwicklung verläuft also so, daß er Wertvorstellungen, mit denen er sich ursprünglich identifizierte, abarbeitet und dabei zur Erkenntnis seines eigenen Orts gelangt. Er sucht, sich selbst zu artikulieren, wenn er schreibt, verhält sich danach aber kritisch zu dem, was er geschrieben hat.[151] So läßt sich verstehen, daß er Gedichte, in denen er sich selbst formulierte, später in einen Rahmen stellt, der sie kritisiert[152], oder Erfahrungen, die er einmal als die

---

146 Charakteristisch ist, daß er Vorstellungskomplexe von der Realität löst, auf die sie sich beziehen, und ein Eigenleben gewinnen läßt. Besonders klar ist das an *Im Dickicht der Städte* zu erkennen: »Als Kampfzonen werden nämlich gewisse Vorstellungskomplexe verwendet wie zum Beispiel diejenigen, welche ein junger Mann von der Art des George Garga von der Familie, von der Ehe oder von seiner Ehre hat. Diese Vorstellungskomplexe benutzt sein Gegner, um ihn zu schädigen. Außerdem erzeugt der eine Kämpfer im andern gewisse Gedanken, die ihn zerstören müssen« (*D*, S. 142).
147 Vgl. z. B. *w. a.*, 8, S. 4, 5, 9.
148 Vgl. z. B. »hier auf Erden« in »Von der Freundlichkeit der Welt«.
149 Z. B. »Kreatur«, »Sünd«, »Gebrechen« und »Leid« in »Von der Kindesmörderin Marie Farrar«.
150 Z. B. durch die Darstellung der Rolle der Heilsarmee in der *Heiligen Johanna der Schlachthöfe*.
151 Z. B. in dem »Gegenlied zu ›Von der Freundlichkeit der Welt‹«.
152 Z. B. »Gegen Verführung« in *Aufstieg und Fall der Stadt Mahagonny*. *w. a.*, 2, S. 527.

seinen darstellte,¹⁵³ distanziert¹⁵⁴ und schließlich auf ihre Ursachen befragt. Von diesem Prozeßcharakter rührt die dichterische Kraft seiner Ideologiekritik. Er ist Ideologiekritiker und Kritisierter zugleich. In die kritisierten Gestalten ist viel Eigenes eingegangen, in den Gutsbesitzer Puntila z. B. Baal, François Villon¹⁵⁵ und der Glücksgott aus den – allerdings späteren – »Reisen eines Glücksgotts«¹⁵⁶. Das gibt seinen Werken Überzeugungskraft, gefährdet sie aber auch; denn die Identifikation des Autors und so auch des Lesers mit dem Kritisierten ist so groß, daß dieses kulinarisch genossen werden kann, und daß die Kritik selbst gelegentlich nur folgenlosen Genuß gewährt.

Nach diesem Exkurs kehren wir zur grotesken Redeweise zurück. Die Antriebe des ›dichtenden Ich‹, sich in ihr darzustellen, sind masochistischer und sadistischer Natur, also ambivalent. Das ›dichtende Ich‹ quält sich und genießt es, den Schutz, den ihm das Über-Ich bisher gewährte, zu vernichten und sich selbst hilflos zu machen. Es kostet sein Leiden an der Zerstörung dessen aus, was es selbst erwartet und von sich fordert; insofern ist das Groteske masochistisch motiviert. Andererseits verhält sich das ›dichtende Ich‹ aggressiv gegen die anderen, zu denen es spricht; es sucht das eigene Über-Ich zu vernichten, und so auch die ›Leser‹ der Sicherheit zu berauben, die ihnen das Über-Ich gewährt, das als gesellschaftliches auch das ihre ist. Da der sadistische Angriff darüber hinaus teilweise einem Bewußtsein gilt, auf das ›der Leser‹ hinabschaut,¹⁵⁷ befriedigt sich hier auch sein Sadismus. Er gewinnt Schadenfreude und dadurch Distanz zu dem Grauen, das ihn befällt. Das ›dichtende Ich‹ sucht im grotesken Sprechen in Selbstqual und Qual der anderen seine Lust. Sein Sprechen ist ein vergeblicher Versuch, sich als Ich zu konstituieren: sadistisch sucht es das eigene Über-Ich durch die groteske Zerstörung des Über-Ich der anderen, das auch das eigene repräsentiert, zu vernichten, und sich so von ihm zu befreien; und masochistisch bestraft es sich hierfür und genießt das Grauen. Sich selbst vermag es nur in dieser lust- und qualvollen Spannung zu finden und zu

---

153 Z. B. die Entfremdung in »Vom armen B. B.«.
154 In dem *Lesebuch für Städtebewohner*.
155 Vgl. *w. a.*, 8, S. 38.
156 *w. a.*, 10, S. 889 ff.
157 Z. B. das durch die triviale Form des Bänkellieds und das durch die naive Frage der Milchfrau repräsentierte Bewußtsein.

bestätigen, weil es sich nicht mehr unter der Herrschaft des Über-Ich und noch nicht ohne sie verstehen kann. Die sadistischen und masochistischen Bedürfnisse, die sich das ›dichtende Ich‹ mit der grotesken Struktur der Apfelböck-Ballade befriedigt, kann ›der Leser‹ seinerseits bei der Lektüre erneut befriedigen, vorausgesetzt, daß er ähnliche Über-Ich-Anteile hat wie der junge Brecht. Diese Möglichkeit, Lust zu gewinnen, fesselte ihn an das Gedicht. Die bisherige Analyse stimmt mit der Eingangsthese überein, wonach sich das Gedicht als phantasierte Wunscherfüllung eines ›dichtenden Ich‹ verstehen läßt, welches das Über-Ich zu vernichten sucht, an dessen unbewußte Anteile es noch gebunden ist, dessen Rache es daher noch fürchtet. Unter diesem Gesichtspunkt betrachtet, sind Aussageweise und Aussageinhalt des Gedichts identisch.

Zur Erfüllung eines verbotenen Wunsches und zur Selbstbestrafung hierfür, die bis jetzt aufgewiesen wurden, kommt als drittes die Entstellung. Mit ihr sucht das ›dichtende Ich‹ aus Angst vor dem Über-Ich zu verdecken, daß es sich hier einen verbotenen Wunsch erfüllt. Deshalb tritt es nicht als ›explizites Ich‹ hervor, um Vater und Mutter zu töten, sondern schiebt ›Jakob‹ dazwischen und berichtet dessen Tat so objektiv und distanziert, daß es selbst weder für diese Tat, noch für den Bericht zur Verantwortung gezogen werden kann. Um den Mord unerkannt genießen zu können, phantasiert es die Strafe für ihn mit und zeigt, daß er nicht befreit, also gar nichts nützt. Deshalb stellt es auch nicht den Mord, in dem sich der Wunsch erfüllt, in den Mittelpunkt, sondern die Zeit danach und ›Jakob Apfelböcks‹ Warten, wo er mit dem Grauen bestraft wird. Es gibt sich den Anschein, als phantasierte es das Geschehen, um von dem Mord abzuschrecken – und genießt ihn hinter dieser Fassade. Da dies durchschaut und ›Jakob‹ als Projektion erkannt werden kann, stellt es den Mörder soweit irgend möglich als unschuldig dar; indem es ›Jakobs‹ Motive verschweigt, sucht es die seiner eigenen Phantasie zu verdrängen; wenn der Elternmord nicht gewollt ist, könnte das auch für seine Phantasie gelten. Solcher Distanzierung wegen kommt auch das Schuldgefühl, das die Ballade bestimmt, nicht explizit zum Ausdruck. Es ist verdrängt und wird nur durch den Titel mittelbar artikuliert, ja eigentlich nur durch die Behauptung der Unschuld. Es verbirgt sich hinter der Fassade behaupteter Unschuld und halb gespielter, halb ernstgenommener Selbstverständlichkeit des Vortrags. Dementsprechend ist auch das von dem Gedicht vermittelte Grauen, das seinen Grund im Schuldgefühl hat, falsch motiviert und erscheint als Grauen vor der unverständlichen Tat, die ›Jakob‹ überkommt, für die er also auch keine Verantwortung zu übernehmen hat. Das ›dichtende Ich‹ distanziert sich von seiner Phantasie entscheidend dadurch, daß es sie objektiviert, als Kunstwerk mitteilbar macht, in eine Tradition einfügt und ihr zugleich polemisch entgegenstellt. In dieser Distanzierung schlägt sich nieder, daß es sich nie ganz mit seiner Phantasie identifiziert hat, sich aus der partiellen Identifikation zurückzuziehen und sie zugleich so beizubehalten sucht, daß es den verbotenen Wunsch befriedigen, für ihn aber nicht belangt werden kann.

Brechts Nihilismus: ein Verhalten während der Ablösung vom Mittelstand

Die Analyse der Apfelböck-Ballade suchte zu zeigen, daß sich deren Nihilismus und dessen verschiedene Momente – z. B. das Grauen, der Gleichmut und das Gefühl, verlassen zu sein – als Verhaltensweisen eines Ich beschreiben lassen, das einerseits einige bewußte Über-Ich-Anteile abgebaut hat, andererseits noch von unbewußten abhängt, und das so unter dem unbewußten Anspruch des Über-Ich das Fehlen von Deutung und Wertung als Sinnlosigkeit erfährt. Von diesem Ansatz aus soll nun der Nihilismus und seine Entwicklung in der Lyrik des jungen Brecht betrachtet werden. Wurde eben ein einmaliges Verhalten des ›dichtenden Ich‹ analysiert, so gilt die Aufmerksamkeit nun der sich entwickelnden psychischen Struktur des Autors, auf die jenes Ich jeweils regrediert.
Den Nihilismus der frühen Lyrik Brechts hat Schwarz erstmals zusammenfassend dargestellt. Für ihn ist »Brechts Entwicklung zum Nihilismus insofern von übergeordneter Bedeutung, als sich sämtliche thematische oder strukturelle Zusammenhänge vorbereitend, begleitend oder distanzierend auf diese Entwicklung beziehen« (S. 183; vgl. S. 4 ff.). Jener Nihilismus habe historisch-gesellschaftliche Ursachen: in dem Maße, wie die »Wilhelminische Ideologie«, zu der die »Verbindung von Gott und Vaterland« gehört (S. 22), in der Konfrontation mit der Realität des Krie-

ges, insbesondere mit dem Soldatentod (S. 19-31), fragwürdig wird, gerät Brecht in die Krise (S. 22; S. 30); »der radikalen Desillusionierung [...] hinsichtlich des Krieges folgt die Auseinandersetzung mit dem Nihilismus auf dem Fuße (S. 41). Ab 1917 setzt »die Entwicklung einer [...] Themenfolge ein, die um Brechts allmähliche Lösung von der Transzendenz bzw. seine Entwicklung zum Nihilismus zentriert ist« (S. 41). Hier unterscheidet Schwarz mehrere Stadien: »die frühe Übernahme der Formel Nietzsches vom ›Tod Gottes‹, ein Zwischenstadium der paradoxen Auflehnung gegen die Fiktion der Transzendenz bis hin zur stoischen Bejahung des Nichts und zum aufgeklärten Nihilismus« (S. 56); er spricht vom »Schwanken zwischen enttäuschter Abhängigkeit von der Fiktion der Transzendenz und vitaler Bejahung des Nichts« (S. 56).

Die von Schwarz dargestellte Entwicklung ist psychoanalytisch und soziologisch zu befragen. Es wird sich zeigen, daß der Nihilismus Brechts als diejenige Phase der Ablösung vom Bürgertum verstanden werden muß, in der Brecht die verinnerlichten bürgerlichen Werte, an die er unbewußt noch gebunden ist, abbaut. Will man den Nihilismus als Phase eines Ablösungsprozesses begreifen, so sind zunächst die Ausgangssituation und die Anfänge jener Entwicklung darzustellen. Das soll nun in einer Skizze geschehen, die idealtypisch vorgeht und nur einige wenige, in diesem Zusammenhang wesentliche Momente berücksichtigt. Wie für die Psychoanalyse, so gilt ganz allgemein für diese Ausführungen, daß sie nur aufklären, *was* geschehen ist, nicht *warum* oder *warum nicht*.[158]

Die Sozialisation Brechts läßt sich zunächst und undifferenziert als die eines Angehörigen des Mittelstands beschreiben. Er wächst als Sohn eines kaufmännischen Angestellten auf, dessen Vater eine kleine Lithographen-Anstalt besessen hatte. Vater Brecht »lebte seit 1893 in Augsburg und arbeitete bei der Haindlschen Papierfabrik. 1900 avancierte er zum Prokuristen, später zum Kaufm. Direktor der Firma. Er war angesehener Bürger der Stadt, wurde Mitglied der Augsburger Liedertafel und Vorstandsmitglied bei den Anglern.«[159] Brechts Sozialisation ist bestimmt von der Situation des deutschen Mittelstands um 1900. Zwischen den Grundklassen der kapitalistischen Produktionswei-

---

158 Vgl. *F*, XIV, S. 314.
159 *BC*, S. 5.

se stehend, privilegiert und bedroht zugleich, sucht sich der Mittelstand nach unten abzugrenzen und nach oben anzugleichen. Er identifiziert sich mit der spätestens seit 1870 aus dem Bündnis von Großbourgeoisie, Feudalität und Kirche gebildeten Obrigkeit, dem Kaiserreich, verinnerlicht Nation, Religion, Eigentum und Sexualunterdrückung[160] und pflegt als Werte Arbeitsamkeit, Ordnungsliebe, ökonomische Sicherheit und Ehrbarkeit: den guten Ruf der ins System Integrierten, die mit Privilegien belohnt werden, aber von deren Entzug bedroht bleiben. Der Junge übernimmt im Verlauf der Sozialisation diese Verhaltensnormen. Er verinnerlicht die dem Obrigkeitsstaat entsprechenden Machtbeziehungen der patriarchalischen Familie, indem er seine Ohnmacht gegenüber den Eltern, insbesondere dem Vater, durch Identifizierung zu kompensieren sucht: an die Stelle der Elterninstanz tritt mit der Desexualisierung des Ödipuskomplexes das Über-Ich. Dort reproduziert sich das Verhältnis zum Vater in dem zu weiteren Vaternachfolgern: den Lehrern, den Institutionen des Staates, dem Kaiser und Gott. Die psychisch verankerte Autorität garantiert die Ingetration: »so bedingt die geheime Fortdauer des Sohnesgefühles in seiner ursprünglichen Intensität bei der späteren gesellschaftlichen Einfügung die große, geheime Kraftquelle für den Zusammenhang mit der Gesellschaft und mit dem Staate«[161].

Vieles spricht dafür, daß sich Brechts Sozialisation mit diesem Schema wenigstens in den Grundzügen erfassen läßt. Seinen Vater erkannte er noch bis mindestens 1914 als Autorität an;[162] die zu Kriegsbeginn veröffentlichten Texte zeigen die auf der verinnerlichten Beziehung zum Vater aufgebaute Einheit von Gott, Kaiser und Vaterland:

Jetzt in diesen Tagen liegen alle Augen auf unserm Kaiser. Man sieht beinahe staunend, welche geistige Macht dieser Mann darstellt. Jeder

---

160 Zu dem Zusammenhang von Eigentum, Familie, Religion und Sexualunterdrückung siehe Wilhelm Reich: *Der Einbruch der Sexualmoral*. Kopenhagen 1933; Wilhelm Reich: *Massenpsychologie des Faschismus*. Kopenhagen 1933; Dietrich Haensch: *Repressive Familienpolitik*. Reinbek 1969.
161 Paul Federn: *Zur Psychologie der Revolution: Die vaterlose Gesellschaft*. In: *Der Aufstieg*, 11/12, Leipzig-Wien 1919, S. 10.
162 Vgl. Erich Maiberger: *Bert Brechts Augsburger Jahre*. In: *Festschrift. Hundert Jahre Realgymnasium Augsburg*. S. 3-15; dort S. 4 über die Schulzeit bis 1914: »In diesen Jahren wird die Autorität des Vaters noch voll anerkannt. Bei Auseinandersetzungen holt er gelegentlich seinen Vater zur Hilfe, und Streitgespräche beendet er oft mit: ›Mein Vater hat's gesagt. Basta!‹«

weiß, daß er den Krieg *nicht* gewollt hat. [...] Jetzt plötzlich sind über seine Größe alle eins. Auch die Sozialdemokraten haben ihm Treue geschworen. [...] während alle, das ganze Volk, jubelt, wenn auch unter Tränen, ist der Kaiser seltsam ernst und zurückhaltend. [...] Und es ist ein Trost für die Menge, daß sie einen Mann als Führer weiß, der mit solch schwerem Pflichtbewußtsein zu Werke geht. [...] Treu steht das ganze Volk zusammen. [...] Wir *sind* gerüstet, moralisch gerüstet. Der feste deutsche Charakter, an dem die deutschen Dichter und Denker seit zwei Jahrhunderten schafften, bewährt sich nun. Ruhig und gefaßt, in eherner Disziplin, aber doch flammend vor Begeisterung, weniger siegjubelnd als mit zusammengebissenen Zähnen sind unsere Männer in den Kampf gezogen. [...] Wir alle, alle Deutschen fürchten Gott und sonst nichts auf der Welt.[163]

Dieser Text, 1914 im breiten Strom der Zustimmung und der nationalen Verblendung geschrieben, zeigt den Kaiser als Vaternachfolger zur Idealfigur potenziert. Unter ihm, dem irdischen Machthaber und Führer, einigt sich kritiklos »die Menge«. Politik erscheint nur durch den Schleier der Personalisierung; Begriffe aus der Ethik[164] zeigen, wie wenig hier die historische Realität erkannt wurde, aber auch, wie sehr gerade diese Ethik der Verschleierung und Erhaltung der Herrschaftsverhältnisse nutzte. »Anfangs- und Schlußsatz der Notizen umschließen ein ganzes Weltbild. Vom obersten weltlichen Herrscher führen die Gedanken zur höchsten metaphysischen Instanz: vom Kaiser zu Gott«[165]. Hier zeigt sich die psychisch im Über-Ich zusammengehaltene Einheit der Moral und der beiden Vaternachfolger Kaiser und Gott: die ›Wilhelminische Ideologie‹.
Gott will den Krieg, jedenfalls bespricht Brecht in diesem Punkt kritiklos Carl Hauptmanns Tedeum, das »in wundervoll reiner,

---

163 *Notizen über unsere Zeit*; w. a., 20, *Anmerkungen*, S. 1 f.; erstmals erschienen in: *Augsburger Neueste Nachrichten. Der Erzähler*, Nr. 96, 17. August 1914.
164 *SU*, S. 15: »In bemerkenswert demonstrativer Weise kehren ethische Bewertungen wieder: ›Größe‹, ohne ›Überhebung‹, ohne ›übertriebenes Selbstvertrauen‹, ›Pflichtbewußtsein‹, ›Ernst‹. Es ist ein ganzes System von Tugenden.« - Vgl. aus dem Schluß des *Augsburger Kriegsbriefs vom 27. August*: »Lüttich, Metz, Namur sind die Bürgen eines Geschehnisses, einer ungeheuren nationalen Tat, die nach außen hin unser Volk kräftigen und nach innen stärken wird. [...] Und das Große, was wir Deutsche wollen, ist einzig und allein: Unsere Ehre wahren. Unsere Freiheit wahren, unser Selbst wahren.« (Berthold Eugen: *Augsburger Kriegsbrief. Augsburg, 27. August*. In: *München-Augsburger Abendzeitung. Lokal-Anzeiger*, Nr. 163 vom Freitag, 28. August 1914, S. 1.
165 SU, S. 16.

gehobener Sprache das Evangelium vom großen Krieg« verkündet:[166]

> Es ist ein Tedeum der Kraft, ein grandios dahinbrausender Lobgesang Gottes [...] der Sinn des Spiels ist, daß Gott selbst den Krieg will, den Krieg, der läutert, der zerstört, was da schwächlich und morsch ist. Den Krieg, der zerstörend aufbaut, der aus der ›Hölle der Verwesung‹ das ›selige Menschenreich‹ erstehen läßt.[167]

Der metaphysisch gerechtfertigte Krieg dient der Integration ins Bürgertum. Brechts kurze Erzählung »Der Freiwillige«[168] berichtet von einem Vater, dessen Sohn im Zuchthaus sitzt, ein Sohn, »dem sein Vater die Ehre holen muß aus der Hand des Todes vielleicht«[169]. Der Vater, bereit, sein Leben für den bürgerlichen Ruf einzusetzen, marschiert stumm und verschlossen im Bataillon durch die Menschenmenge, die die in den Krieg Ziehenden feiert.

> Da hängt plötzlich sein Blick wie gebannt in den Zuschauerreihen.
> Dort stehen fünf Männer. Sie sind keineswegs übernatürlicher Art. Fast ein wenig komisch schauen sie aus, die Vorstände des Liederkranzes.
> Aber diese fünf Leute hatten ihn nimmer angeschaut seit zwei Jahren. Seit sein Sohn im Zuchthaus saß. Und nun – nun winken sie ihm zu wie besessen, schreien, jubeln. ›Wiedersehen, Kettner!‹ klingt's herüber. Rosen werfen sie.
> ›Gewehr bei Fuß! Stillgestanden!‹ gellt das Kommando.
> Da greift einer, ehe er den Befehl ausführt, hoch in die Luft und fängt mit verklärtem Gesicht eine fliegende Rose.[170]

Dem Angehörigen des Mittelstands scheint Ehrbarkeit, Integration gewährleistet, wenn ihn die Vorstände des Liederkranzes grüßen.[171] Diese Ehrbarkeit erkauft er mit dem Tod.

---

166 *Krieg. Eine Studie über Carl Hauptmanns Tedeum.*; w. a., 18, *Anmerkungen*, S. 4-6. Erschienen in: *Augsburger Neueste Nachrichten. Der Erzähler.* 16. September 1914. - w. a., 18, *Anmerkungen*, S. 5.
167 Ebenda, S. 4. - Vgl. den *Augsburger Kriegsbrief vom 27. August*: »Oh, es ist, trotz aller Sorge und Not, doch schön in dieser Zeit leben zu dürfen, in dieser Zeit, die, von Waffen starrend, den Menschen läutert und innerlich stärkt. Es ist doch, trotz allem, doch schön.« (Siehe oben Anm. 164).
168 w. a., 11, S. 11 f.; erschienen in: *Augsburger Neueste Nachrichten. Der Erzähler.* 28. August 1914.
169 w. a., 11, S. 12.
170 Ebenda, S. 12.
171 Die Ausrichtung eines Gesangsvereins an der Ehrbarkeit des Mittelstands nahm Sternheim zum Anlaß eines Lustspiels (Carl Sternheim: *Bürger Schippel.* München 1912). - Die ›Augsburger Liedertafel‹, der Vater Brecht angehörte, war damals – das zeigen die Lieder und die Anlässe, bei denen gesungen wurde

Brecht scheint hier noch in den Obrigkeitsstaat integriert. Die zitierten Stellen zeigen, daß das oben skizzierte Sozialisationsschema wohl auch auf ihn anzuwenden ist. Seine weitere Entwicklung, in der er abarbeitet, was er verinnerlichen mußte, wird das bestätigen. – Für einen Angehörigen des Mittelstands ist es nicht leicht, sich aus der Ideologie, in die hinein er sozialisiert wurde, wieder zu befreien, denn er kommt mit der Produktionssphäre nicht unmittelbar in Berührung, erfährt so auch den Widerspruch der kapitalistischen Gesellschaft nicht unmittelbar und ist deshalb der bürgerlichen Ideologie mehr ausgeliefert als die Angehörigen der beiden Grundklassen. Sein Denken ist von der politisch-ökonomischen Realität weitgehend abgeschirmt. Wird er rebellisch, so wendet er sich nicht, wie in der Regel der Proletarier, zunächst gegen die Produktionsmittel-Eigentümer, sondern gegen die ideologischen Vermittlungen, in denen ihm Herrschaft begegnet: gegen die bürgerliche Ehrbarkeit, die Sexualmoral, das Sicherheitsstreben, gegen bestimmte Institutionen, den Staat, die Religion. Er wird anarchisch auf ihm angetane Gewalt reagieren. Brechts Entwicklung zur Erkenntnis der Gesellschaft, in der er lebte, und zu realitätsgerechterem Verhalten, ist ein sich lange hinziehender Versuch, die dem Angehörigen des Mittelstands ge-

– in den ›Wilhelminischen‹ Staat gut integriert (siehe Paul Moser: *100 Jahre Augsburger Liedertafel*. Zusammenstellung der Konzerte und konzertähnlichen Veranstaltungen der Augsburger Liedertafel 1843 bis 1942. Typoskript). Brecht beschreibt die ›Vaterländische Kundgebung der Augsburger Sängerschaft vom 2. 9. 1914‹ (Moser, S. 27): »Mächtig rauschten die Töne des Mendelssohnschen Kriegsmarsches über den Platz. Dann fielen die Männerchöre ein. Kraftvolle patriotische Lieder brausten durch die Nacht. Kinkels wundersam ergreifendes Lied ›Kriegers Abschied‹ ertönte. Eigen tief und süß klang das schwermütige ›Weh, daß wir scheiden müssen‹ empor. – Aus der ein wenig wehmütigen Stimmung riß uns das große Lied der Deutschen, in das die ganze Zuhörerschaft jubelnd einstimmte. – Der Oberbürgermeister hielt eine kernige Rede, zu deren Schluß er ein Telegramm verlas, das den Sieg bei Reims meldete. Da brauste der Jubel empor, so stark, so kraftvoll, daß man ihn an den äußersten Enden der Stadt vernahm. – Und wieder rauschte Gesang empor, der ›Sturmbeschwörung‹ bannender Zauber, des ›Segenspruches‹ milde Verheißung. Und dann, dann schwoll es auf, das ewige Lied des Deutschtums, das Lied, das klingen wird, solang ein Tropfen deutschen Bluts noch glüht: Die Wacht am Rhein. Schwoll auf, stürmte, donnerte, gesungen von einem ganzen Volk und klang und klang und jauchzte hinaus in die Nacht, verkündend die Wahrheit von deutscher Einigkeit. – Und dieses letzte Lied, dieser Sang, gesungen, nein gebetet von Tausenden, dieser Sang, geboren aus der Not und dem Jubel der Stunde, war das Schönste, was diese Woche brachte.« (*Augsburger Kriegsbrief vom 3. September*; *München-Augsburger Abendzeitung. Lokal-Anzeiger*, Nr. 168 vom Freitag, 4. September 1914, S. 1).

setzten Grenzen zu überschreiten; dabei wird auch er zunächst mit Sekundärphänomenen konfrontiert. Brechts Entwicklung über die einem Angehörigen des Mittelstands gesetzten Grenzen hinaus wird begünstigt durch die Stellung seiner Familie zwischen ›altem‹ und ›neuem Mittelstand‹[172] und durch einzelne Momente seiner primären Sozialisation, welche die Rigidität des oben skizzierten Schemas sprengen. Der Vater gehört dem ›neuen Mittelstand‹ an, stammt jedoch aus einer Familie des ›alten‹.[173] Der Widerspruch zwischen den alten und den neuen Verhaltensweisen und Werten, in den Brecht hineingeboren wurde, scheint die ungebrochene Übernahme der alten wie der neuen zu behindern. Die Angehörigen des ›alten Mittelstands‹, die Eigentümer ihrer Produktionsmittel, die einander als Privatproduzenten gegenübertreten, erfahren sich im Äquivalententausch als freie und gleiche Individuen und bilden die dem realen Schein entsprechende Ideologie vom autonomen bürgerlichen Individuum aus. Sie produzieren oder handeln in der Regel im Familienbetrieb; der Vater ist in der Familie die längste Zeit des Tages anwesend und übt hier – auch weil er über das existenzentscheidende Erbe bestimmt – Macht aus. Entsprechend

---

172 Zur Unterscheidung von ›altem‹ und ›neuem Mittelstand‹ siehe H. Böttger: *Vom alten und neuen Mittelstand*. Berlin 1901; Theodor Geiger: *Die soziale Schichtung des deutschen Volkes. Soziographischer Versuch auf statistischer Grundlage*. Stuttgart 1932, S. 20-23 und S. 72-75; Jürgen Kocka: *Unternehmensverwaltung und Angestelltenschaft am Beispiel Siemens 1847-1914*. Stuttgart 1969, S. 536-540. Dem deutschen Mittelstand gehören um 1920 an: die Reste des ›alten‹ Mittelstands, das sind Kleineigentümer, die sich freilich in wachsender Abhängigkeit vom Großkapital befinden, kleine Bauern, kleine Warenproduzenten, Einzelhändler, Kleinrentner - alle ohne wesentlich akkumulationsfähiges Eigentum an Produktionsmitteln; außerdem als ›neuer‹ Mittelstand die Angehörigen der freien Berufe und die Nichteigentümer ihrer Arbeitsmittel: die Beamten und Angestellten. Nicht alle Elemente des ›neuen Mittelstands‹ sind neu (Geiger: *Die soziale Schichtung*, S. 98). Das Anwachsen des neuen Mittelstandes und der Rückgang des alten resultieren aus der Konzentration und Zentralisation des Kapitals, besonders seit der Krise um 1873.
173 »Unter den Brechts sind Bauern, Ärzte, Lehrer und Theologen vorherrschend. Auf Seiten der Mutter, die ledig Brezing hieß, stößt man durchweg auf ortsverwachsene Handwerker.« (Werner Frisch: ›*Ich, Bertolt Brecht*‹). Vgl. oben S. 29. - Der Großvater Brechts väterlicherseits besaß eine Lithographenanstalt in Achern, die väterliche Linie beschränkt sich jedoch nicht auf Kleineigentümer; Brechts Urgroßvater war Hauptlehrer (Frisch, a. a. O.). So sind Verhaltensweisen und Selbstverständnis des besitzenden ›alten Mittelstands‹ vielleicht nicht ungebrochen auf Brechts Vater übergegangen. - Zum großväterlichen Milieu in Achern vgl. »Die unwürdige Greisin« (w. a., 11, S. 315-320) und Robert Minder: *Die wiedergefundene Großmutter. Bert Brechts schwäbische Herkunft*. In: *Merkur* 20 (1966), S. 318-332.

stark ist die patriarchalische Familie, die Sexualunterdrückung und die Bedeutung der Religion.[174] Der Junge verinnerlicht im Gang seiner Sozialisation das, was oben ›die christlich-bürgerlichen Werte‹ genannt wurde. Autorität begegnet ihm personal in der Gestalt des Vaters; so kann er sich in der Auseinandersetzung mit dem Vater auch mit der verinnerlichten Autorität auseinandersetzen.

Der Angehörige des ›neuen Mittelstands‹ dagegen ist nicht Eigentümer seiner Produktionsmittel, er lernt sich unterzuordnen und kompensiert das durch Abgrenzung nach unten und durch Identifizierung mit seiner Tätigkeit und der Firma.[175] Er ist nicht im eigenen Familienbetrieb tätig; der Vater ist die längste Zeit abwesend, er hat kein existenzwichtiges Erbe mehr zu vergeben und bestimmt die Tätigkeit der Söhne nicht mehr so stark wie früher; seine Abhängigkeit von anderen im Beruf ist offenbar. So verliert er an Macht und Einfluß in der Familie. Mit dem Zusammenhalt der Familie als Produktionseinheit geht auch der Einfluß der Religion zurück. Dem Sohn begegnet die Autorität nicht mehr so sehr wie im ›alten Mittelstand‹ in der Person des Vaters, sie wird gesichtslos; er kann sich nicht mehr in der Auseinandersetzung mit einer Person auch mit der verinnerlichten Autorität auseinandersetzen.[176] Die Identität des Sohnes wird diffus. Der »Vaterlosigkeit ersten Grades«, dem »Unsichtbarwerden des leiblichen Vaters«[177], entspricht im außerfamilialen Raum die in Deutschland mit dem Zusammenbruch des Kaiserreichs erlangte ›Vaterlosigkeit des zweiten Grades‹:

Der zweite Grad der Vaterlosigkeit löst die personale Relation der Machtverhältnisse überhaupt auf: Man kann sich, obwohl man sie ungemildert erfährt, ›kein Bild‹ von ihnen machen. Das vaterlose [...] Kind wächst zum herrenlosen Erwachsenen auf, es übt anonyme Funktionen aus und wird von anonymen Funktionen gesteuert. Was es sinnfällig erlebt, sind seinesgleichen in unabsehbarer Vielzahl.[178]

---

174 Siehe auch Geiger: *Die soziale Schichtung*, S. 84: »Auf den ›alten Mittelstand‹ hat sich die Kultur der frühkapitalistischen Gesellschaftsepoche zurückgezogen«; hier haben »Religiosität als Haltung und Kirchlichkeit als konventionelles Attribut« noch ihren zentralen Ort.
175 Vgl. Kocka: *Unternehmensverwaltung*, S. 190 ff.
176 Vgl. zu dieser Problematik: Alexander Mitscherlich: *Auf dem Weg zur vaterlosen Gesellschaft. Ideen zur Sozialpsychologie.* München 1963, besonders S. 175-208. Marcuse: *Das Veralten der Psychoanalyse*, a. a. O.
177 Mitscherlich, a. a. O., S. 342.
178 Ebenda, S. 342.

Brecht wird in eine Familie hineingeboren, in der die alten Werte
im Über-Ich und im Verhalten der Eltern weitergeschleppt werden, zugleich aber schon an Macht verlieren. Er wird zwar religiös erzogen, doch der Vater scheint der Religion keine sonderli-
che Bedeutung zuzumessen.[179] Der Vater sucht die Erziehung
zwar zu bestimmen, doch er ist häufig abwesend.[180] Er engagiert
sich stark in der rasch wachsenden Firma Haindl,[181] einer ›Werkfamilie‹[182], wird dort unentbehrlich und macht Karriere.[183] Da
er wegen seiner Tätigkeit in der Fabrik kaum Zeit für seinen
Sohn hat, kann dieser sich seiner Autorität etwas entziehen und
bei der Mutter Rückhalt suchen. Das unterschiedliche Verhältnis
der Eltern zum Sohn[184] läßt keine monolithische Autorität aufkommen.

Dem Widerspruch zwischen ›altem‹ und ›neuem Mittelstand‹
konnte Brecht auch in seiner weiteren Umgebung begegnen.
Augsburg, die alte Handels- und Gewerbestadt, hatte nach den
Gründerjahren einen großen wirtschaftlichen Aufschwung erfahren,[185] war schon 1916 eine Großstadt mit über 146 000 Einwoh-

---

179 Maiberger: *Bert Brechts Augsburger Jahre,* a. a. O., S. 3: »Die Religion
spielte anscheinend keine große Rolle in der Familie. Der Vater ist zwar ka-
tholisch, macht aber von seinem Bekenntnis kaum Gebrauch und stimmt auf
Wunsch der Mutter der evangelischen Erziehung der Kinder zu«.
180 Erich Maiberger: *Der junge B. B. Ein Dichter und seine Stadt.* Typoskript.
Bayerischer Rundfunk. Regionalprogramm. 6. Januar 1968. S. 5.
181 Zur Geschichte dieser Firma: Karl Alexander von Müller: *Die Familie
Haindl.* In: *Lebensbilder aus dem Bayerischen Schwaben.* Hrsg. von Götz
Freiherr v. Pölnitz. Bd. 1, München 1952, S. 371-394. Zu dem Wachstum der
Firma in der angesprochenen Zeit dort S. 378-382.
182 Max Högel: *Bert Brecht. Ein Porträt.* Augsburg 1962, S. 9: »Die Firma
G. Haindlsche Papierfabrik, in der Berthold Brecht als Industriekaufmann ein-
trat, war ein Familienbetrieb von christlich-sozialer Verfassung, in dem jeder,
auch der unansehnlichste Mitarbeiter, als ›Angehöriger der großen Werkfamilie
Haindl‹ betrachtet wurde.«
183 Müller, a. a. O., S. 382: »Die beste Stütze der beiden Brüder [Haindl]
wurde in diesen Jahren der Prokurist und nachmalige Direktor Berthold
Brecht«.
184 Hierzu siehe *M*, S. 37-39.
185 Wolfgang Zorn: *Augsburg. Geschichte einer deutschen Stadt.* Augsburg
²1972, S. 258. Vgl. ebenda, S. 262: »[...] war das Augsburg, das die Indu-
strieblüte des 19. Jahrhunderts hinter sich hatte [...] eine unausgeglichene
Ansammlung alter und neuer Lebenselemente geworden.« Zur Wirtschaftsge-
schichte siehe Wolfgang Zorn und L. Hillenbrand: *Sechs Jahrhunderte schwäbische Wirtschaft. 125 Jahre Industrie- und Handelskammer Augsburg.* Augsburg
1969.

nern[186] und wurde während des Kriegs – besonders durch die MAN-Werke – zu einem Zentrum der Rüstungsindustrie.[187]
Es ist anzunehmen, daß der Widerspruch zwischen ›altem‹ und ›neuem Mittelstand‹, den Brecht in seiner Jugend erfuhr, seine weitere Entwicklung bestimmte: die Unterwerfung unter die – väterliche, kaiserliche, religiöse – Autorität und die Ablösung von ihr, die sein ganzes Jugendwerk prägende Identitätsproblematik[188] und die durch Mutterbindung gefährdete Entwicklung seiner Sexualität.[189] Da er dem Widerspruch zwischen dem Ideologem vom autonomen bürgerlichen Individuum des ›alten Mittelstands‹ und den Möglichkeiten der Angehörigen des ›neuen Mittelstands‹ schon früh begegnete, konnte er wahrscheinlich im Widerspruch zwischen Anforderung und Realität den Untergang des bürgerlichen Individuums[190] intensiver erfahren. Vermutlich trug der Widerspruch zwischen ›altem‹ und ›neuem Mittelstand‹ auch zu seinem Sensorium für die Leiden unter der fortgeschrittenen Entfremdung im Monopolkapitalismus bei; das dürfte auch für die Wahrnehmung der ›Vaterlosigkeit des zweiten Grades‹[191] gelten, wie diese Situation es ihm wohl ganz allgemein erleichterte, sich der Veränderlichkeit der Gesellschaft bewußt zu werden. Vermutlich läßt sich aus dem früh erfahrenen Widerspruch auch erklären, weshalb Brecht zur Gestaltung der monopolkapitalistischen Gesellschaft immer wieder auf frühbürgerliche Vorstellungen und Verhaltensweisen zurückgriff:[192] ihm begegnete die Gesellschaft – zumindest in den Anfängen – in dieser Differenz und er gewann im Rückzug auf Traditionen des ›alten Mittelstands‹ Distanz zu ihr und Möglichkeiten gestaltender Bewältigung.
Das oben skizzierte Sozialisationsschema wird nicht nur durch den dargestellten Widerspruch gesprengt, sondern auch durch die Stellung des Vaters innerhalb des ›neuen Mittelstandes‹. Er ist zwar Angestellter, hat sich jedoch bis zum kaufmännischen Direktor hochgearbeitet. So verläuft Brechts Entwicklung zwar im

---

186 Ebenda, S. 259.
187 Ebenda, S. 262.
188 Vgl. unten Kap. VI.
189 Vgl. unten S. 219 ff.
190 Vgl. oben S. 14 ff. und Kap. III.
191 Vgl. unten S. 139 ff.
192 Siehe oben S. 38.

Rahmen der ›ordentlichen‹[193], autoritären Erziehung in der – allerdings nicht mehr monolithischen – bürgerlich-patriarchalischen Familie, läßt andererseits aber jene Freiheiten, welche sich die Angehörigen derjenigen Gruppen leisten können, die nicht mehr wie die unteren Angestellten unmittelbar im Kampf um den besseren Status stehen. Brecht braucht die zum Aufstieg erforderlichen Eigenschaften nicht mehr ungebrochen zu verinnerlichen. Der Vater kann sich in seiner gehobenen Stellung eine liberale Haltung leisten; die auf dieser Stufe nötige Entwicklung der Initiative, des Überblicks und der geistigen Beweglichkeit fordert sie geradezu.[194] Natürlich darf das die Autorität und die gesellschaftliche Stellung nicht gefährden: der Vater galt

als ein eigenwilliger, mitunter schwieriger Mann und als ein Oppositions- und Freigeist, dem Recht, Genügsamkeit und Sparsamkeit über alles gingen. Als Familienvater hielt er, trotz seiner Liberalität, auf Autorität und sehr auf seine mit seiner Stellung steigende bürgerliche Reputation.[195]

Solcher Liberalität entsprechend gewährte er seinem Sohn später einen Freiraum, ermunterte ihn selbst zur Lektüre nicht eben affirmativer Literatur,[196] duldete seine antibürgerliche Schriftstellerei und unterstützte sie sogar,[197] jedoch so, daß dies der bür-

---

193 Vgl. z. B. »Ordentliche Kinder gehen nicht barfuß«; »Man sagt nicht scheißen. Beim Handgeben in die Augen schauen«; *w. a.*, 14, S. 1410 (*Flüchtlingsgespräche*). - Brechts »künftige Biographen werden vielfach auf die Stichwortzettel der *Flüchtlingsgespräche* zurückgreifen müssen, die die einzigen bisher veröffentlichten wirklichen Selbstbekenntnisse des Dichters enthalten«; *M*, S. 70.
194 Vgl. Münsterers Charakteristik des Vaters: »Ich habe ihn in Erinnerung als typischen Vertreter jenes soliden und ehrbaren Kleinbürgertums, dem Schwabingereien und andere Extravaganzen von Grund auf zuwider waren. Daß er trotzdem weder kleinlich noch beschränkt war, läßt sich aus vielen seiner Äußerungen entnehmen« (*M*, S. 31).
195 Högel: *Bert Brecht*. S. 10.
196 Maiberger: *Bert Brechts Augsburger Jahre*. S. 6: »der Vater ist kein Spießbürger, sondern ein aufgeschlossener, liberaler Mann ohne engstirnige Vorurteile. Hätte er sonst seinem sechzehnjährigen Sohn die gesammelten Werke Wedekinds geschenkt?«.
197 Vgl. Werner Frisch: *Zeitgenossen geben zu Protokoll. Aus einer Materialsammlung für eine künftige Biographie*. In: *Augsburger Allgemeine*. Augsburg. Nr. 34, 10. Februar 1968, S. IX. Eine Sekretärin des Vaters berichtet: »Herr Direktor Brecht sagte zu mir halb im Scherz: ›Einer meiner Söhne kommt noch mal in die Walhalla‹. Auf seine Anordnung mußte ich Sachen seines Sohnes schreiben. [...] Von den in den Stücken vorkommenden Ausdrücken war auch Brechts Vater nicht sonderlich erbaut, obschon er sich über den sachlichen Inhalt nicht zu informieren schien.«

gerlichen Reputation nichts schadete,[198] und in der Absicht, seinem Sohn eine Entwicklung zu ermöglichen, die zur späteren Integration führt:

Wegen des Treibens seiner Söhne zur Rede gestellt, erklärt er lachend: ›Die sind eben wie die jungen Stierl, die muß man ihre Hörner abstoßen lassen‹, und zahlte die fälligen Kolleggelder weiter.[199]

Da Brecht einen von seinem Vater finanziell abgesicherten Freiraum zugestanden bekam und deshalb nicht frühzeitig zum Geldverdienen gezwungen war, wurde es ihm leichter, gegen die Klasse kritisch zu werden, die ihm das Kritischwerden erst ermöglichte.

Dabei machen es ihm sein Ort im gehobenen ›neuen Mittelstand‹ und seine unmittelbare Umgebung wahrscheinlich einfacher, den Widerspruch zwischen bürgerlicher Ideologie und bürgerlicher Gesellschaft zu erkennen. Sein Vater, der Kaufmännische Direktor, befindet sich näher am Prozeß der Kapitalproduktion als untere Angestellte oder Kleineigentümer – was nicht heißt, daß er an diesem Prozeß beteiligt ist. Er verhält sich zu ihm wahrscheinlich nicht nur über die Vermittlungen der Ideologie. Diese Erfahrung könnte in die häuslichen Gespräche eingegangen sein. Für den Höheren Angestellten, der die Interessen des Kapitalisten vertritt, ohne selbst einer zu sein, stehen Profit und Verlust mehr im Zentrum des Denkens. Entsprechend deutlicher kann er die Klassengegensätze erfahren. Der Sohn Brecht konnte ihnen zudem recht unmittelbar begegnen, seit die Familie im Jahr 1900[200] in die »Klauckevorstadt nahe der Haindlschen Papierfabrik und den Riedlingerschen Ballonwerken«[201] gezogen war. Dort lebte er als reicher Leute Kind unter Arbeitern und deren Kindern.[202] Auch die Nachbarn in den Stiftungshäusern und die Tätigkeit des Vaters als Stiftungsverwalter[203] konnten zur Erfahrung der Klassengegensätze beitragen.

Nicht unwesentlich für Brechts spätere Emanzipation war wohl auch, daß er in einer konfessionellen Mischehe und dazu in der

198 Siehe *M*, S. 31 f.
199 *M*, S. 37.
200 *BC*, S. 5.
201 *M*, S. 16.
202 Er hatte z. B. ein ›echtes‹ Indianerzelt, die anderen Jungen aber nicht (Max Hahn: *Der Zeltraub oder der dialektische Materialismus. Eine Augsburger Jugenderinnerung.* In: *Süddeutsche Zeitung*, Juni 1957, München).
203 Maiberger: *Der junge B. B.*, S. 4.

protestantischen Diaspora aufwuchs. So läßt sich verstehen, daß er sich mit keiner Konfession völlig identifizierte und gerade im religiösen Bereich früh Kritik üben konnte – ohne sich freilich damit schon aus ihm zu lösen. Grimm macht zu Recht darauf aufmerksam, daß schon in dem 1913 entstandenen Einakter *Die Bibel*[204] »Brechts Kritik am Christentum und an jenen Christen, die sich zwar eifrig im Lippendienst üben, aber die tätige Nächstenliebe außer acht lassen« sehr entschieden ist,[205] und daß bereits hier christliche Gesetzesgläubigkeit und soziales Verantwortungsbewußtsein einander konfrontiert werden.[206]

Das und die oben skizzierten Momente, welche die Rigidität des Sozialisationsschemas sprengen, stützen die These, daß Brecht nicht in völligem Einverständnis mit der bürgerlichen Gesellschaft und ihren Werten zu schreiben begann, daß vielmehr schon in seinen frühesten Texten Ansätze der Lösung von ihr zu spüren sind. Sie bewährt sich bei genauerer Betrachtung dieser Texte. Die *Notizen über unsere Zeit* z. B. zeigen nicht die zu Beginn des Ersten Weltkriegs übliche ungebrochen-begeisterte patriotische Zustimmung: »das ganze Volk jubelt, *wenn auch unter Tränen*«; *weniger siegjubelnd als mit zusammengebissenen Zähnen* sind unsere Männer in den Kampf gezogen«[207]. Zum Krieg gehören für den jungen Brecht von Anfang an Leiden und Tod; er bejaht sie zunächst zwar um des nationalistischen Zieles willen, doch er versteht sie immer schon als Opfer:

Ein Bild steigt auf: Über ein leichenbedecktes Schlachtfeld irren die letzten Strahlen der Sonne [...] Da liegen Tausende: tot oder mit zukkenden Gliedern. Und ich denke der vielen, schweren Opfer, die solch ein Sieg kostet. Opfer, dargebracht vom Vaterland – dem Vaterland.[208]

Die früh erkennbare Spannung zwischen nationalistischer Kriegsbegeisterung und menschlichem Leiden bestimmt Brechts Kriegsgedichte der nächsten zwei Jahre. Ihre von Schuhmann angedeutete und von Schwarz dargestellte Entwicklung[209] soll nun unter

---

204 *w. a.*, 7, S. 3029-3038.
205 Reinhold Grimm: *Brechts Anfänge.* In: *Aspekte des Expressionismus.* Hrsg. von Wolfgang Paulsen. Heidelberg 1968, S. 133-152; dort S. 150.
206 Ebenda S. 148.
207 Vgl. oben S. 129 f. und *SU*, S. 17.
208 *Augsburger Kriegsbrief vom 20. August.* In: *München-Augsburger Abendzeitung. Lokal-Anzeiger*, Nr. 158, vom 21. August 1914, S. 2. – Das ist der erste *Kriegsbrief.*
209 *SU*, S. 17-30; *SW*, S. 13-30.

dem Aspekt der Lösung Brechts von seinem sozialen Ausgangspunkt erneut betrachtet werden.
Schon in der am 2. XII 1914 im *Erzähler* erschienenen[210] ›Modernen Legende‹[211] kontrastiert Brecht dem ›wahnsinnstrunkenen‹ Siegesschrei den Tod auf dem Schlachtfeld und die Trauer der Mütter; er ergreift nicht Partei, sondern beklagt das Leiden ›Hüben und drüben‹. In dem am 9. XII. im *Erzähler* veröffentlichten[212] Gedicht »Hans Lody«[213] beginnt sich die Ambivalenz seines Verhaltens zum kriegführenden Vaterland abzuzeichnen:

Hans Lody

Du starbst verlassen
An einem grauen Tag den einsamen Tod.
Die dich hassen
Gaben dir letztes Geleite und letztes Brot.
Liedlos, ehrlos war deine Not.
Aber du hast dein Leben d a f ü r gelassen
Daß eines Tages in hellem Sonnenschein
Deutsche Lieder brausend über dein Grab hinziehen
Deutsche Fahnen darüber im Sonnengold wehen
Und deutsche Hände darüber Blumen ausstreu'n.

An die Stelle der ›Tausende‹ ist der verlassene einzelne getreten. Seinem Tod gilt die Klage; doch jener Tod erhält in der zweiten Gedichthälfte dann seinen nationalistisch-imperialistischen Sinn. Diese widersprüchliche Einheit von bejahtem kriegführenden Vaterland und beklagtem Leiden und Tod des einzelnen wird in dem Maß zerbrechen, wie mit der weiteren Entwicklung des Krieges der Widerspruch zwischen bürgerlich-patriotischer Ideologie und Leiden sichtbar wird. Der Tod, hier als einer fürs Vaterland noch scheinbar in die bejahte patriotische Ideologie integriert, wird ihr zunehmend kontrastiert; dabei wird sie entwertet.
In dem Gedicht »Der Fähnrich«[214], das am 28. IV. 1915 im *Erzähler* veröffentlicht wird,[215] erscheint erstmals die Todesangst

---

210 *SU*, S. 18.
211 *w. a.*, 8, S. 4.
212 *SU*, S. 24.
213 *w. a.*, 8, S. 4. – »Hans Lody war als deutscher Spion in England festgenommen und erschossen worden« (*SU*, S. 24).
214 *w. a.*, 8, S. 6.
215 *SU*, S. 21.

eines einzelnen. Ihre Verbindung mit dem immer noch bejahten Krieg zeigt jedoch ungewollt schon dessen Irrationalität: nur im Rausch, im Todesrausch, können Angst und patriotischer Heroismus noch zur Einheit gelangen:

Der Fähnrich

In jenen Tagen der großen Frühjahrsstürme schrieb er's nach Haus:
– Mutter... Mutter, ich halt's nicht mehr länger aus... –
Schrieb es mit steilen, zittrigen Lettern neben der flatternden Stallaterne.
Sah, bevor er es schrieb, in das Dunkel, seltsam geschüttelt, hinaus
Wo ein Gespenst herschattete, grauenhaft, fremd und fern.
[...]
Und drei Tage drauf, als seine Mutter über dem Brief schon weinte
Riß er hinweg über Blut und Leibergekrampf
Den zierlichen Degen gezückt, die Kompagnie zum Kampf
Schmal und blaß, doch mit Augen wie Opferflammen.
Stürmte und focht und erschlug, umnebelt von Blut und Dampf
In trunkenem Rasen – f ü n f Feinde...
Dann brach er im Tod, mit irren, erschrocknen Augen, aufschreiend
zusammen.

Der einzelne erfährt hier in der Todesangst seine Verlassenheit; der Sinn des eigenen Tods und des Tötens wird nicht mehr ausgesprochen. So droht die Verlassenheit zu einer im Sinnlosen zu werden. Hier scheint Schutz nicht mehr durch eine Wertordnung garantiert – nur die Mutter könnte ihn gewähren. Wo der Sinn fehlt, kann nicht rational gehandelt werden; es kommt zu angstvoll-heroischem, trunkenem Mord und rasendem Selbstopfer. In dem am 18. August 1915 im *Erzähler* erschienenen[216] Gedicht »Der Tsingtausoldat«[217] hat die Todesangst dann endgültig Heroismus und Patriotismus überwunden. Deutschland ist dem Verlassenen angesichts des Todes nur noch eine ferne Möglichkeit des Schutzes, fern und ohne Macht zu helfen – wie die Mutter dem Fähnrich:

Der Tsingtausoldat

In jener blauen Nacht vor dem Sturm auf die Felsenbastei
Springt den Wachtposten stier

---

216 *SU*, S. 27.
217 *w. a.*, 8, S. 11.

Das Entsetzen an wie ein dunkel kralliges Tier:
Daß er von Gott und dem Teufel verraten sei
Das wirft ihn hinaus aus Zeit und Raum.
[...]

Da starrt der Posten hinab in den Schacht
Irr und geschüttelt vor Angst:
Eine Stimme tief unten lacht:
Und wenn du vor Gier nach den Sternen langst
Dir hilft kein Mensch und kein Gott – und
Morgen liegst du zerfetzt und verstampft
Im Tod die blühenden Glieder verkrampft
[...]

Schwer taumelt der Posten zum Rande vor.
Starrt seltsam gepackt in des Himmels helloffenes Tor:
Und als wollt er den Becher des Lebens wie ein Alteisen
Opfernd hinab in den Abgrund schmeißen
Taumelt er schwankend und starrend zum Rand:
Und das todblasse Antlitz, verzerrt im Ruß
Schmeißt er's hinab in den Dunst
Schreit es heiser und wild gestöhnt vor Brunst
Schreit, daß es gellt in Verzweiflung...
       Aufschluchzen... Gruß...
Hin in Grund und Brand:
M e i n   D e u t s c h l a n d !

Hier »hilft kein Mensch und kein Gott«, weder der Kaiser, noch der Gott, den ›alle Deutschen fürchten und sonst nichts auf der Welt‹[218]. Für den Verlassenen gibt es keinen Kaiser mehr als ›Führer‹ und ›Trost‹ und kein ›Volk‹, das ›treu zusammensteht‹: er ist angesichts des Todes allein, aus allen Bindungen und Sicherungen geworfen und ohne die bisherigen verinnerlichten Wertorientierungen, den ›festen deutschen Charakter‹. Der Krieg, der zur Integration führen sollte, löst aus der bürgerlichen Gesellschaft, die Vorstände des Liederkranzes sind längst vergessen. Wollte Gott zuvor den ›Krieg, der läutert, der zerstört, was da schwächlich und morsch ist, den Krieg, der zerstörend aufbaut‹, so hat er hier den Soldaten verlassen, ohne ihn zu läutern. Wurden die Gefallenen sogar noch 1915 in dem Gedicht »Karfrei-

---

218 Vgl. hierzu und zum folgenden oben S. 129 ff.

tag«[219] religiös überhöht,[220] so steht der Tsingtausoldat nun metaphysisch im Nichts: »von Gott und dem Teufel verraten«. Mit dem Verlust der ›Wilhelminischen Ideologie‹ und der Erfahrung von dem einen Vaternachfolger, dem Kaiser, verlassen zu sein, geht einher die Erfahrung, von dem anderen Vaternachfolger, Gott, verlassen zu sein; denn beider Geltung war durch das Über-Ich gesichert, so daß die Entwertung des einen das Über-Ich und so auch die Geltung des anderen erschütterte, solange kein anderes väterliches Wesen vor dem schrecklichen Krieg schützte. Die Bejahung des imperialistischen Vaterlandes ist hier reduziert auf das verzweifelt-brünstige Schluchzen nach dem fernen Deutschland; an die Stelle des angstvoll rauschhaften Mordens, wie es sich noch im »Fähnrich« fand, ist der angstvoll taumelnde Gruß getreten: die Aggressivität richtet sich nicht mehr nach außen. Mit diesem Gedicht bricht Brechts vaterlandsbejahende Lyrik ab. Es scheint, daß er die bürgerlich-patriotische Ideologie, soweit sie bewußter Über-Ich-Anteil war, überwunden hat.

Ein knappes Jahr später, im Juni 1916,[221] schreibt Brecht dann jenen von der Forschung immer wieder zitierten Schulaufsatz zu dem Thema »dulce et decorum est pro patria mori«, dem Thema seiner bisherigen Kriegsgedichte:

Der Ausspruch, daß es süß und ehrenvoll sei, für das Vaterland zu sterben, kann nur als Zweckpropaganda gewertet werden. Der Abschied vom Leben fällt immer schwer, im Bett wie auf dem Schlachtfeld, am meisten gewiß jungen Menschen in der Blüte ihrer Jahre. Nur Hohlköpfe können ihre Eitelkeit so weit treiben, von einem leichten Sprung durch das dunkle Tor zu reden, und auch dies nur, solange sie sich weit von der letzten Stunde glauben.[222]

Brecht hat sich vom Vaterland gelöst; dieser Ablösung entsprechend ist an die Stelle angstvollen Rauschs die Wendung gegen die patriotische Ideologie getreten.

Der Aufsatz brachte ihn in Konflikt mit zwei Anpassungsinstanzen der hier angegriffenen Gesellschaft: mit der Schule und dem Vater. Der Konflikt führte zum Kompromiß[223] oder leitete ihn

219 *w. a.*, 8, S. 7; zur Datierung *BV II,* S. 105.
220 *SW*, S. 21.
221 *BC*, S. 8.
222 Ebenda.
223 Vgl. Maiberger: *Der junge B. B.* S. 11: »Brecht zieht gewisse Konsequenzen aus seinen schulischen Erfahrungen: Er zeigt keine offene Opposition mehr und beugt sich scheinbar.«

wenigstens ein: der Bürgerssohn blieb im System, vermied offene Opposition und zog sich zugleich in einen bürgerlich-antibürgerlichen Schutzraum zurück, in ein bohèmehaftes Zimmer, das er sich bezeichnenderweise im Elternhaus einrichtete, in einen bohèmehaften Kreis Gleichgesinnter, in die Natur und in die Dichtung. Die wegen des Aufsatzes drohende Relegation von der Schule wurde durch einen Lehrer verhindert, der »seinen Kollegen einredete, es handle sich um ›ein durch den Krieg verwirrtes Schülergehirn‹«[224]. Mit dem Vater, der sich wegen des Aufsatzes in seinem Ansehen bedroht fühlte, kam es – wenn Högel zuverlässig berichtet – zu einem Konflikt, der zu Brechts antibürgerlicher Haltung beitrug, gleichgültig, ob Brecht nun vom Vater-Sohn-Liebeshaß zerrissen wurde[225] oder sich von seinem Vater nur etwas mehr löste.[226] Die Auseinandersetzung mit dem Vater war durch die Distanzierung von den Vaternachfolgern Gott und Kaiser provoziert worden und verstärkte sie nun ihrerseits. Gestützt wurde die Ablösung wohl durch die Antikriegsstimmung in der Klauckevorstadt[227] und die Begegnung mit der Not der Proletarier.[228]

Es wäre jedoch falsch, Brechts Abwendung vom kriegführenden Vaterland als unmittelbare Hinwendung zum Proletariat zu verstehen. Seine Entwicklung entsprach der Entwicklung großer Teile des bayerischen Mittelstands – freilich nicht des gehobenen der Direktoren – und wurde sehr wahrscheinlich von ihr gefördert. Die wirtschaftliche Not während des Krieges wurde in Bayern schnell der preußischen Regierung und so dem Ho-

---

224 *SU*, S. 23. Die Lehrer waren wahrscheinlich die nationalistischste Gruppe, mit der Brecht konfrontiert wurde. Mehr als die Hälfte aller deutschen Hoch- und Oberschullehrer waren später in der ›Vaterlandspartei‹ organisiert (Karl-Ludwig Ay: *Volksstimmung und Volksmeinung als Voraussetzung der Münchner Revolution von 1918.* In: *Bayern im Umbruch. Die Revolution von 1918, ihre Voraussetzungen, ihr Verlauf und ihre Folgen.* Hrsg. von Karl Bosl. München und Wien 1969, S. 345-386; dort S. 359.
225 Max Högel, a. a. O., S. 17 f.
226 Maiberger: *Bert Brechts Augsburger Jahre*, S. 6.
227 Vgl. Högel, a. a. O., S. 16, und *M*, S. 72.
228 Schon »von August 1914 bis Mai 1915 verteuerte sich dann die Lebenshaltung einer Arbeiterfamilie [in Bayern] um rund 20 Prozent« (Karl-Ludwig Ay, a. a. O., S. 349). - Schon im *Kriegsbrief* vom 18. September berichtet Brecht von der Not arbeitsloser Arbeiterinnen, ruft aber gutbürgerlich zur Spende auf (*München-Augsburger Abendzeitung. Lokal-Anzeiger*, Nr. 179, 21. November 1914). - »Während des Krieges verhungerte fast eine dreiviertel Million Menschen in Deutschland« (Ay, a. a. O., S. 350).

henzollern-Kaiser angelastet.[229] Als Bayer konnte sich Brecht also relativ leicht vom Kaiser lösen. Schon früh wuchs in Bayern die Stimmung gegen den preußischen Krieg,[230] sie wurde unorganisiert durch Urlauber und Kriegsinvalide und bald auch gezielt durch Flugblätter[231] genährt. Ein einigermaßen zuverlässiges Element der Gesellschaft waren, wie einem Bericht des bayerischen Kriegsministers von Hellingrath aus dem Jahr 1917 zu entnehmen ist, die organisierten Arbeiter wegen des disziplinierenden Einflusses der Gewerkschaften und der Sozialdemokratischen Partei.[232]

Jedoch das ernsteste Problem war nach Hellingraths Ansicht überhaupt nicht die Arbeiterschaft, sondern das Kleinbürgertum: Sie stehen zum großen Teil vor dem Zusammenbruch ihrer Existenz, sind zu einem wirtschaftlichen Proletariat herabgesunken.[233]

Die Einberufungen und der Mangel an Hilfspersonal und Rohstoffen für die Handwerksbetriebe[234] führte dazu, daß »der Mittelstand, die überwiegende Mehrheit des nichtagrarischen Volkes, unter den Lasten des Krieges zusammenbrach.«[235]

Nirgendwo [...] brachte der Krieg größere Verschiebungen mit sich. Aus einem Dasein ohne Not stieß er sie [sc. die ›mittleren Schichten‹] in das größte wirtschaftliche Elend unter allen Bevölkerungsgruppen. Er bedeutete für sie nicht nur wirtschaftlichen Abstieg, sondern mehr noch soziale Deklassierung, Not. Der Weg von der uneingeschränkten Staatstreue zur absoluten Staatsverneinung wurde nirgends sonst unter so großen Belastungen in so kurzer Zeit gegangen.[236]
Während so der Mittelstand im Kriege zur unzufriedensten Schicht wurde, fand er doch zu keinerlei konkreten politischen Anschauungen, sondern nur zu handfesten Unmutsäußerungen.[237]

Die nicht in klare politische Ziele umgesetzte Kriegsmüdigkeit führte zahlreiche Angehörige des Mittelstands zur USPD, deren Forderungen von Pazifismus und radikalem Sozialismus in ungeklärter Mischung bestimmt waren; der Grund, weshalb die Par-

229 Allan Mitchell: *Revolution in Bayern 1918/1919. Die Eisner-Regierung und die Räterepublik.* München 1967, S. 20.
230 Ay, a. a. O., S. 347 f.
231 Ebenda, S. 354-357.
232 Mitchell, a. a. O., S. 20.
233 Ebenda, S. 20.
234 Ay, a. a. O., S. 364 f.
235 Ebenda, S. 363.
236 Ebenda, S. 363.
237 Ebenda, S. 364.

tei mit dem Friedensschluß zerbrach.[238] Eine USPD-Gruppe bildete sich auch in Augsburg;[239] Brecht sympathisierte mit ihr;[240] seit Oktober 1919 veröffentlichte er in einer USPD-Zeitung Theaterkritiken.[241] Die bayerische USPD war vor allem Mittelstandspartei:

> die wenigen Teilnehmerlisten von USPD-Versammlungen zeigen ein eindeutiges Übergewicht von Angestellten und Handwerkern über die Arbeiterschaft. Die USPD war eine Partei von Angehörigen des Mittelstands, die die revolutionäre Potenz der Arbeiterschaft für ihre Revolution verwenden wollten.[242]

Die Abwendung Brechts von den bisherigen Autoritäten, das sollte der Vorblick auf die Revolutionszeit zeigen, entspricht der Entwicklung größerer Teile des Mittelstands in seiner weiteren Umgebung.

Auf die Auseinandersetzung mit dem Vater folgte Brechts Wendung zur Naturlyrik; vielleicht ging sie sogar mit ihr einher. Am 13. Juli 1916 erscheint im *Erzähler* »Das Lied der Eisenbahntruppe von Fort Donald«[243], das erste Gedicht, das Brecht öffentlich mit seinem Namen zeichnete. Es handelt von Männern, die in der Natur untergehen und, um sich wachzuhalten, »Näher, mein Gott, zu dir« singen, ohne daß Gott eingreift:

> Näher, mein Gott, zu dir, sangen sie.
> O, wir ertrinken, ächzten sie.
> Bis die Wasser weiterwachten für sie und ihr
> Lied sang weiter am Morgen der Wind.

Von Gott verlassen gehen sie unter wie der Tsingtausoldat. Brecht, der sich in seinen Gedichten von der Gesellschaft abwendet, entfaltet das Todes- und Verlassenheitsmotiv nun in der Naturlyrik. An die Stelle des Verlassenseins von Kaiser und Gott im Krieg tritt das Verlassensein von Gott in der Natur. Die Nihilismusproblematik hat sich von einer manifest gesellschaftlichen Ebene auf die der Auseinandersetzung mit der Religion verscho-

---

238 Siehe Sigmund Neumann: *Die deutschen Parteien*. Berlin 1932, S. 24.
239 Zu den Vorgängen in Augsburg siehe Ernst Niekisch: *Gewagtes Leben*. Köln-Berlin 1958, S. 33-43.
240 *BC*, S. 13 ff.; wahrscheinlich gehörte Brecht dem Augsburger Arbeiter- und Soldatenrat an (*BC*, S. 13).
241 *BC*, S. 19.
242 Ay, a. a. O., S. 364.
243 *SU*, S. 35 ff. die erste Fassung; Datierung dort S. 37.

ben, deren gesellschaftliche Bedingtheit nicht so offen zu Tage liegt. Die Ablösung von dem einen Vaternachfolger, dem Kaiser, und der Ideologie, die er repräsentiert, reißt mit sich, was durch die Beziehung zu ihm gestützt wurde. Die Über-Ich-Anteile werden nicht mehr selbstverständlich durch die soziale Realität abgesichert. Der Kaiser, der die Sicherheit nicht bieten konnte, welche die unbewußte Bedingung der Sohneseinstellung zu ihm war, verliert seine Vaterstellung. Ebenso Gott, der nicht schützen kann. Das wird besonders dadurch provoziert, daß er in den Dienst der Nation gestellt und der Glaube an ihn von deren Erfolg abhängig war, wie z. B. das »Deutsche Frühlingsgebet« vom Frühjahr 1915[244] zeigt. Dort betet der Bauer im Krieg um die Ernte:

> In dieser grünenden Äcker Schoß
> Reift unser Schicksal und unser Los...
> [...]
> Herr, wir wissen, was wir dir danken.
> Mach uns unsern Glauben nicht wanken.
> Herr, schütte dein Licht
> Aus goldenem Sonnenbecher auf die grünende Erde
> Daß sie gesegnet werde
> Und segnend aufbricht.[245]

Auch widersprach die erfahrene Not der behaupteten Allmacht und Güte Gottes.[246]
Das Verhältnis Brechts zu Gott unterscheidet sich um 1916 von dem zum Kaiser jedoch dadurch, daß er sich vom Kaiser, einer realen Person, völlig lösen konnte, während er an Gott, der verinnerlicht und in die ferne Höhe des Abstrakten projiziert war, zumindest noch unbewußt gebunden blieb. Während der Kaiser fortan nicht mehr beachtet wird, ist Gott deshalb in den Gedichten, wenn oft auch nur unausgesprochen, gegenwärtig. Das Verhältnis zu ihm ist jetzt jedoch deutlich das ambivalente des Sohnes zum Vater. Weil Brecht sich von Gott, an den er gebunden bleibt, enttäuscht sieht, verhält er sich nun oppositionell zu ihm,

---

244 BC, S. 8,
245 w. a., 8, S. 6. – Brecht steht mit der Einheit von Nationalismus und Christentum nicht allein. Die Koppelschlösser der Soldaten z. B. trugen die Aufschrift »Gott mit uns«; die Kirchen dienten dem imperialistisch-nationalistischen Krieg (vgl. Wilhelm Pressel: *Die Kriegspredigt 1914-1918 in der evangelischen Kirche Deutschlands*. Göttingen 1967).
246 Vgl. die »Hymne an Gott« (w. a., 8, S. 54).

greift ihn anarchisch an und beklagt zugleich, daß Gott nicht väterlich schützt und daß er ungerecht ist.
Diese Bindung an Gott, gegen den er zugleich rebelliert, ist nur der sinnfällige Ausdruck seiner Integration in die Gesellschaft, gegen die er zugleich rebelliert; auf der Ebene der Familie entspricht ihr die Einrichtung eines bohèmehaften Zimmers im Haus des väterlichen Herrn Direktor und im Alltagsleben der Besuch des Gymnasiums und zugleich die Bildung eines bohèmehaften Kreises Gleichgesinnter. Seine christlich-antichristliche und seine bürgerlich-antibürgerliche Haltung ergänzen und stimulieren sich gegenseitig. Die christlich-antichristliche Haltung verdeckt die gesellschaftliche[247] in dem Maß, wie Brecht sich von der unmittelbaren gesellschaftlichen Auseinandersetzung zurückzieht. Die Erfahrung der Vereinzelung und Verlassenheit in der Gesellschaft, der Bedrohung durch sie, des Ausgeliefert- und Überflüssigseins in ihr und des Verlusts ihrer Legitimation[248] und ihrer personalen Repräsentanz[249] erscheint als Erfahrung, von Gott im Nichts verlassen zu sein.[250] In dem Maß, wie Brecht später die scheinbar ungesellschaftliche religiöse Problematik abarbeitet, wird er die gesellschaftliche erkennen.

An Brechts Wendung zum Nihilismus wirkten zahlreiche Faktoren mit: die gesellschaftliche Entwicklung, die Enttäuschung des Patrioten, die Enttäuschung des Christen, die Auseinandersetzung mit der Schule und dem Vater, die Erfahrung des Zwangs und natürlich die Lektüre, die er entsprechend wählte. In den *Flüchtlingsgesprächen* stellt er diese verschiedenen Momente in kunstvoller Verschränkung vor:

Nietzsche. Bleibtreus Schlachtenschilderungen. Dann reitet mein Kaiser wohl über mein Grab. In der Leihbibliothek. Und der Städtischen. Wenn du den ganzen Tag liest, bist du mit neunzehn ein nervöses Wrack. Aber gibt es einen Gott? Treib lieber Sport wie andere! Entweder er ist gut *oder* er ist allmächtig. Das ist dieser moderne Zynismus. Einen geistigen Beruf. Und es wird am deutschen Wesen. Solange du deinem Vater die Füße unter den Tisch streckst, verbitt ich mir solche Ansichten. Einmal doch die Welt genesen. Zum Kotzen.[251]

---

247 Vgl. oben S. 101, Anm. 63.
248 Vgl. oben S. 98-108.
249 Vgl. oben S. 134, Anm. 178.
250 Vgl. oben S. 101, Anm. 66.
251 *w. a.*, 14, S. 1412.

Wird Brechts Entwicklung zum Nihilismus, in ihm und über ihn hinaus in dem oben skizzierten Zusammenhang gesehen, so wird deutlich, daß sie Moment des Ablösungsprozesses eines Angehörigen des Mittelstands vom Bürgertum ist. Dann lassen sich auch Brechts damaliges Verhältnis zur Religion,[252] die Phasen seines Nihilismus und dessen unterschiedliche Tendenzen aus seinem Verhältnis zur Gesellschaft und zu deren verinnerlichter Repräsentanz, dem Über-Ich, erklären. Was Schwarz z. B. ›enttäuschte Fixierung an die scheinhafte Transzendenz‹ nennt,[253] läßt sich als unbewußte Gebundenheit an den bewußt weitgehend verworfenen christlichen Gott erklären; ebenso die ›paradoxe Auflehnung gegen die Fiktion der Transzendenz‹[254], nur daß hier das Moment von Angriff und Gebundenheit stärker hervortritt. Die ›stoische Bejahung des Nichts‹[255] ist die Haltung eines Ich, das zwar noch unbewußt an gewisse Über-Ich-Anteile gebunden ist, sie aber schon soweit abgebaut hat, daß es auf sich gestellt nicht mehr völlig hilflos ist und die für den Angriff drohende Strafe ertragen kann, sei es auch nur durch ›innere Leere‹. Die ›hymnische Bejahung des Nichts‹[256] entspricht der Haltung eines Ich, das zwar immer noch soweit gebunden ist, daß es sich – wenn bewußt auch nur in der Negation – noch von seiner Beziehung zum Vaternachfolger her bestimmt, zugleich aber schon soviel Rückhalt in bisher unterdrückten vitalen Momenten gefunden hat, daß es die Nichtexistenz des Vaternachfolgers als befreiend erfährt. Die grotesken und andere anarchische Momente lassen sich als Angriffe des noch unbewußt gebundenen Ich auf Über-Ich-Anteile verstehen und allgemeiner: als Angriffe des in der bürgerlichen Gesellschaft integrierten Individuums auf diese Gesellschaft.

Die Ambivalenz von Bindung und Lösung, Anerkennung und Verweigerung, Schutzbedürfnis und Angriff zeigt besonders deutlich die »Hymne an Gott«[257] aus dem Jahr 1917:[258]

---

252 Siehe *M*, S. 133 f.
253 *SW*, S. 56.
254 Siehe oben S. 128.
255 *SW*, S. 49 f.
256 *SW*, S. 49 f.
257 *w. a.*, 8, S. 54.
258 *BV II*, S. 99.

Hymne an Gott

1

Tief in den dunkeln Tälern sterben die Hungernden.
Du aber zeigst ihnen Brot und lässest sie sterben.
Du aber thronst ewig und unsichtbar
Strahlend und grausam über dem ewigen Plan.

2

Ließest die Jungen sterben und die Genießenden
Aber die sterben wollten, ließest du nicht ...
Viele von denen, die jetzt vermodert sind
Glaubten an dich und starben mit Zuversicht.

3

Ließest die Armen arm sein manches Jahr
Weil ihre Sehnsucht schöner als dein Himmel war
Starben sie leider, bevor mit dem Lichte du kamst
Starben sie selig doch – und verfaulten sofort.

4

Viele sagen, du bist nicht und es sei besser so.
Aber wie kann d a s nicht sein, das so betrügen kann?
Wo so viel leben von dir und anders nicht sterben konnten –
Sag mir, was heißt das dagegen – daß du nicht bist?

Das weitgehend von den bewußten christlichen Über-Ich-Anteilen abgelöste Ich, das an die unbewußten noch gebunden ist, bildet das aus, was Schwarz die »Ambivalenz von Existenz und Nichtexistenz Gottes« nennt.[259] Das ist in der Tat kein ›radikaler Atheismus‹[260], sondern Produkt der Enttäuschung dessen, der einen gütigen und allmächtigen himmlischen Vater erwartet und dann nicht findet. »Es gelingt ihm zwar, Gott moralisch zu diskreditieren, er vermag ihn jedoch nicht zu entthronen«[261]; der Vorwurf wird zur Kompromißleistung, zum »unmoralischen Gottesbeweis«[262], der angreift und zugleich verteidigt. Das läßt sich nicht allein aus dem Widerspruch zwischen Angelesenem und Milieu erklären,[263] so sehr die Lektüre auch Brechts Erfahrung des

---

259 *SW*, S. 45.
260 *SW*, S. 46.
261 *SU*, S. 99.
262 Ebenda.
263 So *SW*, S. 46 f.

Widerspruchs zwischen menschlichem Leiden und vaterländisch-christlicher Ideologie mitbestimmte, und so sehr das Milieu die innere Gebundenheit an diese Ideologie produzierte und aufrechterhielt.
Die »Hymne« setzt die frühen Kriegsgedichte fort: die Erfahrung der Verlassenheit, des Leidens und des Todes, die dort zur Ablösung vom Kaiser und nicht unerheblich schon von Gott führte, treibt die Ablösung von Gott weiter. Zugleich zeigen sich schon Momente, welche die weitere Entwicklung des Nihilismus bei Brecht und seine Überwindung bestimmen werden: die Autorität wird heftiger angegriffen (wahrscheinlich dadurch begünstigt, daß der öffentliche Angriff auf den Kaiser fühlbarere Folgen erwarten ließ als der fürs Tagebuch oder für den Freundeskreis bestimmte Angriff auf Gott); der Anspruch auf Genuß meldet sich an, ein Zeichen der beginnenden Ablösung von der antihedonistischen christlichen Moral;[264] der Tod zeigt nicht mehr nur die angstvolle Verlassenheit, er verweist die Menschen auch auf den Wert des Lebens;[265] das Leiden erscheint nicht mehr als das eines verlassenen einzelnen, sondern erhält soziale Züge; die gesellschaftliche Funktion der Religion gerät ins Blickfeld.[266]
Die Entwicklung des Nihilismus bei Brecht und seine Überwindung läßt sich als allmählicher, widersprüchlicher und deshalb von Rückfällen nicht freier[267] Abbau von christlichen Über-Ich-Anteilen verstehen; das wechselnde Verhalten zum Christentum und zu christlichen Momenten ist entscheidend mitbestimmt durch die gesellschaftliche Situation und durch Brechts Verhalten zu ihr. Das zeigt z. B. die »Legende vom toten Soldaten«[268]; getragen von einer allgemeinen revolutionären Bewegung, greift Brecht im November 1918[269] die Kirche an, zeigt ihre Komplizenschaft mit dem vom Kaiser repräsentierten System und leugnet ihre Legitimation durch einen Gott:

> Und weil der Soldat nach Verwesung stinkt
> Drum hinkt ein Pfaff voran

---

264 Vgl. »Bericht vom Zeck« (w. a., 8, S. 187).
265 Vgl. »Gegen Verführung« (w. a., 8, S. 260).
266 Vgl. »Die drei Soldaten und die Kirche« (w. a., 8, S. 349).
267 Vgl. SU, S. 102.
268 w. a., 8, S. 256.
269 BC, S. 13.

> Der über ihn ein Weihrauchfaß schwingt
> Daß er nicht stinken kann.
> [...]
> So viele tanzten und johlten um ihn
> Daß ihn keiner sah.
> Man konnte ihn einzig von oben noch sehn
> Und da sind nur Sterne da.

Doch schon wenige Monate später, am 18. Mai 1919, zwei Wochen nachdem die Münchner Räterepublik zerschlagen worden war, als Brecht sich enttäuscht aus dem politischen Bereich zurückgezogen hatte, versuchte er in einem Gespräch »die Göttlichkeit Christi geradezu aus seiner völligen Ablehnung des Politischen zu erweisen«[270]. Solche Abhängigkeit der Stellung zur Religion von der Stellung zur Gesellschaft läßt sich beim jungen Brecht durchgehend verfolgen. So greift er dort, wo er die gutsituierten Bürger aus der Perspektive gesellschaftlicher Außenseiter verspottet, auch deren Religion an:

> Und hängen wir einst zwischen Himmel und Boden
> Wie Obst und Glocke, Storch und Jesus Christ
> Dann, bitte, faltet die geleerten Pfoten
> Zu einem Vater Euer, der nicht ist[271]

andererseits nimmt er den Himmel gerade für die Außenseiter in Anspruch:

> Wer den Bruder schlug, der findet den Himmel nicht so schwer
> Die Betrunkenen gehen sehr leicht diese Wege her...[272]

Auch die Gedichte der zwanziger Jahre, mit denen er sich wieder explizit gesellschaftlicher Problematik zuwendet, zeigen, wie sehr sein Verhältnis zur Gesellschaft das zur Religion bestimmt. Die Kindsmörderin-Ballade z. B., die die bürgerliche Gesellschaft angreift, ihr aber verhaftet bleibt, greift die Volksprediger-sprechweise an, benutzt sie jedoch zugleich, um Eigenes auszudrücken.

---

270 *M*, S. 133. Vgl. die Tagebucheintragung vom 31. August 1920 (*w. a.*, 20, S. 11 f.).
271 »Lied der Galgenvögel« (*w. a.*, 8, S. 35).
272 »Lied von den Seligen« (*w. a.*, 8, S. 57); vgl. *SM I*, S. 140 f.

Der Prozeß, der Brecht zur Ausbildung des Nihilismus und dann über ihn hinaus zu einem Verhalten führte, das sich an der bewußten Gestaltung der Gesellschaft ausrichtet, läßt sich nun mit wenigen Strichen schematisch darstellen. In der primären Sozialisation werden Werte verinnerlicht, die Schutz und Integration versprechen. Sie werden durch äußeren Druck gestützt und tragen dazu bei, daß das Individuum – das gilt in besonderem Maße für den Angehörigen des Mittelstands – im Bereich der Ideologie bleibt. In der Situation des Übergangs vom ›alten‹ zum ›neuen Mittelstand‹ verlieren die Werte ihre Selbstverständlichkeit. Ihr Widerspruch zur Realität wird in einer Krisenzeit wie dem Ersten Weltkrieg leichter erfahrbar, wenn das Individuum seine Erwartungen in der Gesellschaft nicht erfüllt findet und in seiner darauf folgenden Abwendung von der Gesellschaft nicht alleinsteht. Die Werte werden so erschüttert, daß sie sich schwer als bewußte Über-Ich-Anteile rechtfertigen lassen. Das wird vom Ich in Erinnerung an das Verhältnis zum Vater, auf dem sich ihre Verinnerlichung aufbaute, als eigener Angriff auf das Über-Ich erfahren. Deshalb kommt es einerseits zu weiteren Angriffen, andererseits aber zu Strafangst und ihr antwortender Regression. Die gesellschaftliche Situation trägt nun entscheidend dazu bei, welche Tendenz sich durchsetzt, ob sich das Individuum unter angstvoller Regression weiter in die Gesellschaft fügt, ob es zum Kompromiß einer integrierten Rebellion findet, oder ob es durch weiteren Abbau von Über-Ich-Anteilen zu relativ angstfreier Einsicht in die gesellschaftlichen Verhältnisse gelangt und so zu deren unzensurierter Befragung.
Brecht ging den zuletzt genannten Weg, freilich unter Rückschlägen. Nach der Erschütterung der bewußten Über-Ich-Anteile durch den Krieg wendet er sich zunächst weitgehend introvertiert gegen das Über-Ich, besonders gegen dessen unbewußte Anteile, und dann allmählich nach außen gegen dessen Ursachen; so befreit er sich von den Normen der bürgerlichen Gesellschaft. Dabei geht er den Weg zurück, der zur Ausbildung des Über-Ich führte, das von außen aus im Innern, in der Psyche angelegt worden war. Sein Weg von außen nach innen und dann wieder nach außen entspricht dem Verlauf einer geglückten Psychoanalyse, in welcher der Patient von außen, von den jüngst vergangenen Phasen seiner Biographie allmählich rückwärts nach innen, zu deren frühesten Phasen vordringt und so zur Heilung, d. h. zur Bewäl-

tigung der Realität gelangt. In Analogie hierzu läßt sich die Entwicklung Brechts, soweit sie sich in seiner frühen Lyrik niederschlägt, als Heilungsprozeß verstehen, der zu realitätsgerechterem Verhalten führt.[273]
Dieser Weg scheint typisch für bürgerliche Intellektuelle in unserem Jahrhundert; so ist es auch die anhand der Apfelböck-Ballade analysierte nihilistische Übergangsphase. Ein Blick auf Sartres Erzählung *Le Mur*, Peter Weiss' *Nacht mit Gästen* oder Johannes R. Bechers *Abschied* zeigt, daß auch diese Intellektuellen einmal dort standen, wo Brecht seinen ›Apfelböck‹ schrieb. Qual- und lustvolle Ablösung vom bürgerlichen Über-Ich und irrationale, nihilistische Weltdeutung scheinen eine notwendige Übergangsstation derjenigen Bürgerssöhne zum Marxismus zu sein, die in ihrer Kindheit die bürgerlichen Werte verinnerlichen mußten und danach keine gesellschaftliche Kraft fanden, mit der gemeinsam sie die Gesellschaft angreifen konnten, unter der sie litten.

---

273 Hierzu hat sehr wahrscheinlich auch seine Dichtung beigetragen. Die Apfelböck-Ballade z. B. hat vermutlich als phantasierte Wunscherfüllung auch therapeutische Funktion, insofern das ›dichtende Ich‹ verdrängte Wünsche aktiviert, ins Bewußtsein dringen läßt, sich dabei ein wenig mehr vom Über-Ich löst und sich selbst bestätigt, indem es seine bedrohte Einheit in der lustvollen Spannung von Qual und Selbstqual wiederherstellt. Insofern ist diese Ballade Werkzeug, Produkt und Durchgangsstelle des Prozesses, in dem Brecht sich von seinen bürgerlichen und christlichen Über-Ich-Anteilen löst. Vgl. Sartre über Genets Schriftstellerei: »Dix ans de littérature qui valent une cure de psychanalyse«. In: Jean-Paul Sartre: *Saint Genet. Comédien et martyr.* ²1952, S. 501.

III
Der Abgesang des bürgerlichen Individuums

Vom ertrunkenen Mädchen

Eben wurde der anarchische Nihilismus Brechts unter dem Aspekt der Auseinandersetzung mit dem Über-Ich und der Gesellschaft betrachtet. Im dritten und vierten Kapitel wendet sich die Untersuchung nun dem Vitalismus[1] zu; er wird unter dem Aspekt des Rückzugs von Über-Ich und Gesellschaft analysiert. So wie Auseinandersetzung und Rückzug hier untrennbar sind, sind es auch Nihilismus und Vitalismus. Sie sind zwei Momente desselben Vorgangs: der Ablösung Brechts vom Mittelstand und letztlich der Negation des bürgerlichen Individuums. Das dritte Kapitel gilt dem Rückzug in den Untergang und dem lyrischen Sprechen, das noch aus dem Versinken ästhetischen Genuß zieht.
1940 vermerkt Brecht in sein *Arbeitsjournal:*

> Abends bekomme ich die *Hauspostille* wieder in die Hand. Hier erreicht die Literatur jenen Grad der Entmenschtheit, den Marx beim Proletariat sieht und zugleich die Ausweglosigkeit, die ihm Hoffnung einflößt. Der Großteil der Gedichte handelt vom Untergang und die Poesie folgt der zugrundegehenden Gesellschaft auf den Grund. Die Schönheit etabliert sich auf Wracks, die Fetzen werden delikat. Das Erhabene wälzt sich im Staub, die Sinnlosigkeit wird als Befreierin begrüßt. Der Dichter solidarisiert nicht einmal mehr mit sich selber. Risus mortis. Aber kraftlos ist das nicht.[2]

Die Lyrik, von der Brecht hier spricht, ist anarchisch-nihilistisch; anarchisch[3], insofern sie die bestehende Wertordnung zu zerstören sucht und das ›Erhabene sich im Staub wälzen‹ läßt; nihilistisch, insofern sie keine neue Wertordnung an ihre Stelle setzt, sondern in der ›Sinnlosigkeit‹ verharrt. Das ›dichtende Ich‹ phantasiert seinen eigenen Untergang und die Sinnlosigkeit, in die es hierbei eingeht, als Befreiung; es ist in der entfremdeten Gesellschaft so vereinsamt und ›entmenscht‹, daß es ›nicht einmal mehr mit sich selber solidarisiert‹.

Das lyrische Sprechen dieses auf sich zurückgeworfenen, anar-

---
1 Siehe oben S. 12.
2 *ÜL*, S. 74; *AJ*, S. 153.
3 Zur Bestimmung des Begriffs ›anarchisch‹ siehe oben S. 112 f.

chisch-nihilistischen Ich, seine Techniken, Eigenheiten und Antriebe sollen nun am Beispiel der Ballade »Vom ertrunkenen Mädchen« analysiert werden.

Vom ertrunkenen Mädchen

1
Als sie ertrunken war und hinunterschwamm
Von den Bächen in die größeren Flüsse
Schien der Opal des Himmels sehr wundersam
Als ob er die Leiche begütigen müsse.

2
Tang und Algen hielten sich an ihr ein
So daß sie langsam viel schwerer ward.
Kühl die Fische schwammen an ihrem Bein
Pflanzen und Tiere beschwerten noch ihre letzte Fahrt.

3
Und der Himmel ward abends dunkel wie Rauch
Und hielt nachts mit den Sternen das Licht in Schwebe.
Aber früh ward er hell, daß es auch
Noch für sie Morgen und Abend gebe.

4
Als ihr bleicher Leib im Wasser verfaulet war
Geschah es (sehr langsam), daß Gott sie allmählich vergaß
Erst ihr Gesicht, dann die Hände und ganz zuletzt erst ihr Haar.
Dann ward sie Aas in Flüssen mit vielem Aas.[4]

In der Vision des im Wasser verwesenden Mädchens sucht das ›dichtende Ich‹ ein Wunsch- und Strafbild seiner selbst; es phantasiert die Erlösung von sich und seiner Situation und zugleich die Strafe für den auch hier noch spürbaren Angriff auf das Über-Ich. In der vollkommenen Verwesung kann es Entindividuation, Befreiung vom Realitätsdruck und erlösendes Eingehen ins ›All‹ phantasieren, eine Erlösung, vor der es sich freilich auch fürchten muß, denn sie bedeutet seine Vernichtung. So erfährt es Glück und Grauen zugleich. Diese Einheit von Untergang und Erlösung bestimmt auch die Aussageweise, die Eigenart seines lyrischen Sprechens. Das Gedicht gewinnt als Sprechen eines unter-

---

4 w. a., 8, S. 252. – Das Gedicht entstand um 1920; BV II, S. 174.

gehenden Ich – das sich im Sprechen durch Distanzierung freilich gerade seinem Untergang entzieht –, als ein Gesang im Tode, aus der Auflösung lyrischen Reiz. Seine erhabene Feierlichkeit läßt sich als die eines pompe funèbre und seine schwebende Leichtigkeit als die eines schon Erlösten verstehen. Das ›dichtende Ich‹ besingt nicht nur den eigenen Tod und die eigene Verwesung, wie früher schon bei Baudelaire;[5] seine Lyrik ist Feier des Todes als Erlösung, Feier des im Tod gesteigerten Lebens,[6] Gesang, um den Tod zu ertragen[7] und ihm zu entgehen,[8] Hinaussingen der Qual des Untergangs[9] und ihr Genuß.[10]

Das nachzuweisen, muß zunächst gefragt werden, ob und wieweit die Aussageweise des Gedichts seinem Aussageinhalt, dem langsamen Verwesen der im Wasser treibenden Leiche, entspricht.

Lyrik der Verwesung

Die Leiche verwest in einem langsamen, gewaltlosen Prozeß mit unmerklichen Übergängen; Verwesung und allmähliches Eingehen ins tragende Wasser vollziehen sich als beinahe zuständlicher Vorgang: ein endloser Abschied, in dem sich völlige Abwesenheit als zeitlose Gegenwart träumen läßt.[11] Dem entspricht die Aussageweise des Gedichts, sein lyrisches Sprechen.

---

5 »Le mort joyeux«. In: Baudelaire: *Œuvres complètes*. Edition établie et annotée par Y. G. Le Dantec, révisée, complétée et présentée par Claude Pichois. Paris 1968 (Bibliothèque de la Pléiade), S. 67. Baudelaire zog auch aus Aas lyrischen Reiz; in »Une charogne« (ebenda S. 29) hörte er sogar Musik aus ihm aufsteigen.
6 Vgl. den Todesgesang der Seeräuber (*w. a.*, 8, S. 224).
7 Vgl. den Todesgesang der Leute von Cortez (*w. a.*, 8, S. 223)
8 Thematisch machte Brecht das z. B. in dem »Lied der Eisenbahntruppe von Fort Donald« (*w. a.*, 8, S. 13).
9 Vgl. die »Ballade auf vielen Schiffen« (*w. a.*, 8, S. 219):
Er liegt in den Tauen: verfaulend ein Aal
Und die Haie hören ihn oft einen Song singen
und sie sagen: er singt einen Song am Marterpfahl.
10 Vgl. *w. a.*, 8, S. 34 (»Lied der müden Empörer«):
Wir tanzten nie mit mehr Grazie
Als über Gräber noch.
Gott pfeift die schönste Melodie
Stets auf dem letzten Loch.
11 Vgl.: »Si vraiment un mort, pour l'inconscient, c'est un absent, seul le navigateur de la mort est un mort dont on peut rêver indéfiniment. Il semble que son souvenir ait toujours un avenir [...] Bien différent sera le mort

Das Mädchen ist bereits ertrunken; ihr Name wird ebenso wenig erwähnt wie der gewaltsame Übergang vom Leben zum Tod.[12] Das berichtete Geschehen führt ohne qualitative Sprünge von der anonymen Leiche zum aufgelösten Aas, es wirkt zuständlich, Anfang und Ende verschwimmen: es beginnt nicht zum Zeitpunkt des Ertrinkens, sondern irgendwann, während »sie [...] hinunterschwamm«, und endet nicht, nachdem sie Aas wurde, sondern irgendwann, während sie es »ward«. Den Eindruck des Zuständlichen verstärkt Brecht noch, indem er das Geschehen in eine zeitlose Vergangenheit entrückt, die zur Gegenwart des ›sprechenden Ich‹ in keinem bestimmbaren Bezug steht. Auch ist das Geschehen ohne eindeutig gegliederte Zeitkontinuität: wie Eben, Jetzt und Gleich aufeinander folgen, läßt sich nicht erkennen. So gleitet es – metaphorisch gesprochen – aus der gegliederten Zeit. Dennoch bleibt es in ihr: wenn Abend, Nacht und Morgen auch nicht an einem bestimmten Tag aufeinander folgen, wenn auch nicht erkennbar wird, wann und über welchen Zeitraum hin das geschieht, so gliedern sie doch die unbestimmte Zeit des Hinunterschwimmens. Und wenn sich auch nicht behaupten läßt, daß das Geschehen in Strophe 3 später ist als das in Stophe 2, so wird doch deutlich, daß es sich von Strophe 1 bis Strophe 4 hinzieht; es ist Sukzession im lange Gleichen.[13] – Die ersten drei Strophen geben nicht einzelne Stationen des Vorgangs, die kontinuier-

---

qui habite la nécropole. Pour celui-ci, le tombeau est encore une demeure, une demeure que les vivants viennent pieusement visiter. Un tel mort n'est pas totalement absent« (Gaston Bachelard: *L'eau et les rêves. Essai sur l'imagination de la matière.* Paris ²1947, S. 102).
12 Brecht hat diese Entsprechung zum Verwesungsvorgang erst allmählich herausgearbeitet. Ursprünglich lautete der Titel »Vom erschlagenen Mädchen«; das Gedicht selbst begann »Als sie erschlagen war und hinunterschwamm« (*BV II*, S. 174).
13 Nie verdichtet sich das Geschehen in einem Augenblick oder treibt auf einen Höhepunkt zu, nie verharrt es aber auch in zeitloser Statik. Selbst unter dem nahezu zeitlosen Scheinen des Himmels in Strophe I zieht es sich hin. Später löst sich sogar die Statik des Himmels in Vorgang auf; nicht mehr das Sein des Himmels erscheint, sondern sein Werden: er *war* nicht dunkel und dann wieder hell, sondern er *ward* es. Andererseits wirkt das Geschehen im Wasser noch langsamer, ja beinahe zeitlos, weil die einzelnen Vorgänge nur in abstrahierender Zusammenfassung berichtet werden: »Tang und Algen hielten sich [...] die Fische schwammen [...] Pflanzen und Tiere beschwerten [...]«. Verben, die ein plötzliches Ereignis angeben, fehlen, oder werden, wenn sie doch auftreten (IV 2 »geschah es«), durch Adverbienhäufung (»sehr langsam«) ihres spezifischen Charakters beraubt, so daß sie nun ebenfalls ein unendlich langsames, augenblickloses Geschehen vermitteln.

lich aufeinander folgen, sondern jeweils neue Aspekte, ohne zu zeigen, ob der Vorgang inzwischen fortgeschritten ist; so lassen sie ihn noch langsamer erscheinen. Langsame, fast ungegliederte Bewegung bestimmt auch den Rhythmus.[14]
Wie die verwesende Leiche sich aus zeitlicher und räumlicher Begrenzung und Fixierbarkeit in einen unbegrenzten Raum[15] und eine unbegrenzte Zeit auflöst, so wird auch die Welt, die im Gedicht erscheint, auf das Nichtbegrenzbare und Nichtfixierbare reduziert. Der Leser kann sich die Einzelheiten und den genauen Verlauf des berichteten Geschehens nicht bildhaft-realistisch vorstellen, weil es orts- und augenblickslos und somit situationslos ist; es gewinnt den Charakter einer Vision.
Das Geschehen hat keine Ausgangssituation; irgendwo schwimmt die Ertrunkene »von den Bächen in die größeren Flüsse«. Schwimmt sie noch in einem Bach oder schon in einem Fluß? – Wir wissen es nicht. Auch schwimmt sie nicht von *einem* Bach in *einen* Fluß – so ließe sie sich noch einigermaßen situieren –, sondern von den Bächen in die größeren Flüsse. Die Plurale reduzieren die Welt, die hier erscheint, auf beinahe nichts als die Bezüge zwischen ihren nicht mehr konkret vorstellbaren Momenten; diese Welt ist nahezu substanz-, orts- und zeitlos; sie ist entsubstanzialisiert.[16]

---

14 Die trochäischen Elemente stauen den Fluß des Vortrags, die starken Silben in den Senkungen und die vielen vollen Vokale heben ihn und die metrischen Grenzen fast auf, besonders, wenn sie gehäuft aufeinander folgen (z. B. IV 2; IV 4); die Daktylen (z. B. I 4) dagegen halten ihn in Bewegung. Der Wechsel von Zeilen mit starken Zäsuren (z. B. I 1, III 3, IV 3) und solchen ohne oder doch mit nur sehr schwachen Zäsuren (z. B. I 3, II 2, IV 4) bringt gleichzeitig Bewegung in den Vortrag und staut ihn wieder. – Die Verbindung von Enjambement und Verszeilen, die relativ geschlossene Sinneinheiten bilden und in ihrer Länge dem epischem Vortrag entsprechen, malt das langsame Fließen.
15 »Dann ward sie Aas in Flüssen mit vielem Aas«.
16 Dem entspricht auch, daß die Zahl der Adjektive weit hinter die der Adverbien zurücktritt. Doch selbst die wenigen Adjektive werden noch entsubstanzialisiert: im Komparativ bestimmt das Adjektiv nicht mehr eine Substanz, sondern einen Bezug (»die größeren Flüsse«); wo es ungesteigert auftritt (»dunkel [...] hell«), bezeichnet es nichts Konkretes, ist nicht sehr spezifisch und wird durch ein Adverb seiner Besonderheit enthoben (es ist selbstverständlich, daß der Himmel abends dunkel wird); wo ein Adjektiv aber etwas einzelnem Bildwirkung geben könnte (»bleicher Leib«), ist dies bereits vergangen. Die Adjektive treten zurück, die Adverbien dagegen gewinnen an Gewicht. Sie bezeichnen die Bezüge und Vollzüge in dieser entsubstanzialisierten Welt und entsubstanzialisieren sie so noch mehr. Sie treten sogar gekoppelt und so gehäuft auf, daß sie die am stärksten vertretene Wortart einer Zeile sind (IV 2).

Überall im Gedicht fehlen Begrenzbarkeit und Konkretion.[17] Konkretes einzelnes erscheint nur im Vergehen, ja eigentlich, wenn es schon vergangen ist.[18] Die Landschaft ist auf Himmel und Wasser reduziert. Schilf, Bäume und Städte, an denen der Fluß in Heyms »Ophelia« vorübergleitet, erscheinen nicht. Feste Konturen fehlen; selbst am Himmel wechseln nicht klar unterscheidbar die Schwärze der Nacht und die Helligkeit des Tages, sondern das diffuse Hell-Dunkel des Abends[19] und das Hell-Dunkel der Nacht,[20] Zwischenzustände und Helligkeitsschwankungen, nicht Gegensätze. So geschehen die Veranstaltungen am Himmel auch nicht, damit es für die Leiche *Tag* und *Nacht,* sondern »Morgen und Abend gebe«, Übergangszeiten, welche wie die diffusen Lichtverhältnisse der Übergänglichkeit und Auflösung des Verwesungsprozesses entsprechen.

Das Gedicht ist menschenleer; nichts Personales ist in ihm zu spüren. Das Mädchen ist ohne Namen, historische Situierung und persönliches Geschick. Nur im Titel erscheint sie noch als Mädchen, im Gedicht selbst fehlt auch diese Bestimmung[21]; dort ist sie nur »sie«, die »Leiche«, der »Leib« und schließlich »Aas«. Ein Naturgeschehen wird berichtet, das sich fühllos und unendlich langsam in der menschenleeren Stille einer Welt vollzieht, die kei-

---

17 Die Ertrunkene wird Aas nicht in *einem* Fluß, auch nicht in *den* Flüssen, sondern in »Flüssen«; sie hat sich vollkommen ins Amorphe, Nichtfaßbare, Ortlose aufgelöst. Doch schon vorher entzieht sie sich situativer Festlegung: Tang und Algen hielten sich nicht in einem bestimmten Augenblick an ihr ein, sondern in langer Zeit; nicht bestimmte Fische schwammen in einer bestimmten Situation an ihrem Bein, sondern nicht weiter konkretisierte in unbestimmter Dauer irgendwann irgendwo. Auch hier vernichten die Pluralia das Konkrete. Doch selbst dort, wo ein Substantiv im Singular erscheint, vermittelt es nichts situiertes einzelnes, sondern weist auf Situationsfreies (I 4 »Leiche«), Nicht-Greifbares (Wasser, Himmel, Rauch, Haar), Abstraktes (Morgen, Abend, Schwebe) oder bereits Vergangenes (»Leib«).
18 Als konkrete Einzelheiten erscheinen in der letzten Strophe Gott und das Gesicht des Mädchens; doch die Gottesvorstellung wird hier aufgelöst und das Mädchen vergeht.
19 III 1 »dunkel wie Rauch«. - Vgl. G. Heym »Ophelia«, Strophe III: »Mit dunklem Fittich, von dem Wasser feucht/Stehn sie [die Fledermäuse] wie Rauch im dunklen Wasserlauf« (Georg Heym: Dichtungen. München 1922, S. 57). »Daß Brecht Heyms Gedicht gekannt hat, wird man kaum bezweifeln« (Bernhard Blume: *Motive der frühen Lyrik Bertolt Brechts:* I. Der Tod im Wasser. In: *Monatshefte* 57 (1965), S. 97-112; dort S. 100). Auch in der »Seeräuberballade« wird der Himmel beim drohenden Untergang dunkel wie Rauch: »Der große Himmel, den sie lieben/Hüllt still in Rauch die Sternensicht« (*w. a.*, 8, S. 227).
20 III 2 »hielt nachts mit den Sternen das Licht in Schwebe«.
21 Vgl. Blume: a. a. O., S. 98.

ne Einzelwesen und weder räumliche noch zeitliche Begrenzung kennt. Durch die Phantasie von Entsubstanzialisierung, Enthumanisierung und Aufgehen im amorph Natürlichen sucht sich das unter der Entfremdung leidende Ich von sich selbst und seiner Situation zu erlösen. Dabei nimmt es in die Phantasie seiner Erlösung die eigene ›innere Leere‹ und die äußere Leere mit hinüber: selbst enthumanisiert und entsubstanzialisiert in einer Gesellschaft, in der die Beziehungen zwischen Menschen zunehmend die zwischen Dingen sind,[22] treibt es die Entfremdung, unter der es leidet, ins Extrem. So erscheint die aufnehmende Natur silhouettenhaftleer: ein Bild zugleich der Erlösung wie des Ich und der Gesellschaft, von denen sie erlösen soll. In dem Maße, in dem das Individuum mit der fortschreitenden Entwicklung des Kapitalismus die Möglichkeit verliert, sich in konkreten Beziehungen als konkretes zu verwirklichen, wird auch die Phantasie seines erlösenden Untergangs von Entsubstanzialisierung und Enthumanisierung bestimmt. Das kann die Geschichte des Ophelia-Motivs zeigen. Rüesch schreibt:

Bei Rimbaud wird ihr [sc. Ophelias] Name in allen drei Teilen des Gedichts genannt [...]. Bei Heym erscheint der Name Ophelias nur noch im Titel. Das Mädchen, welches hier den Fluß hinuntertreibt, ist zur anonymen Leiche geworden.[23]

Bei Brecht erscheint dann der Name nicht einmal mehr im Titel. Der Prozeß der »Verdinglichung und Enthumanisierung«, den Rüesch bei Heym feststellt,[24] entspricht seinerseits der Entwicklung von Rimbaud zu Brecht, in deren Verlauf die Leiche immer mehr zum entseelten Ding wird.[25] Rüesch selbst konstatiert: »Die Umbildung, welche das Motiv nach Rimbaud erfährt, führt [...] vom Menschlichen weg ins Reich des Vegetativen.«[26] Dieses Vegetative hat hier bei Brecht den Zustand des amorph

---

22 Vgl. oben S. 14 ff. und *MEW*, 23, S. 85-98.
23 Jürg Peter Rüesch: *Ophelia. Zum Wandel des lyrischen Bildes im Motiv der ›navigatio vitae‹ bei Arthur Rimbaud und im deutschen Expressionismus.* Diss. Zürich 1964, S. 121.
24 Ebenda, S. 126.
25 Zur Leiche als dinggewordenem Mensch vgl. Bernhard Blume: *Das Ertrunkene Mädchen. Rimbauds Ophélie und die deutsche Literatur.* In: *GRM. NF*, 4, 1954, S. 108-119; dort S. 112.
26 Rüesch, a. a. O., S. 122.

Natürlichen einerseits und der noch silhouettenhaft gegliederten Elemente andererseits erreicht.

Es ist kein Zufall, daß der junge Brecht immer wieder die Verwesung thematisierte[27] und langsame, ungegliederte Vorgänge, die beinahe zuständlich wirken, gestaltete;[28] sie sind anarchisch-nihilistische Erlösungsphantasien.[29] Die Verwesung führt ins Nichts und ist selbst ein Vernichtungsprozeß; die Vernichtung ist anarchisch. Der Vorgang ist möglichst langsam, weil er so die Qualen der Individuation am wenigsten spüren läßt. Das Ich entzieht sich der von der Gesellschaft geforderten Individuation, die quält, weil sie eine Selbstverwirklichung des Individuums gerade unterdrückt,[30] in die Phantasie eines Individuationsverlustes, der sich so langsam vollzieht, daß Individuation kaum noch spürbar wird. Solche Selbstaufgabe antwortet auf die Selbstaufgabe in der bürgerlichen Gesellschaft, auf die Entfremdung, in der das von den Menschen Geschaffene über sie herrscht.

Die Herrschaft des Menschen über sich selbst, die sein Selbst begründet, ist virtuell allemal die Vernichtung des Subjekts, in dessen Dienst sie geschieht, denn die beherrschte, unterdrückte und durch Selbsterhaltung aufgelöste Substanz ist gar nichts anderes als das Lebendige, als dessen Funktion die Leistungen der Selbsterhaltung einzig sich bestimmen, eigentlich gerade das, was erhalten werden soll. Die Widervernunft des totalitären Kapitalismus, dessen Technik, Bedürfnisse zu befriedigen, in ihrer vergegenständlichten, von Herrschaft determinierten Gestalt die Befriedigung der Bedürfnisse unmöglich macht und zur Ausrottung der Menschen treibt, – diese Widervernunft ist prototypisch im Heros ausgebildet, der dem Opfer sich entzieht, indem er sich opfert.[31]

Dem Opfer, welches das Individuum erleiden mußte, um bürgerliches Individuum zu sein, entzieht sich das ›dichtende Ich‹, indem es seine Selbstaufgabe phantasiert. Es nimmt jenes Opfer

---

27 Z. B. »Die Geburt im Baum« (w. a., 8, S. 85) und »Das Schiff« (w. a., 8, S. 179).
28 Z. B. »Vom Schwimmen in Seen und Flüssen« (w. a., 8, S. 209), »Von des Cortez Leuten« (w. a., 8, S. 222), »Die Ballade vom Liebestod« (w. a., 8, S. 253) und »Kalendergedicht« (w. a., 8, S. 109).
29 Dort, wo Brecht die Gesellschaft angreift, setzt er das Motiv der Verwesung allerdings schon anklagend ein; vgl. die »Legende vom toten Soldaten« (w. a., 8, S. 256; »Und weil der Soldat nach Verwesung stinkt/Drum hinkt ein Pfaffe voran«) und »Deutschland, du Blondes, Bleiches« (w. a., 8, S. 68; »Nun bist du das Aasloch Europas«).
30 Vgl. oben S. 14 ff.
31 Max Horkheimer und Theodor W. Adorno: *Dialektik der Aufklärung. Philosophische Fragmente.* Frankf./M. 1969, S. 62.

zurück und schleppt es zugleich in die Selbstaufgabe mit. Es erhält sich, indem es sich aufgibt; es gibt sich als geopfertes auf und kann sich so nur noch in der Negation der es konstituierenden Negation erfahren. Indem es sich negiert, negiert es die Gesellschaft, von der es seinerseits negiert und konstituiert wird. So folgt es der ›zugrundegehenden Gesellschaft auf den Grund‹ und löst sich zugleich von ihr. Indem es sich in der phantasierten Selbstaufgabe selbst negiert, gerät es zwar in die schlechte Abstraktion seiner selbst und alles anderen, was ist, erfährt zugleich aber die bisher »beherrschte, unterdrückte und durch Selbsterhaltung aufgelöste Substanz«, »das Lebendige«, jedoch nur als sich auflösende Substanz: in der Entindividualisierung wird dem anarchisch-nihilistischen Vitalismus des jungen Brecht befreite Sinnlichkeit erfahrbar, in der Verwesung Lebendiges.

Der ganzen anarchisch-nihilistischen Lyrik Brechts liegt solch eine beinahe zuständlich wirkende und zur Auflösung führende Bewegung als ersehntes Glück und mögliche Erlösung zugrunde. Selbstverständlich sind einige seiner Gedichte sehr bewegt – doch je bewegter sie sind und je kräftiger sie die Konturen zeichnen, desto qualvoller[32] und hektischer wirken sie. Rasche Bewegung und menschliches Handeln werden nur dort als lustvoll betont, wo das geheime, qualvolle Getriebensein spürbar bleibt und, wo die Handelnden von einer langsamen, auflösenden Bewegung getragen werden, wie die Seeräuber von dem Schiff, das sie schließlich mit in die Tiefe nimmt.[33]

Die Rollenlyrik des Lyrikers

Für das anarchisch-nihilistische Ich kann es ästhetische Form als schöne, sinnstiftende Einheit nicht mehr geben.[34] Will es sich den-

---

32 Z. B. in der »Ballade von den Abenteurern« (w. a., 8, S. 217).
33 Vgl. die »Ballade von den Seeräubern« (w. a., 8, S. 217). Das Motiv des Schiffs ist bei Brecht eng mit der Wasserleiche verwandt; vgl. hierzu »Das Schiff« (w. a., 8, S. 179) und »Ballade auf vielen Schiffen« (w. a., 8, S. 219). Schiff und treibende Leiche gehören in den Motivumkreis der ›navigatio vitae‹; vgl. Rüesch, a. a. O., besonders S. 126. Zur Nähe von Schiff und Wasserleiche vgl. auch Steffen Steffensen: *Brechts Gedichte.* Kopenhagen 1972, S. 26: »In beiden Gedichten [Brechts Ballade »Das Schiff« und Rimbauds Gedicht »Le bateau ivre«] symbolisiert das Schiff dasselbe, den einsamen Havarierten, Verfall und Untergang«.
34 Vgl. oben S. 90 f.; zum historischen Aspekt unten S. 172 ff.

noch ästhetisch darstellen und genießen, kann es dies nur, wenn es solche Form benutzt und zugleich vernichtet, metaphorisch gesprochen: wenn es das Schöne dasein und zugleich verwesen läßt wie das Mädchen im Wasser. Deshalb schafft es ästhetische Einheit und zerstört sie wieder, singt im Stil hoher Lyrik, löst ihn sogleich wieder auf und verharrt im Wechsel von »Evokation und Ernüchterung«[35].

Das Ich gibt zu erkennen, daß es *von* etwas spricht, »Vom ertrunkenen Mädchen«, und nicht in dem Gesprochenen aufgeht. Es distanziert sich von dem Gedicht, verfremdet es, und macht es als Gedicht kenntlich. Durch den Titel und die Strophennumerierung hebt es die Unmittelbarkeit des Gesangs auf, verwehrt dem Leser ungebrochene Identifikation und gibt ihm zu verstehen, daß er hier Kunst vorgeführt bekommt. Es läßt das Gedicht als Rollenlyrik des Lyrikers erkennen.[36] Das gelingt ihm durch parodistische Verwendung der lutherisch-altertümlichen,[37] der bürgerlich-konventionellen[38] und der neuromantisch-ästhetisierenden[39] Sprechweisen. Diese Sprechweisen zeigt es als Masken, durch die hindurch es das Geschehen in unangemessener Überhöhung deutet. Hierzu benutzt es den Kontrast zwischen ihnen und dem dargestellten Geschehen, dem allmählichen Verwesen der Leiche.[40]

Schon die erste Strophe zeigt die Diskrepanz zwischen Geschehen und lyrisierender Deutung:

> Schien der Opal des Himmels sehr wundersam
> Als ob er die Leiche begütigen müsse.

Hier wird ein Bezug zwischen Himmel und Leiche suggeriert und sogar die Verpflichtung (»müsse«) des Himmels, die Leiche zu begütigen; was voraussetzt, daß die Leiche des Zorns fähig ist, über ihren Tod zürnt und an den Himmel den Anspruch stellt,

---

35 Walter Killy: *Wandlungen des lyrischen Bildes.* Göttingen ⁵1967, S. 143.
36 Das ist bereits in Rimbauds Behandlung des Motivs angelegt. Dort nimmt der Schluß - »Et le poète dit [...] qu'il a vu sur l'eau [...] La blanche Ophélia flotter comme un grand lys« - den Anfang - »La blanche Ophélia flotte comme un grand lys« - auf und kennzeichnet ihn als vom Dichter gesprochen. Arthur Rimbaud: *Œuvres;* éd. Suzanne Bernard. Paris 1960, S. 46.
37 IV 1 »verfaulet«; IV 2 »geschah es, daß«; II 2, III 1, III 3, IV 4: »ward«.
38 II 2 »ihre letzte Fahrt«.
39 I 3 »Schien der Opal des Himmels sehr wundersam«.
40 Vgl. oben S. 81 ff.

daß ihr nichts Widriges widerfährt. Das wiederum schließt die Vorstellung einer Welt ein, die dem Menschen Glück schuldet und Verantwortung für ihn trägt. Das Gedicht zeigt jedoch, daß diese naiv anthropozentrischen Vorstellungen der Realität nicht entsprechen (»als ob«). Das Scheinen des Himmels ist ein indifferentes physikalisches Phänomen,[41] die Welt ist nicht anthropozentrisch, die Leiche löst sich ohne Gefühl in Aas auf. Die strahlende Schönheit des Himmels täuscht.[42] Das Gedicht zeigt die Wirklichkeitsferne jener anthropozentrischen Vorstellungen und benutzt sie zugleich als Medien lyrischen Sprechens.
Das Ich spricht im neuromantischen Stil[43] – »Schien der Opal des Himmels sehr wundersam« –, hebt das Gedicht mit der Genitivmetapher »Opal des Himmels« auf die Stilebene poetisierender Esoterik und stimmt es auf den Ton weihevoll ästhetisierender Lyrik ein, der von »wundersam«[44] aufgenommen und durch den Anklang romantisch-ehrfurchtvollen Staunens vor dem Geheimnis bereichert wird. Den auf diesen Ton eingestimmten Leser trifft in der nächsten Zeile unerwartet der einer sachlich benennenden Sprechweise zugehörige Begriff »Leiche«: Schönheit und Leiche, lyrisierend gefühlvolle und sachliche Sprechweise dissonieren; die lyrische Sprechweise wird als eine Weise des Sprechens und Deutens gezeigt. Durch diese Dissonanz wird »begütigen«, das ein harmonisch-sympathetisches Weltbild vermitteln sollte, so aufgehoben, daß es eben das negiert, was es eigentlich meint: der Himmel begütigt keineswegs: »Die Himmel hören die Schreie der Ertrinkenden nicht«[45]. Himmel und Leiche sind gefühllos und ohne Bezug zueinander.

41 Vgl. Bernhard Blume: *Der Himmel der Enttäuschungen*. In: *Monatshefte* 57 (1965), S. 273-281; dort S. 279.
42 Vgl. w. a., 8, S. 73: »Die Himmel, strahlend wie die großen Lügen. Sie narrten sie: das alles hielt sie auf.« (»Und immer wieder gab es Abendröte«); vgl. auch SW, S. 142.
43 Zu Sprache und Bildwelt der Neuromantik und des Jugendstils vgl. Claude David: *Stefan George und der Jugendstil*. In: *Formkräfte der deutschen Dichtung vom Barock bis zur Gegenwart*. Hrsg. von Hans Steffen. Göttingen 1963, S. 211 ff. - Die von Franz Blei herausgegebenen *Blätter für Kunst und Literatur* (Leipzig) trugen im Jahr 1907 bezeichnenderweise den Titel *Die Opale*. Hier wurde der auch für Brecht wichtige Übersetzer K. L. Ammer propagiert.
44 Wahrscheinlich ließ sich Brecht von Klammers Übersetzung des ›trunkenen Schiffs‹ anregen; dort heißt es S. 175 »Sah die Sonne schillern in wundersamen/ Schrecken, leuchten in violetter Glut« (Arthur Rimbaud: *Leben und Dichtung*. Übertragen von K. L. Ammer. Eingeleitet von Stefan Zweig. Leipzig 1907).
45 w. a., 8, S. 100. »Psalm«.

Auch Heym konfrontiert die Beziehungslosigkeit von Leiche und Himmel mit illusionärer Schönheit:

> Die toten Augen starren groß und blind
> Zum Himmel, der voll rosa Wolken steht.[46]

Während hier jedoch Bezugslosigkeit und illusionär-kitschige Naturvorstellung brutal und deutlich hervortreten, verschwimmen bei Brecht die Grenzen so sehr, daß in der Negation der ›Begütigung‹ noch das Verlangen nach ›Begütigung‹ spürbar bleibt.[47] Die Dissonanz ist bei ihm nicht grell,[48] weil die dissonierenden Momente nur abgeschwächt im Gedicht erscheinen. So ist z. B. die Möglichkeit, der Himmel könnte sich fühlend verhalten, dadurch eingeschränkt, daß dieses Verhalten als fiktiv erscheint (»als ob«), und dadurch, daß nicht der Himmel, sondern der »Opal des Himmels« Subjekt des Begütigens sein müßte: der Himmel selbst ist ohne die Kraft der Sympathie und ohne metaphysische Dignität. Auch *ist* er nicht »wundersam«, er *scheint* »*sehr* wundersam«; da das Adjektiv »wundersam« hier durch das vorgestellte Adverb[49] ›entsubstanzialisiert‹ wird, ist die romantisch-trauliche Stimmung, die es weckt, arm an Unmittelbarkeit und Wärme. In der gemilderten Dissonanz kann das Ich in der Sprechweise gewohnter Lyrik sprechen und sie zugleich aufheben.[50]

Die erste Strophe zeigte, daß Himmel und Leiche in keinem Bezug zueinander stehen und stumm sind. Die Rede vom begütigenden Himmel ist bloße Poesie. In der dritten Strophe kann das vorausgesetzt werden, um so mehr als die zweite die kühle nahezu zur Beziehungslosigkeit gewordene Beziehung zwischen Natur und Leiche vorführte.[51] Das poetisch harmonisierende Weltver-

---

46 Heym, a. a. O., S. 21. »Die Tote im Wasser«.
47 Vgl. Blume: *Der Himmel der Enttäuschungen.* S. 279.
48 Vgl. oben S. 83, 89.
49 Vgl. *w. a.*, 8, S. 248 »Der Choral vom Manne Baal«: »War der Himmel [...] ungeheuer wundersam«.
50 Der junge Brecht beobachtete, wie die »Arbeiterinnen der nahen Papierfabrik« sich von den Liedern, die sie sangen, distanzierten und sie dennoch genossen: »Ihre Haltung gegenüber den Liedern war [...] lehrreich. Sie gaben sich ihnen keineswegs naiv hin. Sie sangen ganze Lieder oder einzelne Verse mit einiger Ironie und versahen manches Kitschige, Übertriebene, Unreale sozusagen mit Krähenfüßen.« *w. a.*, 19, S. 504. Das entspricht Brechts eigenem Verfahren.
51 II 3 »Kühl die Fische schwammen an ihrem Bein«. »Kühl« durch Inversion am betonten Zeilenbeginn.

ständnis – »daß es auch/Noch für sie Morgen und Abend gebe«
– kann daher ohne weitere Dissonanz und ohne Betonung seines
illusionären Charakters vorgetragen werden. Es entlarvt sich von
selbst. Der Satz gibt sich als parodierender Vortrag einer naiven
Ansicht zu erkennen, als zerstörendes Spiel mit ihr, das sie genießt
und zugleich ihre Unhaltbarkeit evident macht. Das Gedicht, so
zeigt sich, widerlegt den Glauben an eine Welt, die auf den Menschen bezogen ist und ihn birgt. In der gemilderten Dissonanz ist
das freilich kaum zu spüren; die dritte Strophe oszilliert wie die
erste zwischen Harmonisierung und Dissonanz, zwischen anthropozentrischer Weltsicht und Romantizismus einerseits und deren
Negation andererseits. Das Gedicht schillert wie der »Opal des
Himmels«[52], ›hält das Licht in Schwebe‹ und zeugt so von der
Faszination, welche die anarchisch-nihilistische Auflösung der
Konturen, die Entsubstanzialisierung und die Vernichtung eines
bergenden Sinns dem bereiten, der in der Verwesung Untergang
und Erlösung, Grauen und sinnliche Lust erfährt.
Dunkel und Helle, Morgen und Abend lassen christliche Vorgestaltungen assoziieren und widerlegen sie zugleich. Das Mädchen
gelangt weder in die Finsternis der Verdammnis, noch ins Licht
der Seligkeit, sondern treibt als Leiche unter dem schwebenden
Licht des natürlichen Himmels, wo es nicht zum Kampf zwischen
Licht und Finsternis um ihre Seele kommen kann. Dem anbrechenden Morgen wird im natürlichen Kreislauf ein Abend folgen; er ist nicht der Morgen des Jüngsten Tages. Die Leiche treibt
unter dem natürlichen Himmel, nicht unter dem transzendenten.
Das Gedicht läßt den transzendenten assoziieren, gewinnt dadurch
die Möglichkeit feierlichen, das Gegebene übersteigenden Sprechens, hebt die Geltung des transzendenten Himmels jedoch zugleich auf und bestätigt den natürlichen.
Strophe IV zeigt besonders deutlich, wie hier christliche Vorstellungen widerrufen und doch weiterverwendet werden. Der
»Gott«, der das Mädchen allmählich vergißt, ist nur noch ein seines Bedeutungsgehaltes weitgehend beraubtes Wort, das auf nichts
Konkretes verweist, dem Gedicht aber poetischen Reiz gibt. Zu-

---

[52] In einer frühen, für das Baal-Stück bestimmten Fassung lautete die 3. Zeile der ersten Strophe noch »schien der Azur des Himmels sehr wundersam« (*BBA* 199/32. Der Nachdruck erfolgt mit freundlicher Genehmigung der Bertolt-Brecht-Erben). Brecht wählte die dem Opalisieren des Gedichts entsprechende Metapher »Opal des Himmels« erst später.

nächst erscheint er in der Sprachwelt der Lutherbibel[53] als der Christengott, wird dann aber schnell in grotesker Dissonanz zurückgenommen. Daß er das Mädchen vergißt, widerspricht dem Glauben an seine Allwissenheit und Liebe, daß das Mädchen nichts anderes wird als Aas, dem Glauben an die Unsterblichkeit der Seele. »Gott« verliert seine Personalität und wird in den Naturprozeß einbezogen; das Vergessen entspringt nicht seinem Willen, sondern geschieht beinahe mit ihm – und dies »sehr langsam« wie der Naturvorgang der Verwesung. Mit dem christlichen Gottesbild nimmt das Gedicht auch hier ein romantisierendharmonisierendes Weltverständnis zurück, mit dem sich die Menschen über ihre wahre Lage täuschen und sie poetisieren.[54] Im Gegensatz zu Strophe 1 sind dabei jedoch Geschehen und Deutung nicht mehr getrennt: deutend wird von der gänzlichen Auflösung berichtet. »Gott«, das wichtigste Element dieser unangemessen deutenden und als solche aufgewiesenen Sprache, ist Moment in dem Bericht vom Auflösungsprozeß. Die durch das Geschehen entwertete Sprache dient der Darstellung des Geschehens und erhält dadurch wieder poetischen Wert.

»Gott«, die mit verborgenem Hohn zurückgewiesene Vokabel aus dem Wortschatz christlich harmonisierender Weltsicht, bringt dem gottlosen Gedicht des sich auflösenden entfremdeten Ich zuletzt noch die Stilhöhe der Kirchensprache und hilft als poetisches Requisit die Verwesung als absolute darstellen. Das gelingt, da »Gott« zunächst als absolutes Bewußtsein über dieser bewußtseinsfreien Welt steht, so daß von ihm vergessen zu werden, absolutes Vergessenwerden bedeutet. Erst in der letzten Strophe wird so die Ansicht, daß der »Himmel« für die Leiche sorgt, vollkommen zurückgenommen; erst hier haben sich Enthumanisierung und Verwesung in ihrer bezugslosen, deutungsfreien Faktizität völlig durchgesetzt: das Mädchen ist »Aas in Flüssen mit

---

53 »verfaulet [...] geschah es, daß«.
54 Vgl. w. a., 20, S. 4, eine Notiz Brechts aus dem Jahr 1919: »Gott, das war das hohe C der Romantik. Der Abendhimmel über dem Schlachtfeld, die Gemeinsamkeit der Leichen, ferne Militärmärsche, der Alkohol der Geschichte, das war die Romantik der Schlachtfelder, die Zuflucht der Sterbenden und der Mörder. Der Mann, der am Krebs verendete, suchte mit allen Mitteln die Poesie dieses peinlichen Geschehnisses auf die Zunge zu kriegen, er malte sich Bilder vom Leid der Erde, die ihn ausspie, vom Schmerz der Hinterbliebenden oder der grandiosen und ihn ergreifenden Ironie ihrer Gleichgültigkeit, und vom Dunkel, das ihn aufnahm. Er hüllte sich ein in Mitleid und Bewunderung und täuschte sich.«

vielem Aas«; der Vorgang, der vom apersonalen einzelnen zur Auflösung des einzelnen führte, ist zu seinem Ende gekommen. Mit der Phantasie völliger Verwesung erfüllt sich der Wunsch, der Individuation zu entkommen:

> Als ihr bleicher Leib im Wasser verfaulet war
> Geschah es (sehr langsam), daß Gott sie allmählich vergaß
> Erst ihr Gesicht, dann die Hände und ganz zuletzt erst ihr Haar.
> Dann ward sie Aas in Flüssen mit vielem Aas.

Zuerst vergißt Gott das Individuellste, das Gesicht, dann das dem Gesicht an Individualität Nächste, die Hände, und ganz zuletzt erst ihr Haar, das dem Ich Fernste, das noch zu ihm gehört und doch kaum mehr mit ihm verwandt ist. Im weiblichen Haar, das noch im Wasser treibt und zuletzt aus dem Gedächtnis schwindet, wird die Verdinglichung des verwesenden Menschen zum Faszinosum. Das Haar, dem Anschein nach den Wasserpflanzen, zwischen denen es treibt, näher als den Menschen,[55] kündet noch zuletzt vom Menschen, das Seelenloseste zuletzt vom Seelischen, das am wenigsten Individuellste am längsten von Individualität. Das am wenigsten Unterschiedliche bewahrt das Besondere – bis auch es im Allgemeinen verschwindet. Die Phantasie vom verwesenden Menschen, der in der Natur untergeht und von Gott vergessen wird, ist bestimmt vom Wunsch, sich aus Individualität und Identität zu erlösen.[56]

Blume vermutet, daß Brecht hier den Schluß der Volksballade von der ›Schönen Bernauerin‹ aufnimmt und negiert; dort soll das ertrunkene Augsburger Mädchen vor dem Vergessen bewahrt werden:

> So wollen wir stiften eine ewige Mess,
> daß man der Bernauerin nicht vergess,
> man wolle für sie beten, ja beten.[57]

Nachweisen läßt sich diese Abhängigkeit nicht, sicher aber wurde das Gedicht als gegenchristlich konzipiert. Wenn das ›dichtende Ich‹ die Vaterprojektion Gott, einen zentralen christlichen Über-Ich-Anteil, auflöst, so phantasiert es dessen Vernichtung und sucht

---

55 Vgl. »Das Haar überhaupt hat mehr den Charakter eines vegetabilischen als eines animalischen Gebildes« (Hegel: *Ästhetik*, Bd. 2, S. 119).
56 Vgl. w. a., 8, S. 40 und *SM II*, S. 23.
57 Blume: *Der Himmel der Enttäuschungen*, S. 274.

sich dadurch von ihm zu befreien. Wenn es andererseits phantasiert, daß er das Mädchen, die Ichprojektion, vergißt, macht es ihm den Vorwurf, daß er den Menschen schutzlos und verlassen dem Nichts überläßt, und sucht sich zugleich vor der Strafe für den verbotenen Angriff zu schützen.[58] Wer vergessen ist, kann nicht belangt werden:

> Lobet von Herzen das schlechte Gedächtnis des Himmels!
> Und daß er nicht
> Weiß euren Nam' noch Gesicht
> Niemand weiß, daß ihr noch da seid.[59]

Das Fehlen Gottes und die endgültige Verwesung werden als Erlösung phantasiert:

> Was kann euch Angst noch rühren?
> Ihr sterbt mit allen Tieren
> Und es kommt nichts nachher.[60]

Das Ich ist frei von Verantwortung, kann sich erlösen und zugleich für diese Erlösung, mit der es das Über-Ich insgeheim angreift, bestrafen, indem es sich dabei vernichtet:

> Lobet die Kälte, die Finsternis und das Verderben!
> Schauet hinan:
> Es kommet nicht auf euch an
> Und ihr könnt unbesorgt sterben.[61]

Fehlen Gottes und Verwesung können als Erlösung phantasiert werden, weil das Ich dabei seiner Individuation ledig wird und zugleich in die bergende Natur eingeht. Brechts anarchischer Nihilismus leugnet die Geborgenheit des Menschen in einer sinnvollen Welt und legt zugleich eine Natur frei, die den Menschen birgt, sofern er seine Individuation aufgibt.[62] Demgemäß zerstört das Gedicht den Zusammenhang von Himmel und Leiche, sofern er sinnvolle und bergende Einordnung eines Individuums meint, und stellt ihn her als Aufnahme eines Natur-Gewordenen und Natur-Werdenden in die Natur. In dem Gedicht vernichtet das ›dichtende

---

[58] Vgl. oben S. 121 ff.
[59] w. a., 8, S. 216.
[60] w. a., 8, S. 260.
[61] w. a.. 8, S. 216.
[62] Vgl. oben S. 109.

Ich‹ christliches und humanistisch-individualistisches Verhalten, zieht sich aus dem Bereich des Bewußtseins und der Verantwortung zurück und regrediert in seiner Phantasie in die ungegliederte Natur.

Da es in dieser Regression neue Energien gewinnt, erhält auch das Gedicht neue Schönheit und ästhetische Kraft; die Natur bewahrt ihre erhabene Schönheit trotz der Verwesung. Baal spricht das deutlich aus:

> Schwimmst du hinunter mit Ratten im Haar:
> Der Himmel drüber bleibt wunderbar.[63]

Und der »Choral vom Manne Baal« schließt:

> Als im dunklen Erdenschoße faulte Baal
> War der Himmel noch so groß und still und fahl
> Jung und nackt und ungeheuer wunderbar
> Wie ihn Baal einst liebte als Baal war.[64]

Die erhabene Schönheit der nur silhouettenhaft gegliederten Natur, die als bloß faktische und ungedeutete erscheint, und das Gefühl der Geborgenheit, welches das ›dichtende Ich‹ in der Regression gewinnt, geben der in grotesker Dissonanz zwischen Geschehen und Deutung entwerteten deutenden Sprache neuen, allerdings nicht in Begriffe gefaßten Gehalt. Die Sprache sagt, sofern sie deutet, nichts Konkretes mehr aus.[65] Sie ist gleichsam entsubstanzialisiert, ›entdinglicht‹ in Reaktion auf Verdinglichung: ihre Worte und Sätze sind – metaphorisch gesprochen – entleerte, substanzlose Hülsen. Das Gedicht erhält durch sie noch lyrisch-feierliche Gestimmtheit, den Anschein sympathetischer Weltdeutung und die Trauer, daß sie verlorenging; es wäre – so betrachtet – nur ein schön gesungenes Nichts, wenn es nicht neuen Gehalt aus der ungedeuteten Natur empfinge.

Schönheit und Geborgenheit kehren in die ästhetisierende Sprache zurück und die deutende Sprache erhält neuen Sinngehalt, freilich einen anderen als den von den Worten gemeinten.[66] Sicher

63 w. a., 1, S. 50.
64 w. a., 8, S. 250.
65 Vgl. die Analyse von »wundersam«, »begütigen« und »Gott«.
66 Killy spricht von der wirkungsvollen »Erneuerung eines von den Zeitgenossen längst zu den Akten gelegten klassisch-romantischen Vokabulars«; hier kommt es zu solch einer Erneuerung auf der Basis des anarchisch-nihilistischen Vitalismus (Killy, a. a. O., S. 144).

begütigt der Himmel die Leiche nicht, doch im Bild ihrer langsamen Verwesung unter seinem Licht nimmt das ›dichtende Ich‹ die Erlösung aus den Leiden der Individuation vorweg und begütigt sich dabei selbst. Und sicher veranstaltet die Natur den Wechsel von Tag und Nacht nicht um des Mädchens willen, doch das Ich phantasiert hier sein Eingehen in die bewegte, immer gleiche Natur. So vermittelt das Gedicht zugleich Begütigung, Lust, Trauer, Schrecken und Gleichgültigkeit.[67] Die deutende Sprache kann solch verborgenen Doppelsinn annehmen, weil ihre vorgetragenen Deutungen in den abgemilderten Dissonanzen[68] nur so weit entwertet sind, daß sie nie ausdrücklich als unangemessen entlarvt und zurückgewiesen werden.

So gewährt das Gedicht als Rollenlyrik des Lyrikers den Schein der Versöhnung von Subjekt und Objektivität und zeigt zugleich deren Unversöhnbarkeit. Die Harmonisierung gelingt in der Dissonanz ersehnter und gefürchteter Verwesung. Der Schein von Gesellschafts- und Repressionsfreiheit hat als Negation von Gesellschaft und Repression die Negation des Subjekts, das frei sein müßte, zur eigenen Bedingung; der Schein unentstellter Individualität und Unmittelbarkeit wird im Untergang des Subjekts als Schein deutlich und gewährt zugleich die Erfahrung der Unmittelbarkeit. Diese widersprüchliche Einheit ist nach Adorno für die »neue Kunst« konstitutiv:

Das Neue als Kryptogramm ist das Bild des Untergangs; nur durch dessen absolute Negativität spricht Kunst das Unaussprechliche aus, die Utopie. Zu jenem Bild versammeln sich all die Stigmata des Abstoßenden und Abscheulichen in der neuen Kunst. Durch unversöhnliche Absage an den Schein von Versöhnung hält sie diese fest inmitten des Unversöhnten.[69]

Das Gedicht »Vom ertrunkenen Mädchen« greift – wie die »neue Kunst« allgemein – »den traditionellen Begriff des Dichterischen als eines Höheren, Geweihten überhaupt« an;[70] es desillusioniert und wendet sich gegen vorgegebenen Sinn, damit aber auch gegen sich selbst als Kunstwerk:

Kritische Selbstreflexion, wie sie jeglichem Kunstwerk inhäriert, schärft dessen Empfindlichkeit gegen alle Momente in ihm, die herkömmlichen

---

67 Vgl. Steffensen, a. a. O., S. 23.
68 Vgl. oben S. 166 f.
69 *ÄT*, S. 56.
70 Ebenda, S. 31 f.

Sinn bekräftigen; damit aber auch gegen den immanenten Sinn der Werke und ihre sinnstiftenden Kategorien.[71]

So greift das Gedicht Sinn an und behauptet Sinn, untergräbt sich selbst als Kunstwerk und stellt sich eben darin wieder her:

Sinnzusammenhang, Einheit wird von den Kunstwerken veranstaltet, weil sie nicht ist, und als veranstaltete das Ansichsein negiert, um dessentwillen die Veranstaltung unternommen wird – am Ende gegen die Kunst selbst.[72]

Noch indem Kunst das verborgene Wesen, das sie zur Erscheinung verhält, als Unwesen verklagt, ist mit solcher Negation als deren Maß ein nicht gegenwärtiges Wesen, das der Möglichkeit, mitgesetzt; Sinn inhäriert noch der Leugnung des Sinns. Daß diesem, wann immer er im Kunstwerk sich manifestiert, Schein gesellt bleibt, verleiht aller Kunst ihre Trauer.[73]

In der Negation der das Individuum negierenden Gesellschaft negiert sich das Gedicht als Kunstwerk und gewinnt sich zugleich mit dem Schein der Versöhnung von Subjekt und Objektivität zurück, den es herstellt, indem es dessen frühere, gesellschaftliche Form sowie das Subjekt und die Objektivität als gesellschaftliche negiert. Seinen geschichtlichen Ort hat das Gedicht dort, wo der »traditionelle Begriff des Dichterischen« und ganz allgemein der herkömmliche Sinn, noch offen ins Kunstwerk aufgenommen, in ihm aber schon negiert werden. Es leugnet den Sinn noch nicht durch Schweigen.

Die an ihre Grenze gelangte Lyrik des bürgerlichen Individuums

Brecht steht hier in der Tradition der individualistischen bürgerlichen Lyrik der letzten zweihundert Jahre, sucht ihr jedoch auf einem ihr zuwiderlaufenden Weg gerecht zu werden. Seine Lyrik ist in dieser Phase Abgesang des Individualismus, in dem das Individuum sich selbst noch als untergehendes besingt, genießt, beklagt und im schönen Gesang ebenso den Schrecken des Untergangs bannt, wie die Erlösung aus seiner Vereinzelung feiert. Traditionsbestimmte und traditionsüberwindende Momente zei-

---

71 Ebenda, S. 229.
72 Ebenda, S. 162.
73 Ebenda, S. 161.

gen sich im Vergleich der oben gewonnenen Ergebnisse mit Emil Staigers Abhandlung über die – von ihm allerdings nicht als solche erkannte – bürgerlich-individualistische Lyrik.
Die Entsubstanzialisierung bei Brecht[74] entspricht der Verflüssigung des Festen und Gegenständlichen, die nach Staigers an früheren, insbesondere romantischen Gedichten gewonnener These wesentliches Kennzeichen des Lyrischen ist.[75] Verflüssigung und Entsubstanzialisierung sind verschiedene Weisen des lyrischen Subjekts, die Gegenständlichkeit aufzulösen und so ein Ineinander von Subjekt und Objekt, das »Fehlen des Abstands zwischen Subjekt und Objekt, [...] das lyrische Ineinander«[76] zu erreichen, in dem sich das Subjekt eins fühlt mit dem Objekt.[77]
Die Unterschiede der Lyrik des frühen Brecht zu der von Staiger untersuchten sind freilich beträchtlich. Nach Staiger ist das Subjekt – im Gedicht – in den Dingen und diese sind in ihm,[78] die Welt geht in das Subjekt ein und wird von ihm durchdrungen;[79] bei Brecht dagegen ist das Subjekt ›leer‹, es geht nicht beglückt oder klagend in die Welt ein, um sich in ihr wiederzufinden, sondern erlöscht und ist großenteils schon erloschen. Das Subjekt kommt zum lyrischen Ineinander mit dem Objekt nur, indem es sich in ihm verliert und im Selbstverlust kaum merklich erfährt, nicht indem es sich als mit sich identisches Subjekt in ihm wiederfindet. In den Schlußzeilen »Warte nur, balde/Ruhest du auch«

74 Zur Entsubstanzialisierung oben S. 158 ff.
75 Emil Staiger: *Grundbegriffe der Poetik*. Zürich und Freiburg i. Br. [6]1963, S. 70 und 72. - Staiger betrachtet die Verflüssigung des Gegenständlichen als entscheidendes Charakteristikum des Lyrischen schlechthin. Fern ist ihm die Einsicht Adornos, »jener Charakter des Unmittelbaren, Entstofflichten« (*AR*, S. 80) sei eine historische, in der bürgerlichen Gesellschaft ausgebildete »Reaktionsform auf die Verdinglichung der Welt, der Herrschaft von Waren über Menschen« (*AR*, S. 78). - Staiger beginnt seine Untersuchung nicht mit der wirklichen Differenz von Subjekt und Objekt, sondern mit der des Subjekt-Objekt-Verhältnisses in Gedichten und ontologisiert die hauptsächlich an bürgerlicher Lyrik abgelesenen Merkmale zu Wesenszügen des Lyrischen überhaupt, um so Grundlagen einer ahistorischen Anthropologie zu gewinnen. Während Staiger auf diese Weise das im 18. Jahrhundert ausgebildete bürgerliche Selbstverständnis zu erhalten sucht, löst sich Brecht hier von diesem und wird es in den kommenden Jahren zu überwinden versuchen. - Vgl. C. Casès: *Stichworte zur deutschen Literaturwissenschaft*. Wien 1969, S. 353-366; besonders S. 358.
76 Staiger, a. a. O., S. 62.
77 Ebenda, S. 64.
78 Ebenda, S. 61.
79 Ebenda, S. 60; nach einem Zitat aus Fr. Th. Vischer: *Ästhetik oder Wissenschaft des Schönen*. München [2]1922-23, Bd. VI, S. 197.

erfährt das Subjekt eben in der tröstlichen Gewißheit baldiger Ruhe sein Subjektsein als in sich einiges geistiges, psychisches wie körperliches Wesen; das geht hier verloren. Symbolischer Ausdruck des sich verlierenden Subjektseins des Subjekts ist das Aufgehen der Leiche als Aas in vielen Flüssen: die Projektion des Subjekts ist schon als Leiche nur Gegenstand, Körper, dann löst sie sich im Allgemeinen auf. Solchem Selbstverlust des Subjekts entspricht der Verlust des Objektseins des Objekts, seiner Widerständigkeit: die Leiche löst sich in eine nahezu konturenfreie, entsubstanzialisierte Welt auf, in Flüsse mit vielem Aas. Hier findet sich nicht mehr – wie etwa in Goethes ›Mailied‹ – ein Mensch in einer erfüllten, ihm entsprechenden Welt. Die lyrische Einheit von Subjekt und Objekt gelingt nur durch Auslieferung des Subjekts an das seinerseits um sein Objektsein gebrachte Objekt. Die Subjektivität erscheint nur noch in dieser Auslieferung,[80] in der grotesken Zerstörung des Subjektiven, der unausgesprochenen Klage hierüber und dem Gefühl der Erlösung: die Einheit von Subjekt und Objekt ist nicht durch »Erinnerung« geschaffen,[81] sondern durch Entäußerung. Das leere, entfremdete Ich erdichtet eine Einheit, in die es selbst und die entsubstanzialisierte Welt eingehen, eine Einheit, deren lyrische Unendlichkeit nicht mehr erfüllt, sondern leer ist.[82]
Brecht steht hier in der Tradition bürgerlich-individualistischer Lyrik und kehrt sie zugleich um. Nicht mehr das liebende, klagende, oder genießende Subjekt verflüssigt lyrisch die Welt, sondern das leere. An die Stelle icherfüllter Lyrik tritt die des Ichverlustes. Auch sie ist Lyrik im Sinne der bürgerlichen Tradition, welche Lyrik als die Gattung versteht, in der »die Innerlichkeit nämlich der Stimmung oder Reflexion, die sich in sich selber ergeht, sich in der Außenwelt widerspiegelt, sich schildert, beschreibt oder sonst mit irgendeinem Gegenstande beschäftigt«[83]; sie ist freilich eine Lyrik des untergehenden und schon untergegangenen Subjekts. Weil Brecht die Tradition der bürgerlichen individualistischen Lyrik beibehält, treibt er sie unter dem Druck

80 Vgl. oben S. 42 ff.
81 Staiger, a. a. O., S. 62.
82 Dem entsprechen die »Entpersönlichung der modernen Lyrik« und die »Enthumanisierung des lyrischen Subjekts«, von denen Friedrich anläßlich Baudelaires schreibt. Hugo Friedrich: *Die Struktur der modernen Lyrik. Von Baudelaire bis zur Gegenwart.* Hamburg 1956, S. 26.
83 Hegel: *Ästhetik.* Bd. 2, S. 473.

der Entfremdung im Monopolkapitalismus über sich hinaus. Ein Gedicht wie »Vom ertrunkenen Mädchen« ist (im Bereich der Literatur) bestimmte Negation der Tradition und bewahrt sie eben hierdurch.[84]
Der Abgesang der bürgerlich-individualistischen Lyrik ist in deren Geschichte ebenso angelegt wie der Untergang des autonomen bürgerlichen Individuums in dessen Konstituierung. Zum bürgerlichen Individuum gehört notwendig und von Anbeginn an die Unterwerfung unter das Abstrakt-Allgemeine.[85] Das Allgemeine reproduziert zwar die Erhaltung des Lebens, doch es »gefährdet es zugleich, auf stets bedrohlicherer Stufe. Die Gewalt des sich realisierenden Allgemeinen ist nicht [...] dem Wesen der Individuen an sich identisch, sondern immer auch konträr.«[86] Dementsprechend ist schon in der früheren bürgerlich-individualistischen Lyrik die Vernichtung des Subjekts Kehrseite seiner Selbstaussprache und Selbstbegegnung:

zur Erhöhung des befreiten Subjekts gehört als Schatten dessen Erniedrigung zum Austauschbaren, zum bloßen Sein für anderes hinzu; zur Persönlichkeit das ›Was bist du schon?‹[87].

Doch während es der Lyrik von Klassik und Romantik noch gelang, Unmittelbarkeit, lyrische Einheit und Widerspiegelung des Subjekts in der Außenwelt durch Versenkung der Natur ins Ich wiederherzustellen,[88] kann sich das Subjekt beim jungen Brecht nur noch dann aussprechen, vom Objekt abheben und in ihm spiegeln, wenn es beide, sich und das Objekt, vernichtet.
Die Entwicklung zum Monopolkapitalismus führte zu einer derartigen Durchdringung der Gesellschaft vom Warencharakter und damit vom Abstrakt-Allgemeinen, daß die Ideologie vom autonomen Individuum erschüttert wurde. Das bürgerliche Indivi-

---

84 Vgl. Theodor W. Adorno: *Über Tradition*. In: Th. W. Adorno: *Ohne Leitbild. Parva Aesthetica.* Frankf./M. ²1968, S. 29-41; dort S. 38 über die »der Qualität nach gegenwärtige Produktion«: »Soweit sie authentisch ist, beginnt sie nicht frisch-fröhlich von vorn, übertrumpft nicht eine ersonnene Verfahrungsweise durch die nächste. Vielmehr ist sie bestimmte Negation.«
85 Vgl. oben S. 14 ff.
86 *AND*, S. 303.
87 *AR*, S. 82.
88 Vgl. *AR*, S. 80: »Das Ich, das in Lyrik laut wird, ist eines, das sich als dem Kollektiv, der Objektivität entgegengesetztes bestimmt und ausdrückt; mit der Natur, auf die sein Ausdruck sich bezieht, ist es nicht unvermittelt eins. Es hat sie gleichsam verloren und trachtet, sie durch Beseelung, durch Versenkung ins Ich selber, wiederherzustellen.«

duum gelangt an seine historische Grenze. Was Adorno anläßlich Becketts *Endspiel* schrieb, gilt schon hier beim jungen Brecht:

> Der Einzelne selbst ist als geschichtliche Kategorie, Resultat des kapitalistischen Entfremdungsprozesses und trotziger Einspruch dagegen, als ein wiederum vergängliches offenbar geworden.[89]
>
> Die Position des absoluten Subjekts, einmal aufgeknackt als Erscheinung eines übergreifenden und sie überhaupt erst zeitigenden Ganzen, ist nicht zu halten.[90]

Die Krise des Individuums ist auch die des individuellen Ausdrucks; »je mehr das Übergewicht der Gesellschaft übers Subjekt anwächst, um so prekärer die Situation der Lyrik«[91].

> Kunst [es müßte heißen: bürgerlich-individualistische Kunst. C. P.] vollstreckt den Untergang der Konkretion, den die Realität nicht Wort haben will, in der das Konkrete nur noch Maske des Abstrakten ist, das bestimmte Einzelne lediglich das die Allgemeinheit repräsentierende und über sie täuschende tragende Exemplar, identisch mit der Ubiquität des Monopols.[92]

Die Erfahrung des dem Individuum und seinem Bewußtsein vorgeordneten Abstrakt-Allgemeinen und damit der eigenen nur als abstrakte möglichen Allgemeinheit des Individuums führt dazu, daß Subjekt und Objekt – in diesem Gedicht bildhaft: das Mädchen und die Natur – nur in beiderseitiger Auflösung zur lyrischen Einheit kommen. Das Individuum kann seine Nicht-Identität mit einer solchen Gesellschaft, durch die es in seiner Besonderheit negiert wird, nur noch aussprechen und sich damit lyrisch als Besonderes erfahren, wenn es seinerseits die abstrakte Allgemeinheit negiert; diese aber ist die des Objekts wie seine eigene. Wenn es sich so also selbst negiert, negiert es jedoch nicht allein seine bürgerliche Individuation, sondern seine Individuation schlechthin, weil es in seiner historischen Situation Individuum nur als bürgerliches ist. Das begründet die Faszination, die Identitätslosigkeit, Aufgehen im gestaltlosen Wasser oder im nicht-individuellen Vitalen auf den jungen Brecht ausüben.

Von nun an steht das lyrische Subjekt vor der Wahl, sich gänzlich zu verleugnen – das führt zur Konkreten Lyrik –, die Bezie-

---

89 Theodor W. Adorno: *Versuch, das Endspiel zu verstehen*. In: Th. W. Adorno: *Noten zur Literatur II*. Frankf./M. 1961, S. 188-236; dort S. 199.
90 Ebenda, S. 200.
91 Vgl. *AR*, S. 87.
92 *AÄ*, S. 54.

hung zum Objektiven abzubrechen und sich ein eigenes Objekt vorzuspiegeln – das führt zur Hermetischen Lyrik –, sich über die Situation zu täuschen und eine falsche Einheit mit dem Objektiven einzugehen – das führt zu Sentimentalität und Kitsch –, oder aber sich dialektisch aufzuheben, d. h. Voraussetzungen und Eigenarten des sich negierenden bürgerlichen Individuums zu negieren – das führt zu einer marxistisch orientierten Lyrik, deren Subjekt sich als dialektisch bewegtes begreift und sich von einer jeweils als historisch erkannten Position aus verhält, ausspricht und erfährt; das geschieht aus der Perspektive des Proletariats, das sich anschickt, die bürgerliche Gesellschaft praktisch aufzuheben; die Perspektive entwickelt sich im Wechselspiel von Theorie und Praxis. Die bestimmte und Praxis intendierende Negation der erkannten Gesellschaft tritt an die Stelle der praxisflüchtigen Negation der nicht erkannten bürgerlichen Gesellschaft und des in ihr gebildeten Individuums. Das bedeutet die Aufhebung der bürgerlich-individualistischen Kunst. Die Entscheidung hierüber fällt allerdings nicht auf der Ebene lyrischen Dichtens, sondern auf der gesellschaftlichen Handelns.

Die Poesie folgt in dem Gedicht »Vom ertrunkenen Mädchen« der zugrunde gehenden Gesellschaft in der Tat auf den Grund. »Hier erreicht die Literatur jenen Grad der Entmenschtheit, den Marx beim Proletariat sieht und zugleich die Ausweglosigkeit, die ihm Hoffnung einflößt«[93], eine Ausweglosigkeit, die hoffen läßt, das Subjekt werde von der abstrakten Negation seiner Negation zur konkreten gelangen.

Zynische Anmut und vertierte Erhabenheit

Um seine anarchisch-nihilistische Lyrik zu bezeichnen, spricht Brecht metaphorisch von »zynischer Anmut leichter Gedichte / Einer Bitternis mit Orangengeschmack / In Eis gekühlt«[94]. Seine Gedichte sind leicht, weil Welt und Ich in ihnen nur noch entsubstanzialisiert erscheinen, anmutig, weil sie geformt und zugleich leicht sind, zynisch, weil sie dem Unmenschlichen, dem Zerfall des Subjekts und seiner Sprache lyrische Anmut abgewinnen. Die zynische, dem eigenen Untergang abgepreßte Anmut ist »Bitternis

---

93 Vgl. oben S. 155.
94 »Über die Anstrengung«; w. a., 8, S. 207.

mit Orangengeschmack«[95], erlittene und genossene Selbstzerstörung, jedoch in »Eis gekühlt«: beinahe frei von individuellem Gefühl mit gespieltem wie erlittenem Gleichmut ertragen. Diese Lyrik genießt die ›Kälte‹ des Nihilismus, die Frische einer von Konventionen befreiten Phantasie und die unmenschliche Weite eines von Menschen freien Raums; so stellt Brecht es im Rückblick um 1945[96] selbst dar:

> Einst schien dies in Kälte leben wunderbar mir
> Und belebend rührte mich die Frische
> Und das Bittre schmeckte [...]
> [...]
> Frohsinn schöpfte ich aus kalter Quelle
> Und das Nichts gab diesen weiten Raum.
> Köstlich sonderte sich seltne Helle
> Aus natürlich Dunklem. [...][97]

Den engen Zusammenhang zwischen der Leere des entfremdeten Ich, seiner ›Kälte‹ und der schwebenden Leichtigkeit nihilistischer Lyrik zeigt das

> Lied am schwarzen Samstag in der elften
> Stunde der Nacht vor Ostern
>
> 1
>
> Im Frühjahr unter grünen Himmeln, wilden
> Verliebten Winden schon etwas vertiert
> Fuhr ich hinunter in die schwarzen Städte
> Mit kalten Sprüchen innen tapeziert.
>
> 2
>
> Ich füllte mich mit schwarzen Asphalttieren
> Ich füllte mich mit Wasser und Geschrei
> Mich aber ließ dies alles kalt, mein Lieber
> Ich blieb ganz ungefüllt und leicht dabei.

---

95 Wahrscheinlich nimmt Brecht hier Baudelaire auf:
»Ainsi qu'un débauché pauvre qui baise et mange
Le sein martyrisé d'une antique catin,
Nous volons au passage un plaisir clandestin
Que nous pressons bien fort comme une vieille orange«.
(»Au lecteur«. In: Baudelaire: Œuvres complètes. S. 5).
96 CR, S. 61.
97 »Einst«; w. a., 10, S. 933.

3
Sie schlugen Löcher wohl in meine Wände
Und krochen fluchend wieder aus von mir:
Es war nichts drinnen als viel Platz und Stille
Sie schrieen fluchend: ich sei nur Papier.

4
Ich rollte feixend abwärts zwischen Häusern
Hinaus ins Freie. Leis und feierlich
Lief jetzt der Wind schneller durch meine Wände
Es schneite noch. Es regnete in mich.

5
Zynischer Burschen arme Rüssel haben
Gefunden, daß in mir nichts ist.
Wildsäue haben sich in mir begattet. Raben
Des milchigen Himmels oft in mich gepißt.

6
Schwächer als Wolken! Leichter als die Winde!
Nicht sichtbar! Leicht, vertiert und feierlich
Wie ein Gedicht von mir, flog ich durch Himmel
Mit einem Storch, der etwas schneller strich![98]

Das Gedicht, eine verwandelnde Nachfolge des ›trunkenen Schiffs‹, persifliert Christi Höllenfahrt und Auferstehung. Das ›explizite Ich‹ steigt in die Städte hinunter und kommt dann wie Christus an Ostern zur Auferstehung. Seine Leere wird zur feierlichen und vertierten Leichtigkeit seiner Gedichte: »Leicht, vertiert und feierlich / Wie ein Gedicht von mir flog ich«. Wie sich das Mädchen in die Flüsse auflöst, so das Ich in die Luft;[99] außerhalb der Gesellschaft, fern den Städten wird es »Schwächer als Wolken! Leichter als die Winde! Nicht sichtbar!«; seine Leere führt zum Genuß leichten Schwebens und beinahe völliger Auflösung. In der Leichtigkeit der Gedichte des jungen Brecht schlägt die Leere des entfremdeten Ich um in das Glück schwerelosen

---

98 w. a., 8, S. 213.
99 Das Aufgehen in der Luft entspricht dem Aufgehen im Wasser auch insofern, als das Ich beidemal seine Auflösung als sexuelle Hingabe phantasiert. Vgl. unten S. 186 ff. und F, XI, S. 156; F, VIII, S. 198. Die erotische Komponente des Flugmotivs wird bei Brecht in dem Gedicht »Die Liebenden« manifest (vgl. unten S. 269 ff.). Die Nähe des Gedichts zum »trunkenen Schiff« und dessen Nähe zu den Wasserleichengedichten weist auf die Verwandtschaft mit »Vom ertrunkenen Mädchen«.

Schwebens. Zugleich sind sie »vertiert«; sie streifen die bewußten Über-Ich-Anteile ab und regredieren auf den Menschen als Naturwesen, auf seine »Kreatürlichkeit«.

Oft sind sie »feierlich«-erhaben,[100] wenn sie den Untergang des Sinns oder des Subjekts besingen, das sich in einer sinnvollen Welt geborgen glaubte, oder dabei auch den Untergang des Schönen, wie in »Vom ertrunkenen Mädchen«. Sie tragen den Sinn noch mit sich im Schrecken, daß er ausbleibt, und in der Lust, von ihm frei zu werden,[101] und vermitteln die Erfahrung der Ohnmacht und Begrenztheit des Individuums zugleich mit der, daß es seine Schranken im Untergang überwinden und in die Unendlichkeit eingehen kann.[102] Doch hier scheidet sich nicht der moralische vom sinnlichen Menschen, um seine Selbständigkeit zu bewähren; das ganze Subjekt geht unter und bewahrt sich nur, indem es seinen Untergang leidend genießt; auch geht es nur als aufgelöstes in die Unendlichkeit ein. »Auch das Schöne muß sterben«[103], das traditionelle Motiv hat sich gewandelt und lautet nun ›Wenn das Schöne Aas wird, ist es schön und erhaben‹. Diese Mischung des Häßlichen mit dem Schönen und den Widerspruch zwischen hohem, erhabenem Ton und Würdelosigkeit des Gegenstandes beobachtete Erich Auerbach schon bei Baudelaire.[104] Brecht steht hier in der Nachfolge Baudelaires, unterscheidet sich von ihm aber dadurch, daß das ›dichtende Ich‹ sich nicht hoffnungslos im Kerker seiner selbst unter der Gewalt des angegriffenen Über-Ich gefangen sieht, sondern im Nichts auch Erlösung von sich und Aufnahme in eine bejahte Natur findet. Das nimmt dem Erhabenen die verzweifelte Härte und verwandelt es in schwebende Feierlichkeit.

Hier hat die Psychoanalyse anzusetzen. Der Auferstehung des

---

100 Erhaben wirken in »Vom ertrunkenen Mädchen« z. B. die Veranstaltungen am Himmel, der langsam-feierliche Duktus und die Wortwahl (»die größeren Flüsse« etwa erinnern an Klopstock); erhaben ist das Abtun aller alltäglichen und bergenden Weisen des Sprechens, hier ihre groteske Aufhebung.
101 Vgl. *AÄ*, S. 295: »Das Erhabene markiert die unmittelbare Okkupation des Kunstwerks durch Theologie; sie vindiziert den Sinn des Daseins, ein letztes Mal, kraft seines Untergangs.«
102 Vgl. Schiller: *Über den Grund des Vergnügens an tragischen Gegenständen* (In: Friedrich Schiller: *Sämtliche Werke*. Hrsg. von Gerhard Fricke u. Herbert G. Göpfert. München ³1962, Bd. 5, S. 358-371), »Vom Erhabenen« (ebenda, Bd. 5, S. 489-511) und »Über das Erhabene« (ebenda, S. 792-810).
103 »Nänie«; ebenda, Bd. 1, S. 242.
104 *Baudelaires Fleurs du Mal und das Erhabene*. In: Erich Auerbach: *Gesammelte Aufsätze zur Romanischen Philologie*. Bern 1967, S. 275 ff.

leeren Ich und seiner Auflösung in Luft entspricht in »Vom ertrunkenen Mädchen« die Erlösung durch Verwesung. Sie läßt sich als Wiedergeburt verstehen. Das Wasser, in dem die Leiche schwimmt, ist dann auch ihr Taufwasser. Deutlich wird das an der »Legende von der Dirne Evlyn Roe«, wo die Wellen das ertrunkene Mädchen, eine Maria Aegyptiaca Brechts, wie Taufwasser reinwaschen:

> Sie ließ sich den dunklen Wellen, und die
> Wuschen sie weiß und rein
> Nun wird sie wohl vor dem Kapitän
> Im heiligen Lande sein.[105]

In »Die Geburt im Baum«[106] hat Brecht den Motivkomplex von Taufe, Verwesung im Wasser und Wiedergeburt entfaltet, hier tritt auch die sexuelle Komponente[107] des Motivs hervor:

> 1
> Zwischen superfeinen Leichen
> Braunem Raubtier sanft gesellt
> Schwamm im Frühling ich mit gleichen
> Satten Fressern aus der Welt.
> [...]
>
> 4
> Blaue Salzflut überschwemmte
> Mir das Fleisch bis auf das Bein
> Wusch mich schnell von Kot und Hemde
> Faustschlag (und auch Küssen) rein.
>
> 5
> Bösen Träumen hingegeben
> Mit mir selbst im Tod vereint
> Hab ich Algen mich ergeben
> Sie beschlafen, wie es scheint.
>
> 6
> Als der Sommer wiederkehrte
> War ich Aas in grüner Bucht
> Und in einem Baum der Erde
> Schlug ich himmelwärts die Flucht.[108]

---

[105] *w. a.*, 8, S. 20; entst. 1917 (*CR*, S. 33).
[106] *w. a.*, 8, S. 85; entst. 1920 (*CR*, S. 35).
[107] Siehe unten S. 186 ff.

Die psychische Struktur, die sich hier ausdrückt, entspricht der, welche sich in der christlichen Taufe manifestiert. Das Untertauchen in der Taufe zeigt sinnfällig die Teilnahme an Tod und Auferstehung Christi,[109] bei Brecht phantasiert das Ich die eigene Vernichtung und die eigene Wiedergeburt; die Analogie zu Tod und Auferstehung Christi wird an anderer Stelle bewußt.[110] In der Taufe wird die Sünde vernichtet,[111] und die Strafe, welche auf die Sünde folgt, erlassen,[112] bei Brecht sucht sich das Ich der Strafe des Über-Ich für sein Vergehen durch Auflösung zu entziehen,[113] sein Verhalten ist ebenfalls von Schuldbewußtsein bestimmt. In der Taufe, die als Initiationsritus die jüdische Beschneidung fortsetzt,[114] welche die Kastration andeutet, wird die Kastration mitphantasiert, auch bei Brecht findet sich die unbewußte Phantasie der Kastration: die Strafe für das Eingehen in die Mutter.[115] Die Taufe wird unbewußt als Rückgang zur Mutter phantasiert,[116] auf den die Neugeburt aus dem Geist Gottes

---

108 Vgl. »Der Tod im Wald« (w. a., 1, S. 56). - Erich Neumann führt zahlreiche Belege zum Motiv der ›Geburt im Baum‹ an. Erich Neumann: *Die große Mutter. Der Archetyp des großen Weiblichen*. Zürich 1956, S. 59, 230, 233, 234, 236.
109 Röm. 6, 4: »So sind wir ja mit ihm begraben durch die Taufe in den Tod, auf daß, gleich wie Christus ist auferweckt von den Toten durch die Herrlichkeit des Vaters, also sollen auch wir in einem neuen Leben wandeln.«
110 In dem »Lied am schwarzen Samstag in der elften Stunde der Nacht vor Ostern« (oben S. 179).
111 Apg. 2, 38: »Petrus sprach zu ihnen: Tut Buße, und lasse sich ein jeglicher taufen auf den Namen Jesu Christi zur Vergebung der Sünden, so werdet ihr empfangen die Gabe des heiligen Geistes.« Vgl. Apg. 22, 16; 1 Kor. 6, 11; Eph. 5, 26.
112 Das zeigt Röm. 8, 1: »So ist nun nichts Verdammliches an denen, die in Christo Jesu sind«.
113 Siehe oben S. 170 f.
114 Vgl. »Die T. [=Taufe] ist das neue Heilszeichen, die ›Christusbeschneidung‹, in der nicht nur ein Fleischteilchen entfernt, sondern der ganze ›Fleischesleib‹ abgetan wird (Kol. 2, 11). Vielleicht steht auch hinter der ›Besiegelung‹ mit dem Heiligen Geist (2 Kor. 1, 22; Eph. 1, 13; 4, 30) der Gedanke an das alte ›Beschneidungszeichen‹ (Röm. 4, 11) [...]« (Rudolf Schnackenburg: *Artikel ›Tauftheologie‹*. In: *Lexikon für Theologie und Kirche*. Bd. 9, Freiburg i. Brg. 1964, Sp. 1313-1314; dort Sp. 1313).
115 Siehe unten S. 188 und S. 204 ff.
116 Vgl. Cyrill von Jerusalem zu den Täuflingen: »Im gleichen Augenblick starbt ihr und wurdet ihr geboren; jenes heilsame Wasser wurde für euch zugleich Grab und Mutter. Was Salomon bei anderer Gelegenheit gesagt hat, mag für euch passen. Er sagte dereinst: ›Eine Zeit des Gebärens und eine Zeit des Sterbens‹. Bei euch heißt es allerdings umgekehrt: eine Zeit des Sterbens und eine Zeit des Geborenwerdens. Eine einzige Zeit wirkt das eine und das andere: zugleich mit eurem Tode erfolgte eure Geburt.« (*Mystagogische Katechese* II, 4.

folgt,[117] die Verwesung führt bei Brecht zur Wiedergeburt als Naturwesen unter dem Himmel:

> Und in einem Baum der Erde
> Schlug ich himmelwärts die Flucht.

Die Wiedergeburtsphantasie trägt bei Brecht Züge einer anarchisch-nihilistischen Taufe.
Im Bild der veraasenden und in die Welt eingehenden Wasserleiche findet der Wunsch des Subjekts, sich aus der Entfremdung durch Selbstaufgabe und Reduktion auf die eigene Natürlichkeit selbst zu erlösen, seinen symbolischen Ausdruck. Die phantasierte Erfüllung dieses Wunsches bringt dem Ich jenes Gefühl der Befreiung,[118] das im »Großen Dankchoral« hinter aller Ironie noch zu spüren ist:

> Lobet den Baum, der aus Aas aufwächst jauchzend zum Himmel!
> Lobet das Aas
> Lobet den Baum, der es fraß
> Aber auch lobet den Himmel.[119]

Dieses Verhalten des entfremdeten Ich ist regressiv; es phantasiert sich zurück in die Geborgenheit des Mutterschoßes,[120] deren Verlust die »Ballade von den Abenteurern«[121] beklagt:

In: *Des Heiligen Cyrillus Bischofs von Jerusalem Katechesen.* Aus dem Griechischen übers. von Philipp Haeser. München 1922, S. 370). Vgl. unten S. 207 ff. die Ausführungen zur vagina dentata.
117 Joh. 3, 6: »Was vom Fleisch geboren ist, das ist Fleisch; und was vom Geist geboren ist, das ist Geist.« Vgl. Joh. 1, 13; 1. Joh. 5, 1 ff. - 2. Kor. 5, 17 »Darum, ist jemand in Christo, so ist er eine neue Kreatur; das Alte ist vergangen, siehe, es ist alles neu geworden.« Vgl. Eph. 2, 1 ff.; Eph. 4, 23 f.
118 In der »Ballade von der roten Rosa« schrieb Brecht - wahrscheinlich 1919:
Die roten Fahnen der Revolution
sind längst von den Dächern herabgeweht
[...]
Die rote Rosa
schwamm als einzige Befreite.
SU, S. 75.
119 *w. a.*, 8, S. 215.
120 Vgl. Rüesch, a. a. O., S. 156 zu »Das Schiff«: »Das lyrische Subjekt löst sich, gleichsam von kosmischem Fruchtwasser überschwemmt und durchdrungen, in die Natur auf«; er fügt hinzu: »Dasselbe gilt auch für das ertrunkene Mädchen«.
121 *w. a.*, 8, S. 217.

> O ihr, die ihr aus Himmel und Hölle vertrieben
> Ihr Mörder, denen viel Leides geschah
> Warum seid ihr nicht im Schoß eurer Mütter geblieben
> Wo es stille war und man schlief und war da?

Den innigen Zusammenhang des Wasserleichenmotivs mit der Auflösung des Selbstbewußtseins, dem Vergessen, dem Gesichts- und Individuationsverlust, dem Befreiungserlebnis, dem Aufgehen in der Welt, der Rückkehr zur Mutter und der Wiedergeburt zeigt das Gedicht

> Jene verloren sich selbst aus den Augen[122]

> 1
> Jene verloren sich selbst aus den Augen.
> Jeder vergaß sich selbst. Es schwemmte das Meer seinen Leichnam
> Einmal an irgendein Riff, dort freuten sich Vögel darüber
> Und lebten davon noch einige Wochen.
> Viele versteckten sich hilflos in Nacht und glaubten, sie seien
> Unsichtbar, wenn sie nicht sahen. Die Nacht
> Gab ihnen Schutz und nahm ihnen lässig
> Mütterlich streichelnd über ihr Antlitz
> Stumm ihr Gesicht. In Wind und Wasserlaut
> Wurden sie klagende Stimme [...]

> 2
> Und schon erhebt sich
> Lachend im Winde, andres Geschlecht
> Schläfer im Dunklen, Fresser der Vögel
> Einig mit ihrem Leib
> Und Herren unsäglicher Wonne.[123]

Die Auflösung im Wasser vollzieht sich als Neugeburt;[124] sie führt zurück in den Mutterschoß der Natur und zur Verwandlung in Wesen, die sich wie Tiere »einig mit ihrem Leib« des Daseins erfreuen.

Die Sehnsucht nach der verlorenen Geborgenheit im Mutterschoß

---

122 *w. a.,*. 8, S. 67.
123 Vgl. oben S. 109-113.
124 Freud wies darauf hin, daß ins Wasser Steigen und Verlassen des Wassers in der Traumsymbolik Geborenwerden bedeuten. *F*, II/III, S. 404 f.; VIII, S. 76; XI, S. 154, 162 f.

und einer anderen, zweiten Geburt, welche die erste rückgängig macht, bestimmt die Lyrik des jungen Brecht. In der Ballade »Das Schiff«[125] stellt er z. B. den allmählichen Verfall eines Schiffs als Schwangerschaft dar, die schließlich zur Geburt, d. h. zum Tod, zur Auflösung des Schiffs in eine amorphe Masse, führt. Der Tod ist bei ihm der ›dunkle Schoß‹, der den Menschen hinunterzieht, und die Erde, in der er dann verfault, ist der ›Erdenschoß‹[126].
Die phantasierte Erlösung durch den mütterlichen Tod nimmt dem Erhabenen in der Lyrik des jungen Brecht die verzweifelte Härte und läßt die Sprache mancher seiner Gedichte versöhnt und schwebend wirken. Da das Ich bei ihm seinen Selbsterhaltungstrieb jedoch immer bewahrt und deshalb am Untergang leidet, bleibt auch das Erhabene ein Grundzug seiner Lyrik. Die über Baudelaire hinausgehende Mischung von Erhabenheit und Versöhnung erklärt sich aus dem Zusammenwirken von Selbsterhaltungstrieb und Todessehnsucht:

> Er hat eine Lust in sich: zu versaufen
> Und er hat eine Lust: nicht unterzugehn.[127]

Die Wendung zur Mutter

Indem das ›dichtende Ich‹ den Rückgang zur Mutter phantasiert, sucht es sich zugleich vom Vater zu befreien: es greift anarchisch Über-Ich-Anteile an. Der Bezug zur Vaterrepräsentanz »Gott« löst sich immer mehr, schließlich wird das Mädchen von Gott völlig vergessen. Die Motive des Vergessens, der Verwesung im Wasser und die anarchische Parodie der deutenden Sprache sind verschiedene Momente desselben Vorgangs, der phantasierten Wendung vom Vater zur Mutter, von den Werten und Deutungen des Über-Ich zu einer wert- und deutungsfreien Natur, vom differenzierenden und ordnenden Bewußtsein zur immer gleichen und passiven Bewußtlosigkeit.
Brecht verbindet mit dem Motiv der Wasserleiche das Sexuelle.

125 *w. a.*, 8, S. 179.
126 *w. a.*, 8, S. 250.
127 *w. a.*, 8, S. 222.

In der *Hauspostille* läßt er auf »Vom ertrunkenen Mädchen« unmittelbar »Die Ballade vom Liebestod« folgen, wo er die Liebe als allmähliches Sterben zeichnet und dabei das Bild der im Wasser treibenden Leichen verwendet:

> In grünen Wassern zwei Geliebte treiben
> Von Liebe ganz durchregnet, wie ein Wrack
>
> Am Meergrund, das geborsten, in den Tropen
> Zwischen Algen und weißlichen Fischen hängt
> Und von einem Salzwind über der Fläche oben
> Tief in den Wassern unten zu schaukeln anfängt.[128]

Die Wirtin beschimpft die Mädchen, die mit Baal schlafen wollen: »Ja, schämt ihr euch denn gar nicht? Zu zweit dem in seinem Teich liegen?«[129] Baal selbst spricht zu Johannes von der Liebe: »Und die Liebe ist, wie wenn man seinen nackten Arm im Teichwasser schwimmen läßt, mit Tang zwischen den Fingern«[130]; Sophie gegenüber klagt er: »Warum kann man nicht mit den Pflanzen schlafen?«[131]; vorher schwärmt er von einer eben abgestoßenen Geliebten: »O Johanna, eine Nacht mehr in deinem Aquarium, und ich wäre verfault zwischen den Fischen!«[132] Später dichtet er:

> Tang und Algen hielten sich an ihr ein
> So daß sie langsam viel schwerer ward.
> Kühl die Fische schwammen an ihrem Bein
> Pflanzen und Tiere beschwerten noch ihre letzte Fahrt.

---

128 *w. a.*, 8, S. 255. Diese Zeilen erinnern an die Strophen IV und V von Heyms Gedicht »Der Tod der Liebenden«:
Dort wird uns Einsamkeit die Lider schließen.
Wir hören nichts in unserer Hallen Räumen,
Die Fische nur, die durch die Fenster schießen,
Und leisen Wind in den Korallenbäumen.

Wir werden immer beieinanderbleiben
Im schattenhaften Walde auf dem Grunde.
Die gleiche Woge wird uns dunkel treiben,
Und gleiche Träume trinkt der Kuß vom Munde.
(Heym, a. a. O., S. 55).
129 *w. a.*, 1, S. 22.
130 *w. a.*, 1, S. 12.
131 *w. a.*, 1, S. 29.
132 *w. a.*, 1, S. 24.

Im Bild der sich im Wasser auflösenden Mädchenleiche phantasiert das anarchisch-nihilistische Ich seine liebende Hingabe an die Natur.[133]

Die Phantasie des Rückgangs zur Mutter und der Wiedergeburt durch sie zeigt sich, wenn man die sexuelle Komponente beachtet, als Inzestphantasie:[134] das Ich phantasiert die verbotene Vereinigung mit der Mutter. Für den Inzest droht die Strafe der Kastration. Diese Strafe ist hier in die Erfüllung des Wunsches schon mit eingegangen: die Hingabe erscheint als Verwesung. Das Häßliche und Ekelerregende an dem Gedicht ist der Preis, den das Ich für die Lust zu zahlen hat, die es ihm verschafft. Die Lust – wohl noch aus anderen Quellen gespeist – überwiegt dabei so sehr, daß das Häßliche zunächst nicht zu spüren ist.

Die Angst, für die verbotene Wunscherfüllung bestraft zu werden, d. h. das Schuldgefühl, wird in Brechts Wasserleichenphantasien verschoben und an der Schuld des Liebhabers gegenüber den ertrunkenen Mädchen manifest. In »Von den verführten Mädchen« ist diese Schuld deutlich sichtbar, obwohl hier die Gewissensqual durch Übertreibung ironisiert wird. Das Gedicht geht in der *Hauspostille* der Ballade »Vom ertrunkenen Mädchen« unmittelbar voran.

Von den verführten Mädchen

1
Zu den seichten, braun versumpften Teichen
Wenn ich alt bin, führt mich der Teufel hinab.
Und er zeigt mir die Reste der Wasserleichen
Die ich auf meinem Gewissen hab.
[...]

---

133 Diese Komponente spürt auch K. Bräutigam, der nicht psychoanalytisch vorgeht (Kurt Bräutigam: *Moderne deutsche Balladen.* Frankf./M. 1968). Er spricht vom »lockenden Eros des Elementaren« (S. 26) und sieht »eine letzte kosmische Hingabe des Mädchens an die Urelemente, ein fast sublimiert-erotisches Werben von Tang, Algen und Fischen um den Mädchenkörper. Liebe und Tod sind hier Brüder, sind letzte Erfüllung« (S. 28).
134 Vgl. F, XII, S. 136: »Die Wiedergeburtsphantasie ist wahrscheinlich regelmäßig eine Milderung, sozusagen ein Euphemismus für die Phantasie des inzestuösen Verkehrs mit der Mutter. [...] Man wünscht sich in die Situation zurück, in der man sich in den Genitialien der Mutter befand, wobei sich der Mann mit seinem Penis identifiziert, sich durch ihn vertreten läßt.« Da das »Lied am schwarzen Samstag« (oben S. 179) das Wiedergeburtsmotiv mit dem Flugmotiv verbindet, verbirgt es wahrscheinlich eine der Ballade »Vom ertrunkenen Mädchen« analoge Inzestphantasie. Vgl. oben S. 180, Anm. 99.

4
Satt und bequem, als die schöne Speisung vorüber
Stießen aus Faulheit sie mich in Gewissensqual
Versauten die Erde mir, machten den Himmel mir trüber
Ließen mir einen entzündeten Leib und kein Bacchanal.[135]

Brecht läßt auch das Gedicht »Vom ertrunkenen Mädchen« als Phantasie aus schlechtem Gewissen erkennen: Baal dichtet es, nachdem er seine Geliebte ins Wasser trieb,[136] und seines Gefährten Ekart erste Reaktion auf das Gedicht ist »Geht es schon um, das Gespenst? Es ist nicht so schlecht wie du. Nur der Schlaf ist beim Teufel, und der Wind orgelt in den Weidenstrunken«[137]. In der *Baal*-Fassung von 1926 heißt es noch deutlicher: »Baal [...] Ja du bist ein böser Mensch. Wir sind es beide. Ich habe dieses Gedicht verfertigt. *Er liest das Gedicht vom ertrunkenen Mädchen*«[138].

Das Ich phantasiert mit dem genossenen und bestraften Inzest die Negation der ihm von der Gesellschaft angetanen Negation, die Negation der Gesellschaft und seiner selbst sowie die Erlösung in der Wiedergeburt. Hier können marxistische und psychoanalytische Betrachtung einander begegnen. Eine entscheidende, dem Kind angetane Negation ist die seines Inzestwunsches. Diese Negation ist wesentliches Moment der sexualunterdrückenden Moral, die ihrerseits zur patriarchalisch-monogamen Familie gehört und sie stützt; die patriarchalisch-monogame Familie wiederum entstand mit der Ausbildung des Privateigentums und einer herrschenden Klasse[139] und trägt zu deren Reproduktion bei.[140] Mit der Sexualmoral wendet sich zweite, vom Menschen geschaffene, ›Natur‹ gegen den Menschen: durch sie erleidet schon das Kind Entfremdung. Die Kastrationsdrohung ist, aus dieser Perspektive be-

---

135 *w. a.*, 8, S. 251.
136 Vgl. *w. a.*, 1, S. 45, Baal zu Sophie: »Lege ihn in den Fluß, deinen dicken Leib! Du hast gewollt, daß ich dich ausspeie.«
137 *w. a.*, 1, S. 53.
138 *SM II*, S. 171.
139 Karl A. Wittfogel: *Wirtschaftsgeschichtliche Grundlagen der Entwicklung der Familienautorität*. In: *Studien über Autorität und Familie. Forschungsberichte aus dem Institut für Sozialforschung*. Hrsg. von Max Horkheimer. Paris 1936, S. 473-522; dort S. 504.
140 Siehe Wilhelm Reich: *Der Einbruch der Sexualmoral*. Kopenhagen 1933. - Eine Skizze der Problematik findet sich in Wilfried Gottschalch u. a.: *Sozialisationsforschung. Materialien, Probleme, Kritik*. Frankf./M. 1971, S. 26-32.

trachtet, die Negation des Kindes als Sexualwesen und damit als eines sich frei entwickelnden Menschen durch die Gesellschaft. Wenn das Ich in der Inzestphantasie die Kastration gleich miterfüllt, tut es sich also die ihm von der Gesellschaft angetane Negation nochmals an. Zugleich aber phantasiert es im Inzest das Verbotene, den negierten Wunsch; so kommt es zur Negation der Negation – freilich um den Preis, daß es sich selbst negiert und die ihm angetane Negation wiederholt. Da der Inzest auch ein Angriff gegen den Vater ist – das Verbotene wird dennoch getan –, kann sich auf ihm die anarchische Komponente aufbauen, der Angriff gegen die Vaternachfolger. Mit dem Vater wird die Gesellschaft angegriffen, so wie jene durch die Kastration ihrerseits straft. Ebenso kann sich auf der Wendung weg vom Vater und hin zur Mutter die Wendung weg von der Gesellschaft und hin zur Natur aufbauen: die vitalistische Komponente. Die Lust der Abwendung von der Gesellschaft und die der Hinwendung zur Natur speist sich aus der Lust des Inzests, das Grauen vor dem Individuationsverlust aus dem vor der Kastration.

IV
Die vitalistische Abkehr von der Gesellschaft

Vom Schwimmen in Seen und Flüssen

Durch die Negation der ihm von der Gesellschaft angetanen Negation sucht das bürgerliche ›dichtende Ich‹ in Brechts anarchisch-nihilistischer Phase Rückhalt und Geborgenheit in der eigenen gedichteten Natur, vor allem der Sexualität, und in der gedichteten Natur draußen: der Landschaft. Es flüchtet vor der zur zweiten Natur erstarrten Gesellschaft in die scheinbar ursprünglich-erste und projiziert in sie sowohl seine Sehnsucht nach eigener Unendlichkeit und nach der Möglichkeit für sich zu sein, als auch seine Unterwerfung unter das Abstrakt-Allgemeine. So erhalten die gedichtete eigene Natur und die gedichtete Natur draußen Züge des Bergenden und des Vernichteten zugleich. Das von der ersten Natur abgespaltene bürgerliche Subjekt sucht in der unendlichen Natur aufzugehen und sich dennoch als abgespaltenes zu bewahren: sein Verhältnis zur Natur ist sentimentalisch. Die Wiederkehr der Gesellschaft im Bild der ihr entgegengehaltenen Natur und der sentimentalische Charakter jenes Bildes werden durch die psychoanalytische Betrachtung bestätigt.

Das Kapitel führt die Analyse der vitalistischen Abkehr von der Gesellschaft fort und wendet sich dabei besonders der Phantasie vitalistisch-nihilistischen Glücks zu. Es setzt mit der exemplarischen Interpretation des ›Evangeliums‹[1] »Vom Schwimmen in Seen und Flüssen« ein, in dem Brecht das in seiner Lyrik höchste Glück in der Natur gestaltete, und geht dann der Entwicklung nach, die Brecht zum Vitalismus führte. Hier wird sich abermals der Zusammenhang mit der nihilistischen Komponente bestätigen. Der Rückzug in die vermeintlich erste Natur geht einher mit Brechts Lösung von der Gesellschaft, auch von der verinnerlichten; das läßt ihn in einer Übergangsphase den Nihilismus ausbilden.

---

1 *M*, S. 63: »auch Evangelien gab es bei ihm, so nannte er die Botschaften vom *Schwimmen in Flüssen* und *vom Klettern in Bäumen,* die noch durch mindestens zwei ergänzt werden sollten«

Das gute Nichts. Selbstaufgabe und Selbstbewahrung

In dem aus der Zeit des Exils stammenden »Gleichnis des Buddha vom brennenden Haus«[2] begegnet eine Erinnerung Brechts an das »Schwimmen in Seen und Flüssen« der Augsburger Jugendzeit:

Gothama, der Buddha, lehrte
Die Lehre vom Rade der Gier, auf das wir geflochten sind, und empfahl
Alle Begierde abzutun und so
Wunschlos einzugehen ins Nichts, das er Nirwana nannte.
Da fragten ihn eines Tags seine Schüler:
Wie ist dies Nichts, Meister? Wir alle möchten
Abtun alle Begierde, wie du empfiehlst, aber sage uns
Ob dies Nichts, in das wir dann eingehen
Etwa so ist wie dies Einssein mit allem Geschaffenen
Wenn man im Wasser liegt, leichten Körpers, im Mittag
Ohne Gedanken fast, faul im Wasser liegt oder in Schlaf fällt
Kaum noch wissend, daß man die Decke zurechtschiebt
Schnell versinkend, ob dies Nichts also
So ein fröhliches ist, ein gutes Nichts, oder ob dies dein
Nichts nur einfach ein Nichts ist, kalt, leer und bedeutungslos.

Hans Otto Münsterer berichtet aus dem Jahr 1919: »An den heißen Nachmittagen schwimmen wir im Hahnreibach, liegen nackt im Gras der Wolfszahnau oder klettern auf Bäume, wie es in einem der *Evangelien* heißt, das mir Brecht am 11. Juni dort vorliest.«[3] Das Motiv kehrt im Jugendwerk vielfach variiert wieder,[4] am weitesten wurde es entfaltet in

Vom Schwimmen in Seen und Flüssen

1
Im bleichen Sommer, wenn die Winde oben
Nur in dem Laub der großen Bäume sausen
Muß man in Flüssen liegen oder Teichen
Wie die Gewächse, worin Hechte hausen.
Der Leib wird leicht im Wasser. Wenn der Arm

---

2 w. a., 9, S. 664.
3 M, S. 117.
4 Siehe Werner Ross: *Vom Baden in Seen und Flüssen. Lebensgefühl und Literatur zwischen Rousseau und Brecht.* In: *Arcadia* 3, 1968, S. 262 ff.

Leicht aus dem Wasser in den Himmel fällt
Wiegt ihn der kleine Wind vergessen
Weil er ihn wohl für braunes Astwerk hält.

2
Der Himmel bietet mittags große Stille.
Man macht die Augen zu, wenn Schwalben kommen.
Der Schlamm ist warm. Wenn kühle Blasen quellen
Weiß man: ein Fisch ist jetzt durch uns geschwommen.
Mein Leib, die Schenkel und der stille Arm
Wir liegen still im Wasser, ganz geeint
Nur wenn die kühlen Fische durch uns schwimmen
Fühl ich, daß Sonne überm Tümpel scheint.

3
Wenn man am Abend von dem langen Liegen
Sehr faul wird, so, daß alle Glieder beißen
Muß man das alles, ohne Rücksicht, klatschend
In blaue Flüsse schmeißen, die sehr reißen.
Am besten ist's, man hält's bis Abend aus.
Weil dann der bleiche Haifischhimmel kommt
Bös und gefräßig über Fluß und Sträuchern
Und alle Dinge sind, wie's ihnen frommt.

4
Natürlich muß man auf dem Rücken liegen
So wie gewöhnlich. Und sich treiben lassen.
Man muß nicht schwimmen, nein, nur so tun, als
Gehöre man einfach zu Schottermassen.
Man soll den Himmel anschaun und so tun
Als ob einen ein Weib trägt, und es stimmt.
Ganz ohne großen Umtrieb, wie der liebe Gott tut
Wenn er am Abend noch in seinen Flüssen schwimmt.[5]

Hier gestaltet Brecht ein »gutes Nichts«, ein Schweben ohne Widerstand und deshalb ohne Leiden, ein Getragensein ohne Mühe. Das Gedicht verkündet als Evangelium die Frohe Botschaft nihilistischer Erlösung in der Natur.
Das ›dichtende Ich‹ phantasiert[6] seine Erlösung ›hier auf Erden‹;

5 w. a., 8, S. 209.
6 Im Gegensatz zu den bisher untersuchten Gedichten tritt hier das Ich als ›explizites Ich‹ hervor (II 8 »Fühl ich«). Der klareren Darstellung wegen wird auch hier das ›dichtende Ich‹ (das Ich) von dem gedichteten, expliziten Ich (dem Schwimmenden), das sich in einer phantasierten Natur bewegt, geschieden.

193

dazu wählt es den sommerlichen Teich, wo ihm die Immanenz nicht zu widerstehen scheint, so daß es Immanenz negieren und dennoch in ihr verbleiben kann. Diese negierte und zugleich bewahrte Immanenz befreit das Ich von all dem, woran es leidet, von seiner Vereinzelung, von der Gesellschaft, von den Wertungen, Gedanken, Gefühlen und Begierden, ohne es dabei aufzulösen wie das ›ertrunkene Mädchen‹, und gewährt ihm so das beglückende Gefühl, nahezu kein Selbstgefühl zu haben, in eine Totalität aufgenommen zu sein und dennoch fortzubestehen.

Der Schwimmende scheint in die »reflexionslosen Abläufe« der Natur einzutauchen und sich in ihr aufzulösen; er verhält sich, als wäre er ein Stück Natur. Die Natur ihrerseits scheint ihm zu begegnen, als gehöre er zu ihr:

> Wenn der Arm
> Leicht aus dem Wasser in den Himmel fällt
> Wiegt ihn der kleine Wind vergessen
> Weil er ihn wohl für braunes Astwerk hält.

Die Vereinzelung scheint aufgehoben, der Badende liegt »leicht«, beinahe durchlässig im durchlässigen Element und bleibt in lustvoller Immobilität weithin passiv.[9] Er scheint im Objektiven aufgegangen und tritt nur kurz als Subjekt aus dem hervor, was auch anderen zu anderer Zeit möglich ist – »Fühl *ich*«. Zuvor und danach gleich wieder spricht das Ich von allgemeinem Verhalten – »*Man* macht die Augen zu« –, es genießt hier in der Projektion kaum seine eigene Subjektivität.

Der Badende liegt »ganz geeint« im Wasser und paßt sich so in die Natur ein, daß »es stimmt«, die Natur ist ihrerseits in sich stimmig, »alle Dinge sind, wie's ihnen frommt«. So ruht er in einer nihilistisch-vitalistischen unio mystica nahezu schwerelos in sich und der Natur zugleich. Im »Einssein mit allem Geschaffenen« erfährt er ein Glück, welches an das der Gottähnlichkeit erinnert, so daß das Gedicht spielerisch schließen kann, man solle sich treiben lassen »wie der liebe Gott tut / Wenn er am Abend noch in seinen Flüssen schwimmt«. Eritis sicut deus – nicht scien-

---

Anm. 7 und 8 nach Korrektur entfallen.
9 Deshalb kann hier nicht von Sport gesprochen werden (vgl. W. Ross, a. a. O., S. 263 »Der Sport wird ebenso wie die Liebe als Erlösungsformel angeboten.«); gerade die Stille wird betont.

tes bonum et malum, sondern im Gegenteil: wenn ihr auf Wissen verzichtet, alle Wertungen, Gedanken und Gefühle von euch abtut und euch von der Natur tragen laßt.

Weder das ›dichtende‹ noch das ›explizite Ich‹ geht in der Natur auf; sie bewahren sich und halten noch in der Hingabe Distanz. Der Schwimmende wird nicht zum Gewächs im Wasser oder zu Schotter, das Gedicht weist nur an, man müsse »in Flüssen liegen [...] *wie* die Gewächse« und »*so tun, als* gehöre man einfach zu Schottermassen«. Auch die Natur nimmt den Menschen nicht als ihresgleichen auf, das Ich vermutet dies nur: »Wenn der Arm / Leicht aus dem Wasser in den Himmel fällt / Wiegt ihn der kleine Wind vergessen / Weil er ihn *wohl* für braunes Astwerk hält.«
Im Gegensatz zu solch distanzierter Hingabe gab der junge Benn vor, sich nach dem völligen Rückgang in die Natur zu sehnen:

> O daß wir unsere Ururahnen wären.
> Ein Klümpchen Schleim in einem warmen Moor.
> Leben und Tod, Befruchten und Gebären
> glitte aus unseren stummen Säften hervor.
>
> Ein Algenblatt oder ein Dünenhügel,
> vom Wind Geformtes und nach unten schwer.
> Schon ein Libellenkopf, ein Möwenflügel
> wäre zu weit und litte schon zu sehr.[10]

Zu der hier ersehnten Regression kommt es bei Brecht nicht. So sehr sich der Schwimmende auch an die Natur anzugleichen sucht, er bleibt immer Mensch und verhält sich aktiv zur Natur, wenn er Jahres- und Tageszeit beachtet und Techniken anwendet,[11] um den Zustand zu erreichen, in dem »es stimmt«. Er vollzieht ein

---

10 *Gesänge I*. In: Gottfried Benn: *Gesammelte Werke 1, Gedichte*. Wiesbaden 1960, S. 25. Zur genaueren Bestimmung des regressiven Moments dieses Gedichts vgl. Georg Lukács: *Die Gegenwartsbedeutung des kritischen Realismus*. In: Ders., *Probleme des Realismus I*. Neuwied u. Berlin 1971, S. 457-606; dort S. 484 f. und Theodor W. Adorno: *Erpreßte Versöhnung*. In: Th. W. A.: *Noten zur Literatur II*. Frankf./M. 1961, S. 152-187; dort S. 176 ff.
11 »Muß man in Flüssen liegen [...] Wie die Gewächse«; »Muß man das alles, ohne Rücksicht, klatschend/In blaue Flüsse schmeißen« usw. Zu dieser Technik des Erlebnis-Arrangements vgl. w. a., 1, S. 35 f.

Exerzitium,[12] eine heidnische Einübung in gottähnliches Verhalten, um zum »Einssein mit allem Geschaffenen« zu kommen, er ist jedoch nicht völlig in ihm.

Das Ich schafft sich Distanz zu seinem Naturerlebnis und der Erlösung, die es mit ihm phantasiert, indem es eine Anleitung zum Verhalten in der Natur im Stil einer Turnanweisung gibt. Es objektiviert seine eigene Innerlichkeit und verhindert die unmittelbare Identifikation des Lesers mit ihr. Die Macht des Erlebnisses, die Einheit von Subjekt und Objekt sowie die Erfahrungen von Intensität, Unmittelbarkeit und Totalität[13] werden gebrochen. Das Erlebnis fällt nicht zu, sondern wird aufgesucht, Ort und Zeit werden ausgewählt; an die Stelle des Erlebnisses tritt die Erlebnistechnik. Da das Ich vorgibt, zu einem wiederholbaren, lehrbaren und allen Menschen möglichen Verhalten anzuleiten, nimmt es seiner eigenen Naturerfahrung den Anschein des Individuellen und Zufälligen; aus dem unmittelbaren Erlebnis wird beispielhaftes Verhalten, beispielhafte Unmittelbarkeit.

Das Ich, darauf bedacht, sich nicht in Sentimentalität zu verlieren, stellt die Natur als Kulisse bei bestimmtem Verhalten dar und einzelne ihrer Phänomene sogar als Verhaltensweisen;[14] es läßt den Menschen sich nicht bescheiden in die Natur einfügen, sondern leitet an, brutal ›das alles ohne Rücksicht klatschend in blaue Flüsse zu schmeißen‹. Es verbannt die Metaphysik aus dem Gedicht und läßt den Himmel ohne heilige Erhabenheit als »Haifischhimmel [...] bös und gefräßig« erscheinen und Gott als den ›lieben Gott‹, der »am Abend noch in seinen Flüssen schwimmt«, als ›gemütlichen Kumpan‹[15] und poetische Figur. Ein weiteres Mittel, Distanz von dem Erlebnis zu gewinnen, ist die polemische Wendung gegen überkommene und aktuelle Lyrik, gegen Ekstasen der Expressionisten und gegen priesterliche Worte der Neuromantiker. »Die ganze traditionelle See- und Abendromantik wird mit derber Hand weggewischt. Das faule Im-Wasser-Liegen, als geistige Übung (›Exerzitien‹) deklariert und zu einer göttlichen

---

12 Das Gedicht gehört zur zweiten Lektion der *Hauspostille*, den »Exerzitien«.
13 Siehe Wilhelm Dilthey: *Ges. Schriften*. Stuttgart-Göttingen, Bd. VII, 1927, S. 139.
14 So änderte Brecht die 1. Zeile der 2. Strophe »Der Himmel *ist* voll Glanz und Stille« (In: *Der Neue Merkur*, München, V, 8./9. Nov./Dez. 1921, S. 637) in »Der Himmel bietet mittags große Stille«.
15 Ross, a. a. O., S. 290.

Übung erhoben.«[16] Als Exerzitium wendet sich das Gedicht gegen die traditionellen Formen der Erbauung und als Evangelium gegen die christliche Botschaft. Indem das ›dichtende Ich‹ das Naturerlebnis als Mittel zum Angriff einsetzt, löst es sich so von ihm, daß es dieses Erlebnis wieder guten Gewissens genießen kann. Diese Distanzierung vom Naturerlebnis zeigt, wie stark das Ich versucht ist, sich ihm hinzugeben, wie stark es aber andererseits dagegen ankämpft, als Ich zu erlöschen. Es regrediert in seiner Phantasie und sucht sich durch Distanzierung davor zu retten, der Regression zu verfallen.

Im Gleichgewicht von Selbstaufgabe und Selbstbewahrung, Reduktion des Bewußtseins und Helle des Bewußtseins, Passivität und Aktivität, Bewegungslosigkeit und Bewegung sucht das ›dichtende Ich‹ seine Identität ohne die Schmerzen der Individuation zu phantasieren.
Der Schwimmende vereinigt sich mit der Natur und bleibt dennoch von ihr getrennt. Er läßt sich tragen, bringt sich jedoch zuvor selbst in eine hierfür geeignete Lage, so wie das voraufgehende »Evangelium« »Vom Klettern in Bäumen« auffordert, hochzuklettern, sich dann aber wiegen zu lassen, ohne selbst zu wiegen:

> so klettert ihr
> Ein wenig ächzend höher ins Geäst.
> Es ist ganz schön, sich wiegen auf dem Baum!
> Doch sollt ihr euch nicht wiegen mit den Knien
> Ihr sollt dem Baum so wie sein Wipfel sein:
> Seit hundert Jahren abends: er wiegt ihn.[17]

Wie der Mensch dort dem Baum »so wie sein Wipfel« ist, aber nicht mit ihm verschmilzt, ist er hier »als gehöre er einfach zu Schottermassen« und läßt sich bewußt treiben. Im Wasser, das ihn trägt und ihm dennoch kaum Widerstand bietet, gelingt mitten im Leben die Regression in den ›Schoß der Mutter, wo es stille war und man schlief und war da‹[18]. Die Sehnsucht nach der

---

16 Clemens Heselhaus: *Brechts Verfremdung der Lyrik*. In: *Immanente Ästhetik. Ästhetische Reflexion. Lyrik als Paradigma der Moderne*. Kolloquium Köln 1964. Hrsg. von W. Iser. München 1966, S. 307-326; dort S. 321.
17 *w. a.*, 8, S. 209.
18 Vgl. oben S. 185.

Mutter erfüllt sich, wenn der Wind den braunen Arm »wiegt« und der Schwimmende wie ein Säugling getragen wird:[19]

> Natürlich muß man auf dem Rücken liegen.
> So wie gewöhnlich. Und sich treiben lassen.
> Man muß nicht schwimmen, nein, nur so tun, als
> Gehöre man einfach zu Schottermassen.
> Man soll den Himmel anschaun und so tun
> Als ob einen ein Weib trägt, und es stimmt.

Diese Regression ist jedoch eingeübt, ein Mittel zu lustvoller Selbsterfahrung. In ihr wird die Grenze des Körpers nur gelegentlich an den Unterschieden in der Natur bewußt.[20] Innen und Außen scheinen zu verschwimmen und bleiben dennoch für sich bestehen. Auch Schwerkraft und Raumgliederung in Oben und Unten scheinen aufgehoben, wenn »der Arm / Leicht aus dem Wasser in den Himmel fällt«, und bestehen dennoch fort. Der Schwimmende geht nicht in völliger Bewegungslosigkeit auf; er liegt zwar »still im Wasser«, springt danach aber »klatschend« in den Fluß, wo er später »ohne großen Umtrieb« zur ruhigen und passiven Bewegung des Sich-Treiben-Lassens kommt. Er gelangt im Gang des Gedichts über beinahe vollkommene Ruhe und ihr folgende kräftige, eigene Bewegung zur Synthese: einer pas-

---

19 Wenn er passiv und auf dem Rücken liegend treibt, als ob ihn ein Weib trägt, läßt sich dieses »Weib« eher als Mutter denn als Geliebte verstehen. Selbstverständlich ist die zweite Deutung nicht auszuschließen. In der Liebe wiederholte sich dann das Verhalten zur Mutter.
20 »Nur wenn die kühlen Fische durch uns schwimmen
Fühl ich, daß Sonne überm Tümpel scheint.«
Die Stelle erinnert an die »Ballade des Ertränkten«, die 1911 als Übersetzung eines apokryphen Baudelaire-Gedichtes erschien. Dort heißt es:
II
Halb in Schlamm und halb in Morast eingebettet
Und von Larven und von Gräsern eingekettet,
Lieg ich da mit qualvergessnem Sinn,
Bis mich eines Aals Berührung rettet
Von dem Zweifel, wo ich bin.
III
Zahllos, kurvenziehend und lebendig
In und um mich wimmelt es beständig,
Alles in fischfröhlicher Bewegung,
Und ein Fröschlein untersucht inwendig
Mich in sichtlicher Erregung.
(Charles Baudelaire: *Die Vorhölle. Eine lyrische Nachlese*. Unter Mitwirkung von Heinrich Horvat herausgegeben von Erich Oesterheld. Berlin 1911, S. 67). Die Nähe des Gedichts »Vom Schwimmen in Seen« zu den Verwesungsgedichten, insbesondere zu »Vom ertrunkenen Mädchen« wird deutlich.

siven Bewegung.[21] Hierbei wird er immer bewußter; anfangs schließt er die Augen – »Man macht die Augen zu, wenn Schwalben kommen« –, später gehört das Sehen zum Exerzitium: »Man soll den Himmel anschaun«. So führt das Gedicht nach beinahe völliger Aufgabe der Individuation in Schlamm und Wasser zur Wiedergeburt eines glücklichen, sich gottähnlich verhaltenden und in eine stimmige Welt[22] eingestimmten[23] Individuums, eines passiven freilich, das zudem nur kurze Zeit in diesem Zustand verharren kann.

Das hier phantasierte Glück ist Voraussetzung der entspannten Sprache des Gedichts, eines nur gelegentlich brutalisierten Parlando, und jener Heiterkeit, die sich poetisch-spielerisch mit Vermutung,[24] Als ob[25] und Vergleich[26] zufrieden gibt, den ›lieben Gott‹ humoristisch als »poetisches Entspannungsmoment«[27] einführt, und den Ernst beinahe mystischer Aussagen wie »alle Dinge sind, wie's ihnen frommt« und »es stimmt« ebenso relativiert wie die Erhöhung des Schwimmers zu gottähnlichem Verhalten. Mit dem idyllennahen Schlußbild[28] hat sich das ›dichtende Ich‹ dann von seiner Wirklichkeit und seiner phantasierten Regression gelöst und in spielerischer Steigerung zu einer heiterleichten, beinahe nur sich selber meinenden Poesie gefunden.

Glückserfahrung und Todesnähe

Der Schwimmer gelangt zu jenem Glück, indem er auf dem Rücken liegt und den Himmel anschaut, der als ›bleicher Haifischhimmel bös und gefräßig über Fluß und Sträuchern‹ kommt. Ist er glücklich, weil er dem gefräßigen Tod ins Auge blickt? Oder wird hier nur eine Metapher polemisch gegen Lyrik eingesetzt, die den rosaroten Abendhimmel besingt?

---

21 Diese Abfolge kennzeichnet auch das unmittelbar voraufgehende Evangelium »Vom Klettern in Bäumen«.
22 »alle Dinge sind, wie's ihnen frommt«.
23 »und es stimmt«.
24 »Weil er ihn wohl für braunes Astwerk hält«.
25 »so tun, als gehöre man«.
26 »in Flüssen liegen [...] wie Gewächse«.
27 Ross, a. a. O., S. 290.
28 Vgl. auch w. a., 8, S. 78: »Nachts um 11 Uhr werden die Schaukeln geschlossen, damit der liebe Gott weiterschaukeln kann.«

Die »Ballade vom Mazeppa«[29] kann weiterhelfen. Wie sich der Schwimmende auf dem Rücken liegend treiben läßt und den gefräßigen Haifischhimmel anschaut, so wird auch Mazeppa dahingetragen, den sie »Rücken an Rücken dem Roß« banden, das »Gehetzt in den dunkelnden Abend hinschoß«, so daß »er nichts, nur den Himmel erblickte / Der dunkler ward, weiter ward, ferner als fern«. Der Himmel füllt sich mit gefräßigen Vögeln:

> Ach! es rauften wohl immer zu seinen Häupten
> Kräh und Geier sich schon um das lebende Aas!

Das währt drei Tage:

> 10
> Drei Tage, dann mußte alles sich zeigen:
> Erde gibt Schweigen und Himmel gibt Ruh.
> Einer ritt aus mit dem, was ihm zu eigen:
> Mit Erde und Pferd, mit Langmut und Schweigen
> Dann kamen noch Himmel und Geier dazu.
>
> 11
> Drei Tage lang ritt er durch Abend und Morgen
> Bis er alt genug war, daß er nicht mehr litt
> Als er gerettet ins große Geborgen
> Todmüd in die ewige Ruhe einritt.

Der Ritt unter dem von gefräßigen Vögeln erfüllten Himmel führt in den Tod, der als Rettung bringendes »großes Geborgen« und »ewige Ruhe« erscheint. Der Schwimmende, der den gefräßigen Haifischhimmel anschaut, gelangt ebenfalls zur Geborgenheit,[30] allerdings nicht zur völligen Auflösung; auch er findet Ruhe, keine ewige, sondern ruhige Bewegung »ohne großen Umtrieb«. Er gibt sich dem gefräßigen, tödlichen Himmel hin, läßt sich vernichten und gelangt dadurch zum Glück, zu einem »guten Nichts«.

Dieser Analogieschluß scheint zu weit zu führen. Wie läßt er sich mit der Aussage vereinbaren, hier komme es zu einer Wiedergeburt? Sind Tod und Geburt identisch? Und widerspricht diese

---

29 *w. a.*, 8, S. 233.
30 »alle Dinge sind, wie's ihnen frommt«, »es stimmt«.

Deutung, die sich nur auf die zweite Hälfte des Gedichts stützt, nicht dessen erster Hälfte, wo vom Tod nicht die Rede ist? Schon in den ersten Worten – »Im bleichen Sommer« – findet sich ein Vorklang des ›bleichen Haifischhimmels‹. Als »bleich« bezeichnet der junge Brecht, was Untergang bringt, ihn begleitet, oder was selbst vergeht.[31] Der ›bleiche Sommer‹ ist eine günstige Zeit zum Exerzitium des Untergangs, noch günstiger ist der bleiche Sommerabend, wenn die Nacht kurz bevorsteht:

> Wenn ihr aus eurem Wasser steigt am Abend
> [...] Auch soll der Himmel bleich sein. [...]
> Und wartet auf die Nacht.[32]

Der ›bleiche Sommer‹ und mehr noch der ›bleiche, böse und gefräßige Haifischhimmel‹ am Sommerabend nehmen allem einzelnen Farbe und Eigenheit. Sie negieren es, ohne es zu vernichten, und schaffen wie das Wasser, in dem der Schwimmende, ohne sich aufzulösen, fast durchlässig schwebt, eine Transzendenz in der Immanenz, die alles Seiende zu Einheit und Stimmigkeit bringt:

> Am besten ist's, man hält's bis Abend aus.
> Weil dann der bleiche Haifischhimmel kommt
> Bös und gefräßig über Fluß und Sträuchern
> Und alle Dinge sind, wie's ihnen frommt.

Der Schwimmende gelangt in diese Einheit, wenn auch er sich dem gefräßigen Haifischhimmel preisgibt:

> Man soll den Himmel anschaun und so tun
> Als ob einen ein Weib trägt, und es stimmt.

Der Haifischhimmel ist eine Projektion des ›dichtenden Ich‹; mit ihm phantasiert es die Vernichtung, die es sich masochistisch selbst antun müßte, und schafft so jenes gute Nichts, in dem es Glück erhofft.

Gehören hier Glückserfahrung und Todesnähe zusammen und wird die Hingabe an die Vernichtung empfohlen, damit »es stimmt«, dann läßt sich Mazeppa, der auf sein Pferd gebunden in den Tod reitet, nicht mehr schlicht als Symbol des zur Hilflosig-

---

31 Siehe w. a., 8, S. 58, 64, 75, 106, 179, 205.
32 w. a., 8, S. 209.

keit verurteilten Menschen verstehen;[33] sein Ritt ist für Brecht unbewußt ein Exerzitium, eine Einübung in den Tod, das glückbringende »große Geborgen«. Mit Mazeppas Unglück phantasiert Brecht sein Glück.[34] Wenn viele der Helden seiner frühen Lyrik zu hilflosem Treiben verurteilt scheinen, läßt sich dies als masochistische Wunschphantasie des anarchisch-nihilistischen Ich verstehen: zum Treiben verurteilt, können sie sich dem glückbringenden Tod überantworten.

Brecht hat das Motiv vielfach variiert; immer verbindet er Glücks- und Todeserfahrung mit ihm, läßt sie freilich in unterschiedlichem Maße hervortreten. Je mehr Gewicht und Aktivität er dem Ich oder seiner Projektion dabei gibt, desto stärker treten die Metaphern der Vernichtung, die Geier und Haie, in den Vordergrund. Baal preist das Leben: »Das Leben ist herrlich: Wie wenn man auf einem reißenden Strom auf dem Rücken hinschießt, nackt, unter orangefarbenem Himmel, und man sieht nichts, als wie der Himmel violett wird, dann schwarz wie ein Loch wird«[35]; der Schwimmende ist passiv, das Glück scheint vollkommen, doch der Himmel, der »schwarz wie ein Loch wird«, läßt ahnen, daß Baal hier die Fahrt in den Tod mitphantasiert. In ›Vom Schwimmen‹ ist der Schwimmende trotz aller Passivität wenigstens so aktiv, daß er sich in die richtige Lage bringt, der Lebensgenuß scheint auch hier vollkommen, der Tod aber zeigt sich als böser und gefräßiger Haifischhimmel schon deutlicher. In der »Ballade auf vielen Schiffen«[36] ist der Schwimmer, der auf das Schiff kam und sich auf ihm treiben läßt, aktiver, er bemüht sich, sein Leben zu fristen:

> Er schneidet sein letztes Segel zur Jacke
> Er schöpft seinen Mittagsfisch aus der See
> [...]
> Mitunter aufschauend zum milchigen Himmel
> Gewahrt er Möwen. Die fängt er mit Schlingen aus Tang.

---

33 So Esslin, a. a. O., S. 326.
34 Hierfür spricht auch, daß er den Stoff umformte und seinen Mazeppa die Rettung im Tod finden läßt, während der historische tatsächlich gerettet wurde und die bekannteren Mazeppadichtungen (Puschkin, Lord Byron, Victor Hugo) diese Episode aus Mazeppas Jugend kaum erwähnen oder aber mit seiner Rettung enden lassen. (Vgl. E. Frenzel: *Stoffe der Weltliteratur*. Stuttgart ²1963, »Mazeppa«).
35 *SM I*, S. 45.
36 *w. a.*, 8, S. 219.

Er ist nicht ohne Leiden und die Haie treten nicht mehr nur metaphorisch auf:

> Haie sind mit ihm den Weg hergeschwommen
> Und sie wohnen bei ihm, wo immer er sei.
> [...]
> Er liegt in den Tauen: verfaulend, ein Aal
> Und die Haie hören ihn oft einen Song singen
> Und sie sagen: er singt einen Song am Marterpfahl.

Selbstbewahrung und Auflösung scheinen sich die Waage zu halten, doch allmählich treibt er dem Untergang entgegen:

> So lebt er weiter, den Wind in den Augen
> Auf immer schlechteren Schiffen fort
> Auf vielen Schiffen, schon halb im Wasser
> Und mondweis wechselt er seinen Abort.
> Ohne Hut und nackt und mit eigenen Haien.
> Er kennt seine Welt. Er hat sie gesehn.
> Er hat eine Lust in sich: zu versaufen
> Und er hat eine Lust: nicht unterzugehn.

Mazeppa ist aktiver, er wehrt sich und muß deshalb stärker leiden:

> Sie schnürten ihn so, daß den Gaul der Verstrickte
> Im Schmerz noch aufpeitschte durch sinnloses Zerrn

Die Geier lauern über ihm »auf das lebende Aas«:

> Und ritt er schneller, sie folgten ihm gerne.
> Und schrie er lauter, sie schrien mit.

Er gelangt erst zum Glück des Todes, als er sich aufgibt und passiv dahintragen läßt:

> Drei Tage lang ritt er durch Abend und Morgen
> Bis er alt genug war, daß er nicht mehr litt
> Als er gerettet ins große Geborgen
> Todmüd in die ewige Ruhe einritt.[37]

Das Mädchen, das in »Vom ertrunkenen Mädchen« den Fluß hinuntertreibt, ist gestorben, alle Aktivität fehlt, die Todestiere

---

37 *w. a.*, 8, S. 233.

brauchen nicht mehr zu drohen; sie löst sich in Aas auf. Todessehnsucht und Glücksgefühl sind hier enger verbunden als in »Vom Schwimmen in Seen und Flüssen«.

Versuch einer psychoanalytischen Deutung

Das Verhältnis zur Natur, besonders zu Wasser und Wasserpflanzen, ist beim jungen Brecht untergründig sexuell.[38] Baal erklärt: »Und die Liebe, wie wenn man seinen nackten Arm im Teichwasser schwimmen läßt, mit Tang zwischen den Fingern« und sagt von der Geliebten »ihr Leib wälzt sich wie kühler Kies über dich«[39]. Diese sexuelle Komponente kann in der letzten Strophe zum Vorschein kommen – »Man soll den Himmel anschaun und so tun / Als ob einen ein Weib trägt« – und in der vorletzten, wenn man Clemens Heselhaus folgt, für den das ›in die Flüsse-Schmeißen‹ ein erotisches Bild ist.[40]

Ist das Verhältnis zur Natur hier sexuell bestimmt und läßt sich der Schwimmende wie von einer Mutter tragen,[41] liegt die Vermutung nahe, das ›dichtende Ich‹ phantasiere auch hier unbewußt den Inzest mit der Mutter, das Bild des Schwimmers in der Natur verberge die Inzestphantasie und werde seinerseits von ihr geprägt. Diese Vermutung wird bestärkt, wenn sich von ihr aus der böse und gefräßige Haifischhimmel erklären läßt: mit ihm geht die Strafe in die verbotene Wunscherfüllung ein. Er repräsentiert die verinnerlichte Kastrationsdrohung. Das Ich phantasiert die Kastration, die Strafe für den Inzest, mit der Befriedigung seines Wunsches gleich mit. Der nackte Schwimmer, der sich auf dem Rücken treiben läßt, gibt dem Himmel seinen Penis schutzlos preis, wie der nackte Mazeppa[42] den Geiern; auch in der »Ballade auf vielen Schiffen« kommt der von Haien Bedrohte »nackt« zu den Schiffen geschwommen.

---

38 Siehe oben S. 186 ff. - Claude David zeigte das gleiche für den Jugendstil und Stefan George (Claude David: *Stefan George und der Jugendstil*. In: *Formkräfte der deutschen Dichtung vom Barock bis zur Gegenwart*. Göttingen 1963, S. 211-228), besonders S. 217, 219.
39 w. a., 1, S. 12.
40 Clemens Heselhaus: *Deutsche Lyrik der Moderne von Nietzsche bis Yvan Goll*. Düsseldorf 1961, S. 331.
41 Siehe oben S. 197 f.
42 Brecht erwähnt Mazeppas Nacktheit nicht. Der historische Mazeppa wurde jedoch nackt aufs Pferd gebunden. - Siehe oben S. 202, Anm. 34.

Der Schwimmende und Mazeppa werden, während sie sich dem Himmel anbieten, wie von einem Weib getragen.[43] Hier läßt sich die homosexuelle Komponente jener Phantasien erkennen, die in einer anderen Gestaltung des Motivs deutlicher hervortritt:

1. Im Juli fischt ihr aus den Weihern meine Stimme.
[...]
4. Im Juli habe ich ein Verhältnis mit dem Himmel, ich nenne ihn Azurl, herrlich, violett, er liebt mich. Es ist Männerliebe.[44]

Wenn das ›dichtende Ich‹ Mazeppa und den Schwimmer von einem Weib getragen vorstellt, substituiert es sich – in der Phantasie – der Mutter und läßt sich an ihrer Stelle vom Vater koitieren, der es durch Kastration seiner Männlichkeit beraubt.[45] Diese homosexuelle Komponente bestimmt auch das übrige Werk des jungen Brecht, in dem leidenschaftlich nur die Liebe eines Mannes zu einem anderen[46] oder allenfalls die einer Frau zu einem Mann[47] ist, aber nie[48] die eines Mannes zu einer Frau.[49]

---

43 »Wohl trug ihn der Gaul vor der hetzenden Meute/Blind und verzweifelt und treu wie ein Weib«. Keines der Adverbien fordert zum näheren Verständnis den Vergleich »wie ein Weib«; die Phantasie ist von der Vorstellung des von einem Weib getragenen Mazeppa bestimmt.
44 *w. a.*, 8, S. 243.
45 *F* XII, S. 374: »Hat man [...] Gelegenheit Fälle zu studieren, in denen die masochistischen Phantasien eine besonders reiche Verarbeitung erfahren haben, so macht man leicht die Entdeckung, daß sie die Person in eine für die Weiblichkeit charakteristische Situation versetzen, also Kastriertwerden, Koitiertwerden oder Gebären bedeuten.« - *F* XIV, S. 407: »[...] wenn beim Kinde jener konstitutionelle Faktor, den wir Bisexualität heißen, stärker ausgebildet ist. Dann wird unter der Bedrohung der Männlichkeit durch die Kastration die Neigung gekräftigt, nach der Richtung der Weiblichkeit auszuweichen, sich vielmehr an die Stelle der Mutter zu setzen und ihre Rolle als Liebesobjekt beim Vater zu übernehmen. Allein die Kastrationsangst macht auch diese Lösung unmöglich. Man versteht, daß man auch die Kastration auf sich nehmen muß, wenn man vom Vater wie ein Weib geliebt werden will. So verfallen beide Regungen, Vaterhaß wie Vaterverliebtheit, der Verdrängung.«
46 Z. B. die Liebe Eduards zu Gaveston (*Leben Eduards des Zweiten von England*, *w. a.*, 1, S. 195 ff.), die Bargans zu Croze (*Bargan läßt es sein*, *w. a.*, 11, S. 20 ff.) oder die in der »Ballade von der Freundschaft« (*w. a.*, 8, S. 235). Bezeichnenderweise ist die Liebe zu einem Mann, im Gegensatz zu der zu einer Frau, auch nicht dem Vergessen ausgeliefert. Vgl. Kapitel V. Zur homosexuellen Komponente der Lyrik Brechts siehe unten S. 233 ff.
47 Vgl. »Das Lied vom Surabaya-Johnny« (*w. a.*, 8, S. 325) und die ›Novelle‹ *Ein gemeiner Kerl* (*w. a.*, 11, S. 81).
48 Um 1930 wandelt sich das; vgl. unten S. 289 ff.
49 Bei der Spaltung der sinnlichen und zärtlichen Strömungen kann es nicht zu leidenschaftlicher Beziehung zu einer Frau kommen, da diese erniedrigt oder in unerreichbare Höhe entfernt wird. Vgl. unten S. 273 ff.

Das Ich phantasiert unbewußt den Inzest mit dem Vater und der Mutter, geht in die Mutter ein und sucht sie zugleich zu ersetzen. Das scheint widersprüchlich, ist jedoch durch die Forschungen Freuds gesichert. In dem Gedicht fallen Mutterleibs- und Wiedergeburtsphantasie zusammen:

Die erstere ist häufig [...] aus der Bindung an den Vater hervorgegangen. Man wünscht sich in den Leib der Mutter, um sich ihr beim Koitus zu substituieren, ihre Stelle beim Vater einzunehmen. Die Wiedergeburtsphantasie ist wahrscheinlich regelmäßig eine Milderung [...] für die Phantasie des inzestuösen Verkehrs mit der Mutter [...]. Man wünscht sich in die Situation zurück, in der man sich in den Genitalien der Mutter befand, wobei sich der Mann mit seinem Penis identifiziert, durch ihn vertreten läßt. Dann enthüllen sich die beiden Phantasien als Gegenstücke, die je nach der männlichen oder weiblichen Einstellung des Betreffenden dem Wunsch nach dem Sexualverkehr mit dem Vater oder der Mutter Ausdruck geben. Es ist die Möglichkeit nicht abzuweisen, daß [...] beide Phantasien, also auch beide Inzestwünsche, vereinigt sind.[50]

Fünf Jahre später[51] bezeichnet Freud den doppelten Inzestwunsch als den Normalfall; er gehört zum »vollständigeren Ödipuskomplex«[52]. Durch ihn ist die Phantasie »Vom Schwimmen in Seen und Flüssen« bestimmt, wenn auch stärker durch den Wunsch nach dem Inzest mit der Mutter als durch den nach dem Inzest mit dem Vater.

Der Rückgang in den Mutterschoß und damit das Glück des Inzests sind nur um den Preis des Lebens zu erlangen; Vereinigung mit der Mutter, Glück und Tod erscheinen als identisch. So kann Baal das Leben mit einem Bild preisen, das die Fahrt in den Tod und den mütterlichen Schoß assoziieren läßt: »Das Leben ist herrlich: Wie wenn man auf einem reißenden Strom auf dem Rücken hinschießt, nackt, unter orangefarbenem Himmel, und man

---

50 *F* XII, S. 136. Vgl. auch Sandor Ferenczi: *Bausteine zur Psychoanalyse.* Bd. 3, Bern 1964, S. 312, 315, 316 f. (Gulliver-Phantasien).
51 1923 in *Das Ich und das Es.*
52 *F* XIII, S. 261: »[...] den *vollständigeren* Ödipuskomplex [...], der ein zweifacher ist, ein positiver und ein negativer, abhängig von der ursprünglichen Bisexualität des Kindes, d. h. der Knabe hat nicht nur eine ambivalente Einstellung zum Vater und eine zärtliche Objektwahl für die Mutter, sondern er benimmt sich auch gleichzeitig wie ein Mädchen, er zeigt die zärtliche feminine Einstellung zum Vater [...]«. Ebenda, S. 262: »[...] man tut gut daran, im allgemeinen und ganz besonders bei Neurotikern die Existenz des vollständigeren Ödipuskomplexes anzunehmen.«

sieht nichts, als wie der Himmel violett wird, dann schwarz wie ein Loch wird«[53]; so spricht Ekart vom »schwarzen Maul, das der Himmel hat«[54], nur kurze Zeit, nachdem Baal die Ballade »Vom ertrunkenen Mädchen« vortrug, wo er den Inzest im Bild der Verwesung phantasierte. Die mütterliche, erlösende Natur erscheint als gefräßig,[55] sie nimmt den Menschen auf, der in ihr ertrinkt und über dem sie sich schließt wie über den Männern von Fort Donald,[56] oder über dem sie zusammenwächst wie über den Leuten des Cortez.[57] Ihr Bild nähert sich der Vorstellung von der vagina dentata,[58] die aus Mythen und aus den Phanta-

53 Siehe oben S. 202, Anm. 35. - »Orange« ist beim jungen Brecht Chiffre sexueller Vereinigung. Vgl. *w. a.*, 8, S. 102: »In mancher orangenen Frühe [...] Knie an Knie« und *w. a.*, 8, S. 76 f., S. 251. - Zur Wahl der Farbe ›Orange‹ vgl. Joris-Karl Huysmans: *A Rebours*. Paris 1955, S. 42 f.
54 *w. a.*, 1, S. 53: »Die Weiden sind wie verfaulte Zahnstumpen in dem schwarzen Maul, das der Himmel hat.«
55 Vgl. *w. a.*, 1, S. 24: »[...] mit rotem Sommer, wild, bleich, gefräßig«; *w. a.*, 8, S. 239 (»Ballade vom Weib und dem Soldaten«): »Und der Soldat mit dem Messer im Gurt/Sank hin mit dem Spieß, und mit riß ihn die Furt/Und das Wasser fraß auf, die drin waten«; *w. a.*, 8, S. 100. (»Psalm«): Wir haben Zigarren geraucht, wenn die dunklen braunen Abende uns angefressen haben«; *w. a.*, 8, S. 253 (»Die Ballade vom Liebestod«): »Von schwarzem Regen siebenfach zerfressen«; *w. a.*, 8, S. 109 (»Kalendergedicht«): »Zwar ist meine Haut von Schnee zerfressen«; *w. a.*, 8, S. 87 (»Prometheus«): »Aus dem entfleischten Himmel steigt sie nackt/Bleich mit gebleckten Zähnen, ohne Mühe./Ich lasse sie aufgehen jede Frühe/Und lege mich zum Fraß dem Katarakt. [...] Von oben her kam durch den dunklen Himmel ohne Licht/Von dem es hieß: daß er gern Leber fraß.«; *w. a.*, 8, S. 243 (»Dritter Psalm«): »In der roten Sonne auf den Steinen liebe ich die Gitarren: es sind Därme von Vieh, die Klampfe singt viehisch, sie frißt kleine Lieder«, das der Natur entstammende Musikinstrument ist gefräßig wie die Natur selbst - wie der gefräßige Haifischhimmel.«
56 *w. a.*, 8, S. 13; vgl. *w. a.*, 11, S. 27 f. (*Bargan läßt es sein*, S. 20-36), hier wird auch die sexuelle Komponente des Untergangs im Wasser manifest: »Der Fluß sah aus wie ein Auge, das aus irgendwelchen Gründen dunkler und dunkler wird, wie es in der Liebe geschieht, wenn die Berauschtheit herannaht.«
57 *w. a.*, 8, S. 222. Zum Schluß wird die Gefräßigkeit sogar thematisch: »Langsam fraß der Wald/In leichtem Wind, bei guter Sonne, still/Die Wiesen in den nächsten Wochen auf.« Vgl. *w. a.*, 11, S. 35 (*Bargan läßt es sein*).
58 Vgl. Robert Gessain: *Le motif vagina dentata dans les mythologies eskimo et nordamérindiennes*. In: *Proceedings of the 32. intern. Congr. of Americanists*. Copenhagen 1956. Kopenhagen 1958, S. 583-586. - Vgl. Otto Fenichel: *The psychoanalytical Theory of Neurosis*. New York 1945, S. 79 f. und Karl Abraham: »In den Phantasien eines anderen Patienten wurde die Mutter als lieblos und grausam dargestellt. Die Verknüpfung des Kastrationskomplexes mit dem Weibe, das heißt mit der Mutter, war in diesem Fall besonders auffällig. So stellte der Analysand zum Beispiel in seinen Phantasien die Vagina als Rachen eines Krokodils dar - ein unzweideutiges Symbol der Kastration durch Beißen« (Karl Abraham: *Versuch einer Entwicklungsgeschichte der Libido auf Grund der Psychoanalyse seelischer Störungen*. In: Karl Abraham: *Psychoanalytische Studien zur Charakterbildung und andere Schriften*. Hrsg. u. eingel. von Jo-

sien impotenter oder von Impotenz bedrohter Männer bekannt ist und auch in der Literatur gelegentlich nahezu unverstellt auftaucht.[59] Die Zähne am Scheideneingang repräsentieren die vom Vater ausgehende Kastrationsdrohung: die Angst vor dem Vater bestimmt die Vorstellung von der Mutter. Drohung des Vaters und aufnehmende Mutter, Kastration und Inzest, zusammengehörige Momente einer einzigen Phantasie, prägen in dem Gedicht »Vom Schwimmen in Seen und Flüssen« das Bild der Landschaft: der Haifischhimmel spannt sich über dem aufnehmenden und tragenden Wasser.[60]

Das ›dichtende Ich‹ beherrscht hier seine Regression,[61] gibt sich seinen Phantasien nicht widerstandslos hin, sondern genießt sie aus Distanz wie Baal die ›Welt‹:

> Und das große Weib Welt, das sich lachend gibt
> Dem, der sich zermalmen läßt von ihren Knien
> Gab ihm einige Ekstase, die er liebt
> Aber Baal starb nicht: er sah nur hin.[62]

Das Verhältnis zur Welt erscheint im Bild eines Sexualakts; der Mann kann sich mit der gefährlichen Frau nur um den Preis seines Lebens vereinigen. Die Vorstellung der vagina dentata ist durch

hannes Cremerius. Frankf./M. 1969, S. 113-183; dort S. 151). Vgl. Erich Neumann: *Die große Mutter. Der Archetyp des großen Weiblichen.* Zürich 1956, S. 148 f., S. 165 und Karen Horney: *The Dread of Woman.* In: *Intern. Journal of Psychoanalysis*, Bd. 13, London 1932, S. 348-360. - Vgl. oben S. 185.
59 Z. B. »She would cut off your prick and keep it inside her forever« (Henry Miller: *Tropic of Cancer.* 10th ed. London 1963, S. 6) und »Je n'ai jamais eu de commerce intime avec une femme: je me serais senti volé. Ou leur monte dessus, c'est entendu, mais elles vous dévorent le bas-ventre avec leur grande bouche poilue et, à ce que j'ai entendu dire, ce sont elles - et de loin qui gagnent à cet échange.« (Jean Paul Sartre: *Erostrate.* In: J. P. Sartre: *Le Mur.* Paris 1939, p. 73). M. Bonaparte weist die Vorstellung der vagina dentata bei Poe nach (Marie Bonaparte: *Edgar Poe. Sa vie - son œuvre. Étude psychoanalytique.* Tome 1-3. Paris 1958, S. 277, 417, 563). Hays bringt zahlreiche Beispiele aus Literatur, Sage, Sitten, Pathologie (Hoffmann R. Hays: *Mythos Frau. Das gefährliche Geschlecht.* Düsseldorf 1969, S. 73-83; S. 265, 286). Vgl. auch Huysmans: *A Rebours*, S. 134 f. und Maldorors Liebesverhältnis mit der Haiin (Lautréamont: *Das Gesamtwerk.* Hrsg. v. Ré Soupault. Reinbek b. Hamburg 1963, S. 60 f.).
60 Himmel und Wasser (vgl. oben S. 180, Anm. 99 und unten S. 270 f. und 281 ff.), Himmel und Grab (vgl. unten S. 252) können einander beim jungen Brecht ersetzen, weil in ihnen allen die Einheit von Inzest und Kastration phantasiert wird.
61 Vgl. oben S. 20, besonders Anm. 42, S. 116 und S. 195-199.
62 *w. a.*, 1, S. 3.

die weniger anstößige der zermalmenden Knie ersetzt. Wie Baal die Ekstase genießt, ohne sich vernichten zu lassen, so gibt das ›dichtende Ich‹ sich seinen Phantasien hin und behält sie zugleich unter Kontrolle. Es genießt sie, ›sieht nur hin‹ und bewahrt sich. Auch regrediert es nicht offen auf infantile Phantasien, sondern läßt sie nur zu, soweit sie im Gewand eines auch in der Realität möglichen Verhaltens – des Schwimmens in Seen und Flüssen – und in Bildern erscheinen, die nicht ernstgenommen werden, weil sie ›poetisch‹ sind wie z. B. der ›gefräßige Haifischhimmel‹. Das poetische Spiel, die Natur und das Verhalten in ihr gehen in den infantilen Phantasien nicht auf. Das Wahrnehmungsbild der Landschaft wird durch den unbewußten Inzestwunsch, den es weckt, ins Unbewußte hinabgezogen und nach dem unbewußten Phantasiebild ›vagina dentata‹ umgeformt. Die gedichtete Landschaft ist dann dem Bewußtsein zugängliches Bild einer Landschaft und zugleich ein Bild, an und mit dem sich unbewußte Wünsche befriedigen.

Von der Kriegslyrik zur Naturlyrik

Seit 1916 – damals erschien[63] »Das Lied von der Eisenbahntruppe von Fort Donald« – prägt die Vorstellung der vagina dentata die Naturlyrik des jungen Brecht. Um dieses Bild der Natur aus seiner Genese zu begreifen, soll zunächst die Entwicklung verfolgt werden, die zur Ausbildung der Naturlyrik Brechts führte; dann wird es möglich sein, ihre Voraussetzungen systematischer zu untersuchen. Die schon oben[64] aus anderer Perspektive skizzierte Entwicklung zur Naturlyrik ist gekennzeichnet durch die Abwendung von der kriegführenden Gesellschaft und den Vaternachfolgern und durch die Hinwendung zur Mutter, eine Hinwendung, die sich zunehmend aus der Außenwelt in die Phantasie zurückzieht, unbewußte Wünsche aktiviert und entsprechend von Inzestwünschen und Kastrationsangst bestimmt ist; schließlich kommt es im Bild der Natur zu der phantasierten Einheit von Inzest und Kastration, Vereinigung mit der Mutter und Tod.

Die Mutter erscheint zunächst als Soldatenmutter, also als eine Ge-

63 *BC*, S. 8.
64 Oben S. 140 ff.

stalt aus der bewußt wahrgenommenen Realität. Die »Moderne Legende« von 1914 stellt gegen den Krieg der Männer die um ihre Söhne weinenden Mütter; sie stehen über und unter dem gesellschaftlichen Geschehen und bewahren so das Menschliche. In dem Gedicht »Der Fähnrich« vom April 1915 hat sich die Perspektive gewandelt; nun gilt die Aufmerksamkeit nicht mehr den Müttern allgemein, sondern dem einzelnen verlassenen Sohn, der sich an seine ferne Mutter wendet: »Mutter... Mutter, ich halt's nicht mehr länger aus...« Die Vaterwelt bricht zusammen; der Kaiser, dem Brecht im Januar 1915 noch gehuldigt hatte,[65] schützt nicht mehr. In der Todesangst wendet sich der hilflose Sohn besinnungslos und verzweifelt von der männlichen, tötenden Welt des Krieges ab und der Mutter zu: »Und schrieb es besinnungslos nieder, das ›Mutter, ich halt's nicht mehr aus‹.« Dennoch sucht er sich im Krieg als tötender Mann zu bewähren. In dem Gedicht »Der Tsingtausoldat« vom August 1915 ist der väterliche Schutz dann gänzlich verschwunden: »Dir hilft kein Mensch und kein Gott.« In der metaphysischen Verlassenheit kann auch die leibliche Mutter nicht mehr helfen; so schreit der Soldat auch nicht mehr nach ihr, sondern

> heiser und wild gestöhnt vor Brunst
> Schreit, daß es gellt in Verzweiflung... Auf-
> schluchzen... Gruß...
>
> Hin in Grund und Brand:
> Mein Deutschland!

Er schreit in verzweifelter Brunst nach dem mütterlichen Land,[66] wendet sich ganz von der väterlichen Welt ab und damit auch von der dem Manne abgeforderten Aktivität, vom Töten. Er läßt selbst die Restform des Heroismus vermissen, die der Fähnrich noch zeigte. 1916, in dem »Lied von der Eisenbahntruppe«, werden die Männer dann von der mütterlichen Natur aufgenommen.

---

65 *BC*, S. 7.
66 Federn stellt fest, daß »im Unbewußten das Land Symbol für die Mutter ist, die Vaterlandsliebe aus der Liebe zur Mutter ihre unbewußte Stärke bezieht« (Paul Federn: *Zur Psychologie der Revolution: Die vaterlose Gesellschaft*. In: *Der Aufstieg*, 11/12. Leipzig-Wien 1919, S. 13, Anm. 1). Vgl. die erste Zeile des 1933 entstandenen (*CR*, S. 45) Gedichts »Deutschland«: »O Deutschland, bleiche Mutter!« (*w. a.*, 9, S. 487).

In den Schiffsgedichten führt sie das mütterliche Schiff[67] – z. B. in der »Ballade von den Seeräubern« aus dem Jahr 1918[68] – in die mütterliche Tiefe. In der Ballade »Das Schiff« löst sich das mütterliche Schiff selbst im Meer auf und gebiert dabei den eigenen Tod. In den Wasserleichengedichten phantasiert das Ich schließlich Tod und verbotenen Inzest zugleich.

Der eben skizzierten Entwicklung entspricht ein zunehmender Rückzug aus der Gesellschaft in Natur und Phantasie und ein allmähliches Hervortreten unbewußter Momente. Dabei geht die tötende, männliche Komponente der Gesellschaft ins unbewußte Bild der Mutter ein; Mutter und Tod nähern sich, bis sie in der Phantasie vom bestraften Inzest zur Einheit gelangen. So gehören in der »Modernen Legende« Mütter und Krieg noch getrennten Sphären an, der Heimat und der Front; kein Sohn wendet sich an die Mutter. Auch in dem Gedicht »Der Fähnrich« sind Mutter und Krieg getrennt; der Sohn wendet sich verzweifelt zur Mutter und geht danach mit seinem »zierlichen Degen« männlich in den Kampf, tötet und wird von Männern getötet. Die ersehnte bergende Mutter und die tötende Welt der Männer bleiben getrennt. Das beginnt sich im »Tsingtausoldat« zu ändern: zwar ist das mütterliche Deutschland weit von der Front in Ostasien, doch der Soldat ›schmeißt‹ den Ruf nach ihm hinab in den ›Schacht‹, in dem sich der Feind ›klirrend zum Kampf schirrt‹. Der tötende Abgrund nähert sich dem unbewußten Bild der vagina dentata, der tötende Feind den Zähnen, in denen sich die Kastrationsdrohung symbolisiert. Doch noch sind Tod und Mutter nicht zur Einheit gelangt; erst im »Lied von der Eisenbahntruppe« sind aufnehmende und verschlingende Mutter als Natur eines. In den Schiffs- und Verwesungsgedichten werden Inzest und Kastration, Glück und Tod dann zusammen phantasiert.

67 Vgl. *F* II/III, S. 408, Anm. 1; *F* XI, S. 157, 164. – Die »Ballade auf vielen Schiffen« (*w. a.*, 8, S. 219) spricht von »alten Schaluppen«, deren »letzter Verführer« sich einstellt; dann fährt sie fort: »Und von andern Schiffen löst sich schwankend ein Schiff/Das vor Angst Wasser läßt und vor Reu Salz erbricht.« Soviel tritt also immerhin ins Bewußtsein: in der Fahrt auf dem Schiff wird die Liebe zu einer älteren Frau mitphantasiert, eine Liebe, die zumindest der Frau Schuldgefühl, Reue, bringt. Die Ballade »Das Schiff« (*w. a.*, 8, S. 179) zeigt den Untergang des Schiffs als Schwangerschaft, das Schiff also als Mutter. Garga stellt, als seine Mutter verschwunden ist, fest: »Schrecklich! Wie eine vom Regen langsam, langsam zerfressene Brigg, die sich losgescheuert hat« (*D*, S. 68).
68 *CR*, S. 38.

In dem Maße, wie sich Tod und Mutter einander nähern, wächst die Todeszuwendung, denn sie wird durch die Wendung zur Mutter verstärkt. In der »Modernen Legende« weinten die Mütter noch über den Tod. Der Fähnrich stürzt sich schon »mit Augen wie Opferflammen« in den tödlichen Kampf; Angriff und Selbstmord lassen sich nicht mehr klar scheiden. Der Tsingtausoldat schmeißt dann seinen verzweifelten Gruß hinab in den Abgrund und wird nur noch durch ein schmales Als ob vom Selbsttopfer zurückgehalten:

> Und als wollt er den Becher des Lebens wie ein Alteisen
> Opfernd hinab in den Abgrund schmeißen
> Taumelt er schwankend und starrend zum Rand

Die Eisenbahntruppe geht zwar nicht selbst in den Tod, doch sie zieht selbst in die ewigen Wälder:

> Die Männer von Fort Donald – hohé!
> Zogen den Strom hinauf, bis die Wälder ewig und seelenlos sind

Sie ziehen in den Tod, den ›dunklen Schoß‹, der Baal ›hinunterzieht‹: »dann trottet singend Baal / In den ewigen Wald zum Schlaf hinab«[69]. Die Schiffe und Wasserleichen überlassen sich dann dem Wasser, in dem sie treiben und sich auflösen; in ihrem Bild kann die Todeszuwendung verborgen mitphantasiert werden.

Im Gang dieser Entwicklung wird die Todesangst sexualisiert. In der »Modernen Legende« fehlen Todesangst und Rausch noch. Der Fähnrich gerät zunächst in Angst und schreibt »besinnungslos« an seine Mutter, später stürzt er sich in den Kampf; dort mischen sich Ekstase und Todesangst,[70] die Angst wird anfangs im Opferrausch überspielt:

---

[69] w. a., 8, S. 250. – Der Wald ist der Ort des Todes. Vgl. »Der Tod im Wald« (w. a., 1, S. 56); Baal stirbt bei den Holzfällern im Wald; eines seiner letzten Worte ist »Mama!« (w. a., 1, S. 66). Vgl. »Die schwarzen Wälder« (w. a., 8, S. 72) und das Fragment *Gösta Berling* (w. a., 7, S. 2883 ff., besonders S. 2887, S. 2889 ff. und S. 2991). Der arme B. B. wurde in der Mutter (!) aus den schwarzen Wäldern in die Städte getragen (w. a., 8, S. 261).

[70] Wahrscheinlich ließ Brecht sich hier anregen durch den Schluß von *Die Weise von Liebe und Tod des Cornets Christoph Rilke* (Rainer Maria Rilke: Gesammelte Werke. Leipzig 1927, Bd. IV, S. 5-34; dort S. 32-34); dort ist die Beziehung zur Mutter offenkundig. Vgl. auch Brecht: »Und drei Tage drauf, als

>   doch mit Augen wie Opferflammen.
> Stürmte und focht und erschlug, umnebelt von Blut und Dampf
> In trunkenem Rasen – f ü n f Feinde...
> Dann brach er im Tod, mit irren, erschrockenen Augen, aufschreiend
>   zusammen.

Für den Tsingtausoldaten sind Todesangst und Ekstase nicht mehr getrennt. Er steigert seine Todesangst, während er gebannt in den waffenklirrenden Abgrund starrt, zum brünstigen Schrei nach dem mütterlichen Land. In dem »Lied der Eisenbahntruppe« werden, in der ersten Fassung,[71] Todesangst und Rausch dann nicht mehr thematisiert. Sie erscheinen nun mittelbar im Gesang derer, die fern der Gesellschaft in der Natur verschwinden. Hier beginnt die anarchisch-nihilistische Lyrik Brechts, die Lyrik des Untergangs voll Angst, Verzweiflung und Lust:

> Die Männer von Fort Donald – hohé!
> Tappten im dunkeln Wasser Ohios wie Maulwürfe, blind,
> Aber sie sangen so laut, als ob ihnen ein herrliches Wunder geschah.
> Ja, so wild aus heiseren Kehlen, so groß, so sangen sie nie:
> Näher, mein Gott, zu dir, sangen sie.
> Näher zu dir, sangen sie.
> Und der See wuchs drunten, und oben wuchs Regen und Wind.

Die Natur, die sie verschlingt, nimmt ihr Lied auf und singt es weiter:

> Näher, mein Gott, zu dir, sangen sie.
> O, wir ertrinken, ächzten sie.
> Bis die Wasser weiterwachten für sie und ihr Lied sang weiter am
>   Morgen der Wind.
> Die Männer von Fort Donald – hohé!
> Modern unter den Zuggeleisen, die tragen durch ewige Wälder zum
>   sonnigen Tag.
> Aber abends Musik um die sausenden Züge schrillt, seltsam drohend
>   und weh.

---

seine Mutter über dem Brief schon weinte« - Rilke: »Dort hat er eine alte Frau weinen sehen« (a. a. O., S. 34). Nicht umsonst trägt das Gedicht den Titel »Der Fähnrich«. Der junge Brecht schätzt Rilke (*M*, S. 50, 117). March (a. a. O. S. 79 f.) weist auf die große Zahl der damals geschriebenen Fähnrichs-Gedichte hin.
71 *SU*, S. 35 ff.

Denn die Bäume rauschen und orgeln eine düstere Melodie:
Und der Morgen kam nie, rauschen sie.
Und sie starben vor Licht, rauschen sie.
Abends der Wind in den Wäldern Ohios singt einen Choral.

Mit der Rückkehr in den Mutterschoß der Natur gewinnt die Phantasie vom gewollten und bestraften Inzest, und damit Brechts Lyrik, eine neue Dimension: die Lust währt länger als der Tod, die Natur selbst singt. Nun kann auch die Schönheit der verschlingenden und bergenden Natur besungen werden:

> Als im dunklen Erdenschoße faulte Baal
> War der Himmel noch so groß und still und fahl
> Jung und nackt und ungeheuer wunderbar
> Wie ihn Baal dann liebte als Baal war.

Mit dem »Lied der Eisenbahntruppe« von 1916 kündigen sich die Schiffsuntergangsgedichte schon an: die Männer singen »die Hymne ›Näher mein Gott zu dir‹, die vier Jahre zuvor auch beim Untergang der ›Titanic‹ angestimmt worden war«[72]. In den Schiffs- und Verwesungsgedichten sind Todesangst und Rausch dann – in jeweils unterschiedlichem Maße – im lyrischen Bild und im lyrischen Sprechen gebunden.

Je mehr die unbewußten Inzest- und Kastrationsphantasien die eben skizzierte Entwicklung ab 1914 bestimmen, desto deutlicher zeigt sich die Regression auf eine masochistische Haltung. Schon oben wurde darauf hingewiesen, daß die Machtlosigkeit der Vaternachfolger und die aus ihr resultierende Ablösung von ihnen als Angriff auf sie erfahren werden. Das löst Selbstbestrafungstendenzen aus: es kommt zum ›moralischen Masochismus‹, das ›dichtende Ich‹ nimmt, soweit es regrediert, dem Über-Ich gegenüber eine masochistische Haltung ein und verlangt nach Bestrafung.[73] Auch phantasiert es mit dem verbotenen Inzest die Kastration als Strafe gleich mit. So speist sich die Todesangst der Kriegsgedichte nicht unwesentlich aus der Kastrationsangst.[74]

---

[72] *SU*, S. 37, Anm. 1.
[73] Vgl. *F* XIII, S. 381 f. (*Das ökonomische Problem des Masochismus*) und oben S. 153.
[74] Vgl. *F* XIII, S. 289.

Von den frühen Gedichten zur Kriegslyrik

Um den Masochismus der Naturlyrik in all seinen Komponenten zu begreifen, sollen nun in einem weiteren Rückgriff die vor den Kriegsgedichten entstandenen Texte analysiert werden. Obwohl, wie sich zeigte, vor 1914 die Über-Ich-Anteile noch verhältnismäßig wenig angegriffen waren und inzestuöse Phantasien die literarische Produktion noch nicht sichtbar bestimmten, ist der Masochismus hier deutlich zu erkennen: er läßt sich also weder vorwiegend als ›moralischer Masochismus‹ verstehen, noch als Versuch, den Inzest mit der Strafe zu erkaufen. Die Analyse muß deshalb neu einsetzen.

In dem 1914 erschienenen[75] Einakter *Die Bibel* findet sich der ethisch verbrämte masochistische Satz »Ist es nicht schön, für Tausende zu leiden?«[76], und das früheste der uns bekannten Gedichte Brechts, »Das Lied vom Geierbaum«[77] vom Juli 1912[78], trägt ausgesprochen masochistischen Charakter:

Vom Hahnenschrei bis zur Mitternacht
Raufen die Geier wie irr mit dem einsamen Baum.
So viel Flügel verdunkeln den Himmel, daß er durch Stunden die Sonne
                                      nicht sieht.
Aufsingt um ihn vom ehernen Flügelrauschen der Raum.
Und die peitschenden Flügel, die auf ihn gezückt
Zerhauen im Sturz ihm den zitternden Leib und zerstücken ihm Knospe
                                      und Glied.

Wenn ihr Flügelschlag in sein Astwerk kracht
Seine Rinde zerreißt, seine Krone zerpflückt
Steht er zusammengekauert gebückt
Verwahrlost und blutend, zerhackt und zerzaust
Von stählernen Schwingen wie Schwertern durchbraust
Schwankend und düster dämmernd im Ackerbeet.
[...]
Aber er stemmte sich doch in die Erde, er, der sich gegen den Himmel
                                      nicht wehrte
Aber er stemmt sich und steht.
[...]

---

75 *BC*, S. 6.
76 *w. a.*, 7, S. 3036.
77 *w. a.*, 8, S. 31.
78 *BC*, S. 6.

Aber die Geier wiegten sich müde im Mondglanz und füllten mit
    ehernem Kreischen den Raum.
Und schon rauschten die Fittiche zitternder, und der Baum gibt wohl
    acht
Wie es den Geiern vor seiner Unsterblichkeit graust.
Oh, seine Zweige spannte er jubelnd weit, weit, denn es war eine Früh-
    lingsnacht.
Ja, jetzt ist es müde, dies sterbliche Volk, und der Baum wird blühen,
    zerhackt und zerzaust.
[...]
Schwerer ward ihr Gefieder, und sie wurden traurig und müde
Hoben sich schwer in die Lüfte und fielen in bleischwerem Falle
Auf den wunden Baum, da ward er zum eisernen Hügel.
[...]
Wenn sie im Frührot mit schmerzendem Schweben
Schläfrig in den dämmernden Frühlingsmorgen sich heben
[...]
Und sie schauen von oben wie Spuk und gespenstigen Traum:
Unten den Baum
Und der Baum ist gestorben.

Dieses Motiv muß Brecht fasziniert haben; er gestaltete es 1918[79] in dem kurzen Prosatext *Der Geierbaum*[80] ein zweites Mal. Seine späteren Baumgedichte handeln von erlittener Gewalt und Selbstbehauptung, die sich allgemein unter dem Satz fassen läßt »Aber er stemmte sich doch in die Erde, er, der sich gegen den Himmel nicht wehrte«. Die Geier zerhauen dem Baum den zitternden Leib, zerstücken ihm peitschend Knospe und »Glied«; seine Rinde zerreißt, er steht blutend, zerhackt und zerzaust. Hier erscheint beim jungen Brecht erstmals die später bei ihm so häufig anzutreffende masochistische Hauterotik.[81] In dem Gedicht »Prometheus«[82] von 1920[83] wird er schreiben: »Der Felsen wächst durch rohe Fetzen meiner Haut«, in »Vom Klettern in Bäumen«[84] von 1919[85] »Die kleinen Blätter im Gesträuche zerker-

---

79 *w. a.*, 11, Anmerkungen S. 2.
80 *w. a.*, 11, S. 13.
81 Hierzu: Wilhelm Reich: *Charakteranalyse. Technik und Grundlagen für studierende und praktizierende Analytiker.* Wien 1933. S. 254. Reich referiert S. 234 ff. über den masochistischen Charakter.
82 *w. a.*, 8, S. 87.
83 *CR*, S. 35.
84 *w. a.*, 8, S. 209.
85 *CR*, S. 38.

ben euch den Rücken« und in der »Ballade von den Seeräubern«[86] von 1918[87] »Vom Frost eisweißer Nacht zerrissen! [...] Von Sonne nackt gebrannt und krank!«; das »Kalendergedicht«[88] von 1922[89] wird er beginnen »Zwar ist meine Haut von Schnee zerfressen« und die »Ballade von den Abenteurern«[90] von 1917[91] »Von Sonne krank und ganz von Regen zerfressen«. Das hauterotische Moment ist offensichtlich, wenn der Masochismus sich hier auch nicht in ihm erschöpft. Gemeinsam ist, nach Wilhelm Reich, den hauterotischen masochistischen Strebungen, »daß Hautwärme gespürt werden will, nicht ursprünglich Schmerz. Das Gegeißeltwerden soll nicht den Schmerz bringen, sondern der Schmerz wird wegen des ›Brennens‹ in Kauf genommen. Dagegen wirkt Kälte abstoßend. Manche Masochisten phantasieren direkt, daß ihre Haut verbrannt wird«[92]. So ist hier wohl selbst der »Frost eisweißer Nacht« ein Mittel, die Haut zu zerreißen und zum »Brennen« zu bringen.
Deutlicher wird der Zusammenhang von Brennen und masochistischem Untergang in Brechts zweitem Baumgedicht »Der brennende Baum«[93] von 1913:[94]

> [...]
> In den Feldern dort in schwüler Stille
> Prasselnd
> Brannte ein Baum.
>
> Hochauf reckten sich die schreckerstarrten Äste
> Schwarz, von rotem Funkenregen
> Wild und wirr umtanzt.
> Durch den Nebel brandete die Feuerflut.
> Schaurig tanzten wirre, dorre Blätter
> Aufjauchzend, frei, um zu verkohlen
> Höhnend um den alten Stamm.
>
> Doch still und groß hinleuchtend in die Nacht
> So wie ein alter Recke, müd, todmüd

---

86 *w. a.*, 8. S. 224.
87 *CR*, S. 38.
88 *w. a.*, 8, S. 109.
89 *CR*, S. 36.
90 *w. a.*, 8, S. 217.
91 *CR*, S. 38.
92 Reich: *Charakteranalyse*. S. 254 f.
93 *w. a.*, 8, S. 3.
94 *BC*, S. 6.

> Doch königlich in seiner Not
> Stand der brennende Baum.
>
> [...]
>
> Dann kracht der Stamm, von Funken rot umtanzt
> Zusammen.

Wurde der Geierbaum noch zerfetzt, so daß er blutete, so wird der brennende Baum im heroischen Untergang von Blättern wie von Hautfetzen jauchzend umtanzt. Im Brennen wird auch der Untergang bei allem Schrecken zur Lust (das Jauchzen der Blätter und die Not des Baums sind hier allerdings noch voneinander getrennt – doch die Blätter gehören zum Baum). Schon »Das Lied vom Geierbaum« sprach von der Lust im Untergang, wenn es hier auch noch mehr eine Lust am Überleben war; in dem Wunsch zu »blühen, zerhackt und zerzaust«, kündigt sich die Lust am Untergang an, so wie in den Geiern die Todesvögel über dem genießenden Baal, die Haie um die Schiffe und der Haifischhimmel über dem Schwimmenden. Ein stärkeres Indiz für diese Lust ist freilich Brechts Faszination vom Motiv des zerzausten, untergehenden Baums.[95]

Brechts Lyrik entwickelt sich – in dem untersuchten Bereich – vom außergesellschaftlichen masochistischen Phantasiebild (vor 1914) über zunehmend masochistische Kriegsgedichte, die sich, wenn auch vermittelt, auf die historisch-gesellschaftliche Situation beziehen, zu neuen außergesellschaftlichen masochistischen Phantasiebildern, in denen die Gesellschaft nun bewußter negiert wird. In diese neuen masochistischen Phantasien sind mehr unbewußte Momente eingegangen, insbesondere der Inzestwunsch tritt verstärkt hervor; die Wendung zu den unbewußten Wünschen ist zugleich ein Schritt der Lösung von den gesellschaftlichen Normen. Diese Entwicklung der Lyrik ist in ihrer inneren Konsequenz nur verständlich, wenn sie einer Entwicklung des Autors Brecht entspricht. Deshalb soll nun die psychische Struktur des Autors untersucht werden, auf die das ›dichtende Ich‹ regrediert.

---

[95] Nicht übersehen werden sollten am »Lied vom Geierbaum« jedoch auch die Momente, die Brechts Lyrik später aus ihrer masochistischen Phase wieder mithinausführen werden, der Genuß der eigenen Vitalität und der Versuch, sich auf den vitalen Bereich zurückzuziehen und sich gegen die Gewalt nicht zu wehren.

Masochismus, Sexualangst und Mutterbindung

Der Masochismus der frühen Baumgedichte läßt sich als »erogener Masochismus« verstehen, der nach Freud auch dem »moralischen« zugrunde liegt.[96] Die Entwicklung führt bei Brecht von stärker erogenen zu stärker moralischen masochistischen Phantasien. In letzteren dringen dann der ihnen zugrunde liegende erogene Masochismus und dessen Voraussetzungen, Inzestwunsch und Kastrationsangst, weiter ins Bewußtsein. Der Ödipuskomplex wird rückwärts aufgerollt, das Verhältnis zu der im Über-Ich internalisierten gesellschaftlichen Gewalt wird resexualisiert.

Der erogene Masochismus kann dort, wo die Sexualität unterdrückt wird, als eine Bedingung der Sexualerregung auftreten. Der masochistische Charakter will sich vermittels des als Strafe erfahrenen Leidens von dem Gefühl der Schuld, sexuell tätig zu sein, befreien und zugleich den Strafenden ins Unrecht setzen, in dem er ihm die Schuld an der als ungerecht verstandenen Strafe zuschreibt.[97] Der strafende Vater, die Geier, der Haifischhimmel sind notwendige Momente der Phantasien, in denen das ›dichtende Ich‹ sich sexuelle Wünsche erfüllt. Dem Haifischhimmel wird die Schuld zugeschoben, das Ich selbst entlastet. Die Einheit von masochistischem Leiden und Entspannung, Zerplatzen der Haut und Samenerguß findet sich auch bei Brecht: »Die Häute der ewig Geliebten platzten jetzt leider / und Samenfluß stinkend floß über ihr Knie.«[98]

Vor 1914 war Brecht noch relativ gut im mittelständisch-bürgerlichen Milieu integriert. Die Sexualunterdrückung, die er dort erfuhr, läßt sich an seinen frühen masochistischen Phantasien erkennen, deren erster wir 1912 begegnen; Brecht war damals vierzehn Jahre alt. Es ist anzunehmen, daß der sexuelle Druck, den die Pubertät in diesem Milieu mit sich brachte, zum masochistischen Charakter seiner Phantasien führte.

Die Sexualunterdrückung, die Brecht erleiden mußte, ist, wie allgemein in jenem Milieu, mit der christlichen Sozialisation verbunden. Die Gottesvorstellung wird über den Ödipuskomplex, also

---

96 *F* XIII, S. 373.
97 Siehe Reich: *Charakteranalyse*, S. 250 und S. 271 f.
98 Beginn eines Entwurfs aus dem Jahr 1920. *BV II*, S. 577; *BBA*, 813/54. Nachdruck mit freundlicher Genehmigung der Bertolt-Brecht-Erben.
Anm. 99 nach Korrektur entfallen.

mit Hilfe sexueller Angst verankert;[100] die Religion bezieht ihre Macht aus der Sexualeinschränkung[101] und dient ihr wiederum; die Onanieangst des Pubertierenden ist religiös motiviert oder zumindest verstärkt.[102] Das zeigen auch die Gedichte, in denen der junge Brecht Sexualität thematisiert. In der »Legende von der Dirne Evlyn Roe«[103] von 1917[104] erscheint Sexualität als sündhaft; und noch in der »Vision in Weiß«[105] von 1920[106] ironisiert das ›explizite Ich‹ seine Tendenz, sich selbst wegen sexueller Tätigkeit zu strafen, dadurch, daß es die Erzengel zur strafenden Instanz erhebt:

1. Nachts erwache ich schweißgebadet am Husten, der mir den Hals einschnürt. Meine Kammer ist zu eng. Sie ist voll von Erzengeln.
2. Ich weiß es: ich habe zuviel geliebt. Ich habe zuviel Leiber gefüllt, zuviel orangene Himmel verbraucht. Ich soll ausgerottet werden.
[...]
5. Meine Geliebten bringen ein bißchen Kalk mit, in den Händen, die ich geküßt habe. Es wird die Rechnung präsentiert über die orangenen Himmel, die Leiber und das andere. Ich kann nicht bezahlen.
6. Lieber sterbe ich. – Ich lehne mich zurück. Ich schließe die Augen. Die Erzengel klatschen.

In den Onaniegedichten erscheint die Onanie bei aller ironischen Brechung als Sünde, für die der Untergang droht. In den »Bekenntnissen eines Erstkommunikanden«[107] ist sie eine schwerere Sünde als das Verschlucken einer Hostie:

kälbermax hat eine hostie geschluckt
aber er meint für ihn gibt es noch eine rettung dereinst
es steht im katechismus klein gedruckt
aber so einer wie ich ist verloren es hilft dir da nichts wenn du auch
meinst

---

100 Wilhelm Reich: *Massenpsychologie des Faschismus*. Kopenhagen 1933, S. 204.
101 Ebenda, S. 218.
102 Ebenda, S. 206.
103 *w. a.*, 8, S. 18.
104 *CR*, S. 33.
105 *w. a.*, 8, S. 76.
106 *CR*, S. 34.
107 *BV II*, S. 65. BBA 04/13. Nachdruck mit freundlicher Genehmigung der Bertolt-Brecht-Erben. Keine Datierung in *BV II*.

und kälbermax war schon weiss wie leinewand
und dem hat seine mutter nicht die hände auf die bettdecke binden
müssen
vielleicht kommt kälbermax doch durch das kann man nicht wissen
aber mich packt es ich war erstkommunikand

ich habe bei zwei kerzenlichtern zu gott gesprochen
es hat nichts geholfen ich habe es nicht gehalten
nachts war eben wieder alles beim alten
meine mutter hat es am nachthemd gerochen

In dem Gedicht »Die Bibel« von 1920[108] soll die Bibel vor der Onanie schützen und in dem Gedicht »Der Narziß« von 1922[109] heißt es, als der Narziß sich anschickt zu onanieren: »Wie wird Maria dir, wenn du ihn siehst?«.
Es fällt auf, daß die Mutter hier das Onanieverbot ausspricht und seine Einhaltung überwacht. In den Texten des jungen Brecht werden christliche Moral und Sexualunterdrückung von der Mutter durchgesetzt. In den »Auslassungen eines Märtyrers«[110] von 1918[111] hält sie dem Sohn vor, er sei ein »Pornografist«, weil er sagt, daß die Wäsche »pißt«. Als die Mutter bei Baal Sophie findet, klagt sie »Deine alte Mutter weint sich die Augen aus, und du zerrst die schmutzigen Weibsbilder herum! Schäm dich! Huren!«[112]. Die Mutter rät vom Alkohol ab;[113] ganz allgemein ist sie beim jungen Brecht die Instanz, welche die Normen der Gesellschaft vertritt, wie ja auch ›die Leute‹ dasselbe sagen wie die Mutter:

> Standen viele Leute um mich her und lachten
> Und sie sagten alle ganz wie meine Mutter:
> Er ist ein andrer Mensch, er ist ein andrer Mensch
> Er ist ein völlig andrer Mensch als wir.[114]

Die Mutter gehört der fremden Gesellschaft an und versucht den Sohn, das wird im ›Baal‹ sehr deutlich, in ihr zu halten. Das läßt

---

108 *BV II*, S. 66. Noch nicht veröffentlicht. *BBA* 452/70.
109 *BV II*, S. 55, 56. *BBA* 04/026. Nachdruck mit freundlicher Genehmigung der Bertolt-Brecht-Erben.
110 *w. a.*, 8, S. 37.
111 *CR*, S. 33.
112 *SM I*, S. 109.
113 *w. a.*, 8, S. 120. Entstanden 1922 (*CR*, S. 36).
114 *w. a.*, 8, S. 93. Entstanden 1920 (*BV II*, S. 185).

sich nicht einfach auf literarische Vorbilder, Ibsens *Peer Gynt* oder das Drama *Der Einsame* von Johst, zurückführen, dazu gehen gerade an diesem Punkt zuviel autobiographische Momente in das Verhältnis Baals zu seiner Mutter ein.[115] Die Mutter beschimpft Baal wegen seines unbürgerlichen Lebenswandels[116] und sucht ihn im Bürgerleben zu halten.[117] Die Berufung auf die Mutter soll ihn vor Ekart, d. h. vor dem Ausbruch aus der Gesellschaft bewahren:

JOHANNES Laß dich nicht verführen! Bleib, wo du bist, es wird besser gehen! Denk an deine Mutter! Sei stark![118]

Baal selbst will sich vor der Mutter bewähren und ihr einen angenehmen Lebensabend in der bürgerlichen Gesellschaft verschaffen: »Ich werde ein ordentliches Haus kaufen, einen Garten dazu, und du bekommst eine Magd.«[119] Um die Normen durchzusetzen, arbeitet die Mutter mit dem Schuldgefühl des Sohnes und appelliert an seine Liebe; charakteristisch hierfür ist die oft anklingende Szene:

Aber dann weint sie natürlich [...] Und ich brächte sie noch unter die Erde
Und der Tag werde noch kommen, wo ich sie werde mit den Nägeln auskratzen wollen
Aber dann sei es zu spät, und daß ich es noch merken werde
Was ich an ihr gehabt habe, aber das hätte ich dann früher bedenken sollen.[120]

Das Verhältnis des Sohns zu einer Mutter, welche die gesellschaftlichen Normen durchzusetzen sucht, ist noch deutlicher ambivalent als dort, wo das wesentlich Aufgabe des Vaters ist. Als Liebesobjekt und als Vertreterin schon verinnerlichter Moral ist sie höchste Instanz, ruft aber als versagende Instanz seinen Haß hervor; diesen kann er jedoch, weil er sie liebt, nur gegen sich selbst

---

115 In den »Auslassungen eines Märtyrers« und in dem von Brecht einen Tag nach dem Tod seiner Mutter geschriebenen (*BC*, S. 23) »Lied von meiner Mutter« (*w. a.*, 8, S. 79) findet sich z. B. die Vorstellung, daß man die tote Mutter nicht mehr aus dem Boden kratzen kann. Mit ihr sucht auch Baals Mutter ihren Sohn zu bewegen (*SM I*, S. 23).
116 Ebenda, S. 22 ff.
117 Ebenda, S. 109.
118 Ebenda, S. 31.
119 Ebenda, S. 139.
120 *w. a.*, 8, S. 37 (»Auslassungen eines Märtyrers«); vgl. *w. a.*, 8, S. 79, und *SM I*, S. 23.

richten. So wird im *Baal* die Mutter einerseits gleichwie Gott angerufen[121] und weckt andererseits das Schuldgefühl Baals, d. h. seine gegen ihn selbst zurückgewendete Aggression.[122] Der Sohn wagt nicht gegen eine versagende Instanz aggressiv zu werden, die durch gesellschaftlich-moralische Autorität und Liebeszuwendung doppelt gesichert ist: »Da kannst du nur weggehen und deine Erbitterung niederschlucken / Wenn mit solchen Waffen gekämpft wird.«[123] Er wendet seine Aggressivität gegen sich selbst und verstärkt so sein masochistisches Verhalten. Die anziehende und zugleich verbietende Mutter findet sich im Phantasiebild der vagina dentata wieder; Liebeszuwendung, Angriff und masochistische Rückwendung aufs Ich führen zur schuldbewußten Vorstellung, der Sohn habe der Mutter das Wichtigste, seine Liebe, nicht gesagt:

6. Oh, warum sagen wir das Wichtige nicht, es wäre so leicht und wir werden verdammt darum. Leichte Worte waren es, dicht hinter den Zähnen, waren herausgefallen beim Lachen, und wir ersticken daran in unsrem Halse.

7. Jetzt ist meine Mutter gestorben, gestern, auf den Abend, am 1. Mai! Man kann sie mit den Fingernägeln nicht mehr auskratzen![124]

Die Sexualunterdrückung, zu der das bürgerlich-mittelständische Milieu, die christliche Erziehung und die Mutter ihr Teil beitrugen, bestimmt das Bild der Sexualität beim jungen Brecht auch dort, wo er sich von ihnen zu lösen und das Tabuierte zu betonen sucht. Sexualität ist sündhaft, die begehrende Frau schön wie die Sünde: »Oh, als sie ging, hob ihr der Wind den Mantel / Da sahen alle: schön wie Sünde war sie.«[125] Der Mann aber muß sich vor dem gefährlichen Weib schützen; das geht am sichersten, wenn er sie vernichtet:

> Und alle sahn, wie schön sie war. Doch e r
> [...] sagte:
> Deckt dieses Aas mit euren Schilden zu
> Daß ich es nicht mehr sehen muß. Und wagte

121 Ebenda, S. 35.
122 Ebenda, S. 23 f., S. 138.
123 *w. a.*, 8, S. 37 (»Auslassungen eines Märtyrers«).
124 *w. a.*, 8, S. 79 (»Lied von meiner Mutter«); vgl. *SM I*, S. 139, und Hanns Johst: *Der Einsame. Ein Menschenuntergang.* München 1925, S. 51.
125 »Tarpeja«; *w. a.*, 8, S. 24 ff.; entstanden um 1917 (*BV II*, S. 164).

> Doch nicht sie anzusehn und wartete nur mehr
> Bis er die Schilde auf sie krachen hörte
> [...]
> Im frühen Tag lag sie im Schmutz der Gosse
> Den goldnen Reif in den zerquetschten Händen
> Zum Fraß den Gei'rn da – das schöne Aas.
> Und über sie, ganz blind mit schweren Füßen
> Schritt stumm und abgewandt das eherne Gesetz.

Die Sexualangst führt zur Phantasie vom »schönen Aas«, vor dem man sicher ist, eine Phantasie, die in den Wasserleichengedichten wiederkehrt. Sie führt auch zur Angst vor Geschlechtskrankheiten,[126] deren Drohung sich dem Bild der vagina dentata nähert:

> Und den Absinth und fauler Schlamm
> in dieser Straßen Kot ausspie,
> den fraß die Tabes in den breiten Schenkeln
> der Schwestern unsrer lieben Frau Marie.[127]

Bei derartiger Sexualangst wird die Sexualbetätigung masochistisch phantasiert, die Onanie ebenso wie der Koitus:

> Ich liege in den Brennesseln zum Spaße
> Und wälz mich auf den Fetzen meiner rohen Haut.
> Ich hab das Schilf vom kleinen Fluß zerkaut
> Und mit den dicken Steinen Unzucht getrieben
> Als ich keine Haut mehr hatte von dem Lieben
> Habe ich den kleinen Himmel angeschaut.[128]

Baal zu Johannes: Es gibt keinen schöneren Genuß als den Körper eines jungen Weibes. [...] Er ist wild und geschmeidig wie der Leib eines Tigers und doch sanft und schmeichelnd, voller Wonne und ganz herrlich. Wenn du die jungfräulichen Hüften umspannst, zuckt warmes Leben in deinen Händen, und in der Angst und Seligkeit der Kreatur wirst du zum Gott. Im Tanz durch Höllen, hopp! und gepeitscht durch Paradiese, hopp! hopp![129]

126 Vgl. *w. a.*, 14, S. 1411 (*Flüchtlingsgespräche*), und *w. a.*, 8, S. 251 (»Von den verführten Mädchen«).
127 *M*, S. 101. Eine frühe Strophe aus dem »Gesang der Soldaten der roten Armee«. Münsterer berichtet hier aus dem Jahr 1919.
128 »Von dem Gras und Pfefferminzkraut«; *w. a.*, 8, S. 84; entst. 1920 (*CR*, S. 35). Vgl. Mallarmé: »L'écclésiastique«. In: Stéphane Mallarmé: *Œuvres complètes*. Paris 1945 (Bibliothèque de la Pléiade), S. 286 ff.
129 *SM I*, S. 18.

Hier treten die sadistischen Momente, die oben zur Vernichtung der Frau zum »schönen Aas« führten, deutlicher als sexuelle hervor, weil die Angst der unerfahrenen Jungfrau dem Mann Überlegenheit schafft und ihn seine Angst vor dem ›Tiger‹ überwinden läßt. Der Koitus führt dennoch durch »Höllen« und »gepeitscht durch Paradiese«, die Strafe geht in die Lust mit ein.

Brecht konnte sich von der seine Texte prägenden Sexualangst in dem Maße befreien, wie er sich von der unbewußten Bindung an die Mutter und von den bürgerlich-christlichen Über-Ich-Anteilen löste, welche die Sexualität unterdrückten. Das gelang ihm nur in einem langsamen Prozeß, der nicht frei von Rückschlägen war: sobald das Ich einmal geschwächt war, begann das angegriffene Über-Ich wieder sadistisch zu herrschen. So berichtet Münsterer von einem Gespräch, das er im Januar 1920 mit Brecht führte, als dieser sich in »einer tiefen Depression«[130] befand:

Der Dichter der *Sommersinfonie* gebärdete sich geradezu als Sittenapostel: Romane wie der zum mindesten amüsante *Faublas* werden als schwül abgetan, ja, sogar die Beschlagnahme der Louvet de Couvret-Neuauflage mit den Walserschen Illustrationen wird als berechtigt empfunden.[131]

Wilhelm Reich berichtet von weiteren Zügen des masochistischen Charakters:[132] das masochistische Verhalten erklärt sich »aus der phantasierten oder realen Nichterfüllung eines unerfüllbaren, quantitativ gesteigerten Liebesanspruchs«[133]; der Masochist ist besonders liebebedürftig[134] und verträgt den psychischen Kontaktverlust nicht.[135] »Das masochistische Verhalten und der Liebesanspruch steigern sich typisch in dem gleichen Maße wie die unlustvolle Spannung, die Angstbereitschaft oder aber die Gefahr des Liebesverlustes.«[136] Die unlustvolle Spannung steigerte

---

130 *M*, S. 164.
131 *M*, S. 166.
132 Hierzu Reich: *Charakteranalyse*, S. 244 »Die wenigsten masochistischen Charaktere entwickeln auch eine masochistische Perversion« und »die Hauptzüge des masochistischen Charakters [...] finden sich vereinzelt bei allen neurotischen Charakteren« (S. 244). Brecht wird hier dementsprechend nicht als Masochist, nicht einmal als masochistischer Charakter verstanden. Es wird sich zeigen, daß er z. B. auch phallisch-narzißtische Züge hat.
133 Ebenda, S. 252.
134 Ebenda, S. 251.
135 Ebenda, S. 254.
136 Ebenda, S. 252.

sich bei Brecht zunächst wohl mit der Pubertät, die Angstbereitschaft in dem Maß, wie die Sicherung durch Gesellschaft, Religion und Über-Ich zerfiel und dieser Zerfall als selbstverschuldet erfahren wurde. Der Liebesverlust findet früh seinen Niederschlag in Brechts Lyrik; schon die Geierbaumphantasie beginnt mit der Einsamkeit des Baums, dem die Geier mit ihren Flügeln dann auch noch den Himmel verdunkeln. Die Gefahr des Liebesverlusts wächst mit der Ablösung von den Nachfolgern des liebendschützenden Vaters; sie wird dadurch verstärkt, daß die Ablösung von den Normen gleichzeitig einen Angriff auf die normenstützende Mutter bedeutet. Der gesteigerte Liebesanspruch läßt sich wahrscheinlich aus der Bindung des kränklichen Kindes Brecht an die Mutter erklären.

Die Mutter, die »selbst schon bald kränkelt, umsorgt ihren Eugen mit aller Liebe, mehr als den nachgeborenen Walter, weil der Ältere etwas schwächlich, kränklich und übernervös ist«[137]. Auch während seiner Adoleszenz ist Brecht nicht gesund, er leidet an Herzkrämpfen.[138] Die Mutter bringt ihn schon 1906 »wegen seiner krankhaften Nervosität nach Bad Dürrheim«[139]. »Sie umhegt ihn mit aller Liebe, führt ihn täglich zur Volksschule bei den Barfüßern und holt ihn auch wieder ab. Er fühlt sich geborgen bei ihr und leidet zugleich unter ihrer Fürsorge, denn er möchte doch etwas gelten bei seinen Kameraden und muß sich nun verspotten lassen«[140]; »der Vater ist viel verreist und hat selten Zeit. Um so inniger ist die Bindung an die Mutter, die ihren Eugen so gut versteht und spürt, was sich in ihm vorbereitet«[141]. Er fühlt sich von ihr besser verstanden als vom Vater.[142] Münsterer berichtet aus der Schulzeit:

Während der Vater Brechts Schriftstellerei recht skeptisch gegenüberstand und wahrscheinlich noch manches Jahr im Geheimen mit der Rückkehr des verlorenen Sohnes in die Bürgerlichkeit rechnete, war die Mutter von Anfang an zutiefst von seiner künftigen Größe als Dichter

---

137 Maiberger: *Bert Brechts Augsburger Jahre*, S. 3.
138 Werner Frisch: *Zeitgenossen geben zu Protokoll. Aus einer Materialsammlung für eine künftige Biographie*, S. IX und Erich Maiberger: *Der junge B. B. Ein Dichter und seine Stadt*. Typoskript. Bayerischer Rundfunk. Regionalprogramm. 6. Januar 1968. Funkbearbeitung: Kurt Hogl. S. 16.
139 Max Högel: *Bert Brecht. Ein Porträt*. Augsburg 1962, S. 13.
140 Maiberger: *Bert Brechts Augsburger Jahre*. S. 3.
141 Ebenda, S. 4.
142 Högel, a. a. O., S. 13.

überzeugt und erhoffte von ihm so etwas wie einen zweiten Ganghofer.[143]

»Am 1. Mai 1920 stirbt seine Mutter, die in den letzten Jahren im Rollstuhl gefahren worden ist [...] Nun hält ihn nicht mehr viel in Augsburg.«[144] Nach 1928 erhält er im neuen Haus des Vaters eine Wohnung im Dachgeschoß. »Dort oben hat er die altmodische Einrichtung und den ererbten Hausrat seiner Mutter gesammelt; er pflegt diese Dinge wie ›Heiligtümer‹, niemand darf daran rühren.«[145] Die Mutter hatte den Sohn gegen den Willen des Vaters verwöhnt.[146] Es scheint, daß Brecht in ihr einen Bundesgenossen gegen die anderen, gegen die katholische Umwelt, aber auch gegen den Vater suchte. Marieluise Fleißer läßt ihn jedenfalls in dem autobiographischen Schlüsselroman *Avantgarde* sagen, als er die Freundin in sein Elternhaus führt: »Hier im Haus [...] war meine Mutter rebellisch. Sie war der Eindringling in die Familie und der Protestant.«[147] Das könnte der Wahrheit entsprechen, obwohl es gerade die Mutter war, welche die Normen durchzusetzen suchte. In der Erstfassung des Stücks *Im Dickicht der Städte* von 1922 klagt die Mutter über den Vater: »Ach, du weißt nicht, wie es ist neben einem solchen ... zu leben, jahraus, jahrein; denn jetzt ist er bald schon wie ein Tier.« Der Sohn fordert sie auf: »Hilf ihm nur nicht!« und danach: »Ich bitte dich, mit mir nach dem Süden zu gehen. [...] Wir machen ein Blockhaus, und du kochst mir. Ich brauche dich notwendig.«[148]

Aus der Bindung an die Mutter ist sehr wahrscheinlich der gesteigerte Liebesanspruch[149] Brechts zu erklären. Dieser Liebesanspruch wiederum läßt vermuten, daß das provokatorische Moment seiner frühen Lyrik mindestens in einer Schicht masochistisch motiviert ist. Der masochistische Charakter provoziert, wen er liebt,

---

143 *M*, S. 37.
144 Maiberger: *Bert Brechts Augsburger Jahre*, S. 11.
145 Ebenda, S. 12.
146 Maiberger: *Der junge B. B.*, S. 5.
147 Marieluise Fleißer: *Avantgarde. Erzählungen.* München 1963, S. 21.
148 *D*, S. 36 f.
149 Er führt zu Formulierungen wie: »Mutter sein, das heißt: [...] Wenn Not und Tod die Seel erlösten,/Um Verzeihung drum beim Kinde werben/Und den Erben/Sterbend noch mit einem Lächeln trösten« (›*Augsburger Kriegsbrief vom 18. September*‹. München-Augsburger Abendzeitung. Lokal-Anzeiger, Nr. 179, 21. September 1914, S. 1).

damit dieser ihn bestraft. Er sucht in der Strafe Zuwendung[150] und Entspannung.[151] Die Provokation ist seine Art, Liebe zu fordern.[152] So phantasiert Brecht z. B. ›sündhaftes Tun‹, um dabei die provozierte Strafe mitzuphantasieren,[153] oder aber, um die Strafe zu provozieren. Diese Phantasie treibt er so weit, daß eben das Ausbleiben der Strafe – in der Apfelböck-Ballade das Ausbleiben der Strafe durch Gott – als Bestrafung durch Liebesentzug erscheint, zugleich aber auch als Befreiung. In dem »Gesang aus dem Aquarium«[154] schreibt er:

Die Sünde befriedigte mich. [...] Ich sah lange nach oben und glaubte, der Himmel sei traurig über mich. Aber ich sah, daß ich ihm gleichgültig war. Er liebte sich selbst. Jetzt bin ich lange ertrunken. Ich liege dick auf dem Grund. Fische wohnen in mir. Das Meer geht zur Neige.

Die provozierte Bestrafung bleibt aus, doch sie wird im Ertrinken mitphantasiert wie in der Ballade »Vom ertrunkenen Mädchen«, wo Gott die Leiche vergißt. Brecht provoziert mit seiner frühen Lyrik die Familie, die christliche Religion und die bürgerliche Gesellschaft. Diese Provokation zeigt seine Liebebedürftigkeit, die Liebesenttäuschung, die er erlitt,[155] seine Abhängigkeit, aber auch die Ablösung, die er schon vollzogen hatte.[156]

Schon um 1920 objektivierte Brecht in der Erzählung *Der Blinde*[157] das provokatorisch-masochistische Verhalten, das auch seine anarchisch-nihilistische Lyrik prägt. Ein Mann erblindet und erfährt so – wie auf ihre Art Lorge, Malatesta und Apfelböck[158] – seine Verlassenheit. Er beginnt masochistisch zu reagieren, läßt

---

150 Reich: *Charakteranalyse*, S. 253.
151 Ebenda, S. 272.
152 Ebenda, S. 252.
153 Vgl. *F* XIII, S. 382.
154 *BBA*, 813/38. Entstanden 1920 (*BV II*, S. 92). Nachdruck mit freundlicher Genehmigung der Bertolt-Brecht-Erben.
155 Reich: *Charakteranalyse*, S. 250 f.: »Hinter der Provokation steht genetisch und historisch eine tiefe *Liebesenttäuschung*. Provoziert werden mit besonderer Vorliebe die Objekte, an denen man eine Enttäuschung erfuhr, die man ursprünglich besonders liebte«.
156 Sartre hat den provozierenden Dandysmus Baudelaires als masochistisches Verhalten und Schutzvorrichtung gegen die Schüchternheit interpretiert. Jean-Paul Sartre: *Baudelaire. Ein Essay*. Hamburg 1953, S. 70, 71, 122, 123.
157 *w. a.*, 11, S. 52-56. Eine Datierung war nicht möglich. Sie konnte nur vermutungsweise aus der Einordnung der Erzählung in der *werkausgabe* erschlossen werden.
158 Vgl. oben S. 94 f.

sich verkommen und wird seinen Brüdern gegenüber provozierend bösartig.
So ging der blinde Mann herum in der Finsternis und besann sich, wie er seine Leiden vergrößern könnte, um sie besser auszuhalten. Denn ihm schien es, als sei große Qual leichter zu tragen als kleine.[159]
Er provoziert seine Brüder durch einen Selbstmordversuch. Sie geraten in Angst.

Sie bemühten sich einen Abend lang um ihn und versuchten, ihn dem Leben wieder zu gewinnen, wozu er sich störrisch verhielt. Das war einer der schönsten Tage seines Lebens.[160]
Schließlich verläßt er von sich aus die Stadt und sucht den Tod.

Es war ein sehr kalter Wintertag. Der Blinde freute sich noch darüber, daß er fror. Er war aus dem Hause gejagt worden. [...] Er verwendete den kalten Himmel zu seinem Untergang.
Gott wurde nicht verziehen.
Er fand sich nicht ab. Ihm war Unrecht geschehen. Er war blind geworden, unschuldig blind, und dann war er noch in Eis und Schneewind gejagt worden. Das hatten seine eigenen Brüder getan, die sehen durften.
Der Blinde ging über eine Wiese bis zu einem Bach, in den tauchte er den Fuß. Er dachte: Jetzt sterbe ich. Jetzt werde ich in den Fluß da getrieben. Hiob war nicht blind. Nie hat irgend jemand Schwereres getragen.
Dann schwamm er hinunter.[161]

Er erfährt die Verlassenheit als Liebesentzug und sucht Liebe durch Selbstqual, Verfall und Angriff zu provozieren. So steigert er sein Leiden um der Liebe willen, verhindert eben hierdurch die Zuwendung der anderen und steigert so sein Leiden nochmals. In diesem potenzierten Leiden findet er dann seine provozierend-anklagende Genugtuung. Solcher Masochismus prägt die Wasserleichengedichte. Der Satz »Als sie ertrunken war und hinunterschwamm [...] Schien der Opal des Himmels sehr wundersam / Als ob er die Leiche begütigen müsse« zeugt von der Forderung des Masochisten, er, dem ein Unrecht widerfahren sei, müsse begütigt werden.[162] Dieser Masochismus prägt auch die

---

159 *w. a.*, II, S. 55.
160 Ebenda.
161 Ebenda, S. 56.
162 Nach Korrektur entfallen.

übertreibend-provokatorische Darstellung des Leidens in der Lyrik des jungen Brecht. Als provozierend gesteigertes Leiden wird es erst als Leiden ganz sichtbar – und mit ihm der Protest.

Die phallisch-narzißtische Komponente

Münsterer berichtet über den Neunzehnjährigen:

> Was wohl jedem auffiel, der mit ihm in Berührung kam, war jene eigentümliche Mischung von geradezu rührender Schüchternheit und [...] ausgesprochener Frechheit [...] Bei einem Stadtgartenkonzert zum Beispiel [...] wagte es der Neunzehnjährige nicht, das Mädchen anzusprechen, das seine Aufmerksamkeit erregt hatte; ein jüngerer Freund wurde vorgeschoben, der die Sache mit den Allüren eines abgebrühten Lebemanns umgehend in Ordnung brachte.[163]

Die Schüchternheit des jungen Brecht ist mehrfach bezeugt,[164] ebenso sein provozierendes Verhalten. Maiberger vermutet:

> Vielleicht soll [...] das herausfordernde Benehmen in der Öffentlichkeit nur eine innere Unsicherheit verdecken; im persönlichen Gespräch ist er nämlich außerordentlich höflich, zurückhaltend und bescheiden, Frauen gegenüber fast schüchtern und linkisch.[165]

Die Frechheit des Schüchternen läßt sich nicht allein als masochistische Provokation interpretieren. Sie ist ein Versuch, die eigene Angst zu überspielen, in den Angriff zu gehen, wo man eigentlich fliehen will. Das ist ein phallisch-narzißtischer Zug.[166] Er bestimmt die Texte des jungen Brecht; besonders deutlich natürlich auf sexuellem Gebiet. Hier wird die Sexualität, vor der sich das ›dichtende Ich‹ ängstigt, provozierend betont. Die Baalfigur z. B. entspringt einer Potenzphantasie, in der Potenz demonstriert werden soll, um die Potenzangst zu überdecken; in die provozierend demonstrative Phantasie geht jedoch die Angst mit ein. So fliegen Baal die Frauen zu – doch die Sexualbetätigung selbst ist bestimmt von Gewalt, Brutalität, Erniedrigung und Verstoßung der Frau.

---

163 *M*, S. 65.
164 Vgl. Wilhelm Brüstle: *Wie ich Bert Brecht entdeckte*. In: *Neue Zeitung*, München, 27. 11. 1948. Vgl. auch *w. a.*, 9, S. 601.
165 Maiberger: *Bert Brechts Augsburger Jahre*. S. 9.
166 Zum phallisch-narzißtischen Charakter siehe Reich: *Charakteranalyse*. S. 226-233.

Der Drang des phallischen Narziß, seine bedrohte Potenz unter Beweis zu stellen, läßt sich an einem Bild Wedekinds, den Brecht verehrte, zeigen. Im Prolog der Tragödie *Erdgeist* stellt der Tierbändiger Lulu, die »Urgestalt des Weibes« vor:

> Sie ward geschaffen, Unheil anzustiften,
> Zu locken, zu verführen, zu vergiften –
> Zu morden, ohne daß es einer spürt.

Nachdem Lulu, die er als Schlange vorstellt und »Mein süßes Tier« anredet, hinausgebracht wurde, fährt er fort:

> Und nun bleibt noch das Beste zu erwähnen:
> Mein Schädel zwischen eines Raubtiers Zähnen.
> [...]
> Ich wag' es, ihm den Rachen aufzureißen,
> Und dieses Raubtier wagt nicht zuzubeißen.
> So schön es ist, so wild und buntgefleckt,
> Vor meinem Schädel hat das Tier Respekt![167]

Dieses Raubtier, das legt der Zusammenhang und die Stellung im Prolog des Lulu-Dramas nahe, ist ebenfalls »Urgestalt des Weibes«. Die Frau, die Sexualität, ist gefährlich, doch der Tierbändiger trotzt der Gefahr, er hält den Schädel in den weitgeöffneten Raubtierrachen, ein Bild, hinter dem die Vorstellung der vagina dentata erscheint, in die der phallische Narziß mutig den Penis hält. Er wagt sich in die Gefahr, hält die Kastrationsdrohung aus, demonstriert seine Potenz, erfährt sie jedoch noch als bedroht.

Brecht kann in seinen frühen Dichtungen die Sexualität des Mannes stärker feiern als Wedekind, weil er den Frauen ihre gefährliche Dämonie durch Erniedrigung und Vernichtung nimmt. Tarpeja, die einzige dämonische Frau in seinem Werk, läßt er erschlagen, als schönes Aas kann sie ertragen werden.[168] Seit damals, seit 1917 verwesen die Frauen beim jungen Brecht, verschwinden in der Wolke, sind Huren oder von einem Mann abhängig, der sich nicht an sie gebunden fühlt. Dieser Schutzmechanismus erlaubt es Brecht, sich weiter von der ihm angetanen Sexualunterdrückung zu befreien, als dies Wedekind gelang.

---

167 Frank Wedekind: *Erdgeist. Tragödie in vier Aufzügen.* In: F. Wedekind: *Gesammelte Werke.* München 1920, Bd. 3, S. 1-108; dort S. 9 f.
168 Siehe oben S. 223 ff.

Indem die phallisch-narzißtische Betonung der Sexualität das Schweigen des Tabus und den guten Anstand brach, begann sie die Sexualität von dem zu lösen, was sie in der Kastrationsdrohung beschädigt hatte: von der unterdrückenden Sexualmoral. Die sexuellen Wünsche konnten nun, wenn auch nur als beschädigte, über die Schwelle des Tabus treten. Befanden sie sich aber einmal im Bereich des Bewußtseins, bestand die Möglichkeit, sie von der in sie eingegangenen Unterdrückung zu befreien. Das im forcierten Vorpreschen gewonnene Lustgefühl half die sexualfeindlichen Über-Ich-Anteile abbauen. Die Sexualität, ursprünglich von der christlichen Sexualmoral bedroht, wird gegen das Christentum ausgespielt, die »Auferstehung des Fleisches«[169], die Erektion, gegen die Auferstehung Christi.[170] Die Erfahrung des Vitalen und dessen forcierte Betonung trägt zur Befreiung von Normen und so von Schuldgefühl bei:

> In der Sünder schamvollem Gewimmel
> Lag Baal nackt und wälzte sich voll Ruh[171]

und macht gleichgültig gegenüber der Religion:

> Ob es Gott gibt oder keinen Gott
> Kann solang es Baal gibt, Baal gleich sein.[172]

Die Betonung des Vitalen, insbesondere des Sexuellen, konnte von Brecht später dann bewußt als Mittel gegen die bürgerliche Ideologie eingesetzt werden. So schreibt er in den »Anmerkungen zur ›Dreigroschenoper‹«:

Die Darstellung des Geschlechtslebens auf der Bühne ist sehr wichtig, schon weil dabei ein primitiver Materialismus auftritt. Das Künstliche und Vergängliche aller gesellschaftlichen Überbauten wird sichtbar.[173]

---

169 »Zweiter Psalm«; w. a., 8, S. 242; entst. 1920 (CR, S. 39).
170 Vgl. oben S. 179 f.; besonders dort Anm. 99.
171 SM I, S. 81. Im Mai 1920 schreibt Brecht ins Arbeits- und Notizbuch: »Es werden Werte gefragt: Ich habe den Sinn für Werte, Erbteil vom Vater her. Aber ich habe auch Empfindung dafür, daß man vom Begriff Wert ganz absehen kann. (Baal).« SM II, S. 97, 154.
172 SM I, S. 82. - Das entspricht der Argumentation Epikurs gegen die Todesfurcht (*Epicurea*. Hrsg. von H. Usener. Leipzig 1887, p. 60/61, 124-125). Brecht dürfte sie über das dritte Buch des Lukrez kennengelernt haben (Titus Lucretius Carus. *Lucreti De Rerum Natura libri 6. Recogn. brevique adnot. crit. instr. Cyrillus Bayley*. ed. 2. Oxford 1962; III 830-869).
173 w. a., 2, S. 489.

Die homoerotische Komponente

In engem Zusammenhang mit der masochistischen und der phallisch-narzißtischen Komponente der Lyrik des jungen Brecht steht die homoerotische.[174] Auch die Homosexualität hat nach den psychoanalytischen Theorien[175] eine Fixierung an die Mutter zur Bedingung:

Bei allen unseren homosexuellen Männern gab es in der ersten, vom Individuum später vergessenen Kindheit eine sehr intensive erotische Bindung an eine weibliche Person, in der Regel an die Mutter, hervorgerufen oder begünstigt durch die Überzärtlichkeit der Mutter selbst, ferner unterstützt durch ein Zurücktreten des Vaters im kindlichen Leben.[176]

Der Inzestwunsch wird aus Angst vor der Kastrationsdrohung verdrängt; das wohl frühzeitig heterosexuell aggressive Kind wird wegen eines heterosexuellen Vergehens bestraft.[177] Ferenczi fiel auf, »wie häufig die Mutter es war, die den späteren Homoerotikern diese Rüge erteilte«[178]; das läßt vermuten, daß sich hinter dem von der Mutter ausgesprochenen Onanieverbot in der Lyrik Brechts die Erinnerung an eine frühere Szene verbirgt. Vor der Kastration flieht der Homosexuelle zum eigenen Geschlecht; dabei flüchtet er auch vor der Vagina, welche ihn, als Kastrationswunde phantasiert, an die Gefahr erinnert, die seinen eigenen Penis bedroht.[179] Der bedrohte Knabe

verdrängt die Liebe zur Mutter, indem er sich selbst an deren Stelle setzt, sich mit der Mutter identifiziert und seine eigene Person zum Vorbild nimmt, in dessen Ähnlichkeit er seine neuen Liebesobjekte auswählt.

174 Vgl. oben S. 205 f.
175 Einen Überblick gewähren:
L. J. Saul und A. T. Beck: *Psychodynamics of male homosexuality.* In: *Int. J. Psychoanal.*, 42, S. 43-48; 1961.
G. H. Wiedemann: *Survey of psychoanalytic literature on overt male homosexuality.* In: *J. Americ. Psychoanal. Ass.*, 10, S. 386-409; 1962.
W. H. Gillespie, F. Pasche, G. H. Wiedemann, R. R. Greenson: *Symposium on Homosexuality.* In: *Int. J. Psychoanal.*, 45, S. 203-219; 1964.
176 F VIII, S. 169.
177 Sandor Ferenczi: *Zur Nosologie der männlichen Homosexualität (Homoerotik).* In: S. Ferenczi: *Bausteine zur Psychoanalyse.* Bd. 1, S. 152-170; dort S. 161 f.
178 Ebenda, S. 161, Anm. 2.
179 Vgl. Karl Heinz Delhees: *Die Psychodiagnostische Syndromatik der Homosexualität. Nach Psychoanalytischen Gesichtspunkten.* Bern u. Stuttgart 1966, S. 17.

Er ist so homosexuell geworden; eigentlich ist er in den Autoerotismus zurückgeglitten, da die Knaben, die der Heranwachsende jetzt liebt, doch nur Ersatzpersonen und Erneuerungen seiner eigenen kindlichen Person sind, die er so liebt, wie die Mutter ihn als Kind geliebt hat. Wir sagen, er findet seine Liebesobjekte auf dem Wege des Narzißmus.[180]

Freud vertritt die These,

daß der auf solchem Weg homosexuell Gewordene im Unbewußten an das Erinnerungsbild der Mutter fixiert bleibt. Durch die Verdrängung der Liebe zur Mutter konserviert er dieselbe in seinem Unbewußten und bleibt von nun an der Mutter treu. Wenn er als Liebhaber Knaben nachzulaufen scheint, so läuft er in Wirklichkeit vor den anderen Frauen davon, die ihn untreu machen könnten.[181]

So läßt sich Homosexualität als ein Abwehrverhalten verstehen, mit dem das Individuum die inzestuöse Bindung abwehrt, um der Kastration zu entgehen,[182] mit dem es sie jedoch heimlich wieder am gleichgeschlechtlichen Partner errichtet,[183] indem es ihn liebt, wie es von der Mutter geliebt werden möchte. Nach Morgenthaler dient die Homosexualität

der Abwehr und ist Ausdruck der Verdrängung des Ödipuskomplexes. Inzestwunsch und Kastrationsangst erzwingen eine Regression, die sich auf zwei Fixierungsstellen stützt. Die eine ist sado-anal, die andere phallisch-narzißtisch. Die Kastrationsangst jagt den Homosexuellen von einer Regressionsstufe in die andere, während der Inzestwunsch jeweils in dieser oder jener Libidoposition befriedigt wird. Die beiden Libidopositionen, die sado-anale und die phallisch-narzißtische sind spielerisch austauschbar.[184]

Brechts Lyrik ist von beiden Positionen bestimmt. Die Homosexualität auf sado-analer Libidoposition zeichnet sich vor allem durch die weibliche Haltung der Kastrationsabwehr aus, wie sie dem negativen Ödipuskomplex entspricht:[185] das Ich phantasiert die Hingabe an den Vater[186] und unterwirft sich ihm wie die Mutter. Diese masochistische Spielart ist im Werk des jungen

180 *F* VIII, S. 170.
181 Ebenda.
182 Delhees, a. a. O., S. 22.
183 Ebenda, S. 26.
184 F. Morgenthaler: *Psychoanalytische Technik bei Homosexualität*. In: *Jahrb. d. Psychoanal.*, 2, S. 174-198; 1961/62; dort S. 179.
185 Vgl. Delhees, a. a. O., S. 29.
186 Siehe oben S. 205, besonders Anm. 45 und *F* XIII, S. 382.

Brecht stark ausgebildet. Alle Homoerotiker gehen dort zugrunde, Baal so gut wie Shlink, Bargan und Eduard, die beiden letzten sogar ausdrücklich an ihrer homosexuellen Bindung. Der Erzähler der Geschichte Bargans beginnt die masochistische Komponente der Homosexualität zu erkennen, wenn er von Bargan berichtet, der

> nur weil er etwas haben wollte, dem er nützen konnte, sich an diesen Aussatz gehängt hatte und alles sein ließ für ihn und wohl noch froh war, daß es kein guter Mann war, den er liebte, sondern ein böses gefräßiges Kind, das ihn ausschlürfte wie ein rohes Ei, mit einem einzigen Zug. Denn ich will mich vierteilen lassen, wenn er nicht noch Genuß daran hatte, an dem kleinen Hund, auf den er sein Auge geworfen hatte, mit allem, was sein war, zu Grunde zu gehen und drum sonst alles sein ließ.[187]

In der Beziehung zum gleichgeschlechtlichen Geliebten kehrt die Beziehung zur Mutter, die sich in der Vorstellung der vagina dentata verdichtet, wieder. So wird hier in der homosexuellen masochistischen Phantasie die inzestuöse Bindung doppelt hergestellt: indem der Liebende den anderen liebt, wie er von der Mutter geliebt werden möchte, und indem er zugrunde-, d. h. in die Mutter eingeht. Deshalb ist beim jungen Brecht die Homosexualität mit dem Liegen im Teich[188] und dem Schwimmen im Wasser verbunden:

> Wie zwei Kürbisse abwärts schwimmen
> Verfault, doch an einem Stiel
> In gelben Flüssen: sie trieben
> Mit Karten und Worten ihr Spiel.
> Und sie schossen nach den gelben Monden
> Und sie liebten sich und sahn nicht hin:
> Blieben sie vereint in vielen Nächten
> Und auch: wenn die Sonne schien.[189]

Von der homoerotischen Regression auf die sado-anale Libidoposition unterscheidet sich die auf die phallisch-narzißtische:

Der Homosexuelle tritt an die Stelle der Mutter, die mit dem Penis phantasiert wird, um die Kastrationsangst zu bannen. Das führt zur Hochschätzung des eigenen Penis, aus der sich das phallisch-narzißtische

---

187 w. a., 11, S. 36 *(Bargan läßt es sein)*.
188 Vgl. die Szene »Grünes Laubdickicht. Fluss dahinter« im *Baal* (w. a., 1, S. 52).
189 »Ballade von der Freundschaft«; w. a., 8, S. 235; entst. 1920 (*CR*, S. 38).

Imponier- und Vorführgebaren ergibt, denn ›die narzißtische Selbstüberschätzung der eigenen Person als Penisträger ist die notwendige Sicherung gegen die Wiederkehr des Verdrängten‹[190].

Hier läßt sich einer der Gründe erkennen, weshalb der Schwimmende, der in der Phantasie der Mutter substituiert wird,[191] ebenso wie Mazeppa auf dem Rücken liegt:[192] er hält den Penis phallisch-narzißtisch in den gefräßigen Haifischhimmel. Die »Ballade vom Mazeppa« ist stärker masochistisch motiviert, Mazeppa muß gebunden werden und geht dann zugrunde. Die Phantasie »Vom Schwimmen in Seen und Flüssen« ist stärker phallisch-narzißtisch gefärbt, der Schwimmende bringt sich im Gegensatz zu Mazeppa selbst in diese Lage, hält den Haifischhimmel aus und schwimmt in narzißtischem Penisstolz »Ganz ohne großen Umtrieb, wie der liebe Gott tut / Wenn er am Abend noch in seinen Flüssen schwimmt«. Die phallisch-narzißtische Komponente und der Genuß der eigenen Vitalität, den sie gewährt, helfen die masochistische Komponente überwinden. Von ihr her erklärt sich auch, warum das ›dichtende Ich‹ sich in der Ballade »Das Schiff« mit dem mütterlichen Schiff und in den Verwesungsgedichten mit den Mädchen partiell identifiziert: es identifiziert sich hier phallisch-narzißtisch mit der Mutter, gebiert sich und den eigenen Tod und geht dann noch masochistisch ins mütterliche Wasser ein; dabei distanziert es sich zugleich von der gefährlichen Frau, indem es ihren Untergang mitphantasiert.

Die homoerotische Komponente bestimmt die Lyrik des jungen Brecht auch anderwärts. Sie läßt sich in den Männergruppen im Zeichen der Mutter wieder erkennen, bei den Soldaten in der »Mama Armee«[193] so gut wie bei den Seeräubern auf dem mütterlichen Schiff. Sie begegnet in der Härte und der Indifferenz, mit welcher der insgeheim Homoerotische die gefürchteten Frauen behandelt, um sich vor ihnen zu schützen:

> In meine leeren Schaukelstühle vormittags
> Setze ich mir mitunter ein paar Frauen

---

190 Delhees, a. a. O., S. 29. Das Zitat nach Morgenthaler, S. 176 f. (vgl. oben Anm. 184).
191 Siehe oben S. 205, Anm. 45.
192 Vgl. oben S. 204 ff.
193 »Larrys Ballade von der Mama Armee«; w. a., 8, S. 39; entst. 1919 (CR, S. 33).

> Und ich betrachte sie sorglos und sage ihnen:
> In mir habt ihr einen, auf den könnt ihr nicht bauen.

Und sie zeigt sich im immer wieder aufgegriffenen Thema der Huren, bei denen sich die Männer zwar offen heterosexuell betätigen, durch die sie aber insgeheim mit allen anderen Männern verkehren:[194]

> In den kleinen räudigen Häusern
> Befriedigten sie ihren Leib
> Und im Dschungel, wenn daran Not war
> Hinterm Strauch bei dem gleichen Weib.[195]

> Ach, Tom, hast du auch bei Jenny geschlafen?
> Denn ich habe auch bei Jenny geschlafen![196]

> Da stehen ja schon fünfzehn die Bretterwand entlang
> In der Hand die Uhr und mit Hohé!
> Gibt's denn nur e i n Mensch in Mandelay?[197]

> Und oft besteigen sieben Stiere
> Eine geraubte fremde Frau.[198]

In einer sexuell repressiven Gesellschaft, in der die Heterosexualität in der Ehe institutionalisiert und die Homosexualität verpönt ist, scheint die Homosexualität Unmittelbarkeit, Spontaneität und damit genuinere Sexualität zu versprechen, als die klischierte Heterosexualität. Deshalb sucht das ›dichtende Ich‹ in der homosexuellen Zuwendung lyrische Unmittelbarkeit; hier kann es eher eine gesellschaftsfreie Liebe phantasieren. Außerdem kann sich der Protest gegen die Gesellschaft und ihre Sexualmoral gerade dann affektstark und lustvoll artikulieren, wenn das Ich die anstößige Homosexualität provozierend genießt.
Bei dieser Gelegenheit muß nochmals darauf hingewiesen werden, daß es hier keineswegs darum geht, Brecht zu ›entlarven‹ und dem künftigen Marxisten individuelle psychische Fehlhaltungen vorzurechnen. Die masochistische Struktur der Phantasien

---

194 Reich: *Die Funktion des Orgasmus.* 1926, S. 167.
195 »Ballade von der Freundschaft«; *w. a.,* 8, S. 235.
196 »Der Mann-ist-Mann-Song«; *w. a.,* 8, S. 138.
197 »Der Song von Mandelay«; *w. a.,* 8, S. 324.
198 »Ballade von den Seeräubern«; *w. a.,* 8, S. 224.

des jungen Brecht – das ist spätestens seit den Forschungsberichten des Instituts für Sozialforschung bekannt[199] – ist typisch für den autoritären Charakter, den der Kapitalismus in einem bestimmten Stadium benötigt und hervorbringt. Die starke Mutterbindung ist typisch für diejenigen Mitglieder des neuen Mittelstandes, deren Väter ihrem Beruf außerhalb der Familie nachgingen und deren Mütter sich zu Hause um die Erziehung der Kinder bemühten. Die Homosexualität ist eine Reaktion auf die Unterdrückung der Heterosexualität und wohl auch auf die Unterdrückung der homoerotischen Triebkomponente.[200] Der junge Brecht unterscheidet sich von den normalen, das heißt eingepaßten Mitgliedern dieser Gesellschaft, die ihre Nase über ihn rümpfen mögen, darin, daß er nicht wie sie in der Massenneurose verharrt und daraus eine von außen gestützte, fremdgeleitete Ichstärke und damit relative Leidensfreiheit gewinnt. Er sucht sich aus der Massenneurose und der sie hervorbringenden Gesellschaft zu lösen und leidet deshalb individuell.[201] Im Leiden wird der Widerspruch zu der Gesellschaft erfahren und bewahrt, die noch das Leiden selbst bestimmt. Brecht löst sich von der Lust, die dem normalen autoritären Charakter die Unterordnung bereitet,[202] und genießt und erleidet in seinen Phantasien statt dessen den Untergang. Diese Differenz zwischen Gesellschaft und leidendem Individuum gibt dem Satz Adornos sein Recht, wonach, »was immer menschlich heute wahrhaft auf einen höheren Zustand vordeutet, nach dem Maß des Bestehenden immer zugleich das Beschädigte, nicht etwa das Harmonischere«[203] sei. Doch Leiden und Beschädigung, soweit sie in die Lyrik des jungen Brecht eingingen, brauchen sich ihren gesellschaftskritischen Glorienschein nicht dadurch zu ersitzen, daß sie lediglich auf einen ›höheren Zustand vordeuten‹; das bedeutete resignative Erhöhung des Leidens, die es masochistisch in praxisfernem Stillstand hielte. Sie sind, wie oben dargestellt, bei ihm ein Schritt, und wohl ein notwendiger, in seiner Entwicklung hin zum Kampf gegen die leidenschaffende Gesellschaft.

199 *Studien über Autorität und Familie. Forschungsberichte aus dem Institut für Sozialforschung.* Hrsg. von Max Horkheimer. Paris 1936 (F. Alcan).
200 So Ferenczi: *Zur Nosologie* (oben Anm. 177), S. 165.
201 Freud hat das am Beispiel der Religion behandelt (*F* XIV, S. 367).
202 Vgl. Erich Fromm: *Autorität und Familie* (oben Anm. 199). Sozialpsychologischer Teil. S. 77-135; dort S. 110 (Der autoritär-masochistische Charakter).
203 Siehe oben S. 24.

Vitalismus und Innerlichkeit

Der Vitalismus ist eine der Formen, in denen sich die unpolitische bürgerliche Negation der bürgerlichen Gesellschaft im Werk des jungen Brecht ausprägt. Er ist Produkt eines Individuums, das sich aus der Gesellschaft in die Innerlichkeit zurückgezogen hat und der Innerlichkeit wie der Gesellschaft in den Bereich des Vitalen zu entkommen sucht; er läßt sich, sofern die Gesellschaft überhaupt mitgedacht wird, nur in Außenseiterrollen realisieren – auch in der Phantasie. Deshalb werden die Texte und Gestalten des jungen Brecht oft von den verschiedenen Ausprägungen jener Negation gleichzeitig bestimmt. Der Außenseiter Baal z. B. ist ein vitalistischer ›Fettkloß‹ mit einer ›feinen Seele‹[204].

Die »Ballade von den Geheimnissen jedweden Mannes«[205] von 1920[206] betont die geheime Innerlichkeit des vitalen, einfachen Menschen, »der kindlich sein Brot mit den erdigen Händen / In die Zähne schiebt und es lachend zerkaut: / Die Tiere erbleichten vorm Haifischblicke / Dieser eigentümlichen Augapfelhaut«:

> [...] werft ihn auf den Mist
> Vor er euch schnell noch sagt, wer er ist.
> Macht ihn stumm, wenn er um Schweigen bat!
> [...]
> Und doch hat er was auf dem Grund seines Herzens
> Und das weiß kein Freund und nicht einmal sein Feind
> Und sein Engel nicht und er selbst nicht, und einstmals
> Wenn ihr weint, wenn er stirbt: das ist's nicht, daß ihr weint.
> Und vergeßt ihr ihn, es ist nicht schad
> Denn ihr seid betrogen ganz und gar
> Weil er niemals, den ihr kanntet, war
> Und der Täter nicht nur seiner Tat.

Die Innerlichkeit, welche in dieser Phase von der Betonung der Vitalität nicht zu trennen ist, zeigt die »Ballade von den Abenteurern«[207] aus dem Jahr 1917:[208]

---

204 *w. a.*, 1, S. 30.
205 *w. a.*, 8, S. 218.
206 *CR*, S. 38.
207 *w. a.*, 8, S. 217.
208 *CR*, S. 38. – Das langsame Entstehen des Gedichts läßt sich beim Vergleich der Fassungen verfolgen (*SM I*, S. 70; *SM I*, S. 143; *SM I*, S. 177).

1
Von Sonne krank und ganz von Regen zerfressen
Geraubten Lorbeer im zerrauften Haar
Hat er seine ganze Jugend, nur nicht ihre Träume vergessen
Lange das Dach, nie den Himmel, der drüber war.

2
O ihr, die ihr aus Himmel und Hölle vertrieben
Ihr Mörder, denen viel Leides geschah
Warum seid ihr nicht im Schoß eurer Mütter geblieben
Wo es stille war und man schlief und war da?

3
Er aber sucht noch in absinthenen Meeren
Wenn ihn schon seine Mutter vergißt
Grinsend und fluchend und zuweilen nicht ohne Zähren
Immer das Land, wo es besser zu leben ist.

4
Schlendernd durch Höllen und gepeitscht durch Paradiese
Still und grinsend, vergehenden Gesichts
Träumt er gelegentlich von einer kleinen Wiese
Mit blauem Himmel drüber und sonst nichts.[209]

---

[209] Brecht ließ sich wahrscheinlich von Otto Hausers Verlaine-Übersetzung anregen. Die letzten fünf Strophen der »Grotesken« lauten dort:

> – Geht denn, unrast'ge Vagabunden,
> Verdammt und düster, irrend zieht
> An wilden Strudeln hin und Schrunden,
> Himmel unterm geschloßnen Lid!
>
> Mit den Menschen, daß sie euch strafe
> Für die stolze Schwermut, in der
> Ihr schreitet mit so freiem Schlafe,
> Vereint sich die Natur ringsher,
>
> Und zu rächen, daß euch verruchte
> Hoffnung noch stets zu schwellen weiß,
> Gibt sie eure Stirn, die verfluchte,
> Der Wut der Elemente preis.
>
> Juni dörrt und Dezember wieder
> Gefriert das Fleisch euch bis ans Bein,
> Fieber überfällt eure Glieder,
> Scharfes Schilficht schnitt sich darein.
>
> Überall verjagt und verstoßen,
> Verschmäht, wenn euch der Tod beschlich,
> Euren Leichnam, den magern, bloßen,
> Selbst der Wolf, der vorüberstrich.

Die Abenteurer suchen in Traum und Trunkenheit das Land, wo es besser zu leben ist, und zerstören dabei sich und andre; ihre Sehnsucht gilt letztlich der Ruhe im Mutterschoß. Der Rückzug auf die Innerlichkeit, der zum Angriff auf die Außenwelt führt, ist metaphysisch motiviert: sie sind aus Himmel und Hölle vertrieben. In dieser nihilistisch getönten masochistischen Phantasie verhindern die Abenteurer ihre Aufnahme in die Geborgenheit durch eben die Untaten, durch welche sie die Aufnahme erreichen wollen – so wie Evlyn Roe durch ihre Hingabe an die Matrosen[210] und die Soldaten[211] durch ihren unmenschlichen Kampf um die Freiheit.[212] Selbst vertrieben, bestrafen sie sich für ihre Untaten durch ihre Vertreibung und finden masochistisch »Schlendernd durch Höllen und gepeitscht durch Paradiese«[213] ihre Lust.

(*Radierungen: III Grotesken*. In: Paul Verlaine *Saturnische Gedichte. Galante Feste*. Aus dem Französischen von Otto Hauser. 3. Aufl., Weimar 1918, S. 9. f.; die von Brecht benutzte erste oder zweite Auflage (Weimar 1912) war mir nicht zugänglich). Diese Strophen wirkten wohl auch auf die »Ballade von den Seeräubern« ein, die Zeile »Himmel unterm geschloßnen Lid« auf den »Choral vom Manne Baal« (»Soviel Himmel hat Baal untern Lid«, w. a., 8, S. 250) und die Schlußzeile auf das »Lied am Schwarzen Samstag« (w. a., 8, S. 213 f.): »Mit einem Storch, der etwas schneller strich!«. Brecht gab Baal, der dies Lied singt, Züge Verlaines; er erinnert sogar ausdrücklich an die Verwandtschaft mit Verlaine (*SM I*, S. 79). So mag es nicht unwahrscheinlich sein, daß er hier insgeheim den Absinthtrinker Verlaine zum Vorbild nimmt. – Möglicherweise ließ Brecht sich auch von der Übersetzung Henckells anregen. Dafür spricht dessen Übersetzung der ersten der oben zitierten Strophen: »So zieht, unstäte Vagabunden,/so irrt unselig und verflucht/durch Sand und Öde dorngeschunden,/indes ihr Paradiese sucht.« (*Grotesken*. Nach Paul Verlaine von Karl Henckell. In: *Lieder aus dem Rinnstein*. Gesammelt von Hans Ostwald. Berlin 1904, Bd. 2, S. 115. In Brechts Bibliothek befindet sich eine Ausgabe der *Lieder aus dem Rinnstein* von 1920). – Die letzte Strophe scheint eine verwandelnde Aufnahme der letzten Strophe von Baudelaires Gedicht »Don Juan in der Hölle« zu sein:

> Aufrecht am Steuer stand, groß, ein steinerner Ritter
> Und schnitt durch die Flut, doch schweigenden Angesichts
> Saß der Held, seine Hand lässig am Degengitter,
> Blickte aufs Kielwasser nieder und sah sonst nichts.

(Charles Baudelaire: *Die Blumen des Bösen*. Aus dem Französischen von Otto Hauser. Weimar 1917, S. 23. – Über die Bedeutung der Übersetzungen Hausers für Brecht: *M*, S. 49 f.).
210 w. a., 8, S. 18. Auch sie wird aus Himmel und Hölle vertrieben. Dieses Motiv hat Brecht vermutlich von dem Märchentyp Nr. 332 oder 330 A übernommen (A. Aarne und St. Thompson: *The types of folktale. A classification and bibliography*. FF Communications Nr. 74, Helsinki 1928).
211 w. a., 8, S. 41. Die Soldaten kommen jedoch »mit den blutbefleckten leeren Händen« »grinsend in euer Paradeis«; allerdings erst, wenn ihr »Leib zerfressen ist«.
212 Vgl. oben S. 228 und Reich: *Charakteranalyse*, S. 253.
213 Zur sexuellen Komponente dieses Satzes siehe oben S. 224.

Im stillen Vergehen suchen sie sich schließlich ganz aus der Welt, aus Himmel und Hölle so gut wie aus der Gesellschaft, zurückzuziehen, der Ruhe im Mutterschoß anzunähern und zugleich hierfür zu strafen. Dabei wenden sie sich so sehr ihrer leidenden Innerlichkeit zu und von der Außenwelt ab, daß ihnen die eigenen Taten, und ganz allgemein ihre Vergangenheit, gleichgültig werden; ihrem Selbstverständnis nach sind sie nicht, was sie tun und waren:

> Jeder weiß, was ein Mann ist. Er hat einen Namen.
> Er geht auf der Straße. Er sitzt in der Bar.
> Sein Gesicht könnt ihr sehn, seine Stimm könnt ihr hören
> Und ein Weib wusch sein Hemd und ein Weib kämmt sein Haar.
>> Aber schlagt ihn tot, es ist nicht schad
>> Wenn er niemals mehr mit Haut und Haar
>> Als der Täter seiner Schandtat war
>> Und der Täter seiner guten Tat.[214]

Der Rückzug aus der eigenen Tat, dem Namen und dem Gesicht (»Still und grinsend, vergehenden Gesichts«) in die Innerlichkeit ist ein Rückzug aus der Gesellschaft, die dem Einzelnen von früh an die Möglichkeit nimmt, sich selbst zu verwirklichen:

> 3
> Sie tun ihr Wort in seine Zähne.
> Er sagt's. Sie haben's schon gesagt.
> Es nagt das Bein an die Hyäne
> Und die Hyän' ist angenagt.
> Und nennt er seine Wolken Schwäne
> So schimpfen sie ihn hungrig blind
> Und zeigen ihm, daß seine Zähne
> Genau wie ihre Zähne sind.

> 4
> Sie setzen sich in seine Träume
> (Da, wo er wohnt, sind ihre Räume).
> Sie schlachten ihm ihre letzte Kuh
> (Und schauen ihm beim Essen zu).
> Versalzen's mit gerührten Tränen
> Und gehen, wenn er's ißt, nicht fort.

---

[214] »Ballade von den Geheimnissen jedweden Mannes«; w. a., 8, S. 218.

> Sie zählen grinsend seine Zähne
> Und warten gläubig vorm Abort.[215]

In dieser Situation kann sich das Individuum nicht frei entfalten. Es sitzt von Kind an im Kerker der Gesellschaft. So klagt Garga – bezeichnenderweise seiner Mutter –:

> Wir sind nicht frei. Mit dem Kaffee am Morgen fängt es an und mit Schlägen, wenn man ein Affe ist, und die Tränen der Mutter salzen den Kindern die Mahlzeit, und ihr Schweiß wäscht ihnen das Hemd, und man ist gesichert bis in die Eiszeit, und die Wurzel sitzt im Herz. Und wollt ihr die Hand frei haben und etwas ganz tun mit Haut und Haar und nicht verschwommen, dann seid ihr bezahlt und eingeweiht und abgestempelt und gekauft zu hohem Preis und habt keine Freiheit, unterzugehn, wie sehr es euch drängt.[216]

Die Flucht in die Freiheit ist so zunächst ein Versuch, sich von der Familie zu lösen, letztlich jedoch ein Rückzug aus der alles regelnden Gesellschaft:

> alle die vielen guten, braven Tischmacher und Brotesser mit ihren fleißigen, braven Familien, die so viel sind, ganze Haufen, wie ich sie verachte, diese ordentlichen, dummen, sicheren und fleißigen Leute.[217]

Noch 1926 notiert Brecht – nun über den Sozialismus –:

> Sollen sie in ihren frischgestrichenen Einheitshütten hocken zwischen Grammophonen und Hackfleischbüchsen und neben fix gekauften Weibern und vor Einheitspfeifen? Es ist kein Glück, denn es fehlt die Chance und das Risiko. Chance und Risiko, das größte und sittlichste, was es gibt. [...] Und das Leben ohne Härte, das ist dummes Zeug![218]

Das Leben in der Gesellschaft wird als beengend und unmenschlich erfahren; ein gesellschaftliches Leben, in dem sich der einzelne entfaltet und verwirklicht, kann der Bürgerssohn Brecht noch nicht denken. So phantasiert er Selbstverwirklichung in der »Freiheit, unterzugehn«, im Genuß der Vitalität und im gefährlichen Leben des Outcast. Der Verbrecher, dessen Psychologie Nietzsche entwickelt hatte und dessen Taten vom Naturalismus mit dem Hinweis auf Milieu und Vererbung entschuldigt worden waren,

---

215 »Vom Mitmensch«; *w. a.*, 8, S. 190; entst. 1920 (*CR*, S. 38). - Anspielungen auf Hamlet finden sich beim jungen Brecht mehrfach, z. B. im »Sonett vom Sieger« (*w. a.*, 8, S. 165).
216 *D*, S. 35.
217 Ebenda.
218 *w. a.*, 20, S. 17.

wird zum Märtyrer, zum Heiligen, zum ›Mörder, dem viel Leides geschah‹, und zum Seligen, der in den Himmel eingeht.[219] Der Outcast hat die »Freiheit, unterzugehn«; der andere Weg, und er ist von diesem nicht zu trennen, ist der in die Innerlichkeit. Durch den Rückzug auf die Innerlichkeit liefert sich das Individuum seinem Gefühl aus und wird wehrlos. Diese Wehrlosigkeit, welche die anderen erschreckt, weil sie so an ihre eigene Hilflosigkeit erinnert werden, erscheint in der masochistischen Phantasie als Leben ohne Haut: die anderen, eine Projektion, die ihr Recht hat, haben dem Leidenden die Haut abgezogen:

> Er lebt in Furcht vor ihrem Grauen
> Wenn sein Gefühl ihn überschwemmt.
> Denn nahmen ihm die Haut die Schlauen
> So ließen sie ihm doch das Hemd.[220]

Diese verletzliche Innerlichkeit zu schützen, gibt sich das Individuum betont hart und unterdrückt dabei gerade die Spontaneität, die es masochistisch durch Selbstvernichtung, durch Auflösung der Haut, suchte. So gerät es wieder in die Eintönigkeit, aus der es flüchtete:

Alle Leiden können bekämpft werden durch harte Haut. Außer dem letzten, unheilbaren, das ist das Leiden der heilen Haut, die Langeweile.[221]

Shlink, der an zu dicker Haut leidet, klagt:

die Menschenhaut im natürlichen Zustande ist zu dünn für diese Welt, deshalb sorgt man dafür, daß sie dicker wird. Die Methode wäre unanfechtbar, wenn man das Wachstum stoppen könnte.[222]

Dem Leiden an der zu dicken Haut, der Langeweile, dem Fehlen von Spontaneität zu entkommen, hilft nur wieder die Selbstzerstörung:

(Shlink) kennt seine faulen Stellen nicht, will sie erfahren, sonst brauchte er Garga nicht: da nur, wo Tod möglich, Genußmöglichkeiten sind.[223]

Er sucht den Kampf mit dem anderen, um im Untergang masochistisch sich selbst zu erfahren.

219 Siehe w. a., 8, S. 57.
220 »Vom Mitmensch«; w. a., 8, S. 190 ff. Vgl. w. a., 1, S. 231.
221 D, S. 136. Eine Arbeitsnotiz.
222 Ebenda, S. 107.
223 Ebenda, S. 122 (»Notate«).

Die dargestellte Dialektik von Rückzug in die Innerlichkeit und forcierter Verleugnung der Innerlichkeit ist vom Vitalismus nicht zu trennen. Er ist Produkt eines Individuums, das sich in die Innerlichkeit zurückgezogen hat und diese nun im Vitalen zu verwirklichen sucht – im Untergang, in der Natur und in der ›feinen Seele‹ des ›Fettkloß‹ –, das zugleich aber auch danach trachtet, sie mit dessen Hilfe zu überwinden und zu verleugnen. In dem Maß, wie Brecht im Lauf der zwanziger Jahre den Menschen als gesellschaftliches Wesen sieht, werden diese Funktionen des außergesellschaftlichen Vitalismus von dem behaviouristisch erfaßten Verhalten übernommen. Die Betonung des Verhaltens und der Tat wird zur masochistischen Provokation, in der sich Innerlichkeit verwirklicht, indem sie sich verleugnet:

> Und vergeßt ihr ihn, es ist nicht schad
> Denn ihr seid betrogen ganz und gar
> Weil er niemals, den ihr kanntet, war
> Und der Täter nicht nur seiner Tat.

Die behaviouristische Betonung des Verhaltens bedeutet jedoch auch einen Schritt auf dem Weg zur Überwindung der Innerlichkeit.[224]

Im Zirkel von Flucht in die Innerlichkeit und Flucht aus der Innerlichkeit gefangen, sucht sich das ›dichtende Ich‹ in eine zynische Haltung zu retten. Dieser Zynismus wird in der Lyrik des jungen Brecht im Grinsen manifest, in einem Grinsen, das Leiden, Skepsis, Provokation, bittere Enttäuschung, Indifferenz, Verleugnung der Normen und Angriff zu widersprüchlicher Einheit bringt. Enttäuscht, zerfressen und grinsend kommen die ›Soldaten der roten Armee‹[225] in das »Paradeis«:

> 7
> Und drum: wo immer sie auch warn
> Das ist die Hölle, sagten sie.
> Die Zeit verging. Die letzte Hölle
> War doch die allerletzte Hölle nie.

---

224 Siehe unten S. 236 ff.
225 *w. a.*, 8, S. 42; entst. 1919 (*CR*, S. 33).

8
Sehr viele Höllen kamen noch
Die Freiheit, Kinder, die kam nie.
Die Zeit vergeht. Doch kämen jetzt die Himmel
Die Himmel wären ohne sie.

9
Wenn unser Leib zerfressen ist
Mit einem matten Herzen drin
Speit die Armee einst unser Haut und Knochen
In kalte flache Löcher hin.

10
Und mit dem Leib, von Regen hart
Und mit dem Herz, versehrt von Eis
Und mit den blutbefleckten leeren Händen
So kommen wir grinsend in euer Paradeis.

Was hier im Mantel politischer Enttäuschung daherkommt, und wohl auch durch Brechts Enttäuschung über die politischen Ereignisse von 1918/19 verstärkt wurde, erscheint schon 1917 als Versuch, sich noch im Untergang über die Innerlichkeit zu erheben, über eine Innerlichkeit, welche die Enttäuschung an der Gesellschaft noch vermehrt, auf die sie antwortet: »Er aber sucht [...]/ Grinsend und fluchend und zuweilen nicht ohne Zähren/ Immer das Land, wo es besser zu leben ist./ [...] Still und grinsend, vergehenden Gesichts/ Träumt er gelegentlich von einer kleinen Wiese.«

Der Zyniker sucht Selbstbehauptung im Untergang. Grinsend rettet sich der ›Mann‹ in der »Ballade auf vielen Schiffen«[226] von dem einen untergehenden Schiff auf das nächste untergehende Schiff:

Da fühlt er: ein neues Schiff ist gekommen
Und er schaut hinab, und da liegt es im Mond.
Und er nimmt sich ein Herz und er steigt grinsend hinüber
[...]
Er steht noch einige Zeit an der Bordwand
Und schaut, und es ist ihm vergönnt zu schaun
Wie das Schiff jetzt sinkt, das ihm Heimat und Bett war
Und er sieht ein paar Haie zwischen den Tau'n ...

226 w. a., 8, S. 219.

Die zynische Selbstbehauptung im Untergang ist Selbstbehauptung in der Selbstaufgabe, d. h. aber im Selbstverrat. Durch diesen Selbstverrat bewahrt sich das Individuum – doch seinetwegen verachtet es sich auch. Dieser Zynismus ist ein Moment des Vitalismus im Werk des jungen Brecht. Er führt zur Reduktion des Menschen auf sein animalisches Minimum,[227] zum Einverständnis mit der Enttäuschung und zur Selbstverachtung dessen, der mehr sein will als nur animalisch; zugleich dient er der Abwehr gegen das mit jener Reduktion angegriffene Über-Ich.[228] Das geschieht in der oben analysierten Situation des ›dichtenden Ich‹, das sich von den bewußten Über-Ich-Anteilen gelöst hat, von den unbewußten aber noch bestimmt wird. Später, nachdem Brecht sich von seinen christlichen Über-Ich-Anteilen weiter befreit hatte und sich von dem Selbstverständnis des bürgerlichen Individuums zu lösen begann, verlagerte sich die zynische Einheit von Selbstbehauptung und Selbstverrat aus dem vitalistischen in den gesellschaftlichen Bereich:

> Es ist mir gleich, ob diese Welt mich liebt
> Seit ich hier wohn, drang manches an mein Ohr
> Und ich behalt mir jede Feigheit vor
> Jedoch verdrießt es mich, daß es nicht Größe gibt.
> [...]
> Ach, gäb's Gerechtigkeit! – und wenn sie mir gleich fehlte –
> So wär ich froh, und träfe sie selbst mich.
>
> Gibt's alles dies, und bin ich selbst nur blind?
> Was ich nicht gern gesteh: gerade ich
> Verachte solche, die im Unglück sind.[229]

Während das ›dichtende Ich‹ hier jedoch den Zynismus vorzuführen vermag, weil es seine Selbstverachtung nicht mehr metaphysisch motiviert, und sich deshalb schon etwas von ihr lösen konnte, ist es in der anarchisch-nihilistischen Phase im Zynismus verfangen. Es desillusioniert sich in masochistischer Aufrichtigkeit, betont Sinnlosigkeit und Vergeblichkeit alles Tuns, erfährt

---

227 Vgl. Klaus Heinrich: *Antike Kyniker und Zynismus in der Gegenwart*. In: *Das Argument*. 8. Jg., 1966, S. 106-120; dort S. 111.
228 Siehe Alfred Winterstein/Edmund Bergler: *Zur Psychologie des Pathos*. In: *Literatur und Psychoanalyse*. Hrsg. v. Wolfgang Beutin. München 1972, S. 159-168; dort S. 163 f.
229 »Das zehnte Sonett«; w. a., 8, S. 164; entst. 1928 (*BV II*, S. 46).

die Hölle – »Und drum: wo immer sie auch warn / Das ist die Hölle, sagten sie« –, erträgt sie und sucht ihr zu entfliehen. So feiert es in lyrischem Zynismus seinen eigenen Untergang:

>Mit zynischer Anmut leichter Gedichte
>Einer Bitternis mit Orangegeschmack
>
>[...]
>
>Man feiert mit Kirsch sich sein Leichenbegängnis
>Und kleinen Laternen aus leichtem Papier.[230]

Sentimentalischer Vitalismus

Der Vitalismus Brechts ist sentimentalisch. Wenn in ihn natürlich auch die Erfahrung der eigenen Vitalität eingegangen sein muß, so ist er doch eher Phantasieprodukt eines Menschen, der sich Vitalität wünscht und sich an ihr zu berauschen sucht. »Ich sitze nicht bequem auf meinem Hintern: er ist zu mager«[231], schreibt noch 1926 der Dichter des Fleischkloßes Baal. Dort, wo Baal als vitalistischer Dichter vorgeführt wird, bekommt selbst er eine der Brechtschen Herzattacken:

Ich will den Sommer formen! Wild, rot, gefräßig. Einen blauen Himmel drüber, der lastet, eine Last von Himmel drüber! Die Bäume schwitzen nachts. Tau. *Sich wendend, greift er taumelnd an die Brust.* Verdammt! Das Herz! Jetzt sind es erst 3 Nächte und 2 Akte und schon? Unsinn. Stillgestanden, sagt der liebe Gott erst darnach. Er quetscht doch alles aus einem raus sonst! Der Hamster! *Fällt auf einen Stuhl nach vorn, stöhnt.*[232]

Die Diskrepanz zwischen Brecht und seinem sonst recht vitalen Geschöpf Baal fiel schon 1923 bei der Uraufführung des Stückes auf. Hans Natonek schreibt in seiner Kritik vielleicht etwas übertreibend:

Unter dem Kampfgetöse der Pfeifen, Pfuirufe und des Beifalls erschien ein verschüchterter, blasser, schmaler Knabe, der Dichter Bertolt Brecht, drückte sich sofort fluchtartig in die Kulisse und kam ängstlich wieder an

---

230 *w. a.*, 8, S. 208 (»Über die Anstrengung«).
231 Aus den Notizbüchern, etwa 1926; *w. a.*, 20, S. 15.
232 *SM I*, S. 22.

der schützenden Hand des Schauspieldirektors hervor. Sein Gesichtsausdruck: Mein Gott, was habe ich da angerichtet... Ich hätte mir eigentlich vorgestellt, daß der Dichter eines ›Baal‹ seine männlichere Brust trotzig dem Entrüstungsorkan darbietet. Aber Dichter sind immer anders, als man sie sich vorstellt.[233]

Über den Autor von Gedichten wie »Vom Klettern in Bäumen« und »Vom Schwimmen in Seen und Flüssen« berichtet ein Mitschüler:

Brecht war nicht sportlich im heutigen Sinn. Seiner Herzattacken wegen war er mindestens ein halbes Jahr von allen Nebenfächern befreit und wurde deshalb auch nicht zum Militär einberufen. [...] Zur Natur hatte Brecht kein unmittelbares Verhältnis. In der Schiffschaukel kann ich mir ihn vorstellen, im Wipfel eines Baumes schaukelnd nicht.[234]

Doch selbst beim mehrfach besungenen Schiffschaukeln[235] – so erinnert sich Bie, die Geliebte seiner Augsburger Jahre – gab es Schwierigkeiten:

Schiffschaukeln mit Mädchen, prahlte er einmal vor Freunden, sei ›schön wie ein Beischlaf‹. Bie, die mit ihm oft auf den ›Plärrer‹, den Augsburger Jahrmarkt ging, hat so eine Schaukeltour ganz anders in Erinnerung: ›Ich wär natürlich bis aufs Dach naufgestoßen‹, erzählt sie, ›aber er hat es nicht vertragen.‹ Einmal sei ihm so schlecht geworden, ›daß ich nicht mehr gewußt hab, wie er aus der Schaukel rauskommt‹.[236]

Lotte Lenya erinnert sich an einen Aufenthalt an der Riviera im Sommer 1928:

Ich sehe Brecht heute noch, wie er durch das Wasser watete, die Hosen aufgekrempelt, die Mütze auf dem Kopf, im Mund die vertraute Virginia. Ich kann mich nicht erinnern, Brecht je ganz und gar untergetaucht gesehen zu haben. Er muß ein wenig wasserscheu gewesen sein.[237]

1948 gehen Max Frisch und Brechts gemeinsam baden:

---

233 Hans Natonek: *Menschenuntergang mit Lyrik und Skandal. Bertolt Brechts ›Baal‹-Uraufführung im Alten Theater. Neue Leipziger Zeitung,* 10. 12. 1923. In: *SM II,* S. 173-175; dort S. 175.
234 Frisch: *Zeitgenossen geben zu Protokoll.* S. IX.
235 »Fracht« (w. a., 8, S. 77; entst. 1920; *CR,* S. 34); »Vom Schiffschaukeln« (w. a., 8, S. 77; entst. 1920; *CR,* S. 34).
236 Fritz Rumler: *›Mir hat er immer die Hand geküßt‹.* Spiegel-Reporter Fritz Rumler über Brechts Jugendgeliebte Bie. In: *Der Spiegel,* Nr. 31, 1971, S. 108 f.; dort S. 108.
237 Lotte Lenya-Weill: *Das waren Zeiten.* In: *Bertolt Brechts Dreigroschenbuch. Texte, Materialien, Dokumente.* Hrsg. von Siegfried Unseld. Frankf./M. 1958, S. 220-225; dort S. 223.

Gestern haben wir zusammen gebadet, das erste Mal, wo ich Brecht in
der Natur sehe, in einer Umwelt also, die nicht zu verändern ist und daher
wenig Interesse für ihn hat. [...] Erst wie ich bereits schwimme,
geht auch er in den Schopf. [...] Später sehe ich, daß auch Brecht ins
Wasser steigt, einige Züge schwimmt und bald wieder in den Schopf verschwindet.
Seine Frau und ich schwimmen noch eine Weile in den hastigen,
spritzenden Wellen. Wie ich ebenfalls das Land betrete, steht
Brecht bereits wieder in grauer Joppe und grauer Mütze, die Erfrischung
lobend, indem er die nächste Zigarre anzündet.[238]

In dieser Zeit flüchtete er nicht mehr in Phantasien von Vitalität
und Aufgehen in der Natur. Im *Buch der Wendungen* schrieb
er nun:

Die Schwärmerei für die *Natur* kommt von der Unbewohnbarkeit der
Städte. Die *Natur* schlechthin ist aber ebenfalls unbewohnbar.[239]

Der Vitalismus im Werk des jungen Brecht ist aus der Sehnsucht
geboren.

Das subjektiv Ausgedrückte braucht nicht dem ausdrückenden Subjekt
zu gleichen. In sehr großen Fällen wird es eben das sein, was das ausdrückende
Subjekt nicht ist; subjektiv ist aller Ausdruck vermittelt
durch Sehnsucht.[240]

Der Vitalismus bleibt beim jungen Brecht immer als sentimentalischer
gegenwärtig; das ›dichtende Ich‹ geht nie ganz in ihm auf,
sondern hält im Widerspruch zwischen Hingabe und Bewahrung[241]
den zwischen erträumter Flucht aus der Gesellschaft und
realem Leiden in der Gesellschaft gegenwärtig.

Der Vitalismus als Reaktion auf die Gesellschaft

Das Leiden an der Gesellschaft, vor dem sich das ›dichtende Ich‹
vitalistisch zu bewahren sucht, wird bei Brecht zuerst als Leiden
am Krieg manifest. Der Rückzug in die Natur, der 1916 mit dem
»Lied der Eisenbahntruppe« beginnt, ist Abwendung von der
kriegführenden Gesellschaft und Untergangsphantasie zugleich.
Von nun an bleiben Brechts Gedichte bis zum Ende des Kriegs

---

238 Max Frisch: *Brecht*. In: M. Frisch: *Tagebuch 1946-1949*. Frankf./M.
1958, S. 285-293; dort S. 288 f.
239 *Me-ti/Buch der Wendungen;* w. a., 12, S. 417-585; dort S. 517.
240 *AÄ*, S. 411.
241 Siehe oben S. 192 ff.

gesellschaftsabgewandt.²⁴² »Caspars Lied mit der einen Strophe«²⁴³ zeigt den Vitalismus besonders deutlich als Phantasie des Rückzugs aus der kriegführenden Gesellschaft, die den Menschen, der an ihr leidet, nicht freigibt:

> Cas ist tapfer. Cas schießt mit Kanonen
> Auf seine Feinde, die sonst Freunde wären.
> Seine Fäuste, wo sonst Seelen wohnen
> Sind gefährlich dick durch ihre Schwären.
>   Aber nachts singt Cas wie eine Zofe
>   Caspars Lied mit der einen Strophe:
>   Wenn nur der Krieg aus wär und ich daheim!
>
> Cas ist zornig, denn der Krieg geht weiter.
> Solang Cas zornig ist, ist Krieg der Brauch.
> Cas schmeißt die Waffen weg, doch schmeißt er leider
> Das Bajonett in seiner Feinde Bauch.
>   Aber nachts [...]
>
> Cas hat blaue Augen wie der Himmel
> Dicke Fäuste und ein großes Herz.
> Trinkt er Schnaps, so trabt er wie ein Schimmel
> Feist und selig lächelnd gräberwärts.
>   Aber nachts [...]
>
> Cas wächst riesig zwischen den Geschützen
> Fett und klobig wie ein Schwein im Dreck
> Daß er heimkommt, dazu kann es nützen
> Doch daheim fällt dies als Nutzen weg.
>   Und drum singt Cas nachts wie [...]
>
> [...]
> Cas ist fröhlich. Cas schoß seine Seele
> Lang schon in den blauen Himmel hin.
> Man kann singen mit und ohne Kehle
> Aber niemals ohne Lust und Sinn.

---

242 Z. B. »Romantik« (w. a., 8, S. 27); »Die Legende von der Dirne Evlyn Roe« (w. a.., 8, S. 18); »Prototyp eines Bösen« (w. a., 8, S. 24); »Lied der Galgenvögel« (w. a., 8, S. 35) u. a. - Erst im November 1918 (BC, S. 13), als die bisherige Ordnung unter dem Druck einer sozialen Bewegung zu zerbrechen scheint, wendet sich Brecht mit der »Legende vom toten Soldaten« (w. a., 8, S. 256) wieder der Gesellschaft zu.
243 w. a., 8, S. 29; entst. 1917 (BC, S. 10).

> Aber nachts singt Cas wie eine Zofe
> Caspars Lied mit der einen Strophe:
> Wenn nur der Krieg aus wär und ich daheim!

Der Vitalismus zeigt sich als Reaktion, in der das leidende Individuum seine Menschlichkeit und seine Existenz vor dem unmenschlichen, sinnlosen Krieg zu retten sucht, dem es sich ausgeliefert weiß. Cas wächst zwischen den Kanonen zu einem Fleischkloß baalschen Ausmaßes, er trabt wie ein Tier, wie ein Schimmel durch den Krieg so wie Baal später durch die Gesellschaft: »Und durch Schnapsbudicke, Dom, Spital/trottet lässig Baal und – und gewöhnt sichs ab«[244]. Wie Baal lebt er unter dem blauen Himmel – »Torkelt über den Planeten Baal/bleibt ein Tier vom Himmel überdacht/blauem Himmel«[245] –, ja er hat seine Seele sogar schon in den blauen Himmel geschossen. Hier wird die auch für Baal bestehende Nähe von Himmel und Tod deutlich – »Zu den feisten Geiern blinzelt Baal hinauf/die im Sternenhimmel warten auf den Leichnam Baal«[246] –; so verwundert es nicht, daß der Satz »Trinkt er Schnaps, so trabt er wie ein Schimmel/Feist und selig lächelnd gräberwärts« ursprünglich »himmelwärts« endete:[247] »gräberwärts« und »himmelwärts« meinen in unterschiedlicher Akzentuierung dasselbe. Hier läßt sich auch schon die Nähe des Vitalismus zum Rausch erkennen: »Trinkt er Schnaps, so trabt er wie ein Schimmel«. Das hat Brecht später in der Erzählung »Der Vizewachtmeister«[248] noch deutlicher dargestellt. Über Karl Borg, Vizewachtmeister bei der Artillerie, offensichtlich einen Nachfahren des Artilleristen Cas, heißt es dort:

Er sagte, er sei ein Feigling, und darum trinke er. ›Was soll ich andres tun?‹ fragte er. ›Gott wird mir verzeihen, ich muß für den Kaiser kämpfen und kann es nicht. Er hat Schweine erschaffen, er kann sich nicht über sie beschweren.‹ – Wenn er getrunken hatte, dann war der Himmel ganz blau, es gab keine Wolken, alles war schön, so schön und mild, man trabte wie ein Schimmel vorwärts, man war mit allem zufrieden, auch mit dem Tod.[249]

---

244 »Der Choral vom großen Baal«. *SM I*, S. 81 ff.; dort S. 81.
245 Ebenda, S. 81.
246 Ebenda, S. 83.
247 *BBA* 354/101. *BV II*, S. 33. Nachdruck mit freundlicher Genehmigung der Bertolt-Brecht-Erben.
248 *w. a.*, 11, S. 73-77.
249 *w. a.*, 11, S. 73 f.

»Caspars Lied« setzt die früheren Soldatengedichte fort; die Angst wird im Vitalismus gebunden. Der Vitalismus der späteren Gedichte und des Baal-Stücks muß ebenfalls als eine Form der Selbstbewahrung und des Rückzugs aus der Gesellschaft gesehen werden. Er läßt sich ohne den historischen Kontext nicht angemessen verstehen. Ein Auszug aus der *Brecht-Chronik* mag den Zusammenhang andeuten:

21. April [1919]: Brecht versteckt den Spartakisten Georg Prehn und verhilft ihm zur Flucht. – Brecht ist ›Feuer und Flamme‹ für seinen und Nehers *Baal*.
23. April: Brecht mit Georg Geyer zu Neher. Gespräch über *Spartakus* [das Stück!], *Baal* und die *Sommersinfonie*. Brecht zum Schiffschaukeln auf den Plärrer.
[...]
2. Mai: In München bricht die Räterepublik zusammen. Bis nach Augsburg hört man fernen Kanonendonner. – Brecht liest seinen Freunden aus der neuen Fassung des *Baal* vor. Münsterer schreibt: ›Große Partien des ersten Teils, insbesondere auch die Redaktionsszenen, in denen sich Baal noch geradezu an eine geregelte Existenz klammert, sind gestrichen, das Ganze wirkt dadurch ungebärdiger und unbürgerlicher.‹
4. Mai: [...] Weitere Arbeit am *Baal* [...] Die letzten Einheiten der roten Armee werden bei München geschlagen.
[...]
8. Mai: Mit Neher nach München. Korrigiert weiter an seinem *Baal* und besucht seinen Bruder, der sich an den Kämpfen in München beteiligt hatte.
9. Mai: Zurück nach Augsburg. – *Baal* hat man in der Münchner Künstlerwelt sehr gut aufgenommen.[250]

Auffällig ist nicht allein die Intensität, mit der sich Brecht gerade in dieser Zeit seinen Dichtungen zuwandte, auffällig ist auch, daß der *Baal* gerade damals noch vitalistischer und gesellschaftsferner, noch ›ungebärdiger und unbürgerlicher‹ wurde.

Der Vitalismus ist freilich nicht allein Reaktion auf den Krieg, sondern ganz allgemein ein Versuch, den Zwängen der Gesellschaft zu entkommen. Baal zum Beispiel antwortet, als er aus dem Dienst der Stadt entlassen wird und deshalb seine Mutter nicht unterstützen kann:

---

250 *BC*, S. 16 f.

manchmal träume ich von einem See, der ist tief und dunkel, und zwischen die Fische lege ich mich und schaue den Himmel an. Tag und Nacht, bis ich verfault bin.[251]

Im Vitalismus sucht das ›dichtende Ich‹ der Gesellschaft zu entkommen, indem es seinen Untergang in der Natur und seine Wiedergeburt als Naturwesen phantasiert, das ›einig mit seinem Leib‹ ist[252] und frei von all dem, woran es selbst leidet. Dabei verzichtet es auf ein Realitätsbewußtsein, das die Schleier der Entfremdung ohnehin nicht zu durchdringen vermag:

> Doch ist's ›des Mannes Wollust nicht zu leiden‹
> Und dies gelingt ihm, wenn er sich entkopft.[253]

Das Fehlen differenzierenden Bewußtseins und der Genuß bewußtseinsferner Vitalität, die z. B. in »Vom Schwimmen in Seen und Flüssen« als zwei Aspekte desselben Verhaltens, des ›Entkopfens‹, erscheinen, begegnen beim jungen Brecht in der Regel getrennt als Vergessen und ›innere Leere‹ einerseits und als unreflektierte Vitalität, Sexualität, robuste Einfachheit und Naturnähe andererseits. Immer aber sind es Reaktionen des entfremdeten Ich, durch die es das Glück unentfremdeten Daseins zu gewinnen sucht, ohne die Ursachen der Entfremdung erkennen und bekämpfen zu müssen – und ohne dies zu können. Da es sich von der Gesellschaft in die Regression drängen läßt, liefert es sich der Gesellschaft gerade dort aus, wohin es sich vor ihr zurückzieht. Die Gewalt, die ihm während der Sozialisation angetan wurde, tut es sich jetzt selbst an. Die gedichtete Natur vollzieht die Strafe im Dienst der noch vorhandenen unbewußten Über-Ich-Anteile und damit im Dienst der Gesellschaft. Der »bestirnte Himmel über mir und das moralische Gesetz in mir«, die Kant »mit immer neuer und zunehmender Bewunderung und Ehrfurcht« erfüllten,[254] wenden sich nun als Sternenhimmel, in dem die Geier auf den Leichnam Baal warten und als gefräßiger Haifischhimmel gegen das Ich und seine Projektionen. Die Normen, von denen sich das Ich in seiner gesellschaftsflüchtigen Phantasie abwandte, sind ihres artikulierten Gehalts beraubt und kehren als sexualisierte und drohende Naturgewalt wieder.

---

251 *SM I*, S. 99.
252 *w. a.*, 8, S. 67.
253 »Sonett für Trinker«; *w. a.*, 8, S. 162; entst. vermutlich um 1925.
254 Immanuel Kant: *Kritik der praktischen Vernunft*. Hrsg. von Karl Vorländer. Hamburg 1952, S. 186.

Brecht löst sich aus seinen masochistisch-vitalistischen Phantasien, indem er sie mit der Gesellschaft konfrontiert.[255] Das geschieht erstmals mit der Figur des Heimkehrers Kragler, eines der vielen auf ihre Kreatürlichkeit reduzierten Menschen in seinem Jugendwerk. Auch er ist Wunschprojektion eines entfremdeten Ich, das sich im Schwimmen, in quälender Selbstauflösung und in der Nähe zum Tier aus der Gesellschaft zu erlösen sucht. Er bekennt von sich:

Ich muß mich besinnen, was es heißt. Ich habe geschwollene Hände, dran sind Schwimmhäute, ich bin nicht fein und die Gläser zerbreche ich beim Trinken. Ich kann nimmer gut reden mit dir. Ich habe eine Negersprache im Hals.[256]

Später verspottet ihn Murk: »Völlig hinabgeschwommen. Aufgefischt. Mit Schlamm im Maul.«[257] Kragler selbst sagt zu Anna: »Ich bin wie ein altes Tier zu dir gekommen. Ich habe eine Haut wie ein Hai, schwarz. [...] Und dann blute ich immerfort, es läuft einfach fort von mir«[258], und kurz vorher zu Balicke: »Es ist alles wie weggewischt in meinem Kopf, ich habe nur mehr Schweiß drin, ich verstehe nicht mehr gut.«[259] Die Leiden, die Kragler in der Gesellschaft zugefügt bekommt, entsprechen den Wirkungen des bösen und gefräßigen Haifischhimmels. Daß Kragler zum gut vitalistischen Ende das mütterlich aufnehmende »große, weiße, breite Bett«[260] und den Beischlaf dem Handeln in der Gesellschaft vorzieht, ist nur konsequent. Er ist ein Naturwesen, das auf den Geist, die Idee, verzichtet: »Mein Fleisch soll im Rinnstein verwesen, daß eure Idee in den Himmel kommt? Seid ihr besoffen?«[261]. Kragler ist eine masochistische Wunschprojektion; da er jedoch anklagend als von der Gesellschaft geschundener Heimkehrer vorgeführt wird, erscheint sein Leiden bereits als gesellschaftlich verursacht. Verborgen bleibt allerdings, daß die

---

255 Den damit einsetzenden Lernprozeß hat Hans Peter Herrmann dargestellt (Hans Peter Herrmann: *Von ›Baal‹ zur ›Heiligen Johanna der Schlachthöfe‹. Die dramatische Produktion des jungen Brecht als Ort gesellschaftlicher Erfahrung.* In: *Poetica* 5 (1972), S. 191-211.
256 w. a., 1, S. 89.
257 Ebenda, S. 93.
258 Ebenda, S. 88.
259 Ebenda.
260 Ebenda, S. 123.
261 Ebenda.

masochistische Wunschprojektion ihrerseits gesellschaftlich verursacht ist, ja sogar, daß sie Projektion ist.
Brecht hat den Komplex von anarchischer Zerstörung und Selbstzerstörung, Reduktion des Bewußtseins, Vergessen und Naturnähe in *Trommeln in der Nacht* erstmals mit einem größeren gesellschaftlichen Geschehen konfrontiert. Von hier aus wird er ihn später auflösen. Die sentimentalische Differenz zwischen wünschendem Ich und masochistisch-vitalistischem Wunschbild führt in dem Maße, wie das Ich und seine Projektionen gesellschaftlich situiert werden, zur Differenz zwischen Gesellschaft und masochistisch-vitalistischem Wunsch, bis dieser als solcher erkannt und schließlich aufgegeben wird. Das führt zur zynischen Anerkennung der eigenen Vereinsamung in der Gesellschaft. Von hier aus wird der Weg weiterführen zur Erkenntnis der kapitalistischen Gesellschaft und dann zum Angriff auf sie. Schon das Stück *Im Dickicht der Städte* von 1922 endet mit Gargas Einsicht, daß das masochistisch-vitalistische Chaos aufgebraucht ist. Er verzichtet darauf, vitalistisch mit dem Schiff nach Tahiti aufzubrechen, und gibt damit einen Wunsch auf, den er vorher schon dadurch als Poesie distanziert hatte, daß er ihn in Rimbaud-Zitate eingekleidet vortrug. Er bleibt grinsend und vereinsamt in der Stadt:

Jetzt frische Wolken her, Ostwind! Wir fahren in einer Schale an den Südküsten hinauf, das ist gefährlich. Auf den Wind warten wir noch. *Er setzt sich an das Tischchen.* Es war die beste Zeit. Das Chaos ist aufgebraucht, es entließ mich ungesegnet. Vielleicht tröstet mich die Arbeit. Es ist zweifellos sehr spät. Ich fühle mich vereinsamt.
DIE STIMME MOTI GUIS *von der Straße herauf:*
Ostwind!
GARGA *bleibt sitzen, grinst.*[262]

Der Vitalismus des jungen Brecht kann ganz allgemein als ein Versuch interpretiert werden, innerhalb der warentauschenden Gesellschaft wenigstens in der Phantasie sinnlicher Hingabe Glück zu erfahren. Wo sich das Allgemeine über den Markt herstellt und die Individuen sich nicht als gesellschaftliche in vernunftbestimmter Praxis selbst verwirklichen und deshalb gesellschaftliche Selbstverwirklichung nicht als Glück erfahren können, dort zieht sich das Glücksverlangen aus der gesellschaftlichen Praxis und dem vernunftbestimmten Handeln zurück. Herbert Mar-

262 *D*, S. 105.

cuse hat diese Problematik als die des Hedonismus behandelt.²⁶³
Er schreibt:

Nicht was die Vernunft erreicht und nicht was die Seele erlebt, kann in
der bisherigen geschichtlichen Situation der Individuen Glück heißen (es
muß in dieser Situation vielmehr vom Unglück gefärbt sein), sondern
eben nur die ›äußerlich‹ gewordene Lust: die Sinnlichkeit.²⁶⁴

Die Sinnlichkeit hebt die Isolierung der Individuen auf und läßt
ihnen die Objekte ›zufallen‹, »ohne daß ihre wesentliche Vermittlung durch den gesellschaftlichen Lebensprozeß und damit ihre unglückliche Seite für den Genuß konstitutiv wird«²⁶⁵. Mit
dieser »Verweisung des Glücks an die unmittelbare Hingabe und
den unmittelbaren Genuß«²⁶⁶ wird keine Allgemeinheit postuliert, »in der ohne Rücksicht auf die einzelnen das Glück aufgehoben sei«²⁶⁷. Im Gegenteil, mit ihr wird in gegenidealistischer Weise »die Forderung nach Freiheit des Individuums – in abstrakter
und unentwickelter Gestalt – in den Bereich der materiellen Lebensverhältnisse vorgetrieben«²⁶⁸. So wird die Forderung nach
sinnlichem Glück zum Protest gegen die bestehende Ordnung. Da
sie jedoch vom vereinzelten Individuum ausgeht und bei ihm verharrt, bleibt sie der Ordnung verhaftet: sie führt zur amoralischen
Rebellion innerhalb des Gegebenen²⁶⁹ und deshalb nicht zum
Glück der Selbstverwirklichung, das nur als gesellschaftliches möglich wäre.²⁷⁰ So behält der Hedonismus, und entsprechend der
Vitalismus, eine affirmative Komponente:

Das rechtfertigende Moment des Hedonismus liegt [...] in seiner abstrakten Fassung schon der subjektiven Seite des Glücks, in seiner Unfähigkeit, zwischen wahren und falschen Bedürfnissen und Interessen,
zwischen wahrem und falschem Genuß unterscheiden zu können.²⁷¹

Die Bedürfnisse der entfremdeten Individuen sind immer schon
von der Gesellschaft bestimmt, der sie sich zu entziehen trachten;
in ihnen »steckt schon die Verkümmerung, Verdrängung und Un-

---

263 Herbert Marcuse: *Zur Kritik des Hedonismus*. In. H. Marcuse: *Kultur und
Gesellschaft I*. Frankf./M. 1967, S. 128-168.
264 Ebenda, S. 138 f.
265 Ebenda, S. 139.
266 Ebenda, S. 131.
267 Ebenda, S. 135.
268 Ebenda, S. 130.
269 Ebenda, S. 146, 147.
270 Ebenda, S. 136.
271 Ebenda.

wahrheit, mit der die Menschen in der Klassengesellschaft aufwachsen«[272].

Diese allgemeinen Ausführungen Marcuses müssen historisch konkretisiert werden. Dazu wäre der Vitalismus im ersten Drittel des zwanzigsten Jahrhunderts – in der Jugendbewegung, der Freikörperkultur, der Erlebnisphilosophie, dem Jugendstil, dem Expressionismus und der Blut-und-Boden-Literatur – zu untersuchen. Zu beachten wäre auch, daß die Natur in der bürgerlichen Gesellschaft in dem Maß ästhetisch und als universal fühlend aufgefaßt wird, wie sie Objekt der Ausbeutung und der wissenschaftlich-industriellen Aneignung wird.[273] Dann wäre Brechts besonderer Ort zu bestimmen. Das kann hier nicht geleistet werden.

Doch was Marcuse allgemein entwickelte, zeigt sich auch am einzelnen Gedicht, z. B. an »Vom Schwimmen in Seen und Flüssen«. Brecht schrieb das Gedicht mit hoher Wahrscheinlichkeit im Sommer 1919,[274] kein Jahr, nachdem der Krieg verloren und die Novemberrevolution niedergeschlagen war, und nur wenige Monate, nachdem das Freikorps in München einmarschiert war und die Räterepublik gestürzt hatte, mit der er sympathisierte.[275] Bedenkt man das, so wird deutlich, daß er sich hier in politisch bewegter Zeit nach enttäuschenden Ereignissen in eine Utopie der Ruhe und der Versöhnung zurückzieht. Das Gedicht hält der Gesellschaft das Postulat einer besseren Welt entgegen. Doch das Ich kann der Gesellschaft nicht entrinnen. Das Leiden, das ihm in der Gesellschaft angetan wird, kehrt mit dem gefräßigen Haifischhimmel wieder; die dem bürgerlichen Individuum mitgegebene Abstraktion läßt dieses Individuum sein Glück in der Abstraktion von allem Bürgerlichen, Gesellschaftlichen und schließlich in der Todesphantasie suchen. Die Negation des Individuums durch die Gesellschaft wendet das Individuum masochistisch gegen sich selbst. Die Phantasie bleibt von der Entfremdung des Phantasierenden bestimmt: das Ich sucht sich als dichtendes von nicht selbstbestimmter und nicht sinnvoller Tätigkeit zurückzuziehen und phantasiert nur ein passives Sichtreibenlassen; es sucht seiner Iso-

---

272 Ebenda, S. 137.
273 Vgl. Joachim Ritter: *Landschaft. Zur Funktion des Ästhetischen in der modernen Gesellschaft*. Rede bei der feierlichen Übernahme des Rektoramtes am 16. Nov. 1962. Münster 1963.
274 Siehe oben S. 192.
275 *M*, S. 103, 131.

lation zu entkommen und phantasiert die Einsamkeit des Schwimmenden, der sich nur mit Nichtgesellschaftlichem, mit der Natur, vereinigt; die Unfähigkeit, sich individuell in der Gesellschaft zu verwirklichen, kehrt im Rückzug auf das wieder, was »man« tun soll, und im Fehlen individueller Gefühle und Reflexionen; die Erfahrung der Sinnlosigkeit schlägt sich nieder im Verzicht auf die Sinnfrage, in der Wahl eines Bereichs, wo sie nicht gestellt werden muß, und in der Beschränkung auf die bloße Faktizität dessen, was ist; die Welt reduziert sich nahezu auf ihr reines ungedeutetes Dasein und der Mensch auf seinen Körper.

Gleichwohl enthält das Gedicht Momente, die gegen die Entfremdung protestieren und über sie hinaustreiben:[276] die Distanzierung des ›dichtenden Ich‹ von seiner Phantasie läßt den Widerspruch zwischen Realitäts- und Lustprinzip spüren, der zur dialektischen Auflösung drängt; die phantasierte Erlösung aus der Partikularität in die Natur kann der erste Schritt zur Wendung gegen eine Gesellschaft sein, deren allgemeines und glückfeindliches Prinzip die Partikularität ist;[277] das Glück des ›Einsseins mit allem Geschaffenen‹ bewahrt den Anspruch auf Unmittelbarkeit; mit der Reduktion des Menschen auf seine Kreatürlichkeit ist eine Basis gewonnen, von der aus sich Forderungen an die Gesellschaft stellen lassen; und im absichtslosen Treiben des Schwimmenden, der etwas um seiner selbst willen tut, kann ein Moment der Utopie eines besseren Lebens erfahren werden. Diese Utopie hat allerdings auf die gesellschaftliche Situation keinen praktischen Einfluß, sie trägt inhumane Züge und behindert dadurch, daß sie gesellschaftliches Handeln negiert, gerade die Änderung des Bestehenden; auch bietet sie dem Individuum kaum Möglichkeit, an ihr seine unverfälschten Wünsche zu erkennen: »Was an Glück intermittierend vom bestehenden Ganzen geduldet oder gewährt wird, trägt vorweg die Male der eigenen Partikularität«[278]; in der Regression auf prägenitale Stufen und im Zirkel von Wunsch und Selbstbestrafung lassen sich die zur Selbstverwirklichung treibenden Wünsche nur schwer artikulieren.

Das Schwimmen in Seen und Flüssen gewährt vorübergehende Ruhe, Erholung und den Schein des Geborgenseins, doch ein besseres Leben ist nur durch gesellschaftliches Handeln zu erreichen.

---

276 Vgl. oben S. 38.
277 Vgl. *AND*, S. 344.
278 *AND*, S. 344.

1931,[279] nachdem er seine anarchisch-nihilistische Phase überwunden hatte, formulierte Brecht in der »Ballade vom Tropfen auf den heißen Stein«[280]:

1
Der Sommer kommt, und der Himmel des Sommers
Leuchtet auch euch.
Das Wasser ist warm, und im warmen Wasser
Liegt auch ihr.
Auf den grünen Wiesen habt ihr
Eure Zelte aufgeschlagen. Die Straßen
Hörten euren Gesang. Der Wald
Nimmt euch auf. Also
    Ist das Elend aus? Trat die Besserung ein?
    Ist für euch gesorgt? Könnt ihr ruhig sein?
Wird also eure Welt schon besser? Nein:
Das ist der Tropfen auf den heißen Stein.

[...]

3
Werdet ihr euch begnügen mit dem leuchtenden Himmel?
Wird das warme Wasser euch nicht mehr hergeben?
Wird der Wald euch behalten?
Werdet ihr abgespeist? Werdet ihr getröstet?
Die Welt wartet auf eure Forderungen
Sie braucht eure Unzufriedenheit, eure Vorschläge.
Die Welt schaut auf euch mit ihrer letzten Hoffnung.
    Ihr dürft nicht lange mehr zufrieden sein
    Mit solchem Tropfen auf den heißen Stein.

---

279 *CR*, S. 42.
280 *w. a.*, 8, S. 370. Zur politischen Intention siehe *SU*, S. 348 ff.

V
Sexualität und Aggressivität

Die vorangegangenen drei Kapitel galten vor allem Brechts anarchisch-vitalistisch-nihilistischer Phase und seiner Entwicklung zu ihr hin. Nun ist die Entwicklung darzustellen, die über jene Phase hinaus zu einer marxistisch orientierten Lyrik führte. Das soll in diesem Kapitel anhand von Sexualität und Aggressivität demonstriert werden, die sich im Gang der bisherigen Untersuchung als zentrale Komponenten der frühen Lyrik Brechts erwiesen haben. Im letzten Kapitel wird schließlich der Versuch unternommen, die bis dahin gewonnenen Ergebnisse unter dem Aspekt der Identitätsproblematik zusammenzufassen und weiterzutreiben.
Das Kapitel beginnt mit einer eingehenden Analyse der Sexualproblematik, soweit sie die Lyrik des jungen Brecht prägt, und verfolgt dann deren weitere Entwicklung als ein Moment der Entwicklung Brechts zum sozialistischen Lyriker. Unter demselben Aspekt wird die Aggressivitätsproblematik skizziert. Erst so wird es möglich sein, die untrennbare Einheit der psychischen *und* der politischen Entwicklung Brechts zu zeigen.

Die Negation der bürgerlichen Liebe

1925[1] schrieb Brecht das

       Sonett

Was ich von früher her noch kannte, war
Sausen von Wasser oder: von einem Wald
Jenseits des Fensters, doch entschlief ich bald
Und lag abwesend lang in ihrem Haar.

Drum weiß ich nichts von ihr als, ganz von Nacht zerstört
Etwas von ihrem Knie, nicht viel von ihrem Hals
In schwarzem Haar Geruch von Badesalz
Und was ich vordem über sie gehört.

---

[1] *BC*, S. 37.

> Man sagt mir, ihr Gesicht vergäß sich schnell
> Weil es vielleicht auf etwas Durchsicht hat
> Das leer ist wie ein unbeschriebenes Blatt.
>
> Doch sagte man, ihr Antlitz sei nicht hell
> Sie selber wisse, daß man sie vergißt
> Wenn sie dies läs, sie wüßt nicht, wer es ist.[2]

Ein Liebesgedicht, das der Geliebten gedenkt, ohne sie zu vergegenwärtigen, das sie – wie das ›ertrunkene Mädchen‹ – anwesend sein läßt einzig in ihrer Auflösung. Indem es sie zerstört, bewahrt es sie als Geliebte, indem es sie freiläßt, hält es sie fest: Reaktion auf die Entfremdung der bürgerlichen Gesellschaft, in welcher der einzelne als Gattungswesen immer abstrakter, die ›Person‹ immer mehr zur Summe verdinglichter Verhaltensweisen wird und ›persönliche Beziehungen‹ zunehmend abstrakt und zugleich verdinglicht sind; Reaktion auf eine Situation, in der die Liebe tendenziell die Exklusivität eines Vertragsverhältnisses von Besitzern ihrer Geschlechtsorgane hat, wie Kant es formulierte:

> Denn der natürliche Gebrauch, den ein Geschlecht von den Geschlechtsorganen des anderen macht, ist ein *Genuß*, zu dem sich ein Teil dem anderen hingibt. In diesem Akt macht sich ein Mensch selbst zur Sache, welches dem Rechte der Menschheit an seiner eigenen Person widerstreitet. Nur unter der einzigen Bedingung ist dieses möglich, daß, indem die eine Person von der anderen *gleich als Sache* erworben wird, diese gegenseitig wiederum jene erwerbe; denn so gewinnt sie wiederum sich selbst und stellt ihre Persönlichkeit wieder her. Es ist aber der Erwerb eines Gliedmaßes am Menschen zugleich Erwerbung der ganzen Person, weil diese eine absolute Einheit ist; folglich ist die Hingebung und Annehmung eines Geschlechts zum Genuß des anderen nicht allein unter der Bedingung der Ehe zulässig, sondern auch *allein* unter derselben möglich. Daß aber dieses *persönliche* Recht es doch zugleich auf *dingliche* Art sei, gründet sich darauf, weil, wenn eines der Eheleute sich verlaufen oder sich in eines anderen Besitz gegeben hat, das andere es jederzeit unweigerlich, gleich als eine Sache, in seine Gewalt zurückzubringen berechtigt ist.[3]

2 *w. a.*, 8, S. 160.
3 Immanuel Kant: *Metaphysik der Sitten*. Hrsg. von Karl Vorländer. Hamburg 1954, S. 92 (§ 25); Hervorhebungen dort. – Zum Eheverständnis des aufsteigenden Bürgertums vgl. Christian Wolff: *Von dem Ehestande* (In: Christian Freyherr von Wolff: *Vernünftige Gedanken von dem Gesellschaftlichen Leben der Menschen und insonderheit dem gemeinen Wesen*. Neue Auflage, Halle 1756, S. 10-56 = §§ 16-79). – 1938 griff Brecht Kant ironisch an: *Über Kants Definition der Ehe in der ›Metaphysik der Sitten‹* (*w. a.*, 9, S. 609; zur Datierung *BV II*, S. 453).

Kant, der bürgerliche Philosoph, bringt die Liebe in der bürgerlichen Gesellschaft auf ihren Begriff; er sieht ab von all dem, was sie außerdem noch sein kann oder wie sie ideologisch verklärt in den Köpfen der Individuen erscheint, und stellt auf der Ebene hoher Abstraktion dar, was sie als bürgerliche wesentlich ist: ein Tauschverhältnis, in dem jeder der Partner sein Geschlecht als Tauschwert dem anderen darbietet. Solche Liebe erfüllt sich in der Form der Ehe, dem institutionalisierten Äquivalententausch, und wird, sofern sie nichtehelich ist, noch ex negativo von ihr bestimmt. Im Äquivalententausch begegnen sich die Liebenden als Personen, d. h. als autonome bürgerliche Individuen, sofern sie sich selbst besitzen und den anderen als Sache gebrauchen, und als Sachen, sofern sie sich selbst weggeben und vom anderen gebraucht werden. Wie auf dem Markt sind sie füreinander da, indem sie sich wechselseitig zum Mittel werden; sie tauschen als Privateigentümer ihre Geschlechtskraft gegen die des anderen, eignen sich diese als Privateigentum an, und sind dabei Käufer und Verkäufer von Geschlechtskraft zugleich. Die ›persönlichen Beziehungen‹ zwischen den Liebenden sind gleichzeitig abstrakt und konkret, abstrakt als Tauschverhältnisse und konkret als verdinglichte: als die des Genusses von Sachen.

Das von Kant beschriebene Verhältnis entspricht der Form nach der fortgeschrittensten bürgerlichen Wirklichkeit seiner Zeit. Dem Inhalt nach war die Ehe als patriarchalische jedoch ein Herrschaftsverhältnis; die Frau befand sich in persönlicher Abhängigkeit vom Mann.[4] Das bestimmt auch die Liebe. Mit der patriarchalischen Familie ragt eine feudale Lebensform in die bürgerliche Gesellschaft hinein. »Persönliche Abhängigkeit charakterisiert [im Feudalismus] ebensosehr die gesellschaftlichen Verhältnisse der materiellen Produktion als die auf ihr aufgebauten Lebenssphären.«[5] Der Widerspruch zwischen bürgerlicher Form und vorbürgerlichem Inhalt zeigte sich darin, daß die Frau zwar formal als

---

4 Vgl. Kant, a. a. O., S. 91: »der Mann erwirbt ein Weib, das Paar erwirbt Kinder und die Familie Gesinde. - Alles dieses Erwerbliche ist zugleich unveräußerlich und das Recht des Besitzers das allerpersönlichste.« - Vgl. »Frau oder Weib ist eine verehelichte Person, so ihres Mannes Willen und Befehl unterworfen, die Haushaltung führt, und in selbiger ihrem Gesinde vorgesetzt ist.« (Artikel »Frau«. In: Heinrich Zedler: *Großes vollständiges Universal-Lexicon aller Wissenschaften und Künste*. Bd. 1-64 nebst Suppl.-Bd. 1-4. Halle 1732-1754; dort Bd. X, Sp. 1769) und Artikel »Ehestand« Zedler, Bd. VIII, Sp. 359 ff. Vgl. auch Christian Wolff, a. a. O., §§ 56-61.
5 *MEW*, Bd. 23, S. 91.

Gleichberechtigte die Ehe eingehen konnte, danach aber real als ökonomisch Abhängige dem Mann unterworfen war, so wie der freie Lohnarbeiter formal Eigentümer seiner Arbeitskraft ist, solange er mit dem Kapitalisten marktet, danach aber real in dessen (zeitweiligen) Besitz übergeht.[6] So sehr die patriarchalische Familie jedoch als Garant der Vermögensvererbung und so der Kapitalakkumulation und als Sozialisationsagentur der Reproduktion des Kapitals diente, so sehr wurde sie von ihm von früh an zersetzt. Mit der Bildung größerer Produktionseinheiten tritt die Familie als Produktionseinheit in den Hintergrund, die Macht des Familienvaters schwindet. Die Familie des ›neuen Mittelstandes‹ schließlich, die kein Eigentum an Produktionsmitteln mehr zu vererben hat, wird tendenziell auch inhaltlich das, was die Familie früher nur formal war: ein Tauschverhältnis freier und gleicher Individuen. Die Frau, langsam aus der Herrschaft des Mannes entlassen, wird gleichberechtigt. Die den feudalen Strukturen entsprechende lebenslängliche Bindung,[7] wie sie Kant noch behauptete, wird abgelöst durch den bürgerlichen, auch auf kurze Zeit geschlossenen, grundsätzlich jedenfalls lösbaren Vertrag. Der Äquivalententausch setzt sich realiter durch; aus dem persönlichen Abhängigkeitsverhältnis wird das Verhältnis sachlicher Abhängigkeit autonomer bürgerlicher Individuen.[8] Diese neue Freiheit ist jedoch historisch verbunden mit größerer Vereinzelung, mit wachsender Trennung des Öffentlichen und Privaten und mit zunehmender Unterwerfung der Individuen unter den Markt im Monopolkapitalismus; sie sind freier und unfreier zugleich. In Reaktion auf die Vereinzelung und die Unterwerfung unter das Abstrakt-Allgemeine flüchten sie sich in den privaten Raum, so auch in Ehe und Liebe, suchen hier Unmittelbarkeit und Gemeinschaft, finden sie – wenn auch als abstrakte und verdinglichte – und können sich so den Äquivalentcharakter ihrer Beziehungen verbergen. So wird dieses Tauschverhältnis im Gang der Geschichte einerseits objektiv herausgearbeitet, andererseits aber wieder unsichtbar. Diese Skizze soll zum Verständnis von Gedichten wie dem »So-

---

6 Vgl. *MEW*, Bd. 23, S. 352. Vgl. auch Grotius: »So ist die Frau frei, ihren Mann zu wählen, nachher aber muß sie gehorchen.« (Hugo Grotius: *De iure belli ac pacis libri tres. Drei Bücher vom Recht des Krieges und des Friedens*, Paris 1625. Neuer dt. Text und Einleitung von Walter Schätzel. Tübingen 1950, I, 3, 13, S. 94).
7 Vgl. *MEW*, Bd. 23, S. 743.
8 Vgl. oben S. 14 ff., besonders Anm. 20.

nett« beitragen. Das Bedürfnis des vereinzelten Individuums nach Unmittelbarkeit sucht mit zunehmender Vereinzelung und mit dem fortschreitenden Zerfall des Individuums in konkret-einzelnes und abstrakt-allgemeines eine Unmittelbarkeit, in der dem Liebenden Konkretes und Abstraktes unvermittelt begegnen. Unmittelbarkeit ist dort, wo die Liebe Tauschverhältnis und die Geliebte erworbener Besitz ist, jedoch ausgeschlossen. Die eingetauschte Lust ist keine Lust.[9] Wenn Lust aber nur als eingetauschte möglich ist, kann Unmittelbarkeit der Lust wenigstens mittelbar gewonnen werden, wenn Lust eingetauscht und zugleich negiert wird. Ebenso ist die Geliebte als eingetauschte nicht Subjekt, das dem Subjekt begegnen könnte, sondern Sache. Wenn sie aber nur als Sache Geliebte sein kann, muß sie der Liebende, um sie als Subjekt zu retten, eintauschen und zugleich als eingetauschte negieren. In dieser Negation des abstrakten Tauschverhältnisses, in dem sich die Liebenden konkret als verdinglichte begegnen, kann sich das Bedürfnis nach Unmittelbarkeit mittelbar befriedigen, wird zugleich jedoch frustriert. Solche Negation führt Brecht dort, wo er der ›zugrundegehenden Gesellschaft auf den Grund folgt‹[10], zu Gedichten wie dem »Sonett«. Hier sucht das ›dichtende Ich‹ Liebe und Geliebte in der Negation dessen, was sie gesellschaftlich sind, zu bewahren.[11] Abstrakte Unmittelbarkeit wird hier, vermittelt durch zerstückelte äußerliche Einzelheiten, im verschwimmend Allgemeinen erfahren. In der masochistisch-provozierenden Angleichung an das gesellschaftlich Gegebene bleibt die Möglichkeit des Unentstellten erhalten. Gerade solche

---

9 Marx hat auf die Verdrängung der Sinne durch das Privateigentum hingewiesen: »Das Privateigentum hat uns so dumm und einseitig gemacht, daß ein Gegenstand erst der *unsrige* ist, wenn wir ihn haben«; »An die Stelle *aller* physischen und geistigen Sinne ist [...] die einfache Entfremdung *aller* dieser Sinne, der Sinn des *Habens* getreten.« (*MEW*, Erg. Bd. 1, S. 540). Vgl. auch Adorno: *Minima Moralia*, S. 233 (»Spielverderber«) und Max Horkheimer und Th. W. Adorno: *Dialektik der Aufklärung*. Frankf./M. 1969, S. 80-83.
10 Siehe oben S. 155.
11 Im Falle des »Sonetts« scheint das besonders deutlich: Brecht schrieb es Juni oder Juli 1925 während eines Besuchs bei seiner Ehefrau Marianne Zoff in Baden bei Wien (*BC*, S. 37). - Solcher Negation der zur Ware gewordenen Geliebten im Verfall entspricht Brechts durchgehaltene Vorliebe für die Dinge, die im Gebrauch und Zerfall ihrem Warencharakter zu entkommen scheinen. Vgl. *AJ*, S. 469 (18. 6. 1942): »wenn man den stuhl richtig setzt, sieht man nichts von den nuttigen kleinbürgervillen mit ihren deprimierenden hübschheiten. nur ein winziges gartenhäuschen [...] fällt in den blick, aber das ist zerfallen, und der zerfall veredelt es.«

Mimesis klagt die Gesellschaft an: sie negiert, was diese vorspiegelt, und beharrt auf dem Beschädigten. In der bürgerlichen Negation bürgerlicher Ideologie, im übertreibenden Einverständnis mit der bürgerlichen Realität, findet das Gedicht zum stummen Protest.

Das »Sonett« bewahrt und vernichtet das Glück der Liebe in der Gesichtslosigkeit des Partners. Je mehr das ›explizite Ich‹ versucht, sich die Geliebte als Person zu vergegenwärtigen, desto unpersönlicher wirken die Liebe,[12] die Geliebte und das Ich selbst.[13] Weil sie nicht als Person begegnete, kann die Geliebte nicht als solche vergegenwärtigt werden. Im Prozeß des Erinnerns sucht das Ich sein Gedächtnis durch Äußeres zu stützen, durch das, was man ihm jetzt nach dieser Nacht sagt, und durch das, was es aus der Zeit vorher kennt. Doch die Erinnerung macht alles, was fest schien, wieder verschwommen: die Natur draußen läßt sich nur als unbestimmtes ›Sausen‹ vergegenwärtigen – ›von einem Wasser oder von einem Wald?‹ –, die Aussagen anderer, vorsichtig im Konjunktiv referiert, bringen wenig Klarheit. Die Innerlichkeit, die sich ganz an das Äußere hingibt, löst es auf.

---

[12] Das Gedicht setzt mit der nichtmenschlichen Natur draußen ein (I), wendet sich dann der Geliebten zu (II), ihrem Gesicht, dem sichtbarsten Ausdruck einer Person (III), und schließlich sogar dem, was in ihr vorgeht (IV): es führt von außen nach innen. Doch während es anfangs zumindest einer Illusion einer Liebe zwischen Personen, die sich verstehen, weckt (I 3, 4), zeigt sich bald, daß dem Ich nur noch unverbundene Teile der Geliebten bewußt sind (II), von ihrem Gesicht nur, daß es sich schnell vergißt (III), und von dem, was in ihr vorgeht, Vergessen und Vergessenhaben, das völlige Erlöschen einer persönlichen Beziehung (IV). – In der zweiten Strophe erinnert das ›explizite Ich‹ keinen Totaleindruck, sondern ausschnitthaft einzelnes sinnlich Wahrnehmbare, ihre Knie und den Geruch von Badesalz in ihrem Haar. Das Haar gehört kaum zur Person (vgl. oben S. 169 und w. a., 8, S. 161: »Sie ist nicht mehr verwandt mit ihrem Haar«; vgl. »Und meine Ahnen, die im Totenhemd,/Mit mir verwandt sind wie mein eignes Haar«, *Terzinen über Vergänglichkeit*. In: Hugo von Hofmannsthal: *Gesammelte Werke in Einzelausgaben. Gedichte und Lyrische Dramen*. Hrsg. von H. Steiner, [o. O.] 1963, S. 17) und das Badesalz kaum zum Haar (vgl. »Dann sagte er lachend: das Badesalz ist es/Nicht dein Haar«; *w. a.*, 8, S. 288). Von der Person wird das Unpersönlichste erinnert.

[13] Das Ich entfernt sich in dem Maß von der Geliebten, wie es sich ihr erinnernd zu nähern sucht: während es anfangs noch von seinem eigenen Verhalten in der Liebesnacht berichtet (I 3, 4), zieht es sich bald auf sein Wissen (II) und das was ihm andere berichten (III), zurück, bis es schließlich nahezu gänzlich hinter den Aussagen anderer verschwindet (IV). Im letzten Terzett bricht es dann sogar die Unmittelbarkeit seiner eigenen Worte und stellt sie als Gedicht zwischen sich, die Geliebte und die Leser. Sie werden schon während des Sprechens Objekt, zu dem sich andere und das Ich selbst verhalten: »Doch sagte man [...] Wenn sie dies läs, sie wüßt nicht, wer es ist.«

(Fiktive) Realität und Bewußtsein von Realität einerseits und Gefühl und Reflexion andererseits sind auseinandergetreten; die Liebe wird in den Raum des reflektierenden Bewußtseins zurückgenommen und bleibt so als vergessene bewußt, entsinnlicht, und dennoch gegenwärtig, nur noch ›Durchsicht auf etwas, das leer ist wie ein unbeschriebenes Blatt‹. Im reflektierenden Bewußtsein der Bewußtseinslosigkeit, in der vergeblichen Anstrengung des Erinnerns, die in kühle Distanz umschlägt, halten sich Bejahung und Verneinung der Geliebten die Waage. In dieser Negation des Bejahten kommt es zur ›Durchsicht‹ auf eine andere Liebe – freilich nur als Möglichkeit, und auch die ist ›leer wie ein unbeschriebenes Blatt‹. Aus Scheu, sie als Besitz zu verdinglichen, bringt das Gedicht Liebe und Geliebte nicht unmittelbar ins Bild, sie sind so ›abwesend‹ wie der Liebende, als er damals ›lang in ihrem Haar‹ lag. Der Liebesakt, alles Sexuelle und alles Gefühl sind ausgespart. Geblieben ist, was objektiviert werden konnte und dennoch das Sensorium wachruft: Geräusch, Geruch, einzelne Eindrücke, Körperliches und Überliefertes; es kann seine Einheit nur in jener Liebe und der Geliebten finden und stellt sie so mittelbar dar. Auch Vermutung,[14] Vergleich,[15] Metapher[16] und ungenaue Verbindung der Aussagen[17] helfen eine Unmittelbarkeit anzudeuten, die in der gebrochenen Unmittelbarkeit einer Begegnung erfahren wird, die Unmittelbarkeit gerade verhindert.
Nicht nur hier, sondern allgemein in der Liebeslyrik des jungen Brecht verblaßt das Gesicht der Geliebten,[18] verschwimmt und wird vergessen; anderes scheint dahinter durch. In einigen Gedichten treten unterschiedliche Momente dieser Liebe deutlicher hervor. Sie löst sich von der geliebten Person und wird nur in der vergänglichen, jedem Zugriff entzogenen Wolke erinnert[19] oder deutet sich im unbeschriebenen, weißen Blatt an. Das Vergessen ist ambivalent: gewollt und erlitten. Das zeigt die um 1918 ent-

---

14 »Weil es vielleicht [...] Durchsicht hat«.
15 »leer wie«.
16 Z. B. »ihr Antlitz sei nicht hell«.
17 Das letzte Terzett z. B. scheint sich adversativ-einschränkend an das vorletzte anzuschließen. Das ergibt jedoch keinen eindeutigen Sinn, legt allenfalls nahe, daß das Gesicht nicht ›Durchsicht‹ hat, weil es etwa ›hell‹ wäre, sondern aus einem anderen, ungenannten Grund. Auch die Verbindung zwischen Zeile 1 und 2 dieses Terzetts ist unklar: was hat ihr Wissen mit der Helligkeit ihres Antlitzes zu tun? - Das, was Vergessen mit Dunkelheit verbindet?
18 Vgl. w. a., 8, S. 254: »Und es verblasst schon mählich ihr Gesicht«.
19 Vgl. w. a., 8, S. 232 »Erinnerung an die Marie A.«.

standene[20] »Ballade vom Tod der Anna Gewölkegesicht«; sie beginnt:

1
Sieben Jahre vergingen. Mit Kirsch und Wacholder
Spült er ihr Antlitz aus seinem Gehirn
Und das Loch in der Luft wurde schwärzer und voll der
Sintflut von Schnäpsen war leer dies Gehirn.

2
Mit Kirsch und Tabak, mit Orgeln und Orgien:
Wie war ihr Gesicht, als sie wegwich von hier?
Wie war ihr Gesicht? Es verschwamm in den Wolken?
He, Gesicht! Und er sah dieses weiße Papier![21]

Der Liebende sucht zu vergessen (»Spült er ihr Antlitz aus seinem Gehirn«) und sich dennoch zu erinnern. Liebe, Vergessen und ›Blick auf dies weiße Papier‹, die hier noch aufeinander folgen, sind im »Sonett« dann im selben Augenblick vereint: zur Liebe selbst gehört ›Durchsicht auf etwas, das weiß ist wie ein unbeschriebenes Blatt‹. Im Vergessen bricht der Liebende der Geliebten die Treue,[22] um sie an der vergänglichen Wolke und dem unbeschriebenen Blatt neu zu errichten.[23] Im Treubruch negiert er

20 *CR*, S. 34 ohne Entstehungsdatum, jedoch zwischen den 1918/1919 entstandenen Gedichten.
21 *w. a.*, 8, S. 46.
22 In dem Anfang der dreißiger Jahre entstandenen »Lied der Kriegerwitwe« (*w. a.*, 8, S. 396) wird das deutlich: »Als ich meinem Mann die Treue schwor/ Da dacht ich nicht dran im Moment/Daß ich ihn aus den Augen verlieren/Und sein Gesicht vergessen könnt.«
23 In der wahrscheinlich um 1920 entstandenen (Datierung aus Stellung in der *werkausgabe* erschlossen) Erzählung »Die Flaschenpost« (*w. a.*, 11, S. 78-80) berichtet ein Mädchen: ihr Geliebter trennte sich von ihr und übergab ihr einen Brief, den sie nicht vor Ablauf von drei Jahren öffnen sollte. »Ich öffnete nach drei Jahren, und ich fand ein leeres Blatt. Es ist weiß und dünn und völlig geruchlos, ohne einen Flecken« (S. 78). Sie vergleicht den Brief mit einer in fremden Schriftzeichen abgefaßten Flaschenpost: »Wie lächerlich wäre die Botschaft, wäre sie lesbar; denn wie unmöglich ist es, in einem Leben ein Wort zu finden, das die Stille nicht stört, die nach Untergangenem entsteht und irgend etwas sagt, das nicht böse ist!« (S. 79). »Bald ergriff mich die Idee, die Schriftzeichen könnten verblaßt sein« (S. 80), dann kommt ihr der Gedanke, der Brief sei mit einer der ›sympathetischen Tinten‹ geschrieben, »die eine ganz bestimmte Zeit lang lesbar sind, dann verschwinden« (S. 79). - Im ›leeren Blatt‹ deutet sich bei Brecht auch der Tod an. Karl Hollmann klagt über seinen verstorbenen Freund Jack: »Jack, du warst der Mann von uns beiden!/Leer jetzt wie ein Zeitungsblatt!« (*w. a.*, 8, 60: »Karl Hollmanns Sang«).

sich als autonomes Individuum und leidet deshalb. Doch im Treubruch rettet er die unmittelbare Liebe und will ihn deshalb. Die sich in ihrer eigenen Negation bewahrende Liebe sucht Dauer allein im Vergänglichen, festen Ort im Leeren und Zuflucht in der Flucht. So zeigt es das Gedicht

> Die Liebenden
>
> Seht jene Kraniche in großem Bogen!
> Die Wolken, welche ihnen beigegeben
> Zogen mit ihnen schon, als sie entflogen
> Aus einem Leben in ein andres Leben.
> In gleicher Höhe und mit gleicher Eile
> Scheinen sie alle beide nur daneben.
> Daß so der Kranich mit der Wolke teile
> Den schönen Himmel, den sie kurz befliegen
> Daß also keines länger hier verweile
> Und keines andres sehe als das Wiegen
> Des andern in dem Wind, den beide spüren
> Die jetzt im Fluge beieinander liegen:
> So mag der Wind sie in das Nichts entführen.
> Wenn sie nur nicht vergehen und sich bleiben
> Solange kann sie beide nichts berühren
> Solange kann man sie von jedem Ort vertreiben
> Wo Regen drohen oder Schüsse schallen.
> So unter Sonn und Monds verschiednen Scheiben
> Fliegen sie hin, einander ganz verfallen.
> Wohin ihr? – Nirgendhin. – Von wem davon? – Von allen.[24]

Jenny und Paul, die dieses Gedicht in der 1928/29 entstandenen Oper *Aufstieg und Fall der Stadt Mahagonny* im Wechsel vortragen, schließen es:

PAUL Ihr fragt, wie lange sind sie schon beisammen?
JENNY Seit kurzem.
PAUL Und wann werden sie sich trennen?

---

24 *Bertolt Brechts Gedichte und Lieder.* Auswahl Peter Suhrkamp. Berlin u. Frankf./M. [o. J.], S. 149. – Das Gedicht scheint den 5. Gesang des *Inferno* der *Divina Commedia* antwortend weiterzuführen (vgl. V, 37-49, 67-142): die Liebenden sind aus einem Leben in ein anderes Leben entflogen, nämlich in die Hölle. Doch gerade in der Hölle ist Glück, das Glück einer Liebe, die sich aus dem gesellschaftlichen Zwang löst, unter dem Francesca und Paolo litten. – Vgl. auch *w. a.*, 9, S. 613.

JENNY Bald.
BEIDE So scheint die Liebe Liebenden ein Halt.[25]

Auf der Flucht vor der Gesellschaft gleiten die Liebenden – wie hier die Kraniche – in einer Leere, die dennoch trägt – wie der Wind –, im Vergänglichen, das sie dennoch begleitet – wie die Wolken. In der Negation ihrer Dauer sucht solche Liebe im Augenblick Ewigkeit. Was Adorno über Webern schrieb, gilt auch hier:

Das absolut Vergängliche, der tonlose Flügelschlag gleichsam, wird dieser Musik zum schwächsten, doch beharrlichen Siegel der Hoffnung. Verschwinden, Vergängnis selber, die in nichts Seiendes mehr sich festmacht, ja nicht einmal mehr sich selber vergegenständlicht, wird ihr zur Zuflucht der schutzlos preisgegebenen Ewigkeit.[26]

In der Weite des menschenleeren Raums, entronnen aus »einem Leben in ein anderes Leben«, das kaum mehr Leben ist, erfahren die Liebenden Nähe in der Distanz, mittelbar Unmittelbarkeit, die alsbald vergeht. Die sprachliche Gebärde läßt die weiträumige, allem Individuellen ferne Bewegung sinnlich spürbar werden, wenn das ›sprechende Ich‹ mit einer weit in den Himmel hinausweisenden Geste den Blick auf die Kraniche lenkt und zwischen sich, ihnen und den Angeredeten einen leeren, zum Schluß von Rufen hallenden Raum schafft: »Wohin ihr? – Nirgendhin. – Von wem davon? – Von allen.«[27]

Der weite Himmel ist ästhetisches Medium solcher Liebe; sie schafft ihn auch dort, wo er nicht ist – sogar im Zimmer. Schon in der Fassung von 1918 heißt es in der Szene »Baals Kammer«:

BAAL *legt den Kopf an ihre Brust:* Jetzt ist Himmel über uns. Und wir sind allein, weiße Wolke. Hast du einen Gedanken?

---

25 w. a., 2, S. 536.
26 Theodor W. Adorno: *Nervenpunkte der Neuen Musik*. Reinbek b. Hamburg 1969, S. 65 f.
27 Die Ferne vom besprochenen Gegenstand hält ihn frei von bedrängender Realität und Gefühl; die an Tieren und in Aussagen über Dritte nur mittelbar gezeigte Liebe ist frei vom Nur-Privaten (vgl. Volker Klotz: *Bertolt Brecht. Versuch über das Werk*. Darmstadt ³1967, S. 71 und William Rey: *Hohe Lyrik im Bordell: Bertolt Brechts Gedicht ›Die Liebenden‹*. In: *Monatshefte* 63 (1971), S. 1-18; dort S. 5). Das weite Schwingen der Kraniche wird sinnfällig in den hypotaktisch weitgespannten Satzbögen (vgl. Klotz, a. a. O., S. 70) und dem »gleitenden und ineinander verschränkten Schweben der Terzinen« (Vgl. H. Politzer: *Bertolt Brecht*. In: Heinz Politzer: *Triffst du nur das Zauberwort*. München 1959, S. 288-299; dort S. 293).

SOPHIE DECHANT Viele, aber ich weiß nicht was.
BAAL Sie gehen wie Wolken unter einem grünen Himmel, der unsagbar hoch ist, nicht? Jetzt spielt deine Rivalin die Judith.
SOPHIE DECHANT Es macht nichts mehr. Nichts macht mehr was.[28]

Der weite Himmel ist in den Menschen ›innerer Leere‹[29]; Baal spricht mit Ekart, seinem Geliebten:

EKART Ich habe eine Art Himmel in meinem Schädel, sehr grün und verflucht hoch, und die Gedanken gehen wie leichte Wolken im Wind drunter hin. Sie sind ganz unentschieden in der Richtung. Das alles ist aber in mir drin.
BAAL Das ist das Delirium [...]
[...]
BAAL Du hast ein Gesicht, in dem viel Wind Platz hat. Konkav. *Sieht ihn an.* Du hast gar kein Gesicht. Du bist gar nichts. Du bist transparent.
EKART Ich werde immer mathematischer.
BAAL Deine Geschichten erfährt man nie. Warum redest du nie über dich?
EKART Ich werde keine haben.[30]

Mit dem Bild des weiten Himmels, der schwebenden Wolke, des leichten Fluges der Vögel,[31] des transparenten und vergehenden Gesichts und mit dem Vergessen geht die bürgerliche Negation der das Subjekt negierenden bürgerlichen Gesellschaft in die Lyrik des jungen Brecht ein; eine Negation, in der das bürgerliche Subjekt sich selbst und den anderen so negiert, daß noch in der hierbei erreichten Bewahrung das Abstrakt-Allgemeine wiederkehrt: in der Leere des Himmels, der Ungreifbarkeit der Wolke, im tonlosen Flügelschlag, dem Vergehen des Gesichts und dem Schwinden der Erinnerung.

Im Bild der Wolke[32] vereinigt Brecht zahlreiche Momente jener Einheit von Negation und Bewahrung:[33] sie entzieht sich dem Zugriff und ist dennoch ein Ding, sie scheint schwerelos und unterliegt dennoch der Schwerkraft, sie wandelt sich und besteht im

---

28 *SM I,* S. 41 f.
29 Siehe oben S. 122, besonders Anm. 145 und oben S. 174 ff.
30 *w. a.,* 1, S. 42 f.
31 Vgl. das »Lied am schwarzen Samstag« oben S. 179 und *w. a.,* 1, S. 17.
32 Zum Wolkenmotiv in der Dichtung siehe W. Kraft: *Die Wolken.* In: Werner Kraft: *Augenblicke der Dichtung.* München 1964, S. 265-290. Zum Wolkenmotiv bei Brecht dort S. 281-289 und *SU,* S. 103-109.
33 Diese Einheit erscheint auch als Einheit von Tod und Wiedergeburt. Vgl. *w. a.,* 8, S. 86.

Wandel fort, sie ist abgegrenzt und geht doch in andere über,[34] sie ist im Augenblick da und vergeht, gibt dem Blick einen Halt[35] im Leeren und entzieht sich ihm – und wie ein Schleier verhüllt sie das, was sie zeigt. In der einsam und ohne Ziel treibenden Wolke kann sich das vereinzelte Subjekt, das die Ziellosigkeit der bürgerlichen Gesellschaft[36] als eigene erfährt, wiedererkennen; im Bild der sich über den ganzen Himmel ausdehnenden Wolke kann es seinen Wunsch, sich aus seiner Vereinzelung zu befreien und ins Allgemeine aufzulösen, zugleich aber fortzubestehen, erfüllt sehen.[37] Und umgekehrt kann es die Sehnsucht nach einer aus Vereinzelung und Verdinglichung befreiten Geliebten in der Wolke Gestalt annehmen lassen, die weiß ist wie der geliebte Leib,[38] und vom Wind in die Weite entführt wird wie die Geliebte von der Leidenschaft.[39] Die Geliebte verschwindet wie die schöne, leichte und vergängliche Wolke,[40] ihr Gesicht geht in die Wolke über,[41] schließlich bleiben nur noch Wolken und Wind[42] und halten die Erinnerung an sie wach.[43] Die Wolke rückt an die Stelle der Geliebten, die menschenferne Natur an die des Menschen;[44] doch Weite, Schönheit und Leere draußen verweisen zugleich auf das Innere, das sie verschweigen;[45] sie bewahren die Erinnerung an Liebe und protestieren gegen ihren Verlust.

34 Vgl. w. a., 9, S. 658.
35 Werner Kraft zitiert (a. a. O., S. 281) in diesem Zusammenhang Benjamin über die Situation nach dem Ersten Weltkrieg: »Eine Generation, die noch mit der Pferdebahn zur Schule gefahren war, stand unter freiem Himmel in einer Landschaft, in der nichts unverändert geblieben war als die Wolken« (Walter Benjamin: *Erfahrung und Armut*. In: Walter Benjamin: *Schriften II*, Frankf./M. 1955, S. 6-12; dort S. 6 f.). Das Vergänglichste erscheint hier als das Beständigste.
36 Vgl. oben S. 100.
37 Vgl. »Das Lied von der Wolke der Nacht«; w. a., 8, S. 48; entstanden 1918 (*CR*, S. 34).
38 Vgl. w. a., 1, S. 25. Baal zu Sophie, die sich beklagt, daß er sie in sein Zimmer schleppte: »Es mußte was Weißes in diese verfluchte Höhle! Eine Wolke!«
39 w. a., 1, S. 26. Baal: »Und jetzt gehörst du dem Wind, weiße Wolke! *Rasch zu ihr, reißt die Türe zu, nimmt Sophie Barger in die Arme.*«
40 w. a., 8, S. 78: »Jetzt ist sie nirgends mehr, sie verschwand wie die Wolke, wenn es geregnet hat, ich ließ sie« (»Gesang von einer Geliebten«), und w. a., 8, S. 81.
41 w. a., 8, S. 47.
42 Ebenda.
43 w. a., 8, S. 232.
44 Wahrscheinlich ließ sich Brecht durch das Prosagedicht »L'Étranger« aus Baudelaires *Le Spleen de Paris* zu dieser Verwendung des Wolkenbilds anregen. Es begegnete ihm vermutlich in der Übersetzung Schellenbergs (*Französische*

Die Spaltung des Liebeslebens

Die Liebeslyrik des jungen Brecht negiert die ›normale Sexualität‹, weil sie entfremdete Sexualität ist, und gewinnt aus der abweichenden lyrische Unmittelbarkeit. In der anomalen (Masochismus, Sadismus, Homosexualität) findet sie zur Selbsterfahrung des Subjekts und zu bürgerlichem Protest gegen die Gesellschaft. Mit der sich auflösenden Liebe, die sie im Bild der Wolke faßt, verneint sie Liebe als Besitz[46] so sehr, daß die Sehnsucht nach der Sicherheit des Besitzens spürbar wird, und mit dem Geschlechtsakt bei der Dirne betont sie die Liebe als Besitz und die Geliebte als Ding so sehr, daß die Betonung in Protest umschlägt: gerade die Bejahung läßt die Verneinung spüren. So ist die asexuell, leicht und leer wirkende Liebe zusammenzusehen mit Brechts Betonung des Grobsexuellen und seiner Dirnen- und Zuhälterwelt. Das Gedicht »Die Liebenden« z. B. wird von einem zahlenden Liebhaber und einer Hure vorgetragen, voran geht ihm der »Song von Mandelay«[47], mit dem die schlangestehenden Männer zur Eile mahnen, damit die Hure schnell für den nächsten frei

Lyrik. Nachdichtungen von Ernst Ludwig Schellenberg. Leipzig 1911, S. 21), dessen Bändchen auch das »Sonett« von Félix Arvers enthält, das er in dem »Sonett« aufgreift (siehe unten S. 278 f.) und das Gedicht »Die Gäste« (S. 97) von Verhaeren, das Brecht parodiert (»Weihnachtslegende«, *w. a.*, 8, S. 123). Die in diesem Zusammenhang wichtigsten Passagen Baudelaires lauten in Schellenbergs Übersetzung: »Wen liebst du am meisten, rätselhafter Mann? Deinen Vater, deine Mutter, deine Schwester oder deinen Bruder?/Ich habe weder Vater noch Mutter, weder Schwester noch Bruder./[...] Und was liebst du also, wunderlicher Fremdling?/Ich liebe die Wolken, die Wolken, die vorübergleiten [...] da unten [...] die wunderbaren Wolken«. Vgl. »Les plus riches cités, les grands paysages,/Jamais ne contenaient l'attrait mystérieux/De ceux que l'hasard fait avec les nuages« (in: »Le voyage«; Baudelaire: *Œuvres complètes*. Bibliothèque de la Pléiade, Paris 1968, S. 122) und »Tous ces nuages aux formes fantastiques et lumineuses [...] toutes ces profondeurs, toutes ces splendeurs me montèrent au cerveau comme une boisson capiteuse ou comme l'éloquence de l'opium. Chose assez curieuse, il ne m'arriva pas une seule fois [...] de me plaindre de l'absence de l'homme« (Baudelaire über Landschaften Boudins in »Salonésthetique 1859«; ebenda S. 1082).
45 Vgl. *w. a.*, 8, S. 94.
46 Vgl. Brechts Arbeitsnotiz »Liebe des Malaien: Anschauung. (Wolkengleichnis. Freundesliebe ohne Besitzwunsch)«, *D*, S. 134.
47 *w. a.*, 2, S. 534. - Wahrscheinlich ist der Song gegen Kiplings »Mandelay« geschrieben. Dort heißt es: »Ich weiß mir ein feines, reines Mädel, in 'nem schönern, grünern Land,/Auf dem Weg nach Mandelay.« (*Soldaten-Lieder und andere Gedichte von Rudyard Kipling*. Deutsch von Hanns Sachs. Leipzig 1910, S. 12. Das Buch befindet sich nach der Kartei des *BBA* in Brechts Bibliothek). Der Hoffnung auf das ›reine Mädel in einem schönern Land‹ antwortet der Hinweis auf den Warencharakter der Liebe.

wird, und unmittelbar folgt der Chor »Erstens, vergeßt nicht, kommt das Fressen/ Zweitens kommt der Liebesakt/ Drittens das Boxen nicht vergessen/ Viertens Saufen laut Kontrakt«[48]. Die Dirne ist die gekaufte Geliebte, die sich verkauft, ohne den Geliebten dafür zu kaufen: als Äquivalent erhält sie *das* Äquivalent schlechthin: Geld. Die Liebe verliert den Schein unmittelbarer Zuwendung und wird als eingetauschte sichtbar.

Dirne und Ehefrau sind die Komplemente der weiblichen Selbstentfremdung in der patriarchalischen Welt: die Ehefrau verrät Lust an die feste Ordnung von Leben und Besitz, während die Dirne, was die Besitzrechte der Gattin unbesetzt lassen, als deren geheime Bundesgenossin nochmals dem Besitzverhältnis unterstellt und Lust verkauft.[49]

Liebe zeigt sich als Genuß von Sachen, persönliche Beziehung als abstraktes Tauschverhältnis, der Mensch als Ding und als Verkäufer seiner selbst; die Geliebte ist ersetzbar, sie kann vergessen werden, ja sie muß es. Im Zwang zu vergessen ist solcher Begegnung die eigene Negation schon mitgegeben, das erspart es dem ›dichtenden Ich‹, die Negation selbst zu leisten: sie scheint nicht gewollt, sondern erlitten. So treibt gerade die Liebe im Bordell zur leichten, vergehenden Liebe im menschenleeren Raum. Hier zeigt sich auch offen die Herrschaft des Mannes über die Frau, in der er vergeblich sich als Subjekt zu verwirklichen sucht. Er ist nur zahlendes Subjekt, autonomes bürgerliches Individuum; ihm begegnet kein Subjekt, mit dem gemeinsam er zu mehr als einem zahlenden werden könnte. Doch weil er die Geliebte schon gekauft hat und sich ihr als einem Subjekt nicht mehr zuwenden muß, können nun alle seine Energien in die Liebe gehen, in eine personfreie allerdings, die sich ins Nichts verströmt.[50] So ist er,

---

48 *w. a.*, 2, S. 537.
49 Horkheimer/Adorno: *Dialektik der Aufklärung.* S. 81. - Ein früher Titel des *Guten Menschen* war *Die Ware Liebe* (*Materialien zu Brechts ›Der gute Mensch von Sezuan‹.* Frankf./M. ²1969, S. 17).
50 Rey verharrt also an der Oberfläche, wenn er dazu, daß die Hure Jenny und ihr zahlender Gast Paul das Lied »Die Liebenden« vorgetragen, bemerkt: »Der drastische Gegensatz zwischen dem Text des Liedes und der Situation der Singenden fällt sofort ins Auge. Die Verfremdung [. . .] ist gleichsam nach außen verlegt. Daß ›hohe Lyrik‹ ausgerechnet im Bordell laut wird, wirkt grotesk« (S. 3). Sicher ist der Gegensatz drastisch und sicher dient er der Verfremdung, doch er ist ein Widerspruch zwischen Momenten, die ohne einander nicht zu denken sind. Da er dies nicht erkennt, kann Rey hier nur eine »Spannung zwischen der seelisch-kosmischen und der sozialen Wirklichkeit der Liebe« sehen (S. 4) (William Rey: *Hohe Lyrik im Bordell. Bertolt Brechts Gedicht ›Die Liebenden‹*, a. a. O., S. 1-18). Auch Weber, der hier schon genauer sieht, gelangt nicht

indem er sich selbst verströmt, Subjekt als untergehendes. – Mit der Negation seiner selbst und der Dirne protestiert das Subjekt implizit gegen die Gesellschaft, in welcher der Mensch zur Ware wird. Diesen Protest artikuliert Brecht dann in dem Maß klarer, wie er erkennt, daß die Dirne gezwungen ist, sich zu verkaufen. Die Dirne, nicht der Proletarier, ist in den Werken der Übergangszeit – besonders in *Mahagonny* – Prototyp des Menschen, der sich aus Not verkauft.

In dem eben skizzierten Rahmen ist die psychische Struktur zu analysieren, die das ›dichtende Ich‹ aktiviert. Sie ist als Moment der Suche nach lyrischer Unmittelbarkeit zu verstehen.

Das Miteinander von entsinnlichter Liebe und brutaler Sexualität, die sich besonders im Verkehr mit Dirnen erfüllt, ist der Psychoanalyse bekannt. Freud beschreibt es in *Über die allgemeinste Erniedrigung des Liebeslebens*[51] und in den *Drei Abhandlungen zur Sexualtheorie*[52] als ›das Nichtzusammentreffen der sinnlichen und der zärtlichen Strömung‹, als die Spaltung des Liebeslebens in zwei Richtungen, »die von der Kunst als himmlische und irdische (oder tierische) Liebe personifiziert werden«[53]: wo Menschen, die von ihr betroffen sind, »lieben, begehren sie nicht, und wo sie begehren, können sie nicht lieben. Sie suchen nach Objekten, die sie nicht zu lieben brauchen, um ihre Sinnlichkeit von ihren geliebten Objekten fernzuhalten«[54].

Freud erklärt das genetisch aus der zweizeitigen Wahl des Sexualobjekts:

Man kann es als ein typisches Vorkommnis ansprechen, daß die Objektwahl zweizeitig, in zwei Schüben erfolgt. Der erste Schub nimmt in den Jahren zwischen zwei und fünf seinen Anfang und wird durch

---

zur Erkenntnis der widersprüchlichen Einheit beider Momente: »Soll die Szene nicht als Verherrlichung von bloßer Sexualität und Prostitution genommen werden, dann kann sie nur als Kritik daran und den Bedingungen der kapitalistischen Gesellschaft gemeint sein. Dann aber wäre jene Idealität der im Bilde der Kraniche besungenen Liebe das zwar Unverwirklichte, aber Eigentliche. [...] Dann wäre [...] der aus der szenischen Verborgenheit und dem Gefühl der Vergänglichkeit und diesseitiger Verderbtheit aufgehobene Blick ins Vertikale [...] ein innerer, mehr platonischer Gegenentwurf« (Albrecht Weber: *Zu Liebesgedichten Bert Brechts*. In: *Interpretationen zur Lyrik Brechts*. Hrsg. v. Rupert Hirschenauer u. Albrecht Weber. Frankf./M. 1971, S. 57-87; dort S. 76.
51 *F* VIII, S. 78 ff.
52 *F* V, S. 27 ff.
53 *F* VIII, S. 82.
54 *F* VIII, S. 82.

die Latenzzeit zum Stillstand oder zur Rückbildung gebracht; er ist durch die infantile Natur seiner Sexualziele ausgezeichnet. Der zweite setzt mit der Pubertät ein und bestimmt die definitive Gestaltung des Sexuallebens. [...] Die Ergebnisse der infantilen Objektwahl ragen in die spätere Zeit hinein; sie sind entweder als solche erhalten geblieben oder sie erfahren zur Zeit der Pubertät selbst eine Auffrischung. Infolge der Verdrängungsentwicklung, welche zwischen beiden Phasen liegt, erweisen sie sich als unverwendbar. Ihre Sexualziele haben eine Milderung erfahren, und sie stellen nun das dar, was wir als *zärtliche* Strömung des Sexuallebens bezeichnen können. Erst die psychoanalytische Untersuchung kann nachweisen, daß sich hinter dieser Zärtlichkeit, Verehrung und Hochachtung die alten, jetzt unbrauchbar gewordenen Sexualstrebungen der infantilen Partialtriebe verbergen. Die Objektwahl der Pubertätszeit muß auf die infantilen Objekte verzichten und als *sinnliche* Strömung von neuem beginnen.[55]

Besondere Bedeutung beim Zustandekommen dieser Spaltung haben Inzestverbot und Kastrationsdrohung. Dem an die Mutter fixierten Knaben wird die Befriedigung bei Strafe verboten, so daß er seinen Wunsch verdrängt. Bei realer Versagung und gleichzeitiger Anziehung durch die infantilen Objekte wendet sich die Libido des Knaben und dann die des Erwachsenen

von der Realität ab, wird von der Phantasietätigkeit aufgenommen (Introversion), verstärkt die Bilder der ersten Sexualobjekte, fixiert sich an dieselben. Das Inzesthindernis nötigt aber die diesen Objekten zugewandte Libido, im Unbewußten zu verbleiben.[56] – Die aktiv gebliebene sinnliche Strömung sucht nun nach Objekten, die nicht an die ihr verpönten inzestuösen Personen gemahnen; wenn von einer Person ein Eindruck ausgeht, der zu hoher psychischer Wertschätzung führen könnte, so läuft er nicht in Erregung der Sinnlichkeit, sondern in erotisch unwirksame Zärtlichkeit aus.[57]

Wilhelm Reich fügt hinzu:

An den Sexualerlebnissen kann nur mehr die Hälfte der Persönlichkeit teilhaben; das bringt stets eine Schwächung der psychogenitalen Befriedigung mit sich.[58]

In schwierigen Fällen führt dies zur genitalen Impotenz gegenüber zärtlich geliebten Sexualobjekten.

---

55 *F* V, S. 101.
56 *F* VIII, S. 81.
57 Ebenda, S. 82.
58 Reich: *Die Funktion des Orgasmus*, S. 164.

Das Hauptschutzmittel gegen solche Störung, dessen sich der Mensch in dieser Liebesspaltung bedient, besteht in der psychischen Erniedrigung des Sexualobjekts. Während die dem Sexualobjekt normalerweise zustehende Überschätzung dem inzestuösen Objekt und dessen Vertretungen reserviert wird.[59]

Die Spaltung der Sexualität ist Folge der Sexualunterdrückung in der patriarchalischen Gesellschaft. Das Kind erfährt sie als Kastrationsdrohung, der Pubertierende als Verbot, mit dem anderen Geschlecht zu verkehren. Der heranwachsende Bürgersohn wurde angehalten, die Mädchen der eigenen Klasse zu verehren; die der unteren Klasse besuchte er im Bordell.[60] So wurde die Spaltung verstärkt und mit ihr Sexualangst und -verachtung.[61] Der so Bedrohte verstärkt seinerseits als Vermeidungsstrategie zum Selbstschutz die Erhebung der Frau zur ewigen Jungfrau und ihre Erniedrigung zur Dirne.

Die Spaltung von sinnlicher und zärtlicher Strömung läßt sich auch im Werk des jungen Brecht erkennen, wo brutale Sexualität und erniedrigte Sexualobjekte, d. h. solche, die verachtet werden können, vor allem Dirnen, einer Liebe gegenüberstehen, die zu ihrem höchsten Glück gelangt, wenn der Liebende weggeht, also nicht mehr begehren muß; oder in Brechts eigenen Worten:

> Ich habe dich nie je so geliebt, ma sœur
> Als wie ich fortging von dir in jenem Abendrot.[62]

Dieses Fortgehen erscheint meist in anderen Formen der Negation: das ›dichtende Ich‹ entfernt die Geliebte in die Wolken oder vergißt sie. Es wendet seine Libido von der Realität ab, führt sie der Phantasietätigkeit zu und verstärkt die Bilder der ersten Sexualobjekte, die im Unbewußten verbleiben. Erstes Sexualobjekt des Knaben ist aber die Mutter. Die Wolke, in die das Ich die Ge-

---

59 F VIII, S. 83.
60 Vgl. Reich: *Die Funktion des Orgasmus.* S. 163. – Ziffel berichtet in den *Flüchtlingsgesprächen*, daß er sich die nötigen Kenntnisse bei einer Prostituierten beschaffen mußte (*w. a.*, 14, S. 1415).
61 In der »Keuschheitsballade in Dur« heißt es: »Und er küßte ihr die Stirne/ Denn sie war ja keine Dirne/Und sie wollte keine sein. [. . .] Und um sie nicht zu entweihn/Ging er einst zu einer Hur/Und sie lernte ihm das Speien/Und die Feste der Natur [. . .] Bisher war er kein Askete/Jetzt erst tat er einen Schwur« (*w. a.*, 7, S. 2729 f.).
62 *w. a.*, 8, S. 66.

liebte entfernt, vertritt also das im Unbewußten verbliebene Bild der Mutter; sie verdeckt und zeigt es; deshalb wenden sich ihr die zärtlichen Strömungen zu. Die Wolke ist, soweit man nur die unbewußten Momente des Bildes betrachtet, eine Projektion, die psychisch der ›himmlischen Mutter‹ Maria entspricht.⁶³ Wenn das explizite Ich z. B. die geliebte Marie A. vergißt und sich nur durch die Wolke an sie erinnern läßt,⁶⁴ ist das auch als Verdrängungsprozeß zu interpretieren, in dem Marie A. als sexuelles Wesen vergessen wird und als ›himmlische Liebe‹ entsteht.

Die Geliebten werden in der Lyrik des jungen Brecht vergessen, weil sie Vertretungen der unbewußt zärtlich geliebten Mutter sind und, gerade wenn sie vergessen werden, ›Durchsicht‹ auf die Mutter gewähren. Das Vertretene löscht das Vertretende aus. Da die geliebte Mutter verdrängte,⁶⁵ unbewußte Erinnerung bleibt und deshalb keine Gestalt annehmen kann, gewährt die jeweilige Geliebte nur ›Durchsicht auf etwas, das leer ist wie ein unbeschriebenes Blatt‹, oder erscheint als nicht greifbare Wolke.

Bei Brecht sind sinnliche und zärtliche Strömung allerdings nicht so streng geschieden wie in Freuds modellhaft einfacher Darstellung; sie mischen sich. Das soll ein Vergleich zwischen seinem »Sonett« und dem »Sonnet« von Félix Arvers zeigen, das Brecht wahrscheinlich in der Übersetzung Schellenbergs unter dem Titel »Ein Geheimnis« kennenlernte⁶⁶ und sich dann anverwandelte.

---

63 Maria ist die asexuelle himmlische Mutter (unbefleckte Empfängnis), auf die sich inbrünstig die Libido der Gläubigen richtet. Dieser Projektion wenden sich die zärtlichen Strömungen zu. So läßt sich die »Erinnerung an die Marie A.« tatsächlich mit Schöne als ›Erinnerung an die Maria‹ interpretieren. (Nach Schöne legen es verschiedene Momente »fast nahe, den letzten Buchstaben an den Vornamen anzuschließen und ›Erinnerung an die Maria‹ zu lesen [...], von ihr bleibt nur der verwehende Hauch, gleichsam der Weihrauchwind zurück«. Albrecht Schöne: *Bertolt Brecht. Erinnerung an die Marie A.* In: *Die Deutsche Lyrik. Form und Geschichte. Interpretationen. Von der Spätromantik bis zur Gegenwart.* Hrsg. von B. v. Wiese. Düsseldorf 1964, S. 485 ff.; dort S. 494). Darüber darf freilich nicht vergessen werden, daß Brecht das Gedicht Rosa *Marie* Amann widmete (*BC*, S. 21).
64 *w. a.*, 8, S. 232.
65 Eine Ahnung des Verdrängungsprozesses findet sich in der 1921 (*CR*, S. 34) entstandenen Strophe: »Sahen Himmel azurn, Himmel schwärzer/Als die Blattern, und sie sind/Schneller oft als eure Mütter bleich geworden/Und vergangen wie das Gras im Wind!/Sie waren schön und haben uns verlassen« (*w. a.*, 8, S. 58).
66 Zu dieser Übersetzung siehe oben S. 272 f., Anm. 44. – Félix Arvers (1806-1851), ein sonst unbedeutender Romantiker, erlangte durch dieses Gedicht literarischen Ruhm.

> Ein stilles Wunder birgt mein Herz und Leben,
> von ewiger Liebe ward es jählings licht;
> mein Leid darf hoffend nie die Augen heben,
> und die mirs angetan, sie weiß es nicht.
>
> In ihrer Nähe muß ich einsam beben,
> stets unerkannt zu bleiben ist mir Pflicht;
> und niemals werd ich, bis mein Auge bricht,
> zu bitten wagen, nie wird sie mir geben.
>
> Und sie, die Gott so sanft und zärtlich schuf,
> zieht achtlos ihres Wegs und hört den Ruf
> der leisen Liebe nicht im Weitergehen.
>
> Getreu der strengen Pflicht, wird sie einst sagen,
> wenn sie die Worte liest, die ihr nur klagen:
> »Wer war die Frau?« und wird es nicht verstehen.

Hier ist es dem Ich möglich, die zärtlichen Strömungen frei von bewußter Sexualität zu genießen, denn es hat sich in eine Lage gebracht, in der es ohne Hoffnung auf Gegenliebe bleiben kann. Die Geliebte ist zwar im gleichen Raum, doch der Liebende verschweigt ihr seine Wünsche und verhindert so die körperliche Berührung. Da sie nichts von dem weiß, was in ihm vorgeht, kann er seinem ›Herz‹ ein Geheimnis und seinem Leben ein ›Wunder‹ schaffen und so seine leidvolle Innerlichkeit genießen. Diese Innerlichkeit und die körperliche und ›geistige‹ Trennung von der Geliebten bedingen sich gegenseitig.[67]

---

[67] In Rilkes Lied der Abelone, wo das Subjekt gleichfalls in der Verweigerung des Besitzes und im Mimikry an die Entfremdung Unmittelbarkeit der Liebe zu bewahren sucht, wird deutlich, daß es die Trennung von der Geliebten will, um (zärtlich) lieben zu können: »Du, der ichs nicht sage, daß ich bei Nacht/weinend liege,/deren Wesen mich müde macht/wie eine Wiege./Du, die mir nicht sagt, wenn sie wacht/meinetwillen:/wie, wenn wir diese Pracht/ohne zu stillen/in uns ertrügen?/ [...] Sieh dir die Liebenden an,/wenn erst das Bekennen begann,/ wie bald sie lügen. [...] Du machst mich allein. Dich einzig kann ich vertauschen./Eine Weile bist dus, dann wieder ist es das Rauschen,/oder es ist ein Duft ohne Rest./Ach, in den Armen hab ich sie alle verloren,/du nur, du wirst immer wieder geboren:/weil ich niemals dich anhielt, halt ich dich fest.« (Rainer Maria Rilke: *G. W.*, Bd. V, Leipzig 1927, S. 287 f.). Die ferne Geliebte eignet sich zur Vertretung der unbewußt zärtlich geliebten Mutter, sie kann ›vertauscht‹ werden, in unbestimmte Naturphänomene übergehen (Rauschen, Duft) und so ›Durchsicht‹ auf die Mutter gewähren; ›Rauschen‹ und ›Duft‹ entsprechen dem »Sausen von Wasser: oder von einem Wald« bei Brecht; sogar die durch »oder« bewußt unbestimmt gehaltene Bestimmung findet sich bei beiden. - Das

Während bei Arvers die zärtliche Strömung rein zum Ausdruck kommt, mischt sie sich in Brechts »Sonett« mit der sinnlichen: das Ich erinnert sich an eine Liebesnacht. Beide Strömungen sind hier zusammengebracht,[68] beeinflussen einander, streben auseinander und führen dadurch zu Spannungen im Gedicht. Das Ich erinnert sich zwar an die Liebesnacht, spart jedoch den Geschlechtsakt und alles Sexuelle unter dem Anspruch der zärtlichen Regung aus oder deutet es nur an; ja, es vergißt die Geliebte und erinnert nur noch die Liebe; in der Liebesnacht selbst nimmt es die Geliebte nicht als Person wahr und zieht die zärtliche, der Person geltende Strömung von ihr ab. Umgekehrt setzt sich aber auch die sinnliche Strömung durch: das Ich spricht von der Liebesnacht und erniedrigt sein Sexualobjekt, indem es ihm nicht wie einer Person begegnet, sondern sich von ihm und der Liebe distanziert,[69] öffentlich von der intimen Begegnung spricht und die Ge-

---

ethische Moment, die Lüge der Bekennenden, fehlt bei Brecht; es ist eine Rationalisierung dieses Verhaltens und dennoch nicht ohne Wahrheit: im Bekenntnis beginnt die Liebe sich zum Typ zu verfestigen.
68 Selbst in das Bild der Wolke geht bei Brecht gelegentlich der sinnliche Impuls mit ein: vgl. » BAAL Hast du die Wolken vorhin gesehen? EKART Ja. Sie sind schamlos.« *(w. a.*, 1, S. 52); » GARGA Die Wolken! Wie befleckte Schwäne!« *(D*, S. 23); vgl. auch oben S. 272, Anm. 39. In Baals Worten »Schlaf mit der Wolke, verkommener Gott!« *(w. a.*, 1, S. 51) wird der ambivalente Charakter des Inzests als göttliche Lust und zugleich als Verderben, als ersehnt und verboten, deutlich. Vgl. dagegen die weiße Wolke als Bild des unerreichbaren, unberührten und von zärtlichen Strömungen besetzten Fernen in dem dritten der Elisabeth-Gedichte Hesses: »Wie eine weiße Wolke/Am hohen Himmel steht,/So weiß und schön und ferne/Bist du Elisabeth.//Die Wolke geht und wandert,/Kaum hast du ihrer acht,/Und doch durch deine Träume/Geht sie in dunkler Nacht.//Geht und erglänzt so silbern,/Daß fortan ohne Rast/Du nach der weißen Wolke/Ein süßes Heimweh hast.« Das Gedicht steht im *Camenzind* (Hermann Hesse: *Peter Camenzind*. Berlin 1913, S. 204). Wenige Zeilen zuvor läßt Hesse Camenzind schreiben: »Es wollte Abend werden und am Himmel hing eine einzige schöne, schneeweiße Wolke. Ich hatte sie fortwährend im Auge und nickte ihr zu, die Wolkenliebe meiner Kinderzeit denkend, und an Elisabeth, und auch an jene gemalte Wolke Segantinis, vor welcher ich einmal Elisabeth so schön und hingegeben hatte stehen sehen. Die durch kein Wort und unreines Begehren getrübte Liebe zu ihr hatte ich nie so beglückend und reinigend empfunden wie jetzt, da ich beim Anblick der Wolke ruhig und dankbar alles Gute meines Lebens übersah und der frühen Wirren und Leidenschaften nur die alte Sehnsucht der Knabenzeit in mir fühlte - auch sie reifer und stiller geworden.« (Ebenda, S. 203 f.). Brecht erinnert sich am 22. August 1920: »Ich lese H. Hesses *Klingsors letzter Sommer*. Diese Novelle ist sehr schön [...]. Wenngleich der *Camenzind* nimmer erreicht scheint, den ich fern in Erinnerung habe als etwas Kühles, mit Herbstbuntheit gefülltes Papier« *(w. a.*, 18, S. 8). Zu diesem Kühlen gehört wohl auch die distanzierte Wolkenliebe.
69 U. a. dadurch, daß es statt seines Gefühls ein Hygienemittel nennt und das Badesalz polemisch antiromantisch ins Gedicht einführt. - Diese Distanzierung

liebte selbst als vergeßlich darstellt. Auch berichtet es von den wahrscheinlich durch Erfahrung gewonnenen Kenntnissen anderer – »man sagt mir« – und regt so die Vermutung an, schon andere Männer hätten mit ihr geschlafen: die Geliebte rückt in die Nähe der Dirne. Das Motiv des Vergessens, seine Gestaltung und die unpersönliche und distanzierte Verhaltens- und Vortragsweise sind hier also auch durch die Mischung der beiden Strömungen bedingt.

Dieser Mischung entsprechend sind Liebender und Geliebte nicht zwei voneinander getrennte selbständige Personen wie bei Arvers; Distanz und Innerlichkeit stellen sich hier in und nach der sexuellen Vereinigung her. Die Liebenden erscheinen nicht als jeweils mit sich identisch, sie unterliegen Vergessen, Vergehen und Entschlafen, lösen sich auf und werden so ungreifbar und greifbar wie das Haar, in dem der Liebende ›abwesend liegt‹. Der Liebende, der sich im Haar der Geliebten – in der weichen und warmen Fülle, im aufgelösten Ding, das Ding und zugleich auch Teil des Menschen ist – findet und vergißt, genießt Sinnlichkeit und Zärtlichkeit, Nähe und Distanz.[70] Die Innerlichkeit, nicht mehr wie bei Arvers als im Innern bewahrte Liebe erfahren, verflüchtigt sich, eben indem sie sich zu erhalten sucht; sie begegnet allein in der Entäußerung und in der Auflösung des Äußeren, des Gesichts, des Körpers und des festen Wissens.[71]

Wenn der Liebende, der unter jener Spaltung leidet, mit einem geschätzten Sexualobjekt verkehrt und ihm dabei die Mutter sub-

---

dient ihrerseits wieder dem ›dichtenden Ich‹, sich von seiner Phantasie zu distanzieren und dem Realitätsprinzip zu seinem Recht zu verhelfen. Ähnlich ist »vielleicht« (»Weil es vielleicht auf etwas Durchsicht hat«) zwar dadurch bedingt, daß das Ich über sein Unbewußtes keine feste Aussage machen kann, die ›Durchsicht‹ für es also im Bereich des bloß Möglichen bleibt, dient aber andererseits dazu, diese ›Durchsicht‹ in den Bereich der Phantasie zu verweisen.
70 Ein Beispiel sinnlicher und zärtlicher Liebe zu der unerreichbaren, im Haar aber dennoch gegenwärtigen Geliebten bietet Maeterlinck: Mélisande lehnt aus dem Fenster, ihr Haar löst sich und überströmt Pelléas: [...] ils [scl. les cheveux] viennent de si haut et m'inondent jusqu'au coeur ... Ils sont tièdes et doux comme s'ils venaient du ciel! [...] Ils tressaillent, ils s'agitent, ils palpitent dans mes mains comme des oiseaux d'or; et ils m'aiment, ils m'aiment mille fois mieux que toi!« (Maurice Maeterlinck: Pelléas et Mélisande. In: Maurice Maeterlinck: Théâtre II, Paris [30]1912, S. 51). - Baudelaires Gedicht »La chevelure« ist Beispiel einer Liebe, die sich im Haar der Geliebten und dem aus ihm aufsteigenden Duft verliert, die Geliebte vergißt und in die Phantasie unentfremdeten Daseins zu entkommen sucht (Baudelaire, Bibliothèque de la Pléiade, S. 25). - Zum Motiv des Haars vgl. oben S. 169.
71 Vgl. oben S. 173 ff. und S. 465 ff.

stituiert, steht er unter unbewußter Strafandrohung, weil er sich gegen das Inzestverbot vergeht. Deshalb phantasiert das ›dichtende Ich‹ hier den Verkehr mit einem geschätzten Sexualobjekt und zugleich die Strafe dafür, die Auflösung. Die Liebe wird als Untergang erfahren und dieser auf die Geliebte projiziert:

> Drum weiß ich nichts von ihr als, ganz von Nacht zerstört
> Etwas von ihrem Knie, nicht viel von ihrem Hals
> In schwarzem Haar Geruch von Badesalz.

Die Auflösung der Geliebten gehört in der Lyrik des jungen Brecht so sehr zur Liebe, daß sie die sexuelle Begierde wecken kann.[72] Die Liebe selbst erscheint als langsames Sterben, bei dem das Gesicht der in den Tod treibenden Liebenden allmählich verblaßt, sie nähert sich der Verwesung des ›ertrunkenen Mädchens‹[73].

Um Untergang und Vergessen der Liebenden besser zu verstehen, muß jedoch beachtet werden, daß die Sehnsucht nach der Mutter in der Lyrik des jungen Brecht auch die nach der Geborgenheit im Mutterleib ist:

> Warum seid ihr nicht im Schoß eurer Mütter geblieben
> Wo es stille war und man schlief und war da?[74]

Die Sehnsucht nach dem Mutterschoß führt zu den Phantasien von der Nacht, die die Gestorbenen mütterlich birgt und ihnen das Gesicht nimmt, von der Natur, die sich über den Menschen schließt und sie aufnimmt, von der Leiche, die sich im Wasser auflöst und von den Liebenden, die sich wie Wasserleichen treiben lassen und vergehen.[75]

72 Vgl. »Entdeckung an einer jungen Frau«. w. a., 8, S. 161; entstanden wohl um 1925 (*BV II*, S. 83). - Vgl. »und ich sah, daß ihr Haar an den Schläfen schon von weißen Fäden durchzogen war. Dieses Zeichen ihres Alterns, das im Kontrast zur Kindlichkeit ihrer Kleidung stand, füllte mich mit Zärtlichkeit« (Peter Weiss: *Fluchtpunkt*. Frankf./M. ⁵1971, S. 183). Die Voraussetzung solcher Liebe, die Sexualangst, stellt Weiss vielfach dar (z. B. ebenda, S. 18, 30, 42). Vgl. auch die letzte Begegnung zwischen Frédéric und Mme Arnoux (Gustave Flaubert: *L'éducation sentimentale. Histoire d'un jeune homme*. Édition de Edouard Maynial. Paris 1964, S. 419).
73 Vgl. »Vor vier Jahren in meiner verflossenen Arche« (w. a., 8, S. 102) und »Die Ballade vom Liebestod« (w. a., 8, S. 253). Hier tritt der Zusammenhang von Liebeslyrik und Wasserleichengedichten offen zutage. Zur »Ballade vom Liebestod« vgl. Baudelaire »La mort des amants« (Bibliothèque de la Pléiade, S. 119) und Heym »Der Tod der Liebenden« (Georg Heym, a. a. O., S. 55).
74 »Ballade von den Abenteurern«; w. a., 8, S. 217.
75 Siehe oben S. 182 ff. und S. 198 ff.

Einer, der an der Spaltung der beiden Strömungen leidet, muß sich, wie bereits gezeigt, bestrafen, wenn er zugleich liebt und begehrt. Die Selbstbestrafung wird ihm jedoch zum Mittel der Erlösung, wenn er sich mit einem Untergang bestraft, den er als Annäherung an die intra-uterine Ruhe phantasiert. Der Liebende bezieht sich im »Sonett« also zweifach auf die Mutter: er liebt sie in der Geliebten und er sucht die Ruhe in ihrem Schoß. Er wiederholt jenen Zustand, ›wo es stille war und man schlief und war da‹, wenn er ›entschläft und abwesend lang im Haar‹ der Geliebten liegt, und er läßt sich von der Sehnsucht danach bestimmen, wenn er ihr Gesicht nicht wahrnimmt oder es vergißt, weil es ›Durchsicht‹ hat. Die Sehnsucht geht ins Leere, weil die Mutter als Sexualobjekt verdrängt ist, und weil die Sehnsucht nach der Ruhe im Mutterschoß, wo es noch kein Leiden an der Subjekt-Objekt-Spaltung gab, alles, was sich ihr als Objekt entgegenstellt, negiert und seines Eigenwerts beraubt. So erklärt sich das Glücksgefühl bei ›innerer Leere‹ und der Zusammenhang von Liebe und ›innerer Leere‹[76]: wenn der Liebende sich von allem Bestehenden gelöst hat und frei von individuellem Gefühl und unterscheidendem Denken ›innerlich leer‹ ist, kann er hoffen, jenen intrauterinen Zustand zu wiederholen. Die als Gang in den Mutterschoß phantasierte Liebe vernichtet die Liebenden; die Geliebte vergeht wie die Leiche im Wasser.[77] Solche Liebe bedeutet Auflösung,[78] sie ist nur als vergängliche möglich.[79] In ihr erfüllt sich die vergessene Liebe

---

[76] Vgl. oben S. 174 ff., S. 271.

[77] Die Verwesung der Geliebten und ihr Entschwinden aus dem Gedächtnis sind zwei Ausprägungen derselben Phantasie: »Mit Kirsch und Wacholder/ Spült er ihr Antlitz aus seinem Gehirn« (w. a., 8, S. 46) - »JOHANNES Sie schwimmt nämlich immer noch. Niemand hat sie gefunden. Ich habe die Empfindung nur manchmal, wißt ihr, als schwimme sie mir in dem vielen Schnaps die Gurgel hinunter, eine ganz kleine Leiche, halb verwest« (w. a., 1, S. 60). - Das Ich projiziert sein ›Fortgehen‹ in die Geliebte: sie entzieht sich ihm durch Verwesung: »[...] die Reste der Wasserleichen [...] Die den orangenen Tag mit mir genossen haben/Sie entzogen sich der düsteren Nacht.//Satt und bequem, als die schöne Speisung vorüber/Stießen aus Faulheit sie mich in Gewissensqual« (w. a., 8, S. 251).

[78] Vor dem Selbstverlust in der Auflösung rettet sich das ›dichtende Ich‹ durch distanziertes Sprechen.

[79] Deshalb ist es falsch, wenn W. Muschg schreibt: »Baals Glaube an das Glück des Augenblicks, das alle Vergänglichkeit überstrahlt, ist am vollendetsten in der ›Erinnerung an die Marie A.‹ gestaltet« (Walter Muschg: *Von Trakl zu Brecht. Dichter des Expressionismus*. München 1961, S. 342). Es geht hier nicht um das Glück des Augenblicks, sondern um das des Vergehens. Vgl. auch »Der Gast« (w. a., 8, S. 145).

zur Mutter, das »Heimweh ohne Erinnerung«, von dem Baal spricht.[80]
Der Komplex von Liebe und Tod sowie von Zärtlichkeit und Sinnlichkeit läßt sich an einem wenig durchgeformten Gedicht von 1920[81] deutlich erkennen:

> Ich habe dich nie je so geliebt, ma sœur
> Als wie ich fortging von dir in jenem Abendrot.
> Der Wald schluckte mich, der blaue Wald, ma sœur
> Über dem immer schon die bleichen Gestirne im Westen standen.
>
> Ich lachte kein klein wenig, gar nicht, ma sœur
> Der ich spielend dunklem Schicksal entgegenging –
> Während schon die Gesichter hinter mir
> Langsam im Abend des blauen Walds verblaßten.
> Alles war schön an diesem einzigen Abend, ma sœur
> Nachher nie wieder und nie zuvor –
> Freilich: mir blieben nurmehr die großen Vögel
> Die abends im dunklen Himmel Hunger haben.[82]

Die Liebe vollendet sich im Fortgehen und die Geliebte erscheint als Schwester; die zielgehemmte, zärtliche Komponente findet ein angemessenes Objekt; zugleich ist die Angeredete Ziel der sinnlichen. Schon mit dem Begriff ›Schwester‹ zeigt sich die Anwesenheit beider Strömungen an: gegenüber der Schwester besteht das Inzestverbot, wird jedoch nicht so massiv vertreten wie gegenüber der Mutter. Wer die Geliebte ›Schwester‹ nennt, projiziert in sie Reinheit und Sinnlichkeit zugleich[83] – wie andere Gedichte Brechts in die Wolke.[84] – Beim ›Fortgehen‹ verblassen die Ge-

80 w. a., 1, S. 61.
81 CR, S. 34.
82 w. a., 8, S. 66.
83 Vgl. das vierte der Elisabeth-Gedichte Hesses: »Darf ich dir sagen, daß du mir/Wie eine schöne Schwester scheinst/Und leises Glück mit Lustbegier/In meiner Seele seltsam einst?« (Hermann Hesse: Gedichte. Berlin ⁵1912, S. 43). - Vgl. auch Goethe an Frau von Stein: »Ach, du warst in abgelebten Zeiten/Meine Schwester oder meine Frau« (»Warum gabst du uns die tiefen Blicke«. In: J. W. Goethe: Werke. Bd. 1, S. 122 f.). - Durch die fremdsprachliche Chiffre »ma sœur« sucht sich das Ich von dem ambivalenten Gehalt des Begriffs ›Schwester‹ zu distanzieren - wahrscheinlich, weil es sich von ihm bedrängt fühlt.
84 Vgl. oben S. 280, Anm. 68, und »Die bleichen Stauden in dem lila Himmel/ Sind oft zur Nacht mir wie ein Schwesternkuß/Gen Mitternacht da schwimmen übern Himmel/sehr weiße Wolken die man lieben muß.« (»Der verlorene Sohn«; BBA 813/76; entst. 1920; BV II, S. 58; Nachdruck mit freundlicher Genehmigung der Bertolt-Brecht-Erben).

sichter, das gehört zur Schönheit des ›einzigen Abends‹. Das Fortgehen selbst wird als Gang in den Tod phantasiert: über dem Liebenden sind »nur mehr die großen Vögel/Die abends im dunklen Himmel Hunger haben«, die Todesvögel, die sich über dem lebenden Aas Mazeppa raufen,[85] die Geier, die auf den Leichnam Baal warten.[86] Der Gang in den Tod wird als Rückgang in den Mutterschoß phantasiert: das Ich wird vom Wald ›geschluckt‹[87] und geht in die Mutter ein.[88]

Unter der Kastrationsdrohung, die als Angst vor der Frau erscheint,[89] spaltet sich die Sexualität. Sexualbegehren und Sexualverbot kommen zum Kompromiß in der Mischung der beiden Strömungen; er zeigt sich in den Phantasien der Liebe in Untergang und Vergessen, der Liebe zur Schwester und zur Wolke. Die erniedrigte Sexualität vermischt sich mit der erhöhten, die Dirne mit der Jungfrau,[90] die beschlafene Frau, die als begehrender Fleischhaufen kein Gesicht mehr hat,[91] mit der alles Sinnlichen beraubten, deren gefährliche Vagina das bedrohte Ich – und das ist ein wichtiges Moment dieser ›Entsinnlichung‹ – verleugnet,[92] eine Verleugnung, die in der Vertauschung von oben und

---

85 Vgl. oben S. 200.
86 Siehe *w. a.*, 8, S. 250.
87 Vgl. »Von des Cortez Leuten«; *w. a.*, 8, S. 222.
88 Vgl. oben S. 207 ff.
89 Vgl. auch »Sie liebte die Liebe, nicht den Geliebten, ihr machte keiner einen rosa Dunst. [...] Sie hatte den Griff und die kalte Schulter/Mir steht beim Drandenken der Schweiß auf der Stirn« (*w. a.*, 8, S. 108) und »Oh, holde Jungfrau, besten Falles/Wischst du die Mums dir ab mit grünem Gras/Und doch! In deinen Schoß ergoß sich alles,/Was ich an Seligkeit und Wucht besaß« (*SM I*, S. 141). Die Frau ist gefährlich, wenn sie sich dem Mann in der Liebe nicht unterwirft. Vgl. auch »Das ewig Weibliche/Ja manchen ziehts hinan/An einen Galgen sehr solid!« (*w. a.*, 8, S. 17).
90 Vgl. Baals Worte zu der Dirne Luise: »Nur die schamlosen Ratten beschnuppern deine befleckte Empfängnis, ewige Jungfrau« (*SM I*, S. 141). Vgl. *w. a.*, 8, S. 208.
91 Baal zu Johannes: »Wenn du sie beschlafen hast, ist sie vielleicht wie ein Haufen Fleisch, er hat kein Gesicht mehr. Wenn euer Sommer fortschwimmt und sie voll gesogen mit Liebe wie Schwämme, dann werden sie wie die Tiere, bös und kindisch« (*SM I*, S. 157) und in früherer Fassung: »wenn du sie genommen hast, bleibt nichts von ihr als ein Haufen Fleisch, der immer begehrt« (*SM I*, S. 90). Die begehrende Frau ist bedrohlich.
92 Zur Verleugnung der Vagina, die bedroht und an die Kastrationswunde erinnert, siehe Otto Fenichel, a. a. O., S. 80, und Karen Horney: *The dread of Women*. In: *Intern. Journal of Psychoanalysis*. London 1932, S. 348-360; dort S. 351. Zum Begriff der Verleugnung: *F XIII*, S. 296; *F XVII*, S. 134.

unten zur Vorstellung der Gesichtslosigkeit führt.[93] Die Strömungen mischen sich jedoch nicht immer. Besonders die Erniedrigung der Frau tritt oft unverhüllt hervor: die Geliebte wird öffentlich erniedrigt, bevor der Liebende mit ihr schläft,[94] er quält sie,[95] er liebt eine Dirne,[96] rückt die Geliebte in Dirnennähe[97] oder wendet sich ihr erst zu, wenn sie Dirnenzüge trägt;[98] die Frau wird als passive Beute des Mannes dargestellt,[99] dem sie sexuell hörig ist;[100] sie ist tierisch, bloßes Fleisch,[101] oder geschmeidige Pflanze.[102]

Inzestwunsch und Kastrationsdrohung führen dort, wo das ›dichtende Ich‹ im Werk des jungen Brecht auf die phallisch-narzißtische Stufe regrediert,[103] auch zum Don Juanismus. Der Liebende muß sich bei immer neuen Frauen beweisen, hinter denen allen er die Mutter sucht:

---

93 In dem »Sonett Nr. 9 (Über die Notwendigkeit der Schminke)« (w. a., 8, S. 312), das vermutlich um 1927 entstand (CR, S. 41), erscheint die Verleugnung der Vagina in der Projektion: die Frauen verstecken ihren Schoß. Hier zeigen sich auch der Versuch, die Gefahr durch Erniedrigung zu bannen und die Beziehung von oben und unten, von Gesicht und Vagina: »Die Frauen, welche ihren Schoß verstecken/Vor aller Aug gleich einem faulen Fisch/Und zeigen ihr Gesicht entblößt bei Tisch/Das ihre Herren öffentlich belecken//Sie geben schnell den Leib dem, der mit rauher Hand/Ihnen an den Busen kam [. . .] Wie anders jene, die mit leicht bemaltem Munde/Und stummem Auge aus dem Fenster winkt/Dem, der vorübergeht, und sei es einem Hunde.//Wie wenig lag doch ihr Gesicht am Tage [. . .].«
94 Vgl. das Verhalten Baals gegenüber Emmy; w. a., 1, S. 18 f.
95 Vgl. den »Gesang von der Frau«; w. a., 8, S. 82.
96 Vgl. die Liebe Baals zu Luise, die Liebe Paul Ackermanns zu Jenny.
97 »Sie verkaufte die Haut für eine Tasse Thee und sich selbst für eine Peitsche!«; »Von He«; w. a., 8, S. 80.
98 Kragler wendet sich in dem Augenblick von der Revolution ab und geht mit Anna ins »große, weiße, breite Bett« (w. a., 1, S. 123), in dem er erfährt, daß sie ihm untreu war, ihn vergessen hatte (S. 121) und ein Kind von einem anderen erwartet. Er nennt sie eine »Hure« (S. 117, 118), erkennt, »ich habe meine Frau wieder« (S. 120), sie »ist nicht unbeschädigt, unschuldig ist sie nicht« (S. 121), und legt den Arm um sie (S. 124).
99 Vgl. » SOPHIE DECHANT Oh Baal! Ich bin sehr müde, mein Leib ist wie zerschlagen. Deine lieben Hände haben mir das getan. Aber es ist wunderbar, so zu liegen wie eine Beute, und der Himmel ist über einem« (SM I, S. 111).
100 Vgl. w. a., 1, S. 25 »Du bist ein Weib wie jedes andere. Der Kopf ist verschieden. Die Knie sind alle schwach«; vgl. w. a., 1, S. 44; w. a., 11, S. 83 ff.
101 Vgl. »Du bist ein schlechtes Tier, Luise. Weil du leer bist, liebe ich dich« (SM I, S. 69) und »Auf nach Mahagonny [. . .] Dort gibt es Pferd- und Weiberfleisch« (»Mahagonnygesang Nr. 1«; w. a., 8, S. 243).
102 Vgl. »Sie war nicht weise wie Bie, die Liebliche, die Pflanze Bie« (»Von He«; w. a., 8, S. 80).
103 Vgl. oben S. 230 ff.

> Sieh diese Frau und sieh: sie ist kalt
> Erinnere dich, wie schön sie einst aussah!
> Jetzt betrachte sie nicht mit dem Herzen, sondern kalt
> Und sage: sie ist alt.
>> Komm mit mir nach Georgia
>> Dort laß uns schaun nach neuen Fraun
>> Und wenn diese Fraun wieder alt ausschaun
>> Dann bleiben wir nicht mehr da.[104]

An die Stelle der verdrängten Mutter tritt die unendliche Reihe der Geliebten, die alle wieder vergessen werden, weil keine dem Liebesanspruch genügt,[105] und weil Don Juan fürchtet verlassen zu werden; dem kommt er zuvor, indem er selbst davonläuft.

Hat er [scl. der an Don Juanismus Leidende] eine Frau einmal erobert, so interessiert er sich nicht weiter für sie, einmal deshalb, weil es auch ihr nicht gelungen ist, ihm zu der ersehnten Entspannung zu verhelfen, und zum andern, weil sein narzißtisches Bedürfnis nur nach dem Beweis seiner Fähigkeit verlangt, in Frauen sinnliche Erregung zu wecken. Hat er dieses Ziel erreicht, dann melden sich sogleich Zweifel in bezug auf andere Frauen.[106]

Narzißtisch genießt der Liebende die Wollust der Frau,[107] in der sie die Herrschaft über sich verliert, während er nur hinsieht und sich und die gefährliche Frau beherrscht. In der Begegnung mit ›Frau Welt‹ kehrt dieses Verhalten wieder:

> Und das große Weib Welt, das sich lachend gibt
> Dem, der sich zermalmen läßt von ihren Knien
> Gab ihm einige Ekstase, die er liebt
> Aber Baal starb nicht: er sah nur hin.[108]

---

104 w. a., 8, S. 135 »Komm mit mir nach Georgia«; entst. um 1925 (CR, S. 36).
105 Vgl. F VIII, S. 90. Zum Verhältnis von Don Juanismus und Mutterbindung Otto Rank: *Die Don Juan-Gestalt. Ein Beitrag zum Verständnis der sozialen Funktion der Dichtkunst*. In: Imago VIII, 1922, S. 142-196; dort besonders S. 145.
106 Otto Fenichel, zitiert nach Hoffmann R. Hays: *Mythos Frau. Das gefährliche Geschlecht*. Düsseldorf 1969, S. 234.
107 Vgl. w. a., 11, S. 89 (»Der Tiger«): »Einige Frauen [...] werden dir vielleicht als bejammernswerte Opfer meiner Selbstsucht gezeigt werden. Ich habe das meiste meiner Wollust aus ihrer Wollust genossen. [...] aber meine unerschöpfliche Gier nach Passion [...] machte mich fest gegen das entnervende Mitleid mit Erschöpften.«
108 Vgl. oben S. 208 und BC, S. 18 zum 14. Juli. — Vgl. auch Baudelaire: »Fusées« III, Bibliothèque de la Pléiade, S. 1249.

Weil der narzißtisch Liebende ›nur hinsieht‹, kommt er nicht zur Entspannung und muß sie bei der nächsten Frau suchen. Weil er seine Liebe nicht auf die Geliebte richtet, nimmt er ihr Gesicht nicht wahr und erfährt Einsamkeit gerade in der Liebe.[109] Dem Liebenden, der das im eigenen Innern bewahrte, unbewußte Bild der Mutter und so sich selbst liebt, verschwimmen die Züge der Frau, die er im Arm hält;[110] hat sie seine Potenz durch ihre Wollust bestätigt, verläßt er sie.[111]

Die Entwicklung der Sexualität

Die sinnliche und die zärtliche Strömung richtet sich in der Liebeslyrik des jungen Brecht zumeist auf dasselbe Objekt. In diesen Fällen tritt die sinnliche Strömung im Gang der Entwicklung Brechts immer mehr hervor; die Spannung zwischen den beiden Strömungen verstärkt sich und dringt als Leiden ins Bewußtsein. In »Ich habe dich nie je so geliebt« ist das Sexuelle nur hintergründig spürbar, das Leiden wird nur in Symbolen bewußt, das ›Fortgehen‹ scheint unmotiviert, die Erniedrigung der Geliebten läßt sich nicht erkennen. Das gilt auch für die anderen frühen Gedichte, in denen dem ›Fortgehen‹ das Vergessen entspricht, wenn auch die Erniedrigung schon gelegentlich in der Form erscheint, daß die Geliebte nach einiger Zeit verstoßen wird.[112] In der »Erinnerung an die Marie A.« aus dem Jahr 1920 weisen der »Kuß« und die »Pflaumenbäume« kaum merkbar auf das Sexuelle hin;[113] das dieser Phantasie zugehörige Leiden ist ver-

109 Vgl. »Aber in kalter Nacht« (*w. a.*, 8, S. 64).
110 Ein Beispiel hierfür findet sich bei Peter Weiss: »In meiner Machtlosigkeit suchte ich mir Frauen, die sich quälen lassen wollten [...]. Diese Frauen hatten keinen Namen, ihre Gesichtszüge waren verschwimmend, sie waren nur fixe Idee für mich [...] und manchmal glichen sie einige Augenblicke lang meiner toten Schwester« (Peter Weiss: *Abschied von den Eltern*. Frankf./M. 1971, S. 130) (die inzestuöse Bindung an die Schwester ist hier an die Stelle der Mutterbindung getreten). Die Geliebte, deren Gesicht wahrgenommen wird, ist die ohne Angst vor ihrer Vagina geliebte Frau (ebenda, S. 131; vgl. oben S. 285, Anm. 92). Bei Weiss zeigt sich auch der Zusammenhang zwischen Selbstbefriedigung und der Phantasie einer gesichtslosen Geliebten (ebenda, S. 54 f.).
111 »Gibt ein Weib, sagt Baal, euch alles her/laßt es fahren, denn sie hat nicht mehr!« (*w. a.*, 1, S. 4).
112 Z. B. *w. a.*, 8, S. 78, 83, 102.
113 Die Pflaume hat schon seit alters her wegen ihrer Ähnlichkeit mit den Schamlippen Eingang in die Sexualmetaphorik gefunden. Durch Brechts ganzes Werk zieht sich der Komplex von Pflaume, Pflaumenbaum und Sexualität (vgl. z. B.

deckt, doch die Erniedrigung klingt an, wenn der Wolke und dem
»holden Traum« die Frau konfrontiert wird, die »jetzt vielleicht
das siebte Kind« hat,[114] also Geschlechtsverkehr pflegte und sich
an den Alltag band. In der Liebe zu einem Mädchen mit dem Namen
»Marie« mischen sich beim jungen Brecht sinnliche und zärtliche
Strömung – wie in der Liebe zur Wolke, zum Haar und zur
Schwester.[115] In dem »Sonett« von 1925 treten das Sexuelle
und mit ihm die Erniedrigung des Sexualobjekts stärker hervor,
die Spannung zwischen den Strömungen und die Intensität des
Versuchs, sich zurückzuziehen, haben zugenommen. In der »Erinnerung
an eine M. N.« von 1930[116] erscheinen Sexualität und erniedrigtes
Sexualobjekt, Spannung, Leiden und Rückzugsversuch
dann nahezu unverhüllt:

Erinnerung an eine M. N.

1

Haltbar wie Kautschuk
Der bleibt, wie er ist

w. a., 1, S. 13, 14, 31, 33; *SM II*, S. 71; w. a., 4, S. 1569, 1628; w. a., 5.
S. 1936). Schuhmann gibt zu verstehen, daß dieser Zusammenhang auch bei der
Interpretation der »Erinnerung an die Marie A.« zu beachten ist (*SU*, S. 107);
Meier-Lenz schreibt: »Wenn in diesem subtilen Liebesgedicht wieder vom Pflaumenbaum
die Rede ist, so will Brecht andeuten, daß diese sich auflösende weiße
Wolke konkrete Wurzeln hatte« D. P. Meier-Lenz: *Brecht und der Pflaumenbaum*.
In: *Neue Deutsche Hefte*, Berlin 1971, 18, S. 40-48; dort S. 46).
114 Das klang schon in einem frühen Scherz gegenüber Rosa *Marie A*mann
(vgl. oben S. 278, Anm. 63) an. »Frau Marie Rose N.« berichtet über die Bekanntschaft
im Frühjahr 1915: »Nach Brechts Vorstellungen sollte ich jedes Jahr
nur einen Hut bekommen, aber im Laufe der Zeit sieben Kinder« (Werner
Frisch: *Zeitgenossen geben zu Protokoll*).
115 Der Name ›Marie‹ bezeichnet bei Brecht zugleich Maria, die himmlische
Jungfrau (vgl. oben S. 263) und Marie, die sozial niedrig stehende
Frau. ›Marie‹ heißt das Dienstmädchen, das die Kinder zu sexuellen Spielen
verführt (*w. a.*, 14, S. 1414; *Flüchtlingsgespräche*) und die Schwester Gargas,
die sich erniedrigt und zu ihrer Lust nur stehen kann, wenn sie sich als Dirne
bezahlen läßt (*D*, S. 71, 82), für Garga jedoch, so sehr sie auch verwahrlosen
mag, einen absoluten Wert darstellt (*D*, S. 126). ›Marie‹ heißt auch die Witwe,
die sich von dem ›gemeinen Kerl‹ erniedrigen läßt (*w. a.*, 11, S. 81). Die Dirnen
sind »Schwestern unsrer lieben Frau Marie« (*M*, S. 101; vgl. auch *w. a.*,
3, S. 1013). Marieluise Fleißer berichtet über die Figur, hinter der sie Brecht
verbirgt: »Dazwischen schrie er seiner Marie. Er hatte es mit dem Namen Marie,
und wenn sie nicht so hieß, hatte er ihr den Namen gegeben. Denn er hatte ein
Dienstmädchen genommen für sich allein« (Marieluise Fleißer: *Avantgarde*.
München 1963, S. 19).
116 In *CR* ohne Angabe des Entstehungsjahres zwischen den 1930 entstandenen
Gedichten geführt (*CR*, S. 40).

Den kannst du nicht umbiegen
Wer du auch bist.
    Doch warum nicht Rum aus dem Wasserglas
    Und warum nicht die hundert Prozent?
    Aber vielleicht ist es gut für was
    Wenn man das Bitterste kennt.

2

Fandest du sie billig
Sagtest du: Kattun?
Aber jetzt lüge nicht:
Hattest du sie nun?
    Doch warum nicht [...]

3

Warst du auf ihrem Bett?
Erzähle nichts! Deine Hand!
Ich weiß, auf dem Gange
Hat sie dich nicht mehr erkannt.
    Doch warum nicht [...]

4

Willst du sie vergessen
Zerreiß ihre Fotografie
Da wirst du sie schon vergessen
Aber ihre Wörter nie.
    Doch warum nicht [...]

5

Sage, es war finster
Sage, finster war gut
Merke dir, es war Ebbe
Und vergiß: es war Flut.
    Doch warum nicht [...]

6

Sagst du, du gingst weg von ihr?
Schwöre, daß du sie vergaßt!
Sage nicht, sie war nichts
Sage, daß du eine bessere sahst.
    Ach, warum Rum aus dem Wasserglas
    Und warum auch hundert Prozent?
    Freilich: vielleicht ist es gut für was
    Wenn man das Bitterste kennt.[117]

117 *w. a.*, 8, S. 336.

Die sinnliche Strömung tritt weiter hervor als in den eben untersuchten früheren Gedichten; sinnliche und zärtliche Elemente sind stärker vermischt.[118] Das ›sprechende Ich‹, das sich hier gespalten hat und sich selbst anredet, kann die Hure, bei der es zur sexuellen Erfüllung kam,[119] nicht vergessen, weil es sich ihr auch zärtlich zuwandte. Das Sexuelle tritt unverhüllter hervor; der Genuß wird, wenn auch nur metaphorisch, benannt. Das Sexualobjekt ist weit mehr als in den früheren Liebesgedichten erniedrigt: es ist eine Nutte,[120] nicht »ma sœur« oder die ungenannte Geliebte des »Sonetts«, die freilich auch schon Dirnenzüge trug.[121] Der Dirne wenden sich die zärtlichen Strömungen des Ich so sehr zu, daß es mit Mühe ihr Gesicht, nicht aber ihre »Wörter« vergessen kann; im Gegensatz zu den früheren Gedichten ist es an sie als Person gebunden, wenn auch in sehr geringem Maß, und obwohl es sich dagegen wehrt.

Der Liebesgenuß wird zur Lust und zur Qual, zum ›Bittersten‹, das bejaht und zugleich beklagt wird; denn die am gefühlsintensiven Koitus beteiligten zärtlichen Strömungen aktualisieren die Kastrationsangst: der Inzest wird orgastisch erlebt, die höchste Lust sucht ihre Strafe.[122] Der Wunsch, sinnlich und zärtlich aktiv zu werden, und die Furcht davor kämpfen miteinander; Sexuallust und Sexualangst mischen sich. Das Ich macht den vergeblichen Versuch, sich von der zärtlich geliebten Hure zu lösen, seine Libido von ihr zurückzuziehen und sie und den Geschlechtsakt zu vergessen; es projiziert, daß sie, von der Liebe unberührt, den Liebenden schon kurz nach dem Akt vergessen hat und steigert damit noch das Verhalten, das der Geliebten im »Sonett« zugesprochen wird.[123] Doch der Rückzug der Libidobesetzung ist nicht mehr möglich, zu stark ist die sinnliche Strömung hervorgetreten und zu sehr sind beide Strömungen schon miteinander vermischt. So kann das Ich auch nicht mehr die künstlich distanzierte, unberührte und unpersönliche Sprechweise des »Sonetts« erreichen; auch

---

118 Sie sind nicht vereinigt, sondern vermischt wie z. B. Öl und Wasser.
119 »die hundert Prozent«; »vergiß: es war Flut«.
120 Das ›N‹ des Titels »Erinnerung an eine M. N.« läßt sich im gegebenen Zusammenhang wohl als Abkürzung von ›Nutte‹ lesen.
121 Vgl. oben S. 281.
122 Vgl. oben S. 186 ff.; 204 ff.
123 »Wenn sie dies läs, sie wüßt nicht, wer es ist«.

ist es ihm unmöglich, die Geliebte »von Nacht zerstört« aufzulösen, sie ist »Haltbar wie Kautschuk«[124].

In der skizzierten Entwicklung bis zur »Erinnerung an eine M. N.« treten Sexualität und Sexualgenuß immer stärker hervor. Da sie sich dabei mit den zärtlichen Strömungen zusammen auf dasselbe Objekt beziehen, nimmt auch die Spannung zwischen den beiden Strömungen zu; sie wird als Leiden erfahren. Je mehr dabei die Strömungen und ihre Spaltung ins Bewußtsein treten, desto besser kann das ›dichtende Ich‹ sie wie in einer Psychoanalyse überwinden und so die Abwertung der Sexualität und die Sexualangst, in der jene gründet, abarbeiten. Es gelangt auf den Weg zu freier und gelöster Sexualität, zur »Vereinigung aller Begehrungen in einem Objekt«, in der Freud »eines der Ideale des Sexuallebens« sah.[125] Das Motiv des Vergessens verliert seine zentrale Stellung in Brechts Liebeslyrik, die von nun in zahlreichen Gedichten[126] von der Annäherung an jene »Vereinigung aller Begehrungen in einem Objekt« zeugt. Ein Beispiel aus dem Jahr 1934, ein Gruß an die abwesende, aber nicht verlassene und nicht vergessene Geliebte, soll das belegen:

---

124 Die hier ins Extrem getriebene Spannung von Lust und Qual, in der die Liebe zum ›Bittersten‹ wird, kündigt sich schon 1918 mit dem Namen »Bittersüß« an, den Brecht Paula Banholzer, seiner Geliebten, gab (*BC*, S. 10). Schon damals mußte die Entfernung die Liebe retten; in einem Brief an Neher schreibt Brecht 1918: »Bittersüß erdrückt mich. Ihre Ferien waren sehr schön und sehr anstrengend. Jetzt kann nur Entferntsein die Verliebtheit retten.« (*BC*, S. 11). - In der 1929 erschienenen (*w. a.*, 11, »Anm.« S. 2) Erzählung *Die Antwort* (*w. a.*, 11, S. 96 ff.) prägt sich die Spannung von zärtlicher Liebe und Erniedrigung, Zuwendung und Flucht sogar in einer Ehegeschichte aus. Der Ehemann (die Projektionsfigur) zweifelt an der Treue seiner geliebten Frau; sie nimmt für ihn also Dirnenzüge an. Als er erfährt, daß er sich irrte, hat er nicht die Kraft, ihr offen zu begegnen und seinen Irrtum einzugestehen; deshalb fühlt er sich ihrer nicht wert. Das treibt ihn fort, er verläßt sie, quält sich, verwahrlost und vergißt seinen Namen; sein Gesicht wird unkenntlich: das ›dichtende Ich‹ kann Fortgehen und Selbstqual als Strafe für unaufrichtiges Verhalten gegenüber der Ehefrau ausgeben. Der Mann kehrt nach langer Zeit als Bettler zurück und wird von seiner Frau an der Stimme erkannt. Mit ihrer Antwort zeigt sie ihre Liebe und Treue, stellt sich damit aber unwillentlich wieder über ihn, so daß er sich schuldig fühlen muß. Auch diese Liebe ist ›bittersüß‹; zu ihr gehören Flucht, Erniedrigung, Qual und Auflösung.
125 *F* V, S. 101. Vgl. ebenda, S. 108.
126 Z. B. »Das erste Sonett« (*w. a.*, 9, S. 536); »Das sechste Sonett« (*w. a.*, 9, S. 538); »Über induktive Liebe« (*w. a.*, 9, S. 616); »Empfehlung eines langen, weiten Rocks« (*w. a.*, 10, S. 888).

Das elfte Sonett

Als ich dich in das fremde Land verschickte
Sucht ich dir, rechnend mit sehr kalten Wintern
Die dicksten Hosen aus für den (geliebten) Hintern
Und für die Beine Strümpfe, gut gestrickte!

Für deine Brust und für unten am Leibe
Und für den Rücken sucht ich reine Wolle
Damit sie, was ich liebe, wärmen solle
Und etwas Wärme von dir bei mir bleibe.

So zog ich diesmal dich mit Sorgfalt an
Wie ich dich manchmal auszog (viel zu selten!
Ich wünscht, ich hätt das öfter noch getan!)

Mein Anziehn sollt dir wie mein Ausziehn gelten!
Nunmehr ist, dacht ich, alles gut verwahrt
Daß es auch nicht erkalt', so aufgespart.[127]

Zärtliche und sinnliche Strömung richten sich auf dasselbe Objekt; die zärtlich geliebte Frau wird als Sexualwesen bejaht und genossen. Spaltung, Sexualangst und der Versuch, die Geliebte zu verlassen oder zu vergessen, scheinen überwunden. Dennoch gelangt Brecht weder hier noch in anderen Gedichten zum ungehemmten Ausdruck freier Sexualität und einer ihr entsprechenden Liebe, in der sich die Liebenden als Subjekte gebend und nehmend von gleich zu gleich begegnen. Der Mann spricht aus der Position des Überlegenen; er bewahrt die Frau für sich und wünscht, daß sie sich für ihn bewahrt.[128] Er arrangiert sie für sich und lehrt sie, sich für ihn zu arrangieren.[129] Die Rolle des Lehrers und des aktiven Partners einer letztlich passiven Geliebten[130] schützt ihn vor der Frau und erlaubt ihm, sie als Sexualwesen und Partnerin

---

127 *w. a.*, 9, S. 539. *BC*, S. 60 zum London-Aufenthalt 1934: »In London entstehen noch eine Reihe von Gedichten [...] Liebesgedichte für Margarete Steffin. ›Das elfte Sonett‹ [...] bezieht sich auf die Reise seiner Mitarbeiterin nach Moskau im Herbst 1934.« - Das Gedicht »Fragen« (*w. a.*, 9, S. 541) zeigt, wie sich das Motiv des Vergessens verwandelt hat.
128 Vgl. auch »Das erste Sonett« (*w. a.*, 9, S. 536).
129 Vgl. besonders »Empfehlung eines langen, weiten Rocks« (*w. a.*, 10, S. 888) und »Liebesunterricht« (*w. a.*, 10, S. 890).
130 Er verschickt sie, kleidet sie an und aus.

von oben her anzuerkennen und zu genießen. Brecht konnte die Sexualangst, die seine frühe Liebeslyrik prägte, weitgehend überwinden, doch zur Darstellung wirklich freier Sexualität gelangte er nicht.

Die Entwicklung der Aggressivität

Wie die Sexualität verändert sich im Lauf der zwanziger Jahre auch die Aggressivität. Die destruktiven Energien Brechts – soweit sie seine Lyrik bestimmen – wenden sich von innen nach außen; sie richten sich schließlich nicht mehr masochistisch gegen das Ich selbst, sondern zunehmend gegen die Gesellschaft, werden weniger vom Über-Ich mit Strafe bedroht und treten deshalb stärker ins Bewußtsein. Die Entwicklung führt von einer gesellschaftsabgewandten, masochistisch-vitalistischen Dichtung zu einer bewußt politischen, der sozialistischen.[131]
In den Gedichten um 1918/20 tritt die Aggressivität noch nicht offen hervor, sondern verbirgt sich in den Bildern von Sterben, Verwesung, Liebestod und Untergang. ›Die Gedichte handeln vom Untergang, die Schönheit etabliert sich auf Wracks, die Sinnlosigkeit wird als Befreierin begrüßt. Risus mortis‹[132]. Wird hier die Aggressivität in masochistischen Phantasien verborgen, so tritt sie 1922[133] in »Vom armen B. B.« schon etwas deutlicher hervor, wenn sie sich auch hinter der Prophezeiung vom Untergang aller nicht auf den ersten Blick erkennen läßt. In der »Seeräuber-Jenny«[134] zeigt sich etwa 1927[135] die Untergangsprophezeiung, die das biblische Pathos von »Vom armen B. B.« fortführt, dann aber eindeutig als Wunschphantasie. Sie ist nicht mehr scheinobjektiviert als Voraussage eines vom ›expliziten Ich‹ und seinen Wünschen unabhängigen Geschehens: nicht mehr die gefürchteten Erdbeben, sondern die ersehnten Räuber werden die Stadt vernichten. In der sozialistischen Phase tritt die Aggressivität dann in dem

---

131 Die Darstellung ist idealtypisch, in Wirklichkeit verlief die Entwicklung nicht ganz so einlinig (unten S. 300 ff.); die Verhaltensweisen gehen langsam ineinander über und existieren eine Zeitlang nebeneinander.
132 Siehe oben S. 155.
133 *CR*, S. 39.
134 *w. a.*, 2, S. 415.
135 Hierzu *w. a.*, 15, S. 474.

bewußten Willen und der Aufforderung zum Klassenkampf hervor;[136] da sie bewußt ist, kann sie gerichtet und gezügelt sein.
In der frühen Phase richtet sich die Aggression vorwiegend masochistisch gegen das Ich, das sich »schlendernd durch Höllen und gepeitscht durch Paradiese«[137] genießt; in der zweiten richtet sie sich gegen das Ich und zugleich gegen die anderen: der arme B. B. wird bei den Erdbeben umkommen, die anderen aber auch. In der dritten Phase werden eindeutig die anderen gequält; der ›risus mortis‹ ist nun ein Lachen bei ihrem Tod: »Und wenn dann der Kopf fällt, sag ich: Hoppla!« Die Aggressivität hat sich aus einer vorwiegend masochistischen in eine stärker sadistisch gefärbte verwandelt. In der sozialistischen Phase geht es dann nicht mehr um Quälen und Selbstqual, sondern um die Bekämpfung der Unterdrücker.[138]
In der frühen Phase erscheinen die Projektionen des ›dichtenden Ich‹ in einem gesellschaftsfreien Raum als Abenteurer, Outcasts und vergegenständlicht als Leichen oder Schiffe; die gesellschaftliche Situation dieses Ich geht hier nicht ausdrücklich in die Phantasie ein, die sie bedingt. In der zweiten Phase erscheinen die Ichprojektionen bereits als Menschen in der Gesellschaft; sie werden, wie der Arme B. B., als Vereinzelte in einer ihnen fremden kalten Welt gezeigt; sie sind ihrer nicht begriffenen Situation hilflos und passiv ausgeliefert. In der dritten Phase tritt die konkrete gesellschaftliche Situation – z.B. die Jennys als Abwaschmädchen in dem »lumpigen Hotel« – ins Blickfeld und bestimmt das Verhalten der Menschen; doch die Ursachen dieser Situation werden auch hier noch nicht genannt. Was in »Vom armen B. B.« noch eher metaphysische Fremdheit des Menschen in der Welt und dadurch auch in der Zivilisation war, wird in der »Seeräuber-Jenny«

---

136 *w. a.*, 8, S. 373.
137 *w. a.*, 8, S. 217.
138 Das zeigen selbst die letzten Worte der Johanna Dark, die von einer beim sozialistischen Brecht ungewöhnlich heftigen Aggressivität sind: »Darum, wer unten sagt, daß es einen Gott gibt/Und ist keiner sichtbar/Und kann sein unsichtbar und hülfe ihnen doch/Den soll man mit dem Kopf auf das Pflaster schlagen/Bis er verreckt ist.« – »Sondern es hilft nur Gewalt, wo Gewalt herrscht, und/Es helfen nur Menschen, wo Menschen sind.« *w. a.*, 2, S. 782 f. Siehe *w. a.*, 18, S. 249 (›*Rede zum II. Internationalen Schriftstellerkongreß zur Verteidigung der Kultur*‹, 1937) ›Sie erkennen, daß die Verdammung der Unterdrückung enden muß mit der Vernichtung der Unterdrücker, daß das Erbarmen mit den Opfern der Gewalt zur Erbarmungslosigkeit gegen die Opfer werden muß‹.

als Entfremdung, besonders als Vereinzelung und Unterdrückung sichtbar. In der marxistischen Phase ist die gesellschaftliche Situation als Klassensituation erkannt und der einzelne aus seiner Isolation befreit. Da er mit anderen gemeinsam handeln kann, ist er nicht mehr zur Passivität oder zur nur phantasierten Befreiung, die nirgendwohin führen kann, verdammt.

Die skizzierte Entwicklung führt in einem konsequenten Prozeß, in dem das Subjekt lernt, sich zur Objektwelt zu verhalten, von Gedichten, in denen das Subjekt sich seine eigene Objektwelt, die Schiffe und Leichen, schafft, um sich selbst in ihr darzustellen, zu der zweiten Phase, in der das Subjekt sich als konkretes, gesellschaftliches, als Armer B. B. in der Asphaltstadt, sieht, die Gesellschaft aber noch erleidet. Von da führt die Entwicklung zur dritten Phase, wo es sich dann offensiv gegen die ihm begegnende Gesellschaft wendet, dabei aber abstrakt bleibt, weil es sie noch nicht als Klassengesellschaft erkennt und bekämpft. Das gelingt in der vierten Phase. In dem Maße, wie es in dieser Entwicklung die ihm entgegenstehende Gesellschaft erkennt und sich gegen sie wendet, konstituiert es sich selbst als Subjekt. Dabei muß es sich als vereinzeltes und scheinbar freies, bürgerliches Subjekt aufgeben und dazu beitragen, daß eine Klasse, das Proletariat, zum Subjekt der Geschichte wird. Es sieht sich vor das Problem gestellt, selbst Subjekt sein zu wollen, zugleich aber auch Moment des kollektiven Subjekts. Diese Problematik bestimmt Brechts Texte spätestens seit dem *Badener Lehrstück*.[139]

Die Aggression soll während der ganzen Entwicklung zur Freiheit führen, doch die Freiheit selbst und die Beziehung, in der sie zur Aggressivität steht, wandeln sich. Anfangs sucht das ›dichtende Ich‹ in der Phantasie des eigenen Untergangs, des Aufgehens im Nichts, seine Freiheit. Der Arme B. B. sucht sie dann im allgemeinen Untergang, aber auch schon im Versuch stoischer Selbstbewahrung, fractus si illabatur orbis. Vernichtung und Weg in die Freiheit sind nicht mehr eins. In der »Seeräuber-Jenny« sind sie dann deutlich getrennt: die anderen werden vernichtet, Jenny selbst aber entschwindet. Allerdings führt auch ihre Freiheit noch ins Nichts; nicht von ungefähr will sie hinaus aufs Meer entschwinden, eine Phantasie, die an die des langsamen Versinkens der Schiffe und des Eingehens der Wasserleichen in die Natur er-

---

139 Siehe unten Kapitel VI.

innert. In der sozialistischen Phase sind Vernichtung und Freiheit dann klar getrennt; die ersten Schritte zur Freiheit sind konkret bestimmt.

Während dieser Entwicklung wandelt sich die Einstellung zur Aggressivität. Anfangs wird sie gleichzeitig bejaht und verneint, weil sie zum Selbstgenuß und zur Selbstqual führt. Vom Armen B. B. wird sie dann bejaht, weil sie die verhaßte Zivilisation vernichtet,[140] und gefürchtet, weil er mituntergehen muß. In der »Seeräuber-Jenny« wird sie von Jenny selbst bejaht, im Stück aber distanziert. In der sozialistischen Phase wird Gewalt als Mittel im Klassenkampf bejaht, zugleich ist jetzt aber bewußt, wie sehr sie auf den zurückschlägt, der zu ihr greifen muß:

RUF [...] Wollen Sie leugnen, daß die Anwendung von Gewalt auch den, der sie anwendet, erniedrigt?
RIGAULT Nein, ich leugne es nicht.[141]

> Dabei wissen wir doch:
> Auch der Haß gegen die Niedrigkeit
> Verzerrt die Züge.
> Auch der Zorn über das Unrecht
> Macht die Stimme heiser. Ach, wir
> Die wir den Boden bereiten wollten für Freundlichkeit
> Konnten selbst nicht freundlich sein.[142]

Während der beschriebenen Entwicklung verliert sich die sexuelle Komponente der Aggressivität. Das Eingehen der Wasserleichen ins Nichts war noch als sexuelle Hingabe phantasiert worden, der Masochismus der Abenteurer trägt sexuelle Züge, und der Kampf zweier Männer in *Im Dickicht* ist verborgen homosexuell. In »Vom armen B. B.« läßt sich Sexualität kaum noch erkennen und in der »Seeräuber-Jenny« nur, insofern sich Jenny durch ihren Angriff in ein emotionales Verhältnis zu den Gästen bringt. In der sozialistischen Lyrik trägt die Aggressivität keine sexuellen Züge mehr; die Gewalt ist ein rational einzusetzendes Mittel, dessen Problematik erkannt ist.

---

140 1925, als dieser Wunsch bewußt wurde, schrieb Brecht in »Bidis Ansicht über die großen Städte« (*w. a.*, 8, S. 128; *CR*, S. 36): »Weil ich bekümmert bin/Daß dieser Menschheit abgeschmackt-/es Gewäsch zu lang in/Den Antennen hackt// Sage ich mir: den Städten ist/Sicher ein Ende gesetzt/Nachdem sie der Wind auffrißt/Und zwar: jetzt.« Vgl. auch *w. a.*, 20, S. 21 (»Vergänglichkeit«).
141 *Die Tage der Commune; w. a.*, 5, S. 2107-2192; dort S. 2179 f.
142 »An die Nachgeborenen«; *w. a.*, 9, S. 722.

Im Gang dieser Entwicklung bedeutet jede Phase einen Schritt über die vorausgegangene hinaus. Ein Weg zurück wäre ein Absinken unter das erreichte Niveau der Erkenntnis und des Subjekt-Objekt-Verhältnisses. Mit der »Seeräuber-Jenny« z. B. kritisiert Brecht mittelbar seine frühere Lyrik, wenn er zeigt, wie hilflos und bedingt Jennys Phantasie ist. Seine Schiff- und Seeräubergedichte erscheinen von hier aus als vergeblicher und situationsbedingter Versuch, der eigenen Situation zu entrinnen. Nachdem er in der »Seeräuber-Jenny« die Phantasie selbst zum Gegenstand seiner Phantasie machte, Vereinzelung und Unterdrückung als deren Ursachen und den vergeblichen Wunsch, ihnen zu entfliehen, als deren Motiv darstellte und zeigte, daß solche Phantasie den Phantasierenden hilflos und passiv in seiner Situation beläßt, kann er nicht mehr guten Gewissens zu einer Dichtung zurück, in der sich solche Phantasie niederschlägt. Was er künftig schreibt, hat mehr und mehr die Aufgabe, zur Beseitigung der Entfremdung beizutragen, die seine frühere Dichtung bedingte.

Die Entwicklung vom Masochismus über den Sadismus zur bewußten und beherrschten Aggressivität ist nicht zufällig; sie rollt die Entwicklung der Aggressivität rückwärts auf. Wilhelm Reich schreibt über die Ausbildung von Masochismus und Sadismus,

daß zuerst die destruktive Regung gegen die Außenwelt (häufigster Anlaß: Triebversagung) sich entwickelt, die sich dann gegen das Selbst wendet, wenn sie ebenfalls durch Versagung und Angst vor Strafe gebremst wird, um so zur Selbstdestruktion zu werden. Sadismus wird durch Wendung gegen die eigene Person zum Masochismus, das Über-Ich (Vertreter der versagenden Person bzw. der Forderungen der Gesellschaft im Ich) wird zur strafenden Instanz gegenüber dem Ich (Gewissen).[143]

---

[143] Reich: *Charakteranalyse*, S. 235. Reich befindet sich hier in Übereinstimmung mit Freuds erster Triebtheorie. Zur Auseinandersetzung mit der zweiten Triebtheorie (Todestrieb-Hypothese) siehe Reich: *Charakteranalyse*, S. 235-243; W. Reich: *Der Urgegensatz des vegetativen Lebens*. In: *Ztschr. polit. Psychol. u. Sexualökonomie* 1 (1934), S. 138 ff.; Karen Horney: *Neue Wege in der Psychoanalyse*. Stuttgart 1951, S. 125 ff.; Erich Fromm: *Die Furcht vor der Freiheit*. Zürich 1945, S. 177 ff. Rolf Denker: *Aufklärung über Aggression*. Stuttgart ³1971, S. 41-91. Auch nach der zweiten Triebtheorie Freuds wird der Sadismus bei Triebunterdrückung nach innen gewendet (F XIII, S. 377 und F XIII, S. 383). Nach der ersten Triebtheorie ist der Masochismus eine Fortsetzung des Sadismus in der Wendung gegen die eigene Person (F V, S. 57).

Diesen Weg, der von der Triebversagung über den Sadismus zum Masochismus führt, geht Brechts Lyrik in ihrer Entwicklung zurück. Sie entspricht einer erfolgreichen Psychoanalyse, die von der zuletzt gebildeten Schicht bis zu der frühest gebildeten vordringt und sie nacheinander reaktiviert. So läßt sich die Entwicklung von Brechts Lyrik als Ausdruck eines Selbstheilungsprozesses verstehen, in dessen Verlauf es ihm schließlich gelingt, seine Aggressivität bewußt für die Ziele einzusetzen, die er als richtig erkennt. Ein nicht unwichtiges Moment dieser Selbstheilung dürfte Brechts Schriftstellerei sein, in der er die einzelnen Schichten wie ein ›Patient‹ reaktivierte – z. B. die sadistische in der »Seeräuber-Jenny« – und zugleich wie ein ›Psychoanalytiker‹ distanzierte,[144] so daß er sie abarbeiten konnte. Er ließ die unbewußten Wünsche in seinen Phantasien Gestalt annehmen, löste sich, indem er sie objektivierte, aus der Identifikation mit ihnen[145] und leitete sie affektiv ab. Von hier aus betrachtet, ist seine frühe Verfremdungstechnik, mit der er sich schon während er schrieb Distanz verschaffte, ein Mittel der Selbsterhaltung, ein Abwehrmechanismus, der ihm gestattete, das Verdrängte kontrolliert und ohne Gefahr für das Ich ans Licht dringen und zur Erledigung kommen zu lassen.[146]

Wie die Entwicklung der Aggressivität hier, so wurde oben auch Brechts Wendung von der Auseinandersetzung mit dem Über-Ich zu der mit der Gesellschaft als Ausdruck eines Heilungsprozesses gedeutet.[147] Es wäre freilich ein Mißverständnis, wollte man die-

---

144 Vgl. Charles Mauron: *Psychocritique*. Paris 1962, S. 237: »En tous cas, sans confondre le moins du monde analyse et poésie, nous admettrons entre les deux expériences une part commune, qu'on pourrait appeler l'examen d'inconscience«; vgl. ebenda, S. 236.
145 Vgl. zu diesem Verfahren Robert E. Kantor, Lynn Hoffman: *Brechtian Theater as a Model for Conjoint Family Therapy*. In: *Family Process*, Baltimore, 5, 1966, S. 218-229; dort S. 222.
146 Vgl. oben S. 20, 116, 208. – Abraham schreibt: »Das Werk bringt dem Künstler eine der ›kathartischen‹ Wirkung ähnliche Selbstbefreiung« (Karl Abraham: *Die Psychoanalyse als Erkenntnisquelle für die Geisteswissenschaften*. In: K. Abraham: *Psychoanalytische Studien II*. Hrsg. u. eingel. von Johannes Cremerius. Frankf./M. 1971, S. 372-394; dort S. 375). Bei Brecht läßt sich nicht einfach von Katharsis im Sinne des Abreagierens gestauter Energie sprechen; sie müßte noch nicht zur psychischen Entwicklung führen. Da er stärker distanziert, objektiviert und schließlich sozial einordnet, kann er die bisher verborgenen Wünsche abarbeiten und gelangt zur Entwicklung. Siehe auch Wolfgang Beutin: *Literatur und Psychoanalyse*, S. 32; Jack Spector: *Freud und die Ästhetik*. München 1973, S. 113.
147 Vgl. oben S. 154.

se Entwicklung als Heilungsprozeß einer isolierten Psyche verstehen. Das hieße übersehen, daß die Wendung der destruktiven Energien nach innen ebenso durch die gesellschaftliche Situation bedingt ist wie ihre Wendung gegen die Gesellschaft. Die beschriebene Entwicklung wird durch gesellschaftliche Faktoren gehemmt, beschleunigt oder auch erst ermöglicht.
Exemplarisch läßt sich das an der Entwicklung zeigen, die Brechts Phantasie in der Revolutionszeit 1918/19 nahm. Seit 1916 war seine Lyrik masochistisch-vitalistisch und gesellschaftsabgewandt. Im November 1918 jedoch, als die bisherige Ordnung unter revolutionärem Druck zu zerbrechen schien, schrieb er mit der »Legende vom toten Soldaten«[148] ein Gedicht, in dem sich die Aggressivität nach außen richtete, sogar gegen genau benannte gesellschaftliche Kräfte. Mit dem Scheitern der Revolution und mit der Restauration des Systems wandte sich die Aggressivität wieder nach innen: die masochistische Lyrik wurde weitergeführt; die Gesellschaft blieb von nun an jedoch in ihrem Gesichtskreis. Diese Rückwendung zur masochistisch-vitalistischen Phantasie vollzog Brecht spätestens im Frühjahr 1919.
Der Rückzug aus der Gesellschaft verstärkte, wie schon 1916, den Masochismus. Das läßt sich an der Schlußszene der ›Trommeln‹ erkennen. Sie dokumentiert »die Ausweglosigkeit, die unproduktive Negativität einer Aussage, die sich zwar der Revolution versagt, mit der Bürgerlichkeit paktieren möchte, es aber nur mit schlechtem Gewissen kann«[149]. Man darf annehmen, daß Brecht, vielleicht ohne sich dessen bewußt zu sein, hier auch seine eigene Problematik behandelte: die Reaktion eines Bürgers, der an der bürgerlichen Gesellschaft leidet, ihren Schindercharakter erkannt hat und sich von ihr im Rückzug auf die Vitalität zu lösen sucht, ohne gegen sie kämpfen zu müssen. Da er durch sein Verhalten die bürgerliche Gesellschaft schützt, entwickelt er Schuldgefühle: er richtet masochistisch die destruktiven Energien gegen sich selbst, weil er versagte und keinen gesellschaftlichen Ausweg sieht, und wohl auch, weil er es wagte, bisherige Autorität anzugreifen, die er unbewußt auch jetzt noch anerkennt. Zugleich schafft er sich jedoch die Möglichkeit, einen Teil der Aggres-

---

148 w. a., 8, S. 256.
149 Hans Mayer: *Bertolt Brecht und die Tradition*. In: H. Mayer: *Brecht in der Geschichte*. Frankf./M. 1971, S. 77 ff.; dort S. 36.

sivität ungefährlich nach außen abzuleiten. So geht Kragler, entgegen seiner eigenen Aufforderung, nicht mit zum Kampf in das Zeitungsviertel, wo er gebraucht wird, sondern heim ins »große, weiße, breite Bett«. Er zieht Sexualität und Rückzug auf bloße Vitalität dem Kampf für die Freiheit vor, den er als Kampf für nichts als Ideen hinstellt.[150] Das erlaubt es ihm, die Aggressivität vom Kampf gegen die bürgerliche Gesellschaft zu dem gegen bürgerliche Vorstellungen umzuleiten. Brecht läßt ihn dementsprechend – und stellvertretend für sein eigenes Verfahren – aus dem Stück treten und die dargestellte Wirklichkeit als bloßes Theater entlarven, um hinter diesem Vitalität und Leiden als das allein Wirkliche zu zeigen: »Es sind Bretter und ein Papiermond und dahinter die Fleischbank, die allein ist leibhaftig.«[151] Anarchische Desillusionierung und kulinarisch aufbereiteter Angriff auf bürgerliche Kunst und Kunstgenießer erlauben es, ein wenig aggressiv zu werden und sogar für etwas einzutreten, was als verkannte Realität ausgegeben wird: »Glotzt nicht so romantisch!«[152] Im Nachsatz ist es dann sogar möglich, die als Publikum akzeptierte bürgerliche Gesellschaft zu beschimpfen und sich so Distanz zu schaffen: »Glotzt nicht so romantisch! Ihr Wucherer!«[153] Das genügt freilich nicht, das Leiden an der Gesellschaft und die Selbstvorwürfe zu vergessen. Das verzweifelte Ich wendet einen Teil der destruktiven Energien gegen sich selbst; Kragler stellt zynisch fest:

die armen Leute sterben im Zeitungsviertel, die Häuser fallen auf sie, der Morgen graut, sie liegen wie ersäufte Katzen auf dem Asphalt, ich bin ein Schwein und das Schwein geht heim.[154]

---

150 *T.*, S. 93. – Literaturgeschichtlich betrachtet, gehört dieses Verhalten zu Brechts Wendung gegen den Expressionismus. In seinem 1954 erschienenen Beitrag »Bei Durchsicht meiner ersten Stücke« (*w. a.*, 17, S. 945 ff.; Datierung ebenda, ›Anmerkungen‹, S. 1) schreibt er: »Von meinen ersten Stücken ist die Komödie ›Trommeln in der Nacht‹ das zwieschlächtigste. Die Auflehnung gegen eine zu verwerfende literarische Konvention führte hier beinahe zur Verwerfung einer großen sozialen Auflehnung« (S. 945) und etwas später »Die Oh-Mensch-Dramatik dieser Zeit mit ihren unrealistischen Scheinlösungen stieß den Studenten der Naturwissenschaften ab« (S. 945).
151 *T*, S. 94.
152 Ebenda.
153 Schon der Begriff »Wucherer« zeigt, wie ungenau dieser Angriff ist. Der Begriff ist gesellschaftlich veraltet, Brecht meint wohl die Kriegsgewinnler.
154 *T*, S. 94.

Sein bösartiges Gelächter gilt ihm selbst so gut wie den anderen, er erstickt beinahe an ihm, sucht sich durch nach außen gerichtete Aggression zu befreien und rettet sich durch den Rückzug ins Bett:

Aus vollem Halse lachend, fast erstickend. Ihr blutdürstigen Feiglinge, ihr! *Sein Gelächter bleibt stecken im Hals, er kann nicht mehr, er tirkelt herum, schmeißt die Trommel nach dem Mond, der ein Lampion war und die Trommel und der Mond fallen in den Fluß, der kein Wasser hat. Aber der Mann geht zu der Frau und geht heim.* Besoffenheit und Kinderei. Jetzt kommt das Bett, das große, weiße, breite Bett, komm![155]

Brechts Rückzug zur ›Fleischbank‹, zur masochistisch-vitalistischen Dichtung, verstärkt den Masochismus, weil er schon als Rückzug aus der Gesellschaft bewußt wird, und schwächt ihn zugleich. – Dieses eine Beispiel sollte zeigen, daß die Phantasie des jungen Brecht sich nicht autonom-innerpsychisch veränderte. Aufgabe weiterer Untersuchungen wäre es, herauszuarbeiten, welche Bedeutung die Klassenkämpfe der ausgehenden zwanziger Jahre für die Entwicklung seiner Phantasie und damit auch seiner Lyrik hatten.

Die psychische Entwicklung und die Entwicklung zum Sozialisten

Die Entwicklung zu freierer Sexualität ist beim jungen Brecht eng verbunden mit der Wendung zur Gesellschaft, ihrer wachsenden Kenntnis, dem zunehmend bewußteren Handeln in ihr, der allmählichen Lösung von bürgerlich-christlichen Über-Ich-Anteilen und der Wendung der destruktiven Energien von innen nach außen, die schließlich zur Beherrschung und zum bewußten Einsatz der Aggressivität führte. Diese Entwicklungen bedingen sich wechselseitig.

Die Wendung zur Gesellschaft führte zur Erfahrung des Widerspruchs zwischen Ideologie und Wirklichkeit; das förderte die Ablösung vom Über-Ich.[156] Die hierbei gewonnene Erkenntnis, daß es die Gesellschaft ist, welche die beklagten Leiden – auch die eigenen – verursacht, machte es leichter, die Aggressivität gegen sie zu richten. Der Angriff gegen die Gesellschaft erleichterte es aber, den eigenen, gesellschaftlich verbotenen Wünschen

---

155 *T*, S. 94 f.
156 Siehe oben S. 139 ff.

nachzugeben – auch den sexuellen –, und sie ins Bewußtsein dringen zu lassen. Die Wendung der destruktiven Energien von innen nach außen gegen die als bürgerlich erkannte Gesellschaft verringerte den Drang des ›dichtenden Ich‹, die Gesellschaft durch seine eigene Negation zu negieren. Die Selbstauslöschung in der Natur,[157] im Tod,[158] in der Erfahrung des Nichts[159] und in den großen Menschenmassen[160] trat zurück – und mit ihnen die Selbstauslöschung in der Liebe, die jene noch potenzierte, weil sich hier die Sehnsucht nach der Ruhe im Mutterschoß und zugleich die nach dem Inzest zu erfüllen suchte. Die Erfahrung, in der Arbeiterbewegung einen Bundesgenossen gegen die bürgerliche Gesellschaft zu finden, trug wahrscheinlich zur Lösung des ›dichtenden Ich‹ aus seiner Introvertiertheit[161] und schließlich aus seiner Vereinzelung[162] bei. Das minderte wiederum seine Angst und so auch seine Sexualangst.

Außerdem müssen die im politischen Kampf vereinten Liebenden ihre gesellschaftliche Vereinzelung aufgeben. Wenn sie einander durch gemeinsames Ziel und gemeinsame Arbeit verbunden sind – »Das elfte Sonett« richtete Brecht z. B. an seine Mitarbeiterin Margarete Steffin[163] –, können sie dem Partner schwer nur als einem Objekt der sinnlichen oder zärtlichen Strömung begegnen; er ist auch handelnde Person. Die geliebte Mitarbeiterin kann, wenn sie wirklich *Mit*arbeiterin ist, weder stark erniedrigt

---

157 Siehe oben S. 209 ff.
158 Z. B. »Ballade vom Mazeppa« (w. a., 8, S. 233).
159 Z. B. »Die Opiumraucherin« (w. a., 8, S. 161).
160 In einem Entwurf schreibt Brecht (D, S. 132):
»ER Weißt du, wie ein Regentropfen ins Meer fällt? Ich will hinunter! Wie wasche ich meinen Namen ab? Ich habe Lust, mich mit den Vielen zu mischen. [...]
SIE Kommst du wieder?
ER Ich komme nicht mehr.
SIE Ich werde glücklich werden. Ja, es wird mir gut gehen, Bruder! Es wird jeden Tag gleich gut sein, Bruder! Und dann vergesse ich dich! Ich vergesse dich bestimmt gegen Mittag, ich weiß dich nimmer! Hab du keine Sorge! Liebst du mich noch Bruder?
ER *schon weit weg:* Ja, ich liebe dich! Jetzt liebe ich dich noch!
SIE Er sagt was etwas, das kann ich nicht mehr verstehen. Vielleicht fällt es mir ein, wenn ich nachdenke, was er noch gesagt haben kann. Es fällt mir gewiß ein. Auch habe ich Zeit. *Sie geht ruhig hinaus.*«
An diesem Text läßt sich die Zusammengehörigkeit der verschiedenen Motive erkennen.
161 Siehe oben S. 294 ff.
162 Siehe oben S. 33 ff.
163 Siehe oben S. 293, Anm. 127.

noch ins Ungreifbare erhöht werden.[164] Auch läßt es der gemeinsame Kampf um eine bessere Zukunft nicht zu, daß die Liebenden gerade in ihrer Liebe die unmögliche Utopie eines anderen Lebens suchen und sich dabei selbst zerstören. Da ihre Liebe gesellschaftlich auf diesem Kampf, nicht aber auf der Ehe oder auf Bezahlung gründet, können sie hoffen, dem Tauschprinzip zu entkommen.

Die Wendung zur Gesellschaft förderte die innerpsychischen Prozesse, die sich ihrerseits wechselseitig vorantrieben und die Wendung zur Gesellschaft verstärkten. Je mehr sich das Ich vom Über-Ich löste, desto weniger mußte es dessen Strafe fürchten und seine destruktiven Energien gegen sich selbst wenden; seine Kastrationsangst, d. h. auch seine Sexualangst und seine Angst vor gesellschaftlichen Sanktionen ging zurück; es konnte die Gesellschaft angstfreier befragen und sie wie ihre Normen mit weniger Schuldgefühlen angreifen. Die sexuelle Befreiung konnte jedoch auch ihrerseits das Ich aus seiner Introversion lösen, es die Realität besser erkennen lassen und ihm so helfen, sich von den bürgerlich-christlichen Über-Ich-Anteilen zu befreien. Da das Über-Ich wesentlich die Funktion der Sexualunterdrückung hat, auf ihr aufgebaut ist und in dem Maß Energien zum Zweck der Unterdrückung an sich bindet, wie es sich der Sexualität erwehren muß,[165] verliert sich seine Macht und damit die der bürgerlich-christlichen Werte, sobald die Sexualität sich durchsetzen konnte und vom Ich bejaht wird.[166] Die sexuelle Befreiung bestimmt auch die Aggressivität: diese wird entsexualisiert[167] und verliert Energie, wie sie sich umgekehrt zunächst aus der Sexualunterdrückung speiste.[168] Entsexualisierung und Schwächung der Aggressivität lassen aber einen bewußt geführten Kampf erst zu.

Die Emanzipation, die sich in der Entwicklung von Brechts Lyrik ausdrückt, auch die sexuelle, ist von seiner politischen Eman-

---

164 Vgl. w. a., 12, S. 577-580, die Gedichte und Prosatexte um ›Kin-jeh‹ und seine Schwester. Hier zeigt sich die neue Bedeutung der Trennung der Liebenden im gemeinsamen Kampf und die neue Bedeutung des Begriffs ›Schwester‹.
165 Die allmähliche Lösung vom Über-Ich verläuft deshalb nicht einlinig und kontinuierlich: je mehr das Über-Ich angegriffen wird, desto mehr Energien zieht es zu seiner Verteidigung an sich. Seine Schwächung erscheint so als Stärkung, die Befreiung von Irrationalität als verstärkte Irrationalität. Zu dieser Dialektik von Brechts Entwicklung unten S. 329 ff.
166 Vgl. Reich: *Massenpsychologie des Faschismus*, S. 242 f.
167 Siehe oben S. 297.
168 Vgl. Reich: *Die Funktion des Orgasmus*, S. 160.

zipation nicht zu trennen; die politische steht in unmittelbarem Zusammenhang mit der individuellen. Die Ergebnisse der bisherigen Untersuchung widerlegen Szczesny's allzu leichtfertige Polemik:

Brecht hat die jugendliche Fixierung auf eine autoritäre Ideologie beibehalten, weil sie in dem Augenblick, in dem sie sich aus einem unangezweifelt gelebten Selbstverständnis zu einer kalkulierten äußeren Daseinsschablone wandelte, gerade das leistete, was sie ursprünglich verhindern sollte: das Ausleben der ›sexuellen und aggressiven Antriebe‹, die Befreiung des ›Körpers und seiner Träumereien‹ im Bereich der von der Öffentlichkeit nicht einsehbaren Privatsphäre. Für denjenigen, der begreift, daß er zur wirklichen Askese nicht geboren ist, ohne daß er gleichzeitig die Fähigkeit entwickelt, die ›zügellosen Äußerungen seiner Antriebe‹ in eine sozial tragbare Subjektivität zu transformieren, erweist sich das entscheidende Festhalten an einer kollektivistischen Ideologie als schlechthin ideales Lebensschema. Man gibt der Ideologie das, worauf es dieser ankommt, nämlich das unumschränkte Recht, die soziale Rolle zu bestimmen, und erwirbt sich dadurch seinerseits das Recht, in dem Bezirk, der für die Ideologie quasi nicht existent ist, auszuleben, was auszuleben es immer einen treibt.[169]

Der [...] Bruch zwischen verheimlichter, zugleich als Lust und als Sünde empfundener Libido, einer als korrupt empfundenen Vater-Welt und einer Gegen-Welt der rigorosen Ideale wird bei Brecht verewigt. An die Stelle der spontanen Integration durch ein sich selbst bejahendes Ich tritt die gewaltsame Integration durch Unterwerfung unter ein Über-Ich. Je mehr man die eigene Triebwelt unterdrücken zu müssen oder ihr ausgeliefert zu sein glaubt, um so rigoroser muß die Ordnungsidee sein, die die Anarchie der Libido wenigstens aus dem öffentlich-gesellschaftlichen Leben verbannt.[170]

Brecht hatte es nicht mehr nötig, seine Subjektivität anarchisch auszuleben, das zeigen die Analysen. Die Mutterbindung, auf die Szczesny seine These von Brechts Irrationalismus stützt,[171] wurde erheblich geschwächt, sonst hätte es nicht zur Vereinigung der sinnlichen und zärtlichen Strömungen kommen können.[172] Auch

---

169 Gerhard Szczesny: *Das Leben des Galilei und der Fall Brecht*. Frankf./M. 1966, S. 85 f.
170 Ebenda, S. 91.
171 Ebenda, S. 86 ff.
172 So stimmt es auch nicht, wenn Szczesny schreibt: »Gelungen ist Brecht in seinen Dramen nur die Darstellung mütterlicher Frauengestalten« (ebenda, S. 91). Zu erinnern wäre an Johanna Dark und Kattrin; Shen Te und Grusche sind Liebende, nicht nur Mütter.

die Behauptung, Brecht habe sich aus dem anarchischen Nihilismus unter die Autorität der Kommunistischen Partei geflüchtet und dort ein neues Über-Ich gesucht,[173] läßt sich nicht halten. Seine Entwicklung führte zu einer Stärkung des Ich.[174] Brecht stand der Kommunistischen Partei, so sehr er die Notwendigkeit ihrer Existenz anerkannte, nicht kritiklos gegenüber;[175] gelegentlich handelte er gegen die Parteilinie.[176] Er wandte sich ausdrücklich gegen die Tendenz mancher Intellektueller, sich dem Proletariat zu verschmelzen,[177] und sah sich selbst als bürgerlichen Dichter, der für die Sache des Proletariats eintritt.[178] Auch

---

173 Z. B. Esslin: *Brecht*, S. 220: »Für den zügellosen Anarchisten und Individualisten Brecht war gerade dies ein magnetischer Anziehungspunkt der Kommunistischen Partei. Denn hier bot sich dem ständig von der Gefahr der Selbstaufgabe und inneren Auflösung bedrohten Nihilisten der starke äußere Rahmen der Ordnung. Der Nihilist Brecht brauchte einen Glauben, der anarchische Dichter eine harte äußere Form. Er fand sie beim Marxismus mit seiner strengen Logik und bei der Partei mit ihrer unerbittlichen Disziplin.« und S. 221: »Der Nihilist Brecht war ja eben gerade von der Sehnsucht nach einer *sinnlosen Autorität* erfüllt; was er brauchte, war Disziplin und Glaube - *credo quia absurdum.*« Ähnlich versteht Rühle Brechts Entwicklung: »Das verlorene Paradies - der romantische Wundergarten Baals - mußte durch ein neues Paradies, ein moderneres, der Realität gegenüber strapazierfähigeres ersetzt werden. Das ist das Geheimnis, warum Brecht wie so viele, die einst für die schrankenlose Freiheit geschwärmt hatten, schließlich in die Marschkolonnen des Totalitarismus fand. Der Individualismus schlug dialektisch in Kollektivismus um, denn der Kollektivismus ist das Über-Ich des modernen Menschen.« (Jürgen Rühle: *Das gefesselte Theater. Vom Revolutionstheater zum Sozialistischen Realismus.* Berlin 1957, S. 201). Vgl. auch Peter Heller: *Nihilist into Activist. Two phases in the development of Bertolt Brecht.* In: Germanic Review 28 (1953), S. 144-155, besonders S. 155. - Vorsichtiger urteilt Sternberg: »Seine Sympathien gingen zur Kommunistischen Partei; er war nicht unkritisch, vertrat aber die Anschauung, daß ihre Fehler korrigierbar seien. Ich sagte Brecht in jenen Jahren mehrfach, er sei zu gläubig. [...] Brechts Sympathie mit der deutschen KP schien mir daher zu kommen, daß er sich - gerade nach seiner etwas anarchistischen Vergangenheit - mit irgendetwas identifizieren wollte und mußte. Manchmal gab Brecht dies alles zu, aber es paßte ihm im Grunde nicht« (Fritz Sternberg: *Der Dichter und die Ratio. Erinnerungen an Bertolt Brecht.* Göttingen 1963, S. 22 f.).
174 Vgl. oben S. 302 ff.
175 Z. B. *w. a.*, 20, S. 49.
176 Siehe Mayer: *Brecht in der Geschichte.* S. 95 ff.
177 Z. B. *w. a.*, 20, S. 52.
178 *BC*, S. 83: »5. August [1940]: Brecht betrachtet sich nicht als ›Dichter des Proletariats‹, er ermuntert dazu, in ihm wie in Hasek oder Silone einen bürgerlichen Dichter zu sehen, der für die Sache des Proletariats eintritt. ›Am sichersten geht man, wenn man uns als die Dialektiker unter den bürgerlichen Dichtern anführt und benutzt‹«. Vgl. *AJ*, S. 143.

der Sowjetunion[179] und Stalin[180] begegnete er kritisch, erkannte aber auch in diesem Fall die Notwendigkeit ihrer Existenz an.[181] Sein Verhältnis zu ihnen wie zur KPD war durch kritische Solidarität bestimmt; zur Anerkennung gehörte der Zweifel.[182] Distanz zur Sowjetunion und zur Partei fand und bewahrte er auch durch die Freundschaft mit Karl Korsch, dem marxistischen Kritiker der Partei,[183] zu dem er sich seinerseits kritisch verhielt.[184]

Brechts Wendung zum Sozialismus war keine Flucht unter ein neues Über-Ich, d. h. keine neue Unterwerfung. Das beweist seine Fähigkeit zu kritischer Distanz. Allerdings führte sein Weg über Irrationalismen und Widersprüche und sogar über verstärkte Unterwerfung; doch eben dies war, wie das nächste Kapitel zei-

---

179 Z. B. *w. a.*, 20, S. 54: »Durch die Notmaßnahmen, zu denen ihre Isolierung die russische Partei zwingt, könnte sich eine Theorie bilden, die ein natürlicher Überbau ihrer ökonomischen Basis wurde. Die Basis aber ist krankhaft.« Vgl. auch *w. a.*, 12, S. 523, 524; *AJ*, S. 62, 65, 66, 67, 75, 589, 636.
180 Siehe *w. a.*, 12, S. 491, 530, 535, 537, 538, 539.
181 Hierzu *AJ*, S. 36: »für die marxisten außerhalb [sc. der Sowjetunion] ergibt sich ungefähr die stellung wie die marxens zur deutschen sozialdemokratie. positiv kritisch.« Vgl. auch *BC*, S. 72: »20. Juli [1938]: Walter Benjamin schreibt an Gretel Adorno: ›Was Brecht betrifft, so macht er sich die Gründe der russischen Kulturpolitik durch Spekulationen über die Erfordernisse der dortigen Nationalitätenpolitik klar so gut er kann. Aber das hindert ihn selbstverständlich nicht, die theoretische Linie als katastrophal für alles das zu erkennen, wofür wir uns seit 20 Jahren einsetzen.‹«
182 Vgl. *w. a.*, 12, S. 527: »Jemand warf Me-ti sein Mißtrauen und seine Zweifelsucht vor. Er verantwortete sich so: Nur eines berechtigt mich, zu sagen, daß ich wirklich ein Anhänger der *Großen Ordnung* bin: Ich habe sie oft genug angezweifelt.«
183 Vgl. Wolfdietrich Rasch: *Bertolt Brechts marxistischer Lehrer.* In: W. Rasch: *Zur deutschen Literatur seit der Jahrhundertwende.* Stuttgart 1967, S. 243-273. Rasch wendet sich gegen Esslins These und weist auf Brechts Freundschaft mit Korsch hin: »die These, daß Brecht gerade die ›harte Disziplin‹ der politischen Parteiideologie als ›Zwangsjacke‹ unbewußt gesucht und gebraucht hätte, um der Gefahr einer Auflösung und Selbstzerstörung durch die anarchisch-nihilistischen Tendenzen seines Inneren zu entgehen, läßt sich nicht halten. Der Unterordnung unter das Diktat der Funktionäre wich er gerade aus, indem er sich dem schärfsten Kritiker des Parteimarxismus anschloß.« (S. 252) - »Sicherlich ist die Verzweiflung des jungen Brecht an der Wirklichkeit seiner Zeit, deren Zwiespalt ihm unaufhebbar schien, die Voraussetzung für seine marxistische Wendung. [...] Doch er hatte gewiß nicht ›Sehnsucht nach einer *sinnlosen Autorität*‹, die er in der Parteidisziplin suchte. Vielmehr fand er im dialektischen Denken ein Mittel zur geistigen Bewältigung jener quälenden Widersprüche. [...] Die freie Aneignung des Marxismus mit Hilfe Korschs ermöglichte Brecht eine freie, auch von Korsch unabhängige Beurteilung des Parteikommunismus« (S. 264).
184 *w. a.*, 20, S. 65 f.; *w. a.*, 12, S. 537.

gen soll, Voraussetzung einer weiteren Ablösung vom Über-Ich.[185] Die irrationalen Momente seines späteren Verhaltens[186] erklären sich zumindest teilweise aus seiner Situation, also nicht nur psychologisch: er erkannte die Notwendigkeit einer Revolution, konnte mit ihrer Durchführung nicht immer übereinstimmen, mußte sie, weil er sie für notwendig hielt, aber dennoch verteidigen und sich mit ihr solidarisieren. Dieser Widerspruch führte zu seinem eigenen widersprüchlichen Verhalten. Außerdem barg auch in seinem Fall die Diktatur, welche das kämpfende Individuum während der Diktatur des Proletariats sich selbst aufzwingt,[187] die Gefahr, daß sie vom Über-Ich übernommen, also der Kontrolle entzogen wird. Hier ist jedoch zu bedenken, daß Brecht sich die Notwendigkeit der Selbstdiktatur und so auch diese selbst bewußt hielt, und daß er, wie dargestellt, kritische Distanz nach außen, gegen die Partei wahrte.

---

[185] Siehe unten S. 332 ff.
[186] Vgl. Fritz Sternberg, a. a. O., S. 50: »Brecht sah zeitweilig die schwarzen Punkte des russischen Regimes mit aller Deutlichkeit; aber er suchte sie zu verdrängen, so daß er gerade an dieser Stelle seine Gefühlsausbrüche nicht mehr zu kontrollieren vermochte.«
[187] Vgl. *AJ*, S. 690 (20. 9. 1944) »tatsächlich ist dieser maßstab [›mit dem die persönlichkeit gemessen wird‹, nämlich ihre ›fähigkeit gegen den Strom zu schwimmen‹] besonders vor und während der revolution von wert. dann tritt anstelle der freiheit von der gruppe die kollektivfreiheit der gruppe (welche während der klassendiktatur durch die notwendigkeit der selbstdiktatur kompliziert wird).« Siehe unten S. 349 ff.

VI
Die verweigerte und die bewahrte Identität

Psychoanalytische und soziologische, auf die Psyche des Individuums und auf dessen Vergesellschaftung ausgerichtete Betrachtung treffen sich in der Frage nach der Identität. Hier lassen sich die bisher gewonnenen Ergebnisse aus einer einheitlichen Perspektive erfassen und als unterschiedliche Momente eines einzigen sich wandelnden Verhältnisses begreifen. Der Rollenbegriff, der beim Identitätsbegriff mitzudenken ist,[1] bietet einen Ansatzpunkt, die Vermittlung von Individuum und Gesellschaft im Frühwerk Brechts zu klären; denn einerseits agiert das bürgerliche Individuum immer in Rollen, ist also nur um den Preis seines Untergangs aus allen Rollen zu lösen, andererseits sind die Rollen durch das gesamte gesellschaftliche System bestimmt.[2]
Wie sich zeigte, ist Brechts Entwicklung dadurch gekennzeichnet, daß er unbewußte Zwänge und Widersprüche allmählich ins Bewußtsein hebt, bearbeitet und überwindet oder, wenn sich das individuell nicht leisten läßt, wenigstens auf ihre gesellschaftlichen Voraussetzungen zurückführt. Das gilt ebenso für die Identitätsproblematik, die seine frühe Lyrik nahezu blind bestimmt: er thematisiert sie seit »Mann ist Mann« in seinen Stücken und stellt sie bis hin zum ›Guten Menschen‹ immer klarer als Problematik des Verhältnisses von Individuum und gesellschaftlicher Totalität dar. Faßt man die Stücke als Stationen der Selbstverständigung Brechts, in der er sich zunehmend bewußt als gesellschaftliches Wesen verhält, so läßt sich von ihnen aus im Rückblick die Identitätsproblematik der frühen Lyrik entfalten. Da sie, freilich gewandelt, eine zentrale Problematik seiner Lyrik blieb, läßt sich von hier aus auch ein systematisierender Ausblick auf die weitere Entwicklung seiner Lyrik gewinnen. Beiden, dem Rückblick wie dem Ausblick, gilt das Kapitel; es verfolgt dabei

---

[1] Siehe unten S. 313.
[2] Vgl. Uta Gerhardt: *Rollenanalyse als kritische Soziologie*. Neuwied 1971, S. 47 ff. und S. 56 ff. Vgl. auch David J. de Levita: *Der Begriff der Identität*. Frankf./M. 1971, S. 234.

das Motiv von Gesichtsverlust und Vergessen, das sich durch die Stücke zieht und schon in den frühen Gedichten unausgesprochen auf den Identitätsverlust verwies.[3]

Identität und Rolle

In dem 1929 uraufgeführten[4] *Badener Lehrstück vom Einverständnis* bestimmt Brecht die Identität allein durch die Rolle;[5] wer diese verliert, verliert sein Gesicht:

> [dem Flieger wurde sein Flugzeug weggenommen]
> DER GELERNTE CHOR *umringt den gestürzten Flieger:*
> Völlig unkenntlich
> Ist jetzt sein Gesicht
> Erzeugt zwischen ihm und uns, denn
> Der uns brauchte und
> Dessen wir bedurften: das
> War er.
> DER FÜHRER DES GELERNTEN CHORS
> Dieser
> Inhaber eines Amts
> Wenn auch angemaßt
> Entriß uns, was er brauchte, und
> Verweigerte uns, dessen wir bedurften.
> Also sein Gesicht
> Verlosch mit seinem Amt:
> E r h a t t e n u r e i n e s !
> [...]
> ALLE VIER [aus dem gelernten Chor]
> Indem man ihn anruft, entsteht er.
> Wenn man ihn verändert, gibt es ihn.
> Wer ihn braucht, der kennt ihn.
> Wem er nützlich ist, der vergrößert ihn.

3 Vgl. oben S. 169.
4 *BC*, S. 48.
5 So sehr das *Badener Lehrstück* auch zu Lehrzwecken Verhalten distanziert vorführt, also nicht schlicht als ›Ausdruck‹ der brechtschen Psyche verstanden werden darf, so sehr ist es dennoch auch ein Versuch Brechts, über seine eigene Problematik Klarheit zu gewinnen. Das zeigt allein schon die Tatsache, daß er hier frühere, durch seine individuelle Problematik bestimmte Themen und Motive weiterentwickelt. Deshalb ist es möglich, bestimmte Aussagen der Figuren zu interpretieren, ohne sie auf ein zu Lehrzwecken vorgeführtes Verhalten zu reduzieren (hierzu unten S. 320 und S. 327).

DER ZWEITE
  Und doch ist er niemand.
DER GELERNTE CHOR *zusammen zur Menge:*
  Was da liegt ohne Amt
  Ist nichts Menschliches mehr.
  Stirb jetzt, du Keinmenschmehr!⁶

Hier erhält und verliert das Individuum seine Identität mit der übernommenen Rolle. Es geht in ihr auf, ohne sich reflektierend oder interpretierend zu ihr zu verhalten oder sie gar zu verändern. Wenn Brecht das Individuum völlig in der Rolle aufgehen läßt und nur durch sie konkret bestimmt, ist es für ihn auch hier noch ›leer‹: die ›innere Leere‹ führt dort, wo der Mensch als gesellschaftliches Wesen erscheint, zur Vorstellung des vom Rollensystem festgelegten und durch seine Funktionen bestimmten Individuums.

Dieser Negation des bürgerlichen Individuums, das ja unter dem Anspruch steht, autonom und seiner selbst gewiß zu sein, entspricht es, daß im selben Stück ›die drei gestürzten Monteure‹ ihre neue Funktion im Klassenkampf erst übernehmen können, nachdem sie mit ihrer eigenen Negation einverstanden sind:

DER GELERNTE CHOR
  Wer seid ihr?
DIE DREI GESTÜRZTEN MONTEURE
  Wir sind die, die den Ozean überflogen.
DER GELERNTE CHOR
  Wer seid ihr?
DIE DREI GESTÜRZTEN MONTEURE
  Wir sind einige von euch.
DER GELERNTE CHOR
  Wer seid ihr?
DIE DREI GESTÜRZTEN MONTEURE
  Wir sind niemand.⁷

Und einige Szenen später:

DER GELERNTE CHOR *redet die drei gestürzten Monteure an:*
  Ihr aber, die ihr einverstanden seid mit dem Fluß der Dinge
  Sinkt nicht zurück in das Nichts.

---

6 *w. a.*, 2, S. 607-609.
7 *w. a.*, 2, S. 604.

Löst euch nicht auf wie Salz im Wasser, sondern
Erlebt euch
Sterbend euren Tod wie
Ihr gearbeitet habt eure Arbeit
Umwälzend eine Umwälzung.
Richtet euch also sterbend
Nicht nach dem Tod
Sondern übernehmt von uns den Auftrag
Wieder aufzubauen euer Flugzeug.[8]

Diese Auflösung des Individuums und dessen gänzliche Bestimmung durch die Funktion soll nun mit Hilfe des von Habermas vertretenen[9] und von Krappmann[10] ausgeführten interaktionistischen Identitätsmodells genauer erfaßt werden. So läßt sich ein Ansatzpunkt gewinnen, um im Rückblick die Identitätsproblematik, welche die Lyrik des jungen Brecht bestimmt, als Problematik des Verhältnisses von Individuum und Rolle[11] zu entfalten. Habermas sucht das ›übliche Rollenkonzept‹[12] durch drei Dimensionen zu erweitern, in denen das Verhältnis des handelnden Subjekts zu seiner Rolle gefaßt werden kann: – (1) durch die Dimension der Bedürfnisrepression – (2) durch die der Ich-Spontaneität und – (3) durch die der Selbstreflexion.

– (1) Das Verhältnis zwischen den ›interpretierten Bedürfnissen und den gesellschaftlich lizensierten, als Rollen institutionalisierten Wertorientierungen‹ ist unterschiedlich; der ›relative Grad der Repressivität eines Rollensystems bemißt sich an dem institutionell festgelegten Verhältnis der hergestellten Komplementarität der Erwartungen [derer, die in einer Rolle handeln] zur erlaubten Reziprozität der Befriedigungen‹. Das nicht gänzlich befriedigte Subjekt kann sich zu dem Rollensy-

---

8 w. a., 2, S. 610.
9 In der im Sommersemester 1968 gehaltenen Vorlesung *Theorie der Sozialisation*. Diese Vorlesung ist noch nicht veröffentlicht; ihre Thesen sind jedoch in Nachdrucken verbreitet.
10 Lothar Krappmann: *Soziologische Dimensionen der Identität. Strukturelle Bedingungen für die Teilnahme an Interaktionsprozessen.* Stuttgart 1971.
11 Ich übernehme den Rollenbegriff Krappmanns: »Unter Rollen sind [...] sozial definierte und institutionell abgesicherte Verhaltenserwartungen zu verstehen, die komplementäres Handeln von Interaktionspartnern ermöglichen.« (Ebenda, S. 98; dort Anm. 1 Hinweise zur Literatur über den Rollenbegriff).
12 Vgl. seine Auseinandersetzung mit dem von Dahrendorf verwendeten Rollenbegriff in: *Zwischen Philosophie und Wissenschaft: Marxismus als Kritik.* In: Jürgen Habermas: *Theorie und Praxis.* Neuwied 1963, S. 162-214; dort S. 173 ff.

stem verschieden verhalten: es kann ›Frustrationstoleranz‹ zeigen oder die ›Komplementarität der Erwartungen in offenem Rollenkonflikt verletzen‹ oder sie ›unter Vorspiegelung einer tatsächlich nicht vorhandenen Reziprozität der Befriedigung zwanghaft aufrechterhalten‹.
- (2) Rollendefinition durch die Gesellschaft und Rolleninterpretation durch das Subjekt dürfen sich nicht decken, wenn das Subjekt sich als unverwechselbares Individuum darstellen soll. Dazu bedarf es der ›Dialektik von Rollenübernahme und Rollenentwurf‹. ›Eine vollständige Definition der Rolle [...] ist allein in verdinglichten, nämlich Selbstpräsentation ausschließenden Beziehungen zu realisieren.‹ Ein Rollensystem ist nach dem relativen Grad der ›Rigidität der Rollendefinition und des entsprechenden Interpretationsspielraums‹ zu betrachten. Das handelnde Subjekt kann sich zu einem Rollensystem verschieden verhalten: es kann ›Rollenübernahme und Rollenentwurf balancieren‹ oder ›überwiegend Rollen in diffuser Selbstdarstellung projizieren‹ oder ›überwiegend Rollendefinitionen übernehmen‹.
- (3) Es hängt vom ›Grad und der Art der Internalisierung ab, wie das handelnde Subjekt selbst zu seinen Rollen, den institutionalisierten Wertorientierungen, sich verhält‹; dies bestimmt das Maß möglicher Rollendistanz.[13] ›Die Art der Verhaltenskontrolle, die ein Rollensystem auferlegt, bemißt sich am Grad erreichter Internalisierung.‹ Das Subjekt kann sich einem Rollensystem gegenüber verschieden verhalten: es kann relativ autonom ›gut verinnerlichte Normen reflexiv anwenden (flexible Über-Ich-Formation)‹ oder ›aufgrund von Konditionierung auferlegte Normen reaktiv anwenden (externalisiertes Über-Ich)‹ oder ›aufgrund einer repressiven Verhaltenskontrolle rigide verinnerlichte Normen zwanghaft anwenden (neurotische Über-Ich-Formation)‹.

Die Ich-Identität, d. h. zunächst die ›Fähigkeit, Krisen der Ichstruktur durch Umstrukturierung zu lösen‹, hängt von den Grundqualifikationen des Rollenspiels ab: ›von der Fähigkeit, Rollenambivalenzen bewußt zu ertragen, eine angemessene Repräsentation des Selbst zu finden und verinnerlichte Normen auf

---

13 Zur Rollendistanz vgl. Krappmann, a. a. O., S. 133-142; zur Internalisierung von Rollen Jürgen Habermas: *Erkenntnis und Interesse*. Frankf./M. 1968, S. 297.

neue Lagen flexibel anzuwenden.‹ Ich-Identität ist als Balance zwischen persönlicher und sozialer Identität zu verstehen. Krappmann stellt dies gerafft und klar dar:

Nach E. Goffman [...] lassen sich die Erwartungen, mit denen sich das Individuum bei seiner Selbst-Präsentation in Interaktion auseinanderzusetzen hat, in zwei Dimensionen ordnen:
+ *die vertikale Zeitdimension, in der die Ereignisse im Leben des Individuums zu einer ›personal identity‹ zusammengefaßt werden, und die*
+ *horizontale Dimension, in der die zu einem gewissen Zeitpunkt nebeneinander aktualisierbaren Rollen zu einer ›social identity‹ vereinigt werden.*

Beides sind von den anderen zugeschriebene, nicht selbst entworfene Identitäten. Sie stehen zueinander im Widerstreit, denn in der biographischen Dimension der ›personal identity‹ wird vom Individuum verlangt, zu sein wie kein anderer. In der horizontalen Dimension der ›social identity‹ dagegen wird das Individuum betrachtet, als ob es mit den vorgegebenen Normen voll zur Deckung zu bringen sei. In dieser Dimension wird ihm folglich zugeschrieben, zu sein wie alle anderen.
Diese sich ausschließenden Anforderungen verlangen dennoch sämtliche Berücksichtigung. Zwischen ihnen zu balancieren, ist die Leistung des Individuums, die als *Ich-Identität* bezeichnet werden soll. Eine gelungene Identitätsbalance bewirkt, daß das Individuum einerseits trotz der ihm angesonnenen Einzigartigkeit sich nicht durch Isolierung aus der Kommunikation und Interaktion mit anderen ausschließen läßt und andererseits sich nicht unter die für es bereitgehaltenen sozialen Erwartungen in einer Weise subsumieren läßt, die ihm unmöglich macht, seine eigenen Bedürfnisdispositionen in die Interaktion einzubringen. Das Individuum verhält sich daher einerseits ›als ob‹ es einzigartig, und andererseits, ›als ob‹ es wie alle anderen wäre [...]
Es ist eine Art von ›via negativa‹, in der der Interaktionsbeteiligte Identität behauptet: Er negiert zunächst, was er vorher war, und übernimmt die Erwartungen der anderen (›role taking‹). Auf der nächsten Stufe aber negiert er dann diese Erwartungen, um zu zeigen, daß sie nicht ausreichen zu beschreiben, was er in dieser Interaktionssituation zu berücksichtigen verlangen muß (›role making‹).[14]

14 Lothar Krappmann: *Neuere Rollenkonzepte als Erklärungsmöglichkeit für Sozialisationsprozesse*. In: betrifft: erziehung, 4 (1971), H. 3, S. 27 ff.; dort S. 30. Krappmann bezieht sich auf E. Goffman: *Stigma. Notes on the Management of Spoiled Identity.* Englewood Cliffs: Prentice Hall, 3 rd ed. 1965. – Zur sozialen und persönlichen Identität vgl. Krappmann: *Soziologische Dimensionen*. S. 73 ff.; zur via negativa ebenda S. 37 ff.

Das interaktionistische Identitätsmodell bedarf der Kritik und der Ergänzung. Es wurde in der monopolkapitalistischen Phase der bürgerlichen Gesellschaft von Angehörigen der Mittelschichten entworfen, die ihrerseits hauptsächlich Mittelschichten untersuchten.[15] Es läßt, ohne dies zu reflektieren, deren Verständnis des Menschen zu einem wertenden Bild des Menschen schlechthin gerinnen. Wenn Habermas das Verhältnis des Subjekts zu den Rollen in sein Modell aufnimmt, so greift er damit auch auf die liberale Tradition des inzwischen vom Monopolkapitalismus zurückgedrängten autonomen bürgerlichen Individuums zurück. Die Rollentheorie selbst, die Habermas lediglich modifiziert, antwortet auf die Versachlichung menschlicher Beziehungen, ohne diese aus dem Prozeß der bürgerlichen Gesellschaft zu begreifen.[16] Da Brecht dem Mittelstand entstammte und seine Identitätsproblematik die des untergehenden autonomen bürgerlichen Individuums war, kann das interaktionistische Modell in seinem Fall dennoch der Beschreibung, wenn auch nicht der unbefragten Wertung dienen. Wo er die Grenzen des bürgerlichen Individuums überschritt, ist auch das Modell weiterzutreiben. Der im interaktionistischen Modell bewahrte Anspruch auf Individuierung und Freiheit, den die bürgerliche Gesellschaft ausbildete, darf dabei freilich nicht verloren gehen.

Wer Ich-Stärke zum Ideal erhebt, läuft Gefahr, von der konkreten Gesellschaft – in diesem Fall von der kapitalistischen – abzusehen und das Individuum zu verpflichten, deren Widersprüche durch Ich-Identität zu vermitteln. Die gesellschaftlichen Widersprüche erscheinen dann als die von Individuen, als Krankheiten; das Individuum wird letztendlich an der Gesellschaft gemessen und umgekehrt wird die »soziale Dressur [...] zum Sieg des Ich

---

15 Vgl. Gerhardt: *Rollenanalyse als kritische Soziologie*, S. 106-123. Ebenda S. 113: »Die soziologische Forschung, die sich dem Problem des Rollenkonflikts zuwandte, [...] beschreibt Formen *mittelständischer* Bewältigung von Normwidersprüchen im Dienste einer Theorie, der es um *allgemeingültige* Weisen der Rollenverwirklichung geht.« Und S. 113 f.: »Bereits die Auswahl von *College-Studenten* als Versuchspersonen schließt es aus, daß unterschichtstypische Lösungen des Rollenkonflikts mitberücksichtigt werden.« Vgl. ebenda S. 167-172. – Gerhardt weist auf die den Angehörigen der Mittelschichten eigene Fähigkeit zur Ambivalenztoleranz (S. 109 f.) hin und darauf, daß ihr Weltbild auf Internalisierung basiert (S. 111).
16 Vgl. Frigga Haug: *Kritik der Rollentheorie*. Frankf./M. 1973.

verklärt«[17]. Besonders deutlich wird die heteronome Bestimmung des autonomen bürgerlichen Individuums am Ideal der reflexiven Anwendung gut verinnerlichter Normen (flexible Über-Ich-Formation).[18] Selbst wenn Habermas von ›reflexionsfähiger Verinnerlichung der elterlichen Autorität‹ spricht, also für eine drastische Verringerung der Über-Ich-Normen eintritt, beharrt er damit doch auf dem Über-Ich, d. h. auf der zunächst blinden Unterwerfung unter eine Autorität. Diese Position ließe sich allenfalls vertreten, wenn die Normen und so auch die Gesellschaft vernunftbestimmt sind, denn nur dann wäre es sinnvoll, die Normen auch anzuwenden. In der bürgerlichen Gesellschaft stellt sich das Allgemeine jedoch nicht über vernunftbestimmte Planung, sondern über den Markt her; ihre Normen dienen vorwiegend der Herrschaftssicherung und der Profitmaximierung. Mit ihnen wird notwendig Herrschaft verinnerlicht, wie die Verinnerlichung im Über-Ich selbst ja auch Herrschaftsverhältnisse voraussetzt; »wäre ein Zustand allseitiger rationaler Aktualität vorstellbar, so etablierte sich kein Über-Ich«[19]; es könnte sich ein Ich entwickeln, das, ohne Erbe des Ödipus-Komplexes zu sein, Normen so in sich aufnimmt, daß es sie, wiewohl es ihnen gewöhnlich automatisch folgt, auch zu befragen vermag. Das Über-Ich ist als solches irrational. Der irrationale Charakter des kapitalistischen Systems kehrt in dem seiner Normen und ihrer psychi-

---

17 Karl Markus Michel: *Wer wann warum politisch wird - und wozu. Ein Beispiel für die Unwissenheit der Wissenschaft*. In: *Kursbuch* 25 (1971), S. 1-35; dort S. 9.
18 Vgl. Alexander Mitscherlich: *Das soziale und das persönliche Ich*. In: *Kölner Zeitschrift für Soziologie und Sozialpsychologie* 18 (1966), S. 21-36; dort S. 31 f.: »Identifikationen und Introjektionen formen eine innerseelische Agentur, so daß die Vorbilder nicht mehr bloße Ideale sind, sondern zu *inneren* Forderungen werden, die an das eigene Ich gestellt sind. Damit ist [. . .] das Über-Ich, beschrieben, das neben der möglichen Hemmung durch terroristische Forderungen die *Selbständigkeit des Menschen erst ermöglicht.* Denn das Ich ist, wenn es ein Über-Ich gebildet hat, nicht mehr von äußeren Forderungen abhängig; es trägt seine Orientierung mit sich und kann diese in der inneren Dialektik zwischen Ich und Über-Ich modifizieren.« Vgl. auch Krappmann: *Soziologische Dimension*, S. 140 ff. - Es hat den Anschein, daß Habermas um der Reflexion willen die Über-Ich-Bildung gut heißt, also - so meine ich - um des Befreiungsprozesses willen die Unterdrückung. Siehe Jürgen Habermas: *Zur Logik der Sozialwissenschaften*. Frankf./M. 1971, S. 282-285, besonders S. 285: »Wir können uns auf die verinnerlichten Normen erst zurückbeugen, nachdem wir unter äußerlich imponierter Gewalt zunächst blind ihnen zu folgen gelernt haben.«
19 *AND*, S. 267.

schen Verankerung wieder;[20] reflexive Anwendung gut verinnerlichter Normen heißt hier: vernunftgesteuertes irrationales Handeln, Autonomie auf der Basis von Heteronomie. Adorno schreibt:

Einst hat man am Überich die Zwangszüge hervorgehoben und von der Analyse verlangt, daß sie es liquidiere. Die aufklärerische Intention duldete keine unbewußte Kontrollinstanz, wäre es auch die zur Kontrolle des Unbewußten. Davon ist in der gegenwärtigen psychoanalytischen Literatur kaum mehr etwas übrig geblieben. [...] Irrationalitäten zu tolerieren nur darum, weil sie aus der Gesellschaft stammen, und weil organisierte Gesellschaft ohne sie nicht soll gedacht werden können, spottet aber des analytischen Prinzips. Die neuerdings beliebte Differenzierung zwischen einem ›neurotischen‹, also zwangshaften, und einem ›gesunden‹, also bewußten Überich, trägt die Spuren der Hilfskonstruktion. Ein ›bewußtes‹ Überich verlöre mit seiner Undurchsichtigkeit eben die Autorität, um derentwillen die apologetische Theorie daran festhält.[21]

Das Ideal der reflexiven Anwendung gut verinnerlichter Normen richtet sich an der gut integrierten liberalen Persönlichkeit aus, die sich gegenüber Rollen flexibel verhält, deren radikale Verneinung – und damit die der jeweils konkreten Gesellschaft – jedoch ausschließt.

Die Ausbildung einer unbewußten heteronomen Identität bei der Entstehung und später im Dienst des Über-Ichs[22] hat Entfremdung zur Voraussetzung[23] und ist ihrerseits »Voraussetzung jeder späteren Anfälligkeit für ›Entfremdung‹ im Marxschen Sinne des Wortes«[24]. Für das bürgerliche Individuum gilt: »›Identifikation mit dem Aggressor‹ muß – bezogen auf die kindliche Situation – gelesen werden als die geheime Formel für die Bedingung, ein identisches Selbst zu werden«[25] und »Das sich erhaltende Selbst bezahlt mit eben jener Entfremdung, die es gefährdet. [...] ›Zu wollen, was man soll‹, ist die Formel, die einen

---

20 Vgl. *AND*, S. 268: »Kritik des Überichs müßte Kritik der Gesellschaft werden, die es produziert; verstummt sie davor, so wird der herrschenden gesellschaftlichen Norm willfahrt.«
21 *AV*, S. 28 f. Vgl. auch *AND*, S. 267.
22 Siehe Hans Kilian: Das enteignete Bewußtsein. Zur dialektischen Sozialpsychologie. Neuwied 1971, S. 17 ff.
23 Ebenda, S. 352.
24 Ebenda, S. 178; vgl. ebenda, S. 19.
25 Wolfgang F. Haug: *Waren-Ästhetik und Angst*. In: *Das Argument*, 6 (1964), H. 1, 14-31; dort S. 29.

in die Selbigkeit einer bürgerlichen Einzelexistenz entläßt«[26]. Der so gebildeten heteronomen und – trotz allen reflexiven Verhaltens zum Über-Ich und zu den Rollen – letztlich statischen Identitätsstruktur ist das Postulat einer autonomen[27] und dynamischen[28] Identität entgegenzuhalten; dem im Unbewußten und den akzeptierten Rollen verankerten Ich-Ding (im Sinne der res cogitans) die dynamische »Identität eines mit sich selbst gerade in der Veränderung gleichbleibenden Prozesses selbstorganisierender Transformation und Entwicklung«[29]. Das erfordert eine verdrängungsfrei im Ich vollzogene Integrationsleistung,[30] also keine Über-Ich-Bildung,[31] und als Voraussetzung eine vernunftgeleitete Gesellschaft. Dann erst wäre eine Ich-Identität als dialektischer Prozeß möglich, in dem das Ich seine Übereinstimmung mit den Anforderungen der Gesellschaft, die es konstituieren, und deren Negation reflektiert, ein Prozeß, in dem es mit dem sich hierbei ergebenden Wandel seiner persönlichen Identität ebenso einverstanden ist wie es sich umgekehrt um die Veränderung seiner sozialen Identität bemüht.

Der Widerstand des jungen Brecht gegen die Integration in die bürgerliche Gesellschaft entwickelte sich zur Verweigerung der heteronomen Identität; das bedeutete jedoch Negation der sozialen Identität und – da die Fremdherrschaft ins Subjekt aufgenommen war – der persönlichen Identität, also Identitätsverlust. Durch diese ihre Negation hindurch konnte er die persönliche Identität – als vitalistische – bewahren und im Widerspruch zwischen kreatürlichem Bedürfnis und leidenschaffender Gesellschaft den Anspruch auf eine vernunftbestimmte soziale Identität ausbilden. Die Verweigerung der heteronomen Identität bedeutet einen ersten Schritt hin zu einer autonomen. Der Weg in diese Richtung – das zeigt das *Badener Lehrstück* – führt über verstärkte heteronome Identität, die nun aber als solche bewußt wird: das bürgerliche Individuum verliert mit seiner (heteronomen) Autonomie zugleich den Schein seiner Autonomie. – Brechts Entwicklung verläuft als Entäußerung verinnerlichter

---

26 Ebenda, S. 28.
27 Siehe Kilian, a. a. O., S. 19.
28 Ebenda, S. 62.
29 Ebenda.
30 Ebenda, S. 266.
31 Vgl. ebenda, S. 59-61.

Normen. Er arbeitete die in seiner Psyche verankerten Introjekte der Rollen ab, erkannte so den repressiven und schließlich den historischen Charakter der Rollen und bald auch des ganzen Rollensystems; das führte ihn zum Kampf gegen das kapitalistische System, in dem sie gründen. Aus diesem Verhalten zu den verinnerlichten wie zu den institutionalisierten Rollen und aus der hiervon nicht zu trennenden Identitätskrise sind die Regressionen zu verstehen, die seine frühe Lyrik prägen.

Es wäre jedoch verfehlt, diese Identitätskrise als nur individuelle Leistung oder auch Krankheit Brechts zu betrachten. Sie ist Moment der gegenwärtigen »kollektiven Identitätskrise«[32], die als Reaktion auf die »Desynchronisation anachronistischer Identitätsstrukturen und neugebildeter gesellschaftlicher Realitätsstrukturen«[33] zu verstehen ist. ›Die überlieferten Identitätsstrukturen versagen vor den wachsenden Widersprüchen und der Komplexität der modernen Gesellschaft.‹[34] Diese allgemeine Identitätskrise war während der ersten Hälfte unseres Jahrhunderts verstecktes oder offenes Thema der Schönen Literatur und führte seither in den Sozialwissenschaften zu wachsender Reflexion der Identitätsproblematik. Auch Brecht machte die Identitätskrise zunehmend zum Thema seiner Werke. Er erfuhr sie wohl erstmals im Widerspruch zwischen den Identitätsstrukturen des ›alten Mittelstands‹ und der sozialen Realität des ›neuen‹. – Auch der Abbau des Über-Ich ist nicht nur individuell. Er entspricht zumindest teilweise der zum Untergang des autonomen bürgerlichen Individuums gehörenden partiellen Auflösung ›starren Gewissenszwangs und verinnerlichter Bindung an Autoritäten‹[35]; mit dem Unterschied allerdings, daß bei Brecht an die freigewordene Stelle nicht die Außensteuerung durch dem kapitalistischen System immanente Sachzwänge und durch Konsum trat.[36]

Identitätsproblematik und anarchischer Nihilismus

Im *Badener Lehrstück* setzt Brecht Identität des Ich und übernommene Rolle gleich; ein Verhalten des Subjekts zu seiner Rolle

32 Ebenda, S. 22.
33 Ebenda.
34 Ebenda, S. 20.
35 Siehe oben S. 15.
36 Vgl. Marcuse: *Das Veralten der Psychoanalyse*, a. a. O.

– Rolleninterpretation und Selbstreflexion aus Rollendistanz –
stellt er nicht dar.[37] Der Rollenverlust erscheint als Gesichtsverlust, dieser meint Identitätsverlust. Von hier aus betrachtet, zeigt sich das Motiv des Gesichtsverlustes in seiner frühen Lyrik als das des Identitätsverlustes, genauer: als Projektion eines Ich, das – z. B. in der Liebe – versucht, aus allen Rollen zu treten und sich in einen nichtgesellschaftlichen, rollenlosen Zustand zu flüchten,[38] der dann durch seine unbewußten Phantasien geprägt wird, etwa durch die des Inzests. Die Sehnsucht des jungen Brecht, sich der Rollen zu entledigen, legt die Vermutung nahe, daß er sie als etwas erfuhr, was Selbstverwirklichung behindert. Er suchte dem Subjekt außerhalb ihrer einen Bereich zu retten, weil sie ihm, ohne daß er dies freilich begrifflich fassen konnte, verdinglicht erschienen; d. h. daß er keine Möglichkeit zu Rollendistanz und Rolleninterpretation sah und damit auch keine zur Selbsterfahrung und Selbstdarstellung des Individuums in dialektischer Rollenübernahme. Eine Voraussetzung dieser Flucht vor den Rollen war wohl, daß er sich als Angehöriger des gehobenen Mittelstands nicht unmittelbar nach der Pubertät zur Integration ins Berufsleben gezwungen sah, sondern einen Freiraum zugestanden bekam, und so Abstand zu den künftigen Rollen gewann. Im wirklichen funktionsarmen wie im phantasierten rollenlosen Zustand kann sich jedoch kein Subjekt konstituieren, das sich dialektisch zu einem Objekt verhielte; so gehen die Projektionen des ›dichtenden Ich‹ im amorphen und nichtmenschlichen Allgemeinen auf, in Wasser, Wolke, Sausen und Wind.[39]
Das den frühen Gedichten zugrunde liegende Rollenverhalten hat dieselben Voraussetzungen wie das im *Badener Lehrstück* dargestellte: das Fehlen eines dialektischen Verhältnisses zwischen Subjekt und Rolle, in dem sich Ich-Spontaneität entfalten könnte, und das Fehlen der Rollendistanz und des Vermögens der Rolleninterpretation. In der frühen Lyrik flüchtet das Subjekt aus der Rolle in einen gesellschaftsfernen Raum, im *Lehrstück* dichtet es die absolute Bestimmung des Menschen durch die Rolle. Beide

37 Das Verhalten zur Rolle erscheint mittelbar in dem Verhalten des lernenden Schauspielers zu dem Verhalten, das er vorführt. Das hebt die im Text selbst ausgesprochene Gleichsetzung von Identität des Ich und Rolle jedoch nicht grundsätzlich auf, ist allerdings ein Schritt auf dem Weg dorthin. Vgl. unten S. 327.
38 Vgl. oben S. 156.
39 Vgl. oben S. 173 ff. und 267 ff.

Verhaltensweisen verhindern unmittelbar seine Selbstbestimmung, mit beiden liefert es sich zunächst der Gesellschaft aus.
Die frühe Position ist dadurch mitbedingt, daß es für Brecht keine bürgerliche Rolle gab, in der er sich unverdinglicht als Dichter verwirklichen konnte; der Zerfall der bisherigen bürgerlichen Welt- und Wertorientierungen angesichts der Realität, der ihm als Sprachzerfall bewußt wurde,[40] ließ es nicht mehr zu, als Dichter von einer bürgerlichen Rolle aus die Welt zu deuten. Das wäre nur möglich gewesen, wenn Brecht diese Orientierungen rigid verdinglicht aufrechterhalten hätte, oder wenn er vor klaren Aussagen in Sentimentalität oder mythisierende Überhöhung ausgewichen wäre. Eine andere als die bürgerliche Dichterrolle sah er aber nicht. Deshalb suchte er einen scheinbar rollenlosen Zustand auf oder ließ das ›sprechende Ich‹ hinter seinen Aussagen verschwinden[41] oder wählte die Rolle gesellschaftlicher Randexistenzen oder antibürgerlicher Outcasts. Hier konnte er auf Wertorientierungen (Über-Ich-Anteile) verzichten oder sich mit solchen begnügen, die nur einen begrenzten Bereich erfassen, z. B. den einer Außenseitergruppe.
Diese Problematik gehört in den größeren Rahmen der Problematik des Individuums Brecht, das offensichtlich keine Rolle fand, in der es sich als nicht austauschbares Individuum darstellen konnte, und das – wie die Analyse der frühen Gedichte zeigte –, in der Entfremdung auf sich als privates Subjekt zurückgeworfen, sich aus den vorgegebenen Rollen und damit aus der Zugehörigkeit zur bürgerlichen Gesellschaft zurückzuziehen suchte[42] – wie es sich umgekehrt je länger je mehr aus ihr schon verwiesen fand.[43] Wer aber keinen definierten und anerkannten Ort in der Gesellschaft hat, von dem aus er sich verstehen kann, ist Identitätszweifeln ausgesetzt, die durch die Zugehörigkeit zu einem Freundeskreis, wie in Augsburg, oder zur Künstlerbohème, wie in Berlin, nicht aufgehoben werden können. Doch »jeder Verlust an Identitätsgefühl setzt das Individuum wieder seinen alten

---

40 Vgl. oben S. 107 f.
41 Vgl. oben S. 42.
42 Vgl. oben S. 239 ff.
43 Vgl. »Und sie sagten alle ganz wie meine Mutter:/Er ist ein andrer Mensch, er ist ein andrer Mensch/Er ist ein völlig andrer Mensch als wir«. (»Wenn ich auf den Karussellen«; *w. a.*, 8, S. 93).

Kindheitskonflikten aus«⁴⁴; »ein offenkundiges Ausweichen vor jeder Wahl« von Rollen führt

zu einem Gefühl äußerer Isolierung und innerer Leere. Eine solche Leere erweckt Heimweh nach alten, libidinösen ›Objekten‹ und damit oft erschreckend bewußte Inzestgefühle; sie öffnet Tür und Tor für primitivere Formen der Identifikation und für erneute Kämpfe mit archaischen Introjekten.⁴⁵

So erklärt sich der Zusammenhang von Flucht aus den Rollen, ›innerer Leere‹ und infantilen Phantasien in der anarchisch-nihilistischen Lyrik.

In der Lyrik des jungen Brecht erscheint der Verlust der Ich-Identität im Rückzug aus der ›social identity‹ und damit aus der Gesellschaft, die ihrerseits seit den Kriegsereignissen eine Identifikation zunehmend erschwert.⁴⁶ Er erscheint ebenso im Aufgeben der ›personal identity‹, die durch eben dieses Aufgeben bewahrt werden soll.⁴⁷ Name, Gesicht und früheres Geschehen werden vergessen, zugleich aber auch Name und Gesicht des Gegenübers, denn wenn ich Identität nur in bezug auf einen anderen habe, muß dieser seine Identität verlieren, will ich meine eigene aufgeben. Im *Badener Lehrstück* dagegen wird das Subjekt vollkommen unter die ›social identity‹, die auf eine einzige Rolle reduziert ist, subsumiert und verliert dabei Name, Gesicht und Vergangenheit: seine ›personal identity‹. In beiden Fällen kommt es nicht zur Identitätsbalance, weil die ›via negativa‹ nicht ganz oder falsch beschritten wurde.

Indem sich das Subjekt in seiner Phantasie aus der ›social identity‹ zurückzog, weil die rigiden Rollen keine Selbstdarstellung seiner Einzigartigkeit erlaubten, negierte es in der frühen Lyrik Brechts eben seine Einzigartigkeit und löste sich im Abstrakt-Allgemeinen auf. Das Nein zur Rolle, welches kein bewußtes Ja einschloß, und das Ja zum rollenlosen Subjekt, welches kein Nein

---

44 Erik H. Erikson: *Identität und Lebenszyklus*. Frankf./M. 1970, S. 113.
45 Ebenda, S. 156. Erikson spricht in diesem Zusammenhang nicht von der Wahl von Rollen, sondern von der Wahl von ›Typen‹. Aus der Perspektive der Soziologie läßt sich der Rollenbegriff hier jedoch verwenden, ohne das von Erikson Gemeinte zu verfälschen. - Vgl. Kilian, a. a. O., S. 22.
46 Vgl. oben S. 139 ff.
47 Vgl. D, S. 81: »GARGA Ich liebe dich immer noch, wie verwahrlost du bist und so befleckt. [...] - MARIE Und siehst mich an dabei? Ins Gesicht? - GARGA Ins Gesicht [...] der Mensch bleibt, was er ist, auch wenn sein Gesicht zerfällt und er auseinandergerät«; und *D*, S. 126: »Sie wird nicht weniger, wenn Schlamm drüber ist, ihr Gesicht wird nicht fremder, wenn es zerfällt.«

einschloß, führte dort, wo Brecht real auf dem Boden der Gesellschaft verblieb, welche die Rollen bestimmte, zum Aufgehen des Subjekts im Abstrakt-Allgemeinen und zur Regression auf den frühkindlichen Zustand, in dem Identität sich zu bilden begann, zu einer Regression, die eben dort Identität zurücknimmt.

Die Identität des ›Ich‹, erworben in jahrelangen Konflikten und ein Leben lang bedroht, führt über ein dreifaches Nein: das zur Mutter, die das Kind durch früheste Versagung belehren muß; das zu ›sich‹ selbst, sofern es mit der versagenden gemeinsame Sache machen muß, um den Schmerz der Trennung zu ertragen; das zur Situation des Zerrissenwerdens zwischen dem verneinten Selbst und dem verneinenden. Erst im Schmerz der Trennung tritt das Selbst ins Leben. Es ist der andere und nicht der andere, es selbst und nicht es selbst, es ist die Situation der Zerreißung und geht doch nicht auf in ihr.[48]

Das Subjekt, das sich nach der Vereinigung mit der Mutter und nach der Ruhe in ihrem Schoß sehnt, bejaht die Mutter uneingeschränkt und ist deshalb auch ihrer Versagung besonders ausgeliefert; so muß es sich im Wunschbild der Vereinigung mit der Mutter selbst zerstören: die Bejahung der verneinenden Mutter führt zur erzwungenen Selbstauflösung. Da das Subjekt auch sich selbst, ohne sich zu negieren, zu bewahren sucht, also uneingeschränkt bejaht, bejaht es sich auch, sofern es mit der versagenden Mutter gemeinsame Sache machen muß, und bejaht so seine eigene Negation. Da es weiterhin die Situation des Zerrissenwerdens zwischen Selbstverneinung und Selbstverneintwerden bejahen muß, weil die Selbstverneinung des Subjekts über dessen Bejahung der verneinenden Mutter geht, wird es zerrissen – um der Liebe zu sich und der Mutter, um der Sehnsucht nach seiner Untrennbarkeit von der Mutter willen. Es verliert Identität, die Balance von Trennung und Vereinigung, Liebesverlust und Liebe. Die Kehrseite hierzu ist das Verhalten des Subjekts zur Gesellschaft: es verneint die Gesellschaft, von der es selbst verneint wird, und bejaht sich selbst; so wird es zur Selbstverneinung getrieben, denn nur wenn es selbst gesellschaftlich ist, kann es Individuum, d. h. einzigartiges Besonderes und Allgemeines zugleich sein.[49]

---

48 Klaus Heinrich: *Versuch über die Schwierigkeit nein zu sagen*. Frankf./M. 1964, S. 69. - Vgl. auch Levita, a. a. O., S. 140 und S. 240.
49 Vgl. auch oben S. 162 ff.

Die Identität ist die Grundlage der ethischen Existenz der Person; das Bewußtsein ihrer Identität befähigt sie zu Strafe und Belohnung:

die Gemeinschaft hält das Individuum durch seine Identität in einem ständigen Zustand der Verantwortung für seine Handlungen und verteidigt sich auf diese Weise gegen asoziale Tendenzen, die das Individuum gegen die Gemeinschaft entwickeln könnte. Die Identität bildet die Bedingung, unter der das Über-Ich, im Namen eben dieser Gemeinschaft, seine Aufgabe erfüllt.[50]

Das Individuum, das sich aus seiner Identität hinausphantasiert, will gesellschaftlich nicht mehr belangbar sein. Sofern es, wie der junge Brecht, die Normen der Gesellschaft als Über-Ich verinnerlicht hat, fühlt es sich jedoch dieses Rückzugs wegen schuldig: es entwickelt Strafbedürfnis. Vor der Bestrafung durch sich selbst, vor dem eigenen Über-Ich, schützt es sich durch eben das, wofür es gestraft werden soll: durch Identitätsverlust;[51] so ist es ohne Verantwortung.[52] Der Identitätsverlust potenziert sich als Versuch, »durch Auslöschen der eigenen Persönlichkeit (psychologischer Selbstmord) vor [...] Selbstbestrafung zu flüchten«[53]. Das zeigt, daß noch ein Über-Ich vorhanden, das Individuum also noch innerlich an die Gesellschaft gebunden ist. Das beweist auch die Wahl einer negativen Identität.

Oft drückt sich der Verlust des Identitätsgefühls in wütender oder prahlerischer Widersetzlichkeit gegen alles aus, was dem jungen Menschen von der Familie oder der unmittelbaren Umgebung als gute, wünschenswerte Rolle nahegelegt wird.[54]

Die vom Identitätsverlust Betroffenen wählen in solchen Fällen eine

negative Identität, d.h. eine Identität, die [...] nach denjenigen Rollen und Identifikationen greift, die ihnen in kritischen Entwicklungsstadien als höchst unerwünscht und gefährlich und doch bedrohlich naheliegend gezeigt worden waren.[55]

---

50 Levita, a. a. O., S. 66.
51 Vgl. oben S. 122.
52 Vgl. oben S. 170 f.
53 M. Abeles und P. Schilder: *Psychogenetic Loss of Personal Identity.* In: Arch. Neurol. Psychiat., 34, 1955, S. 587 ff.; dort S. 604. Zitiert nach Levita, a. a. O., S. 57.
54 Levita, a. a. O., S. 163.
55 Ebenda, S. 165 f.

Die gewählte negative Identität läßt das ›dichtende Ich‹ in der Lyrik des jungen Brecht die Rolle des Außenseiters wählen und die bestehenden Werte anarchisch angreifen; durch negative Identifikation wird der Verbrecher zum Heiligen.[56] Wer sich negativ identifiziert, ist, wenn auch nur in der Negation, von den geltenden Wertorientierungen abhängig.[57] Zugleich kann die Wahl einer negativen Identität jedoch ein erster Schritt zur Lösung von solchen Wertorientierungen sein.

Der hier beschriebene Rückzug aus den Rollen der bürgerlichen Gesellschaft ist ein Versuch, die Spontaneität wenigstens in die Verzerrungen der Regression zu retten, und das Subjekt davor zu bewahren, in den als verdinglicht erfahrenen Rollen aufzugehen. Er verstärkt den Verlust des Identitätsgefühls und schlägt sich im antibürgerlichen Affekt und in der anarchisch-nihilistischen Komponente der Lyrik des jungen Brecht nieder.

Diese Lyrik ist davon bestimmt, daß Brecht die institutionalisierten Wertorientierungen, die Rollen, verinnerlicht hatte und unbewußt von ihnen abhing, während er sie bewußt ablehnte. Er griff sie anarchisch an, floh vor ihnen in den scheinbar gesellschaftsfreien Raum der Sexualität und der Natur und projizierte diffus Rollen von Außenseitern. Die verinnerlichten Normen konnte er nicht reflexiv anwenden, weil sie vor dem Bewußtsein ihre Gültigkeit verloren hatten und ihm so nur noch als äußere, als die der Gesellschaft, aber nicht mehr als eigene bewußt waren. In dem Maße wie Brecht sich aus der Introversion über die Auseinandersetzung mit den verinnerlichten unbewußten Wertorientierungen, den Über-Ich-Anteilen, löste und die institutionalisierten Wertorientierungen, die Rollen, als solche erkannte,[58] wurde ihm bewußt, daß das Individuum von außen, durch die Rollen, bestimmt ist. Wenn er nun im *Badener Lehrstück* und schon vorher in *Mann ist Mann* die Identität des Individuums vollständig durch die Rolle bestimmt, erklärt sich dies daraus, daß er sich der gesellschaftlichen Wirklichkeit zwar zuwandte, mit der Rolle jedoch kein dialektisches Verhalten des Subjekts zu ihr verbinden konnte, weil er es in der vorangegangenen Phase nicht ausgebildet hatte.

---

56 Vgl. oben S. 109 ff.
57 Vgl. oben S. 97 f. und S. 119 ff.
58 Siehe oben S. 153 f. und S. 302 ff.

Realitätszuwendung und Realitätsflucht

Die Entschiedenheit, mit der im *Badener Lehrstück* Ich-Identität und Rolle gleichgesetzt werden, ist damit noch nicht erklärt. Sie läßt sich als masochistisch-provozierende Reaktion auf die Erkenntnis interpretieren, daß das Individuum durch Rollen bestimmt ist. Dieser Erkenntnis stellt sich das ›dichtende Ich‹ und weicht ihr zugleich aus. Es müßte sich nun in seinen Rollen entwerfen und, falls ihm das nicht möglich sein sollte und es so seine Bedürfnisse nur ungenügend befriedigen könnte, seine Rollen und vielleicht sogar das ganze Rollensystem ändern. Dieser schwierigen Aufgabe der Selbstverwirklichung in einer als übermächtig erfahrenen Wirklichkeit entzieht es sich, indem es sich selbst verleugnet und die gänzliche Bestimmung des Individuums durch die Rolle behauptet. Gleichzeitig sucht es jedoch der erkannten Wirklichkeit Rechnung zu tragen und fordert die Übernahme der neuen Rolle des Revolutionärs und die Veränderung der Gesellschaft:

> Einverstanden, daß alles verändert wird
> Die Welt und die Menschheit
> Vor allem die Unordnung
> Der Menschenklassen, weil es zweierlei Menschen gibt
> Ausbeutung und Unkenntnis.[59]

Die mit dem Rückzug vor der erkannten Wirklichkeit verbundene Wendung zu ihr hin bestimmt nicht nur den Inhalt, sondern auch die Form des *Badener Lehrstücks*. Es ist als Lehrstück mehr als alle bisherigen literarischen Formen Brechts auf eine gesellschaftlich bestimmte Gruppe hin entworfen und soll zu gesellschaftlichem Handeln führen; es zielt auf die Ausbildung eingreifenden, in die Gesellschaft eingreifenden Denkens.

Das ›dichtende Ich‹ regrediert hier und sucht sich zugleich der Wirklichkeit zu stellen und in sie zu wirken. Todessehnsucht und Wiedergeburtsphantasie kehren in der Regression stärker als früher wieder, werden jedoch mit dem Verhältnis zur gesellschaftlichen Wirklichkeit, insbesondere zu den Rollen, verbunden. Wer seine Rolle verloren hat, wie der Flieger, muß sterben:

---

[59] *w. a.*, 2, S. 611.

> Was da liegt ohne Amt
> Ist nichts Menschliches mehr.
> Stirb jetzt, du Keinmenschmehr![60]

Die neue Rolle des Revolutionärs übernehmen heißt, die alte Rolle aufgeben und dabei seinen Tod sterben, um als Revolutionär wiedergeboren zu werden:

> Erhebt euch
> Sterbend euren Tod wie
> Ihr gearbeitet habt eure Arbeit
> Umwälzend eine Umwälzung.
> Richtet euch also sterbend
> Nicht nach dem Tod
> Sondern übernehmt von uns den Auftrag
> Wieder aufzubauen unser Flugzeug.
> Beginnt![61]

Im *Badener Lehrstück* geht es um das Einverständnis mit dem Sterben,[62] das nötig sein soll, damit die bisherige Identität und die alte Rolle aufgegeben und die des Revolutionärs übernommen werden können.[63] Während in den frühen Gedichten Todessehnsucht und Flucht in einen rollenlosen Zustand einander entsprachen, befriedigt sich die Todessehnsucht nun bei der Übernahme einer neuen Rolle im Kollektiv, allerdings nicht in einem Kollektiv schlechthin, sondern in einem revolutionären.[64] Die Aufgabe der bürgerlichen Individualität und der Beginn solidarischen Handelns erscheinen dem ›dichtenden Ich‹ als Tod und Wiedergeburt.

60 *w. a.*, 2, S. 609.
61 *w. a.*, 2, S. 610.
62 *w. a.*, 2, S. 602: »Also, wenn ihr das Sterben überwinden wollt, so überwindet ihr es, wenn ihr das Sterben kennt und einverstanden seid mit dem Sterben. Wer aber den Wunsch hat, einverstanden zu sein, der hält bei der Armut. An die Dinge hält er sich nicht!«
63 Die Worte des ›Gelernten Chors‹ können nicht von der Problematik des ›dichtenden Ich‹ völlig abgelöst und nur als ›asoziale Muster‹ verstanden werden, die das Lehrstück vorführt, damit der Lernende sie negiert. - Zum Problem der ›asozialen Muster‹ siehe Reiner Steinweg: Das Lehrstück - ein Modell des sozialistischen Theaters. Brechts Lehrstücktheorie. In: *alternative* 14, H. 78/79, S. 102 ff.; dort S. 108.
64 1929 (*CR*, S. 41) verspottete Brecht in dem Gedicht »700 Intellektuelle beten einen Öltank an« (*w. a.*, 8, S. 316) die Sucht, kollektiv werden zu wollen; freilich ist das Kollektiv-Werden hier unpolitisch: [sie beten den Öltank an] »Lösche aus unser Ich!/Mache uns kollektiv!/Denn nicht wie wir wollen/Sondern wie du willst.«

So bestimmt eine Grundstruktur seiner anarchisch-nihilistischen Gedichte noch Brechts Übergang zum Kampf an der Seite des Proletariats. Jetzt, wo die wachsende Kenntnis der Wirklichkeit und die Existenz eines klassenbewußten Proletariats zu der Forderung führten, die Gesellschaft revolutionär zu verändern, erscheint sein problematisches Verhältnis zur Rolle als das des bürgerlichen Individualisten zum Revolutionär.⁶⁵ Die Projektion von Todessehnsucht und Identitätsproblematik bringt es mit sich, daß Brecht die Entscheidung, einer revolutionären Partei beizutreten, als säkularisierte Einübung in den Tod gestaltete,⁶⁶ die Dialektik zwischen Individuum und Kollektiv vernachlässigte⁶⁷ und demgegenüber die Dialektik der gesellschaftlichen Weiterentwicklung forciert feierte. »Das Prinzip dialektischer Weiterentwicklung wird ebenso orgiastisch ausgekostet wie einst das Prinzip des Vergehens: ›Habt ihr die Wahrheit vervollständigend die Menschheit verändert, so/Verändert die veränderte Menschheit/ Gebt sie auf!‹«⁶⁸

In der widersprüchlichen Einheit der pathetisch-imperativen Aufforderung, die als solche ein dialektisches Verhältnis der Angesprochenen zu ihr ausschließt, mit der geforderten dialektischen Weiterentwicklung der Gesellschaft begegnet hier die widersprüchliche Einheit von Flucht vor der Realität und verstärkter Wendung zur Realität.⁶⁹

65 Vgl. Ernst Schumacher: *Die dramatischen Versuche Bertolt Brechts 1918-1933*. Berlin 1955, S. 306 f.: »lag dem Lehrstück das Problem zugrunde: Was hat in einem Menschen vorzugehen [...], daß er bereit und imstande ist, mit dem ›Fluß der Dinge‹ und der Veränderung der Welt, also der Liquidierung der kapitalistischen Gesellschaft, einverstanden zu sein? Das war eindeutig eine psychologische Fragestellung. Der Antipsychologist und Antiindividualist Brecht [...] widmete einem psychologisch-charakterlichen Problem ein Lehrstück. Es ist augenscheinlich, daß er nur seine eigene Problematik gestaltete, die sich für ihn aus seiner konsequenten Annäherung an den Marxismus-Leninismus ergab.«
66 Vgl. ebenda: »Die Parallele zu den Gebräuchen der christlichen oder auch anderer Glaubensgemeinschaften, vor allem zum ›memento mori‹, liegt auf der Hand.« (S. 312). Vgl. Mayer: *Brecht in der Geschichte*, S. 91: »Eine marxistische These gleichsam aus christlicher Begründung. Wer sich erniedrigt, wird erhöht. Wer sich aufgibt, wird gerettet.«
67 Vgl. Schumacher, a. a. O., S. 320, und Mayer, a. a. O., S. 91.
68 Mayer, a. a. O., S. 92; er zitiert *w. a.*, 2, S. 612.
69 Das muß, selbst bei solch extrem rigiden Formulierungen, Adorno entgegengehalten werden, wenn er nur die eine Komponente sieht und schreibt: Brechts »didaktischer Gestus jedoch ist intolerant gegen die Mehrdeutigkeit, an der Denken sich entzündet: er ist autoritär. [...] durch die Herrschaftstechnik, deren Virtuose er war, wollte er die Wirkung erzwingen« (*AÄ*, S. 360).

Vom *Badener Lehrstück* aus lassen sich die etwas früheren Gedichte im Umkreis des *Lesebuchs für Städtebewohner* verstehen. Wie im *Badener Lehrstück* realitätsflüchtige Todessehnsucht und Anerkennung der Realität eine widersprüchliche Einheit eingehen, so auch in diesen Gedichten; nur daß die Realität hier noch nicht ausdrücklich als die der kapitalistischen Gesellschaft und des Kampfs gegen sie erscheint. Im *Lesebuch* gibt das Ich vor, wie die Wirklichkeit selbst zu sprechen:

> Wenn ich mit dir rede
> Kalt und allgemein
> Mit den trockensten Wörtern
> Ohne dich anzublicken
> (Ich erkenne dich scheinbar nicht
> In deiner besonderen Artung und Schwierigkeit)
>
> So rede ich doch nur
> Wie die Wirklichkeit selber
> (Die nüchterne, durch deine besondere Artung unbestechliche
> Deiner Schwierigkeit überdrüssige)
> Die du mir nicht zu erkennen scheinst.[70]

Das Ich gibt sich der Realität hin und befriedigt seine Todessehnsucht, indem es in ihr aufgeht. Zur bewußten Subjekt-Objekt-Dialektik kommt es nicht. Das gilt allgemein für die Lyrik im Stil der Neuen Sachlichkeit,[71] mit der Brecht auf die Verdinglichung reagierte, die mit der beschleunigten Entwicklung des Kapitalismus in der Stabilisierungsphase nach der Krise von 1923 immer weitere Bereiche durchdrang.[72] Hier verleugnet sich das Subjekt, sucht wie die Wirklichkeit selbst zu sprechen und vermittelt das Bild einer unmenschlichen Gesellschaft – freilich ohne deren Gesetze zu durchschauen. Im Mimikry an die geforderte Verdinglichung finden Anerkennung der bedrohlichen Situation und Flucht aus der Identität zum provozierenden Kompromiß. In solcher Identitätsaufgabe wird das Subjekt ›platt, um zu über-

---

70 Bertolt Brecht: *Versuche*. Berlin 1930/31, S. 122. Das Gedicht ist der zehnte Text für Schallplatten aus dem *Lesebuch für Städtebewohner*. - Jetzt abgedruckt: w. a., 12, S. 498.
71 Vgl. Schumacher, a. a. O., S. 140-152; *SU*, S. 200 ff und 304 ff.; Helmuth Lethen: *Neue Sachlichkeit 1924-1932. Studien zur Literatur des ›Weißen Sozialismus‹*. Stuttgart 1971, besonders S. 19 ff.
72 Vgl. *SU*, S. 198 ff.

dauern‹[73], ›leer‹, um die Leere des entfremdeten Lebens zu ertragen,[74] identitätslos, um Identität zu bewahren. Unpersönliche Kälte und scheinbare Sachlichkeit früherer Gedichte[75] kehren hier, wo das Subjekt den Weg von innen nach außen zur Gesellschaft geht, verstärkt wieder. Mit der Realitätszuwendung verstärkt sich in dieser Phase die Realitätsflucht, die Flucht des Subjekts, das die Bedrohlichkeit der Gesellschaft erfährt, in die Auslöschung durch die gesellschaftliche Wirklichkeit.

Die widersprüchliche Einheit von Realitätszuwendung und Realitätsflucht, von Selbstbewahrung und Selbstvernichtung führte, je mehr die Widersprüche durch weitere Realitätszuwendung hervorgetrieben wurden[76], zur dialektischen Lyrik. Selbst dort, wo das Ich später wie die Wirklichkeit spricht, treibt es, weil deren Widersprüche sichtbar werden, zu dialektischem Verhalten des Lesers:

>   DIE OBEREN SAGEN:
>   Es geht in den Ruhm.
>   Die unteren sagen:
>   Es geht ins Grab.[77]

Schon in den Gedichten im Umkreis des *Lesebuchs*, die vorgeben, menschliche Haltungen und Verhaltensweisen, die Wirklichkeit selbst vorzuführen und sich der Wirklichkeit tatsächlich auch nähern, ist die Dialektik angelegt: die Spannung zwischen Todessehnsucht und Heilungswillen, Regression und Realitätszuwendung und die im übertriebenen Einverständnis mit der Realität spürbare Denunziation der Realität können die Subjektivität des ›sprechenden Ich‹ und des Lesers zum Protest bringen; so z. B., wenn ein Gedicht die Brutalität der Gesellschaft vorführt und wie die Wirklichkeit selbst zu sprechen scheint:

---

73 Vgl. oben S. 122.
74 Vgl. Heinrich, a. a. O., S. 56: »Die heutigen Niemandsgestalten *wollen* ein Hohlraum sein: wirklich ein Nichts.« (Hervorhebung C. P.).
75 Vgl. »Von der Freundlichkeit der Welt« und »Vom armen B. B.«.
76 Die allmähliche Wendung zur gesellschaftlichen Realität darf nicht auf einen Erkenntnisprozeß oder einen innerpsychischen Vorgang beschränkt werden. Sie ist mitbedingt durch die gesamtgesellschaftliche Entwicklung, die sich in der Wirtschaftskrise verschärfenden Klassengegensätze, die Massenarbeitslosigkeit, das Anwachsen der KPD, durch deren Kulturpolitik und durch einzelne Erlebnisse, wie das der Erschießung von Demonstranten (Sternberg, a. a. O., S. 24 f.). Siehe Werner Mittenzwei: *Bertolt Brecht. Von der ›Maßnahme‹ zu ›Leben des Galilei‹*. Berlin ²1965, S. 9-51.
77 *w. a.*, 9, S. 637.

Tritt an! Warum kommst du so spät? Jetzt
Warte! Nein, du nicht, der da! Du kannst
Überhaupt weggehen, dich kennen wir, das hat gar keinen Zweck
Daß du dich da heranschmeißt. Halt, wohin?
Haut ihm doch bitte in die Fresse, ihr! So
Jetzt weiß er Bescheid hier. Was, er quatscht noch?
Nehmt ihn euch mal vor, er quatscht immer.
Zeigt dem Mann mal, auf was es hier ankommt.[78]

Realitätsflucht und Realitätszuwendung kommen zum gespannten Kompromiß; der masochistische Wunsch, unterzugehen, und die ›innere Leere‹ werden nach außen projiziert und Untergang, Leere und Gesichtsverlust, die früher zum Glück der Liebe gehörten, als Zwang der Gesellschaft vorgeführt:

Wenn du deinen Eltern begegnest in der Stadt Hamburg oder sonstwo
Gehe an ihnen fremd vorbei, biege um die Ecke, erkenne sie nicht
Zieh den Hut ins Gesicht, den sie dir schenkten
Zeige, oh, zeige dein Gesicht nicht
Sondern verwisch die Spuren!
[...]
(Das wurde mir gelehrt.)[79]

Der geheime Wunsch, der seinerseits von der gesellschaftlichen Realität bestimmt ist, treibt deren Bild ins Extrem. Erkenntnis der (freilich nicht historisch verstandenen) Realität und Mystifizierung der Realität kommen zur provozierend vorgeführten Einheit. Im Vorführen selbst schlägt die Verzweiflung um in Protest. Von hier aus kann sich ein dialektisches Verhalten des Subjekts zur Gesellschaft entwickeln.

In der Dialektik kehrt dann der Tod als Negation wieder und die Wiedergeburt als Negation der Negation. 1940 wird Brecht die Todessehnsucht seiner frühen Lyrik – nach diesen Ausführungen mit Recht – als Moment einer subjektiven Bewegung verstehen, die einer objektiven dialektischen entspricht:

Hier erreicht die Literatur jenen Grad der Entmenschtheit, den Marx beim Proletariat sieht und zugleich die Ausweglosigkeit, die ihm Hoffnung einflößt. Der Großteil der Gedichte handelt vom Untergang und

---

78 *w. a.*, 8, S. 277.
79 *w. a.*, 8, S. 267.

die Poesie folgt der zugrundegehenden Gesellschaft auf den Grund. [...] die Sinnlosigkeit wird als Befreierin begrüßt.[80]

In der Dialektik löst das Subjekt den vertikalen Aspekt seiner Identitätsproblematik; denn in der dialektischen Bewegung von der Vergangenheit über die Gegenwart zur Zukunft kann es sein, was es war und ist, und sich zugleich negieren. Es kann seine Identität durch die Zeiten als dialektische bewahren und den Kreis der immer gleichen Gegenwart durchbrechen; es braucht sich nicht mehr selbst aufzulösen, um sich zu negieren,[81] und kann so die ›via negativa‹ beschreiten.

Das Subjekt-Objekt-Verhältnis, welches das *Badener Lehrstück* bestimmt, läßt sich aus der Entwicklung des ›dichtenden Ich‹ erklären; es entspricht dem Verhalten eines neurotischen Ich in der Phase kurz vor der Heilung. In dieser letzten und heftigsten Phase flieht das Ich in die Krankheit und sucht sich der Wirklichkeit zu entziehen, die es erkannt und als zu bewältigende erfahren hat: auf der Flucht treibt es seine Krankheit in die extremste Form. Unter dem Schock, den es erfuhr, als es die Realität anerkennen mußte, quält und verleugnet sich das ›dichtende Ich‹ hier mehr als dies an Brechts anarchisch-nihilistischer Lyrik abzulesen war. Es flieht wie früher in die Selbstauslöschung, verschwindet hinter der Rolle und sucht durch übermäßige Betonung der Außenorientierung die Internalität des Kernkonflikts zu leugnen. Doch zugleich wendet es sich der Gesellschaft zu, erkennt, daß sie verändert werden muß, öffnet den Weg zu weiterer Realitätszuwendung und damit zur Konstituierung seiner selbst und der Rezipienten als Subjekten, die sich dialektisch zur Realität verhalten können.

Diese widersprüchliche Einheit von Regression und Heilung zeigen auch Sexualität und Über-Ich-Anteile, soweit sie Brechts Werk in dieser Phase bestimmen. An der »Erinnerung an eine M. N.« von 1930 ließ sich erkennen, daß die Spaltung der beiden Liebesströmungen, also die Regression auf inzestuöse Bindung und Kastrationsangst, in dieser Phase ins Extrem getrieben wurde und als Leiden ins Bewußtsein trat, d. h. sich der Heilung näherte.[82] Entsprechend bestimmen christliche Vorstellungen, die als bewußte Über-Ich-Anteile bereits abgebaut waren, erneut

---

80 Siehe oben S. 155.
81 Siehe oben S. 75 und 271 ff.
82 Siehe oben S. 289 ff.

und entscheidend das *Badener Lehrstück;* das ›dichtende Ich‹ regrediert auf scheinbar überwundene Über-Ich-Anteile, doch zugleich zerstört es sie und nähert sich der Heilung, indem es »Prädispositionen einer ›Nachfolge Christi‹ zu Vorbedingungen und zum Wesen einer proletarisch-revolutionären Haltung erklärt«[83], also radikal auf gesellschaftliches Verhalten bezieht. Die sexualunterdrückenden christlichen Über-Ich-Anteile wirken verstärkt, weil die Sexualität dabei ist, sich durchzusetzen und sie zu überwinden:[84] die streng asketischen, in ihrer Verleugnung des seinen Bedürfnissen folgenden Individuums und in ihrer Form sexualfeindlichen Lehrstücke sind als Stationen auf dem Weg zur sexuellen Emanzipation zu sehen,[85] die Regressionen als Momente ihrer eigenen Überwindung.

Sogar der Drang zur Selbstauflösung enthält ein vorwärtsweisendes Moment; er läßt sich als ›Hang zum Tiefpunkt‹ verstehen, über den Erikson schreibt:

Dieser äußert sich in dem quasi freiwilligen Sich-Fallenlassen des Patienten, einem Zug in die Regression und einer Suche nach der allerniedrigsten Lage, die zugleich die äußerste Grenze der Regression und das einzige feste Fundament für einen neuen Aufstieg ist. Eine solche freiwillige Suche nach der untersten Grenze stellt das Extrem der von Ernst Kris beschriebenen ›Regression im Dienste des Ich‹ dar.[86]

Der ›Hang zum Tiefpunkt‹ äußert sich im Werk Brechts in dem Hang, sich auszulöschen, um zu überleben, ›platt‹ und ›leer‹ zu werden, um zu ›überdauern‹, sterbend die ›kleinste Größe‹ zu erreichen, um das Sterben zu überwinden:

---

83 Siehe oben S. 328, besonders Anm. 66.
84 Siehe oben S. 304 ff.
85 Vgl. Reich: *Massenpsychologie des Faschismus*, S. 242, und oben S. 304, besonders Anm. 165 und 166. – Die These Mittenzweis (a. a. O., S. 44), die Kargheit der Lehrstücke erkläre sich daraus, daß unter politischem Druck die Mittel fehlten, mit raffinierter Technik und größerer Ausstattung zu spielen, läßt sich so nicht mehr halten. Auch wäre es dann verwunderlich, daß die Gedichte jener Zeit, die ja keiner materiellen Mittel bedurften, ebenso asketischkarg sind. – Die Sexualproblematik und so auch jene Kargheit sind im weiteren Rahmen der Identitätsproblematik zu sehen.
86 Erikson, a. a. O., S. 169. – Vgl. Kilian, a. a. O., S. 266 f.: »Nur auf dem Umweg über eine Phase der Systemregression, die mit der Freisetzung von bisher gebundenen Triebenergien verbunden ist und insofern auch als eine Phase der Mobilisierung neuer triebenergetischer ›Produktivkräfte‹ im sogenannten Unbewußten aufgefaßt werden kann, gelingt in der Regel jener neue Lernschritt oder Entwicklungsschritt einer ›Systemprogression‹, welcher eine neue Übereinstimmung zwischen den Signalstrukturen und der biosozialen Realitätsstruktur herstellt.«

Als der Denkende in einen großen Sturm kam, saß er in einem großen Fahrzeug und nahm viel Platz ein. Das erste war, daß er aus seinem Fahrzeug stieg, das zweite war, daß er seinen Rock ablegte, das dritte war, daß er sich auf den Boden legte. So überwand er den Sturm in seiner kleinsten Größe.
[...]
Wenn der Denkende den Sturm überwand, so überwand er ihn, weil er den Sturm kannte und er einverstanden war mit dem Sturm. Also, wenn ihr das Sterben überwinden wollt, so überwindet ihr es, wenn ihr das Sterben kennt und einverstanden seid mit dem Sterben.[87]

Der Untergang des Individuums soll zu dessen gesellschaftlicher Neubestimmung führen. Aus seiner Entbehrlichkeit und Beliebigkeit, seinem Nichtvorhandensein als Person in der entfremdeten Gesellschaft fliehend, sucht es eine »neue und eigentliche Unentbehrlichkeit im Ganzen«, in einem gefährlich unbestimmten Ganzen:

In den wachsenden Kollektiven erfolgt die Zertrümmerung der Person.
[...]
Sie fällt in Teile, sie verliert ihren Atem. Sie geht über in anderes, sie ist namenlos, sie hat kein Antlitz mehr, sie flieht aus ihrer Ausdehnung in ihre kleinste Größe – aus ihrer Entbehrlichkeit in das Nichts –; aber in ihrer kleinsten Größe erkennt sie tiefatmend übergegangen ihre neue und eigentliche Unentbehrlichkeit im Ganzen.[88]

Wer sich erhoben hat, muß sich sinken lassen. Wer die kleinste Größe erreicht hat, wird wiedergeboren:

Halte dich fest und sinke! Fürchte dich! Sinke doch! Auf dem Grunde Erwartet dich die Lehre.
Zu viel Gefragter

---

[87] w. a., 2, S. 602. - Der Satz »Wenn der Denkende den Sturm überwand, so überwand er ihn, weil [...] er einverstanden war mit dem Sturm« zeigt die Irrationalität dieser Vorstellungen; denn man überwindet einen Sturm nicht dadurch, daß man einverstanden ist mit ihm, sondern dadurch, daß man die geeigneten Gegenmaßnahmen trifft. Es geht Brecht hier in *Badener Lehrstück* um die Legitimation der Todessehnsucht, die freilich auch im Dienst der Selbstbewahrung steht. Diese Legitimation findet er im Einverständnis mit dem Sterben, das er zur Tugend stilisiert.
[88] w. a., 20, S. 61. Der Text ist nicht datiert. Nach der *werkausgabe* (w. a., 20, S. 45) ist er zwischen 1926 und 1939 entstanden. Die unmarxistische Erklärung der »Zertrümmerung der Person« aus den »wachsenden Kollektiven« - und nicht aus der Entfremdung - läßt auf ein relativ frühes Entstehungsdatum schließen.

Werde teilhaftig des unschätzbaren
Unterrichts der Masse:
Beziehe den neuen Posten.[89]

In der Wiedergeburtsphantasie schlägt sich der Wunsch nieder, das Ich möge am Tiefpunkt wieder auferstehen, die Regression möge im Dienst des Ich geschehen.[90] In der Tat setzt die Entwicklung hin zur sozialen Realität und zum politischen Handeln hier die Regression voraus und verstärkt sie wiederum.[91] Der Abbau von Über-Ich-Anteilen, von verinnerlichter Ideologie, und ganz allgemein die Lösung aus heteronomen Identitätsstrukturen scheinen ohne solche Regression nicht möglich. Autoren wie Esslin und Rühle, die betonen, Brechts Wendung zum Sozialismus sei irrational,[92] sind also durchaus im Recht, sofern sie auf die irrationale Komponente verweisen, im Unrecht jedoch, sofern sie übersehen, daß diese Irrationalität mit erweiterter Realitätskenntnis zusammenging und ein Moment auf dem Weg zu rationalerem, realitätsgerechterem Verhalten war.

Erikson beschreibt den ›Hang zum Tiefpunkt‹ als einen Mechanismus, der in einer besonders schweren Phase der Behandlung bei Patienten wirksam wird, die an Identitätsdiffusion leiden; dieser Weg führt dann zur Genesung.[93] Das gilt wohl auch im Falle Brechts. Die Nähe zum Verhalten von Patienten sollte gleichwohl nicht dazu verführen, die Dramen und Gedichte des jungen Brecht als bloßen Ausdruck einer Krankengeschichte zu interpretieren, mag diese auch gelegentlich exemplarisch sein für die ›Krankengeschichte‹ des deutschen mittelständischen Individuums

---

89 w. a., 7, S. 2908. - Vgl. auch die ›Gänge in die Tiefe‹ der Johanna Dark (w. a., 2, S. 689 ff.).
90 Vgl. auch Weiss: *Abschied von den Eltern*. S. 119.
91 Vgl. Michel, a. a. O., S. 30: »Vielleicht setzt jede Konversion, auch die zum Sozialismus, und sei sie noch so gut rationalisiert, einen partiellen Ich-Verlust voraus - der freilich im Engagement kompensiert werden muß. Vielleicht ist jede *politische Progression* an eine *psychische Regression* gebunden, im Sinne der Preisgabe verhärteter Internalisierungen und der Freisetzung unterdrückter Bedürfnisse - was freilich kollektiv geschehen muß, sonst bleibt es Theorie (bzw. Pathologie). ›Der geschichtliche Fortschritt‹, sagt Mitscherlich, ›vollzieht sich nicht unbedingt auf Wegen, die - im Sinne der jeweils herrschenden Vernunft - als ›rational‹ gelten dürfen; aus verworrenen und abstrus erscheinenden Zielen und regressiven Verhaltensformen kann sich die Möglichkeit einer neuen Interpretation der sozialen Realität ergeben.‹« Michel bezieht sich hier auf Alexander Mitscherlich: *Protest und Revolution*. In: *Psyche* XXIV, 1970, S. 510-519.
92 Siehe oben S. 306 ff., besonders Anm. 173.
93 Erikson, a. a. O., S. 169.

zwischen 1914 und 1930. In den Werken des frühen Brecht wird das Neurotische immer balanciert durch die stark entwickelte Kontrolle der Regression,[94] durch die Betonung des Experimentiercharakters und durch spielerisch-poetische Distanzierung – Verhaltensweisen, die ihrerseits wieder vor allzu großer Strafangst schützen[95] und so die Heilung fördern. Am 6. Juli 1934 notiert Walter Benjamin:

Brecht, im Lauf des gestrigen Gesprächs: »Ich denke oft an ein Tribunal, vor dem ich vernommen würde. ›Wie ist das? Ist es ihnen eigentlich ernst?‹ Ich müßte dann anerkennen: ganz ernst ist es mir nicht. Ich denke auch zuviel Artistisches, an das, was dem Theater zugute kommt, als daß es mir ganz ernst sein könnte. Aber wenn ich diese wichtige Frage verneint habe, so werde ich eine noch wichtigere Behauptung anschließen: daß mein Verfahren nämlich erlaubt ist.«[96]

Das gilt nicht erst für die dreißiger Jahre; schon in den frühen Gedichten ging das ›dichtende Ich‹ nicht in seinen Phantasien auf, so visionär einzelne von ihnen wirken mögen.

So läßt sich die Entwicklung von Brechts Werk auch als Niederschlag einer Selbstheilung durch Kunst interpretieren; zumindest wurde diese Entwicklung durch das Schreiben gefördert. Das ›dichtende Ich‹ lockerte die Kontrolle so, daß neurotische Momente ins Bewußtsein treten, beherrscht und in der Auseinandersetzung mit der Realität allmählich abgearbeitet werden konnten. Es objektivierte seine Phantasien durch mannigfache Techniken[97] und befreite sich weitgehend von seinen eigenen neurotischen Zwängen, von denen es zu keinem Zeitpunkt soweit bestimmt war, daß man es uneingeschränkt als neurotisch hätte bezeichnen können.

---

94 Siehe oben S. 208 f., 299 f.
95 Vgl. oben S. 299.
96 *Gespräche mit Brecht. Svendborger Notizen.* In: Walter Benjamin: *Versuche über Brecht.* Frankf./M. 1966, S. 117 ff.; dort S. 118 ff. - Das Bild vom Tribunal, vor dem man sich rechtfertigen muß oder will, zeigt, daß Brecht auch damals noch gesellschaftliche Probleme unter der Kategorie von Rechtfertigung und Verurteilung dachte, sein Über-Ich also nicht ganz abgearbeitet hatte. Im Hinblick hierauf wären die zahlreichen Gerichtsszenen in seinem Werk zu untersuchen (vgl. Klotz, a. a. O., S. 54 f. und Grimm: *Strukturen.* S. 67). Es wäre zu fragen, wieweit er das Gericht noch autoritätsgebunden als moralische bzw. unmoralische Instanz eingesetzt hat und inwieweit er es benutzt, um die Dialektik des Klassenkampfs zu zeigen.
97 Eine dieser Techniken war wohl auch das Heranziehen von Mitarbeitern.

Identitätsproblematik und Vitalismus

Vom *Badener Lehrstück* aus läßt sich im Rückblick die Identitätsproblematik in dem 1924/25 geschriebenen Stück *Mann ist Mann*[98] besser verstehen – und von dort aus in weiterem Rückblick der Vitalismus in Brechts früher Lyrik. Das ›dichtende Ich‹ sucht die kleinste Größe des Individuums und zerstört dessen beschädigte Identität, um dessen Identität als körperliches Wesen zu bewahren.[99] Es reduziert das Individuum auf seine ›Kreatürlichkeit‹, auf einen »Fleischklotz«[100] und hofft insgeheim, es werde so überdauern und wiedererstehen.

Die Verwandlung des Packers Galy Gay in den Soldaten Jeraiah Jip und »der Fall des Sergeanten P., der sich zu gleicher Zeit aus Wut darüber, daß er seiner geschlechtlichen Hemmungslosigkeit wegen nicht Herr seiner selbst war, selber mit eigener Hand kastrierte, beweist den oberflächlichen Firnis des Individualismus in unserer Zeit«, wie Brecht in einer frühen, in Form einer Zeitungsmeldung abgefaßten Fabel des Stücks *Mann ist Mann* schreibt.[101]

Der Sergeant, er heißt im Stück ›Fairchild‹, sieht seine Identität, die ihm sein Name ›Blutiger Fünfer‹, die militärische Ordnung und die Uniform gewährleisten, durch seine Triebe gefährdet. Die Sexualität macht aus ihm ein Naturwesen ohne gesellschaftliche Sicherung; den Trieben ausgeliefert, verliert er seinen Namen, seine Uniform und letztlich seine von außen gewährte Identität. Die Witwe Begbick lockt ihn:

---

98 »Die erste Idee zum Stück reicht, wie aus einem Brief an Otto Münsterer hervorgeht, auf das Jahr 1918 zurück. Brecht schrieb an Münsterer im August 1918: ›Mache auch gelegentlich ein neues Stück fürs Theater der Zukunft: Der dicke Mann auf der Schiffsschaukel.‹« (Marianne Kesting: *Die Groteske vom Verlust der Identität: Bertolt Brechts ›Mann ist Mann‹*. In: Hans Steffen (Hrsg.): *Das deutsche Lustspiel*. Zweiter Teil. S. 180-199; dort S. 184. Zur Entstehung des Stücks und zu dessen verschiedenen Fassungen: dort S. 184 ff. und 197 f.). Die *Brecht-Chronik* berichtet zum 16. VI. 1920: »Brecht arbeitet seit einigen Wochen an einem neuen Projekt: ›Galgei‹, die Vision von einem ›Fleischklotz, der maßlos wuchert‹« (*BC*, S. 23). Brecht arbeitete das Stück 1924/25 aus; Ende 1924 erhält es den Titel *Mann ist Mann* (*BC*, S. 37); fertiggestellt ist es im Herbst 1925 (*BC*, S. 38).
99 Vgl. Levita, a. a. O., S. 214: »Der wichtigste aller Identitätsfaktoren ist der Körper.«
100 Siehe oben Anm. 98.
101 »Für Zeitungen«; w. a., 17, S. 974 f.; dort S. 974; vgl. ebenda, Anmerkungen‹ S. 3.

Folge doch, Blutiger Fünfer, deiner großen Natur
[...]
Und in der Höhle meiner Achsel, meinem Haar
Erfahre, wer du bist. Und in der Beuge meiner Knie vergiß
Deinen zufälligen Namen.
Kümmerliche Zucht! Ärmliche Ordnung!
So bitt ich dich jetzt, Blutiger Fünfer, komm
Zu mir in dieser Nacht des lauen Regens
Genau, wie du befürchtest: als Mensch!
Als Widerspruch. Als Muß – und – will – doch – nicht.
Jetzt komm als Mensch! So wie Natur dich schuf
Ganz ohne Eisenhut! Verwirrt und wild und in dich selbst verwickelt
Und unbewehrt gegeben deinen Trieben
Und hilflos deiner eigenen Stärke hörig.
So komm: als Mensch![102]

Er läßt sich verlocken und fällt aus seiner Rolle als Sergeant und ›Blutiger Fünfer‹; später erwacht er in einem fahrenden Zug:

O Elend! O Erwachen! Wo ist mein Name, der groß war von Kalkutta bis Cooch-Behar? Sogar mein Rock ist dahin, den ich getragen habe! Sie haben mich in einen Zug gelegt wie ein Kalb in einen Schlächterkarren! Mein Mund ist zugestopft mit einem zivilistischen Hut, und im ganzen Zug weiß man, daß ich nicht mehr der Blutige Fünfer bin![103]

Um seinen Namen und damit seine Identität zu retten, kastriert er sich. »Ich muß es tun, damit ich der Blutige Fünfer bleibe.«[104]
Dem Sergeanten Fairchild, der sich, um seine von der Gesellschaft gewährte Identität zu retten, seiner Sexualität beraubt, die hier seine ›Kreatürlichkeit‹ repräsentiert, steht Galy Gay gegenüber, der die Identität, welche ihm die Gesellschaft zuspricht, wechselt, seinen Namen vergißt und dadurch seine Identität als scheinbar ungesellschaftliche Kreatur bewahrt. Der Mensch zerfällt in *Mann ist Mann* in eine scheinbar ungesellschaftliche Kreatur einerseits und in ein mit sich identisches Selbst andererseits, das seine Identität freilich einzig der Gesellschaft verdankt. Beide Momente bedrohen einander.
Galy Gay überdauert ›so wie Natur ihn schuf‹ und wird ummontiert, ohne dabei etwas zu verlieren.[105] Er wird gezwungen, seine

---

102 *w. a.*, I, S. 317.
103 *w. a.*, I, S. 368.
104 *w. a.*, I, S. 369.
105 *w. a.*, I, S. 336.

durch die Rolle gewährte Identität[106] aufzugeben. In einer entscheidenden Szene seines Übergangs von Galy Gay zu Jeraiah Jip sitzt er an einer leeren Kiste, in der er selbst als erschossener Verbrecher Galy Gay, als der er sich nicht zu erkennen geben darf, liegen soll: »Ich könnt nicht ansehen ohne sofortigen Tod / In einer Kist ein entleertes Gesicht / Eines Gewissen, mir einst bekannt.«[107] Das Motiv des ›leeren Gesichts‹ bezeichnet hier »die Auslöschung der Identität des Galy Gay. Nur sie ist in der leeren Kiste enthalten als die Leere selber.«[108] Die ›innere Leere‹ dessen, der sich selbst vergessen hat[109] und nicht weiß, wer er ist,[110] erscheint als Leere der Kiste und des Gesichts. Diese Leere ist Voraussetzung des Überlebens: das Sterben als Galy Gay ist Voraussetzung der Wiedergeburt und Weiterexistenz als Jeraiah Jip. Es gilt, die Identität zu vergessen und sich der Gesellschaft anzupassen:

> Drück ich ein Auge zu, was mich betrifft
> Und lege ab, was unbeliebt an mir, und bin
> Da angenehm.[111]

Das gelingt.
Galy Gay ist als ein Mensch gezeichnet, der in seiner ›Kreatürlichkeit‹ ruht; die Nichtexistenz als autonomes Individuum wird aufgewogen durch die Existenz als animalisches Wesen. Er ist schwerfällig und dickhäutig wie ein Elefant oder ein Mammut, beinahe selbst ein Tier, und beweist seine Lebenskraft, indem er ißt,[112] selbst als Wesen ohne Identität.[113] Wenn er die aufgezwungene Identität übernommen hat, ißt er sogar denen, die sie ihm aufzwangen, die Portionen weg:[114] der Fleischklotz wuchert. Als Fleischklotz kann er nicht nein sagen;[115] er ist kein Subjekt, das sich bestimmt, indem es anderes negiert. Und als Fleischklotz kann

---

106 Vgl. *w. a.*, 1, S. 360: »Einer ist keiner. Es muß ihn einer anrufen.«
107 *w. a.*, 1, S. 360.
108 Peter Horst Neumann: *Der Weise und der Elefant. Zwei Brecht-Studien.* München 1970, S. 39.
109 *w. a.*, 1, S. 353: »Wer aber bin ich? Denn ich habe es vergessen.«
110 *w. a.*, 1, S. 352: »ich bin einer, der nicht weiß, wer er ist.«
111 *w. a.*, 1, S. 361.
112 *w. a.*, 1, S. 371 über Galy Gay, der sich angepaßt hat und nun ißt: »Nein, das ist ein Beweis von Lebenskraft.«
113 *w. a.*, 1, S. 357: »So einer ißt auch noch als Garniemand.«
114 *w. a.*, 1, S. 371, 372, 373.
115 *w. a.*, 1, S. 308.

er es sich leisten, nicht nein zu sagen und sich dem gesellschaftlichen Zwang zu fügen: er wird ihn überleben.
Mit der Gestalt des Galy Gay phantasiert Brecht die Möglichkeit, außerhalb der Identität des autonomen Individuums wenigstens eine ›kreatürliche‹ Identität zu bewahren. Im Gegensatz zum *Badener Lehrstück* und zu den frühen Gedichten, welche die ›innere Leere‹ thematisieren, gestaltet er hier den gesellschaftlichen Zwang mit, der zur ›inneren Leere‹ dessen führt, der seine Identität aufgibt – freilich als physische Gewalt: die Soldaten täuschen Galy Gay vor, er werde erschossen. Der gesellschaftliche Zwang, der eine autonome Identität verhindert und Brecht dazu treibt, sich (in der Phantasie) aus der heteronomen zurückzuziehen, der scheinbar gewaltlose Zustand sachlicher Abhängigkeit, wird nicht herausgearbeitet.[116] Doch die Disponibilität des Individuums tritt bereits ins Bewußtsein; ebenso der Zusammenhang zwischen ihr und der Verelendung:

So einer verwandelt sich eigentlich ganz von selber. [...] Das kommt, weil er nichts zu verlieren hat.[117]

Die Identitätsproblematik wird zwar schon deutlich auf die Produktion bezogen, doch die Vernichtung des mit sich identischen Individuums wird irrational und nur aus der Fabel des Stücks motiviert. Der geheime Wunsch, sich seiner Identität und so der entfremdeten Gesellschaft zu entziehen, äußert sich in der nur aus der Fabel erklärbaren gewaltsamen Demontage der Persönlichkeit – und versteckt sich hinter ihr:

Die Persönlichkeit wird unter die Lupe genommen, dem Charakterkopf wird nähergetreten. Es wird durchgegriffen. Die Technik greift ein. Am Schraubstock und am laufenden Band ist der große Mensch und der kleine Mensch, schon der Statur nach betrachtet, gleich. Die Persönlichkeit! Schon die alten Assyrier, Witwe Begbick, stellten die Persönlichkeit dar als einen Baum, der sich entfaltet. So, entfaltet! Dann wird er eben wieder zugefaltet, Witwe Begbick.[118]

Brecht sieht nicht, daß sich die Identitätsproblematik, die er mit dem Stück zu fassen sucht, aus der Lage des bürgerlichen Indivi-

---

116 Physische Gewalt oder zumindest ihre Androhung stehen jedoch am Beginn der heteronomen Identität (Bestrafung der Kinder, Kastrationsdrohung) und begegnen später dem, der sich durch die Tat gegen sie und ihre Voraussetzungen auflehnt (Kriminalisierung). So hat die Darstellung Brechts auch ihr Recht.
117 *w. a.*, 1, S. 329.
118 *w. a.*, 1, S. 340.

duums im Monopolkapitalismus ergibt. So bezieht er sie auch ontologisierend auf eine allgemeine, nicht auf ihren historischen Ort befragte Veränderlichkeit des Ich,[119] auf Veränderlichkeit schlechthin[120] und, wo er historisch wird, allein darauf, daß das anthropozentrische Weltbild inzwischen zerbrochen ist.[121] Dem entspricht die undialektische Gegenüberstellung der sozialen Bestimmung des Individuums, die wegfallen oder zumindest ausgewechselt werden kann, und seiner vitalen Basis, eine Gegenüberstellung, die sich am Denkmodell von Schale und Kern orientiert. Seine Phantasie von Galy Gay bleibt eine bürgerliche Negation des bürgerlichen Individualismus.

Von dem in *Mann ist Mann* thematisierten Verhältnis von Rolle und ›Kreatürlichkeit‹ aus läßt sich die ›Kreatürlichkeit‹ in der frühen Lyrik, ihr Vitalismus, besser verstehen. Auch dort sucht sich das ›dichtende Ich‹ auf seine kleinste Größe, seine animalische Basis, zurückzuziehen und die Rollen zu verlassen. In »Caspars Lied mit der einen Strophe« aus dem Jahr 1917[122] wird die Vitalität zur Zuflucht vor der Soldatenrolle. Die kleinste Größe, das Animalische, erscheint als größte Größe, als wuchernder Fleischklotz. Gedichte, welche die animalische Geborgenheit in der Natur zum Thema nehmen wie »Der Choral vom Manne Baal«[123] und »Vom Schwimmen in Seen und Flüssen«, sind Phantasien des Rückzugs aus Rollen, deren Verdinglichung Gedichte wie »Von der Freundlichkeit der Welt« und »Der erste Psalm«[124] als ›Kälte auf Erden‹ beklagen.
Der Rückzug auf die ›Kreatürlichkeit‹ vollzieht sich nach der Ablösung vom kriegführenden Vaterland im Zeichen der Ablösung vom Christentum. Die Betonung des Animalischen[125] widerstrei-

---

119 *w. a.*, 1, S. 345: »Nenne doch nicht so genau deinen Namen. Wozu denn?/Wo du doch immerzu einen andern damit nennst.«
120 *w. a.*, 1, S. 346: »Beharre nicht auf der Welle/Die sich an deinem Fuß bricht, solange er/Im Wasser steht, werden sich/Neue Wellen an ihm brechen.« Dieses Thema entfaltete Brecht sogar erst in der Fassung von 1929 (Herrmann, a. a. O., S. 206).
121 *w. a.*, 1, S. 340.
122 Siehe oben S. 251 f.
123 *w. a.*, 8, S. 249.
124 *w. a.*, 8, S. 241. – Die beiden folgenden ›Psalmen‹ feiern die ›Kreatürlichkeit‹, besonders die Sexualität.
125 Z. B. *SM I*, S. 72, 79, 87, 91, 108, 119, 121; *w. a.*, 11, S. 38.

tet den internalisierten christlichen Wertorientierungen,[126] die ihrerseits fortlaufend abgebaut werden; ein Prozeß, der wiederum den Rückzug aufs Animalische erleichtert. Der ›Hang zum Tiefpunkt‹ führt zur Phantasie des Untergangs und des Aufgehens in der Natur:

> Und im vierten Monde schwammen Algen
> In mein Holz und grünten in den Balken:
> Mein Gesicht ward anders noch einmal.
> Grün und wehend in den Eingeweiden
> Fuhr ich langsam, ohne viel zu leiden
> Schwer mit Mond und Pflanze, Hai und Wal.[127]

Der Untergang wird zum Angriff auf den Christengott, der negiert und – soweit er als unbewußter Über-Ich-Anteil noch vorhanden ist – für den Untergang verantwortlich gemacht wird:

> Etwas fuhr schimmernd von Möwenkoten
> Voll von Alge, Wasser, Mond und Totem
> Stumm und dick auf den erbleichten Himmel los.[128]

Von 1916 bis 1925 verwandelt sich das Verhältnis von Kreatürlichkeit und Gesellschaft – und damit auch die Kreatürlichkeit selbst. Anfangs – z. B. in dem ›Lied der Eisenbahntruppe‹[129] – bezieht Brecht die vitalistischen Phantasien – abgesehen von »Caspars Lied« – nicht ausdrücklich auf die Gesellschaft. Der Rückzug aus den Rollen vollzieht sich vor allem als weitgehend unbewußter Rückzug aus den verinnerlichten Wertorientierungen, den Über-Ich-Anteilen. 1918/19[130] in den Revolutionswirren gestaltet Brecht in *Trommeln in der Nacht* dann die Kreatürlichkeit als Gegenposition zu den Forderungen der Gesellschaft und stellt dieser und deren Konventionen die ›Fleischbank‹ als das

---

126 Z. B. »Gegen Verführung« (*w. a.*, 8, S. 260) und die Kirchenliedparodie »Der große Dankchoral« (*w. a.*, 8, S. 215; vgl. hierzu Prediger 3; 19, 21 und Psalm 49,13); vgl. auch *M*, S. 117: »Brecht stellt fest, daß wir nur der Feuchtigkeit dieses Weltkörpers unser Dasein verdanken, ganz dem Zufall also, zwecklose Kreaturen, Erdklöße, gebildet durch eine unsinnige Laune und die Feuchtigkeit« (12. VI. 1919).
127 *w. a.*, 8, S. 180.
128 *w. a.*, 8, S. 181; vgl. *SW*, S. 129.
129 *w. a.*, 8. S. 13.
130 *BC*, S. 16: »März [1919]: Brecht besucht Lion Feuchtwanger und bringt ihm sein Stück ›Spartakus‹«. Das Stück erhielt später den Titel *Trommeln in der Nacht*.

einzig Wirkliche entgegen.[131] Mit dem Zusammenbruch der Revolution und Brechts Zweifeln an ihr erscheint die Kreatürlichkeit darauf zunächst ohne offenen Bezug zur Gesellschaft – z. B. in »Vom Schwimmen in Seen und Flüssen«. Von nun an dringt das Verhältnis von Kreatürlichkeit und Gesellschaft in dem Maß ins Bewußtsein wie die Introjekte der Gesellschaft von innen nach außen abgebaut werden. Während die Kreatürlichkeit anfangs den verinnerlichten christlichen Wertorientierungen gegenüberstand, wird sie in der folgenden Phase stärker bürgerlichen Konventionen konfrontiert, besonders der deutenden und wertenden Sprache, die verdeckt, daß die Menschen ›Fleischpakete‹ sind.[132] In dieser Phase zerstört Brechts Lyrik – z. B. in der Apfelböck-Ballade von 1919 –, um die unheimliche Kreatürlichkeit freizulegen, bürgerliche Sprache und Konvention, ohne sie als klassenspezifisch zu zeigen.

In dem 1921 begonnenen[133] Stück *Im Dickicht der Städte* zeigt Brecht dann das »nackte Leben« als das, was übrigbleibt, wenn man sich von ›gewissen Vorstellungskomplexen‹, die man von der Familie, von der Ehe oder von seiner Ehre hat,[134] gelöst hat.[135] Das Stück ist von einer dem ›Hang zum Tiefpunkt‹ folgenden Phantasie geprägt, in der im masochistisch-homosexuellen Kampf die verinnerlichten Wertorientierungen abgebaut werden, bis die ›kleinste Größe‹, die Kreatürlichkeit erreicht ist:

SHLINK [...] aus der Fleischbank des Infernos steigen Sie, Ihr nacktes Leben in der Tasche!
GARGA Das nackte Leben ist besser als jedes andere Leben.[136]

Zur gleichen Zeit[137] stellt Brecht mit dem »Lied der verderbten Unschuld beim Wäschefalten« die von gesellschaftlicher Identität freie Kreatur gegen die Moral der Gesellschaft:[138]

131 Siehe oben S. 301.
132 Siehe oben S. 107 f.
133 *BC*, S. 27 ff.
134 Vgl. *D*, S. 142.
135 Vgl. *S*, S. 52: »Sie machen einen metaphysischen Kampf und hinterlassen eine Fleischbank.« *D*, S. 92: »Das Geheimnis des Planeten entschleiert sich, wenn man den Menschen seiner Fleischschalen enthüllt.« – *D*, S. 96: »Es ist viel abgefallen von uns, kaum die nackten Leiber sind übrig geblieben.«
136 *D*, S. 99.
137 *CR*, S. 38.
138 Vgl. *SW*, S. 170. Vgl. das Lied der Witwe Begbick; w. a., 1, S. 337. – Das »Lied der verderbten Unschuld« scheint angeregt durch ein Bänkellied, vielleicht

> Was meine Mutter mir sagte
> Das kann wohl wahr nicht sein.
> Sie sagte: Wenn du einmal befleckt bist
> Wirst niemals du mehr rein.
>> Das gilt nicht für das Linnen
>> Das gilt auch nicht für mich.
>> Den Fluß laß drüber rinnen
>> Und schnell ist's säuberlich.[139]

1922 ging Brecht mit der Kindsmörderin-Ballade einen Schritt weiter von innen nach außen auf dem Weg seiner Emanzipation, der ihn von den verinnerlichten Normen über die Sprache und dann die Rollen schließlich zur Gesellschaft führte. Nun stellt er einer als gruppenspezifisch gezeigten Sprache die Kreatürlichkeit eines gesellschaftlich bestimmten Menschen entgegen; die christliche Sprache, die früher verinnerlichte Wertorientierungen repräsentierte, ist nun weitgehend sozial eingeordnet. In *Mann ist Mann* stellt er dann die Kreatur den Rollen gegenüber und benutzt den erlittenen und erwünschten Identitätsverlust als Mittel, um die Ideologie vom bürgerlichen Individuum anzugreifen, so wie er früher die erlittene und erwünschte Freiheit vom christlichen Gott als Mittel gegen die christliche Religion eingesetzt hatte. Nun kann er von der Erkenntnis, daß das Individuum durch die Rolle bestimmt ist, fortschreiten zur Erkenntnis des Rollensystems und des Kapitalismus, in dem es gründet. Ihm wird er nicht mehr die Kreatur, sondern das Proletariat entgegensetzen.
Im Gang der eben aufgezeigten Entwicklung werden das Verlassen der Rollen und der ›Hang zum Tiefpunkt‹ allmählich als »unerbittliche Nachgiebigkeit«[140] bewußt, die zur Selbstbewahrung dient. Das geschieht in dem Maß, wie die verinnerlichten Wertorientierungen abgebaut sind. Denn dann tritt das Strafbedürfnis zurück und damit die masochistische Komponente, die zu Untergangsphantasien führt, in denen sich Selbsterhaltung ja kaum erfahren läßt: sobald sich die Kreatürlichkeit mehr aus der Konfrontation mit erkannten äußeren Rollen bestimmt als aus

---

aber auch durch »Die Stimme des Bänkelsängers« von Hofmannsthal (H. v. Hofmannsthal: *Das Kleine Welttheater*. In: Hugo v. Hofmannsthal: *Ges. Werke in Einzelausgaben. Gedichte und lyrische Dramen*. Frankf./M. 1963, S. 297 ff.; dort S. 307).
139 w. a., 8, S. 196.
140 w. a., 8, S. 187.

der Konfrontation mit unbewußten verinnerlichten Wertorientierungen, gewährt sie auch verstärkt das Gefühl sicheren Rückhalts.

In den masochistisch geprägten Schiffs- und Verwesungsgedichten führt der ›Hang zum Tiefpunkt‹ zum Untergang in der Natur; die Abenteurer und Seeräuber werden von der Natur zerschunden, nicht bewahrt. Baal, der nur eine ›kreatürliche Identität‹ hat,[141] bewahrt sich, indem er sich von der Gesellschaft zurückzieht, die ihn negiert, sofern er dem Lustprinzip fogt.[142] Da sie ihn negiert, erscheint ihm die Gesellschaft im Gegensatz zur Kreatürlichkeit – dem ›Leben‹ – als ›Tod‹. Er läßt sich sinken und bewahrt sich, indem er sich mit dem anderen ›Tod‹ befreundet, mit dem ›Tod‹, der von der Kreatürlichkeit deshalb nicht getrennt werden kann, weil diese Auslöschung des Individuums als eines mit sich identischen gesellschaftlichen Wesens bedeutet,[143] und verstärkt: weil die Kreatürlichkeit in dieser Phase masochistisch bestimmt, d. h. auch Strafe für den Rückzug vor den verinnerlichten Wertorientierungen ist.

DER GEISTLICHE Es scheint, als ob ihre Kämpfe alle wie Rückzüge aussehen.
BAAL Ich ziehe mich ins feindliche Land zurück. In blühendes Land zurück. Ich habe keine Heimat zu verteidigen. [...] Ich fliehe vor dem Tod ins Leben.
[...]
DER GEISTLICHE Sie sinken immer tiefer!
BAAL Dank meines enormen Schwergewichts. Aber ich tue es mit Genuß. Es geht mit mir abwärts! Nicht? Aber ich gehe doch gut! nicht? Gehe ich nicht gerade? Bin ich feig? Sträube ich mich gegen irgend welche Folgen? [...] Ich befreunde mich mit dem Tod.[144]

Selbstbewahrung und Rückzug auf die Kreatürlichkeit bedeuten hier noch Einverständnis mit dem eigenen Tod. Das bleibt hintergründig selbst dort zu spüren, wo die Kreatürlichkeit als Glück erfahren wird, z. B. in »Vom Schwimmen in Seen und Flüssen«. Um 1920 tritt mit der Schwächung des christlichen Über-Ich das

---

141 *SM I*, S. 55: der Geistliche zu Baal: »Ihre Seele ist wie Wasser, das jede Form annimmt und jede Form ausfüllt.«
142 Vgl. oben S. 162 f.
143 Vgl. oben S. 177.
144 *SM I*, S. 54.

Moment der Selbstbewahrung stärker hervor: in der »Ballade auf vielen Schiffen«[145] »kommt der Gummimensch in Sicht«[146], der Mensch, der sich seiner Festlegung durch Rollen entzieht und dennoch weiterlebt. Brecht phantasiert den ›Hang zum Tiefpunkt‹ nicht mehr im Bild des untergehenden Schiffs oder der verwesenden Leiche, sondern im Bild des Menschen, der sich einem Schiffsuntergang nach dem anderen entzieht und dabei langsam seinem eigenen Tod entgegenlebt; die Selbsterhaltung beginnt die Selbstaufgabe zu balancieren:

> Er hat eine Lust in sich: zu versaufen
> Und er hat eine Lust: nicht unterzugehn.[147]

Von hier aus führt die Entwicklung weiter zu Galy Gay, der sich durch den Rückzug auf die Kreatürlichkeit am Leben erhält.[148] Schon 1921 gestaltet Brecht das einfache und asoziale kreatürliche Leben der Hanna Cash,[149] die »wie eine Katze in die große Stadt geschwemmt« wurde und in einer lebenslänglichen Zweierbindung zur Identität am Rande der Gesellschaft kommt. Kreatürlichkeit und Natur werden als Rückhalt gegenüber der Gesellschaft erfahren. In der Frühfassung des Gedichts »Vom armen B. B.« vom April 1922[150] tröstet sich das in der Asphaltstadt gefangene ›explizite Ich‹:

so habe ich doch über den Dächern einen bleichen Waldhimmel für mich und eine schwarze Stille in mir und einen Tannengebraus.[151]

Die Kreatur wird der Gesellschaft stärker konfrontiert. Im selben Jahr läßt Brecht Marie Farrar an der Gesellschaft zugrunde gehen; die Kreatürlichkeit bietet – wie zuvor schon ansatzweise im ›Lied der verderbten Unschuld‹ – eine Möglichkeit, sich aus Distanz zur Gesellschaft zu verhalten und sie anzuklagen. Der Untergang Maries richtet die Gesellschaft. Die Kreatur geht hier zugrunde, weil sie in die Gesellschaft hineingezogen wird und in ihr bestimmte Rollen erhält – die des Dienstmädchens und spä-

---

145 w. a., 8, S. 219; entst. 1920 (CR, S. 38).
146 w. a., 8, S. 170.
147 w. a., 8, S. 222.
148 Zu den folgenden Ausführungen vgl. Neumann, a. a. O., S. 49 ff.
149 w. a., 8, S. 229; zur Datierung BV II, S. 27.
150 BC, S. 30.

ter die der Mörderin –, denen sie sich nicht entziehen kann: sie wird auf ihre Identität festgelegt. Galy Gay dagegen entzieht sich seiner Identität: mit ihm ist der Gummimensch in Sicht. Er ist die Kreatur, die sich vor dem tödlichen Zwang der Gesellschaft bewahrt, indem sie sich ihm scheinbar beugt und auf ihre Identität als gesellschaftliches Wesen verzichtet:

> Sie werden sehen, daß er unter anderm ein großer Lügner ist und ein unverbesserlicher Opportunist, er kann sich allem anpassen, fast ohne Schwierigkeiten. Er ist anscheinend sehr vieles zu ertragen gewohnt. Er kann sich sogar nur sehr selten eine eigene Meinung gestatten.[152]

Diese Entwicklung geht weiter zu Schweyk, Egge und Galilei, die sich aus ihrer Identität auf ihre Kreatürlichkeit zurückziehen und dadurch bewahren. Galy Gay erhält sich als Kreatur gegenüber einer unpolitisch als brutal gezeichneten Gesellschaft, Schweyk schützt seine physische Existenz gegenüber einer Politik, die ihn zu vernichten droht, Egge bewahrt seine physische Existenz und seine politische Kampfkraft gegenüber dem mächtigen Gegner, gegen den er tätig werden will, und der fleischfressende Galilei seine physische Existenz und sein politisch verwertbares Wissen gegenüber den Ausbeutern im Klassenkampf. So sehr Brecht die Selbstbewahrung durch Rückzug auf die Kreatürlichkeit nach *Mann ist Mann* auch als Mittel im politischen Kampf verstand, so zeigt doch die Tatsache, daß sie sich durch sein ganzes Werk zieht, daß er sich auch hier noch zum Rückzug gezwungen fühlte.

Die Notwendigkeit, sich um des politischen Sieges willen zu bewahren und deshalb zu verleugnen, läßt er Herrn Keuner mit der Geschichte von Herrn Egge demonstrieren:

> In die Wohnung des Herrn Egge, der gelernt hatte, nein zu sagen, kam eines Tages in der Zeit der Illegalität ein Agent, der zeigte einen Schein vor, welcher ausgestellt war im Namen derer, die die Stadt beherrschten, und auf dem stand, daß ihm gehören solle jede Wohnung, in die er seinen Fuß setzte; ebenso sollte ihm auch jedes Essen gehören, das er verlange; ebenso sollte ihm auch jeder Mann dienen, den er sähe.

---

151 *BBA* 436/25. Mit freundlicher Genehmigung des Bertolt-Brecht-Archivs.
152 *w. a.*, 17, S. 977 f. Brecht in der Vorrede zu *Mann ist Mann* über Galy Gay, den er als Vorfahren eines neuen Typus Mensch vorstellt.

Der Agent setzte sich in einen Stuhl, verlangte Essen, wusch sich, legte sich nieder und fragte mit dem Gesicht zur Wand vor dem Einschlafen: ›Wirst du mir dienen?‹
Herr Egge deckte ihn mit einer Decke zu, vertrieb die Fliegen, bewachte seinen Schlaf, und wie an diesem Tage gehorchte er ihm sieben Jahre lang. Aber was immer er für ihn tat, eines zu tun hütete er sich wohl: das war, ein Wort zu sagen. Als nun die sieben Jahre herum waren und der Agent dick geworden war vom vielen Essen, Schlafen und Befehlen, starb der Agent. Da wickelte ihn Herr Egge in die verdorbene Decke, schleifte ihn aus dem Haus, wusch das Lager, tünchte die Wand, atmete auf und antwortete: ›Nein.‹[153]

Hier gestaltete Brecht die sich durch sein Werk ziehende Selbstverleugnung um der Selbsterhaltung willen am klarsten, hier zeigte er das Problem als das, was es ist, wenn es konsequent zuendegedacht wird: als gesellschaftliches und politisches. Erst wenn die Selbstverleugnung als vorgespielte Verleugnung der politischen Identität verstanden wird, als ein politischer und um eines politischen, d. h. überpersönlichen Zieles willen unternommener Akt, erst dann kann sie möglicherweise zur Selbstbewahrung führen: zur Selbstbewahrung durch künftige bewußte Gestaltung der Gesellschaft. Hier läßt sich jedoch auch die Fragwürdigkeit solchen Verhaltens erkennen. Solange Egge nicht politisch *handelt*, schadet er den Herrschenden nicht; der gestorbene Agent kann durch den nächsten ersetzt werden. Die Selbstverleugnung kann zum faktischen Untergang des Anspruchs auf – hier nun politische, gesellschaftliche – Selbstverwirklichung führen.
Der Rückzug aus der Identität, die einem als gesellschaftlichem Wesen eigen ist, auf die Kreatürlichkeit ist während der ganzen oben dargestellten Entwicklung ambivalent. Er bringt das Glück des Aufgehens in der Natur, aber zugleich den Tod – wie in den Schiffs- und Verwesungsgedichten. Er bringt das Glück des Aufgehens in der Liebe, aber zugleich Auflösung und distanzierte Unpersönlichkeit – wie in den frühen Liebesgedichten. Er wird für die Kreatur gegen die Gesellschaft eingesetzt, läßt aber zugleich den Identitätsverlust als grauenhaft erfahren – wie in der Apfelböck- und in der Kindsmörderin-Ballade. Er stärkt den, der sich der Identität entzieht, macht ihn aber beliebig verwendbar,

---

[153] *w. a.*, 12, S. 376.

auch zum Kampf für das Unrecht – wie in *Mann ist Mann*.[154] Dieser Rückzug kann für kurze Zeit aus der systemkonformen Rolle befreien und systemwidrige Menschlichkeit zulassen, verhindert jedoch nicht, daß das Individuum letztlich wieder systemkonform handelt – wie in *Herr Puntila und sein Knecht Matti*. Er führt zur Bewahrung des nötigen Wissens und zur Ausbildung einer neuen Ethik, zugleich aber zum Verrat an gesellschaftlicher Verantwortung und damit an der Menschheit – wie im *Leben des Galilei*. Brecht arbeitete das Problem der Selbsterhaltung durch Selbstaufgabe zunehmend als gesellschaftliches heraus.

Zur weiteren Entwicklung

Nach *Mann ist Mann* und dem *Badener Lehrstück* behandelte Brecht die Rollenproblematik 1929/30 in der *Maßnahme;* hier zeigt sich, daß das *Badener Lehrstück* tatsächlich ein Übergangsstadium auf dem Weg zu reflektiertem Rollenverhalten, also ein Moment der Selbstheilung war. Brecht beginnt das Verhältnis des Subjekts zur Rolle zu problematisieren. Ein dialektisches Verhalten zur Rolle kündigt sich an, wenn Subjekt und Rolle einander als Gesicht und Rolle entgegengesetzt werden: Gesichtsverlust bedeutet nun im Gegensatz zum *Badener Lehrstück* Rollenübernahme, nicht Rollenverlust; wer die Rolle verläßt, zeigt sein Gesicht.

---

154 Brecht 1927: »Ich denke auch, Sie sind gewohnt, einen Menschen, der nicht nein sagen kann, als einen Schwächling zu betrachten, aber dieser Galy Gay ist gar kein Schwächling, im Gegenteil, er ist der Stärkste. Er ist allerdings erst der Stärkste, nachdem er aufgehört hat, eine Privatperson zu sein, er wird erst in der Masse stark. [...] Sie werden sicher auch sagen, daß es sehr bedauernswert sei, wenn einem Menschen so mitgespielt und er einfach gezwungen wird, sein kostbares Ich aufzugeben, sozusagen das einzige, was er besitzt, aber das ist es nicht. Es ist eine lustige Sache. Denn dieser Galy Gay nimmt eben keinen Schaden, sondern er gewinnt« (w. a., 17, S. 978). Für die 1955 erschienene Ausgabe schrieb er dann vorsichtiger: »Auch hier hatte ich wieder einen sozial negativen Helden, der nicht ohne Sympathie behandelt war. Das Problem des Stückes ist das falsche, schlechte Kollektiv (der ›Bande‹) und seine Verführungskraft« (w. a., 17, S. 951). In der Tat wird Galy Gay zur »menschlichen Kampfmaschine« (w. a., 1, S. 376) im Dienst einer Kolonialarmee. - Vgl. Neumann, a. a. O., S. 43 ff. - Vgl. auch »Von der Willfährigkeit der Natur« (w. a., 8, S. 194) aus dem Jahr 1926 (*BV II*, S. 180) und Brechts Überlegung zu Schweyk: »seine unzerstörbarkeit macht ihn zum unerschöpflichen objekt des mißbrauchs und zugleich zum nährboden der befreiung« (*AJ*, S. 569).

1924/25 in *Mann ist Mann* wollte Brecht noch beweisen, daß es ein mit sich identisches Individuum nicht gibt und daß die Identität des Menschen durch seine Rolle bestimmt ist; diese als nichtpolitische behandelte Problematik tritt allmählich in den Hintergrund: 1929 stellt er im *Badener Lehrstück* die Identität von Ich und Rolle in den größeren Zusammenhang der Frage von Rollenverlust und Rollenübernahme im Kampf für die Beseitigung der Klassengesellschaft; 1929/30 in der *Maßnahme* erfordert dann die konkrete politische Situation rigide Rollenübernahme:

DER LEITER DES PARTEIHAUSES [...] Es sind aber Unruhen in den Fabriken von Mukden, und es sieht in diesen Tagen auf diese Stadt die ganze Welt, ob sie nicht einen von uns aus den Hütten der chinesischen Arbeiter treten sieht, und ich höre, es liegen Kanonenboote bereit auf den Flüssen, und Panzerzüge stehen auf den Bahndämmen, um uns sofort anzugreifen, wenn einer von uns dort gesehen wird. Ich veranlasse also die Genossen, als Chinesen über die Grenze zu gehen. *Zu den Agitatoren:* Ihr dürft nicht gesehen werden.
DIE ZWEI AGITATOREN Wir werden nicht gesehen.
[...]
DER LEITER DES PARTEIHAUSES Dann seid ihr nicht mehr ihr selber, du nicht mehr Karl Schmitt aus Berlin, du nicht mehr Anna Kjersk aus Kasan und du nicht mehr Peter Sawitsch aus Moskau, sondern allesamt ohne Namen und Mutter, leere Blätter, auf welche die Revolution ihre Anweisung schreibt.
DIE ZWEI AGITATOREN Ja.
DER LEITER DES PARTEIHAUSES *gibt ihnen Masken, sie setzen sie auf:* Dann seid ihr von dieser Stunde an nicht mehr Niemand, sondern von dieser Stunde an und wahrscheinlich bis zu eurem Verschwinden unbekannte Arbeiter, Kämpfer, Chinesen, geboren von chinesischen Müttern, gelber Haut, sprechend in Schlaf und Fieber chinesisch.
[...]
DIE ZWEI AGITATOREN Ja. Auch der junge Genosse sagte ja. So zeigte er sein Einverständnis mit der Auslöschung seines Gesichtes.[155]

Der junge Genosse kommt in Konflikt mit seiner Rolle, weil er spontan helfen will; ›der Mensch, der lebendige, unter der Maske brüllt‹[156]:

DER JUNGE GENOSSE
  Ich sah zuviel.

155 *w. a.*, 2, S. 636 f.
156 *w. a.*, 2, S. 655.

Ich schweige nicht länger.
Warum jetzt noch schweigen?
Wenn sie nicht wissen, daß sie Freunde haben
Wie sollen sie sich da erheben?
Darum trete ich vor sie hin
Als der, der ich bin, und sage, was ist.
Er nimmt die Maske ab und schreit:
Wir sind gekommen, euch zu helfen.
Wir kommen aus Moskau.
Er zerreißt die Maske.

DIE VIER AGITATOREN
Und wir sahen hin, und in der Dämmerung
Sahen wir sein nacktes Gesicht
Menschlich, offen und arglos. Er hatte
Die Maske zerrissen.[157]

Die weitere Arbeit der Agitatoren wäre gefährdet, wenn sie durch sein Gesicht verraten würden. Deshalb müssen sie ihn töten und in eine Kalkgrube werfen, wo er zerfressen wird.
Die Härte des Klassenkampfs verlangt von denen, die für eine bessere Zukunft kämpfen, rigide Rollenübernahme und Verzicht auf das eigene Gesicht; ein dialektisches Verhalten des Subjekts zur Rolle scheint nicht möglich. »Die marxistische Erkenntnis, daß der Mensch ›das Ensemble der gesellschaftlichen Verhältnisse‹ ist, auf die sich Brecht auch zu orientieren versuchte, blieb in seinen dramatischen Arbeiten vorerst noch unfruchtbar; denn er handhabte die richtige Erkenntnis noch undialektisch, so daß die relative Selbständigkeit der Figuren verlorenging.«[158] Dem entsprechen eine »undialektische Auffassung der Wechselwirkung von Individuum und Kollektiv (Partei)«[159] und ein undialektisches Verhältnis von Gefühl und Verstand[160] – wenigstens, was

157 w. a., 2, S. 658.
158 Mittenzwei, a. a. O., S. 69.
159 Schumacher, a. a. O., S. 370.
160 Alfred Kurella: *Ein Versuch mit nicht ganz tauglichen Mitteln (Kritik der ›Maßnahme‹. Versuch von Brecht, Dudow und Eisler).* Zitiert nach: *Zur Tradition der sozialistischen Literatur in Deutschland. Eine Auswahl von Dokumenten.* Berlin und Weimar 1967, S. 342 ff.; dort S. 352 f.: »*Gefühl und Verstand werden hier als selbständige, sich aus sich selbst bewegende Kategorien dargestellt. Sie werden vom Standpunkt des reinen Idealismus aus betrachtet. Ihre Gegenüberstellung ist nicht dialektisch, sondern metaphysisch. Gefühl und Verstand sind für die Autoren feste, unveränderliche Begriffe, die einander unvereinbar, antinomisch gegenüberstehen.*«

die dargestellte Problematik, nicht aber, was das Verhältnis des lernenden Schauspielers zum Stück betrifft.

Auch hier befriedigt sich noch die Todessehnsucht in der Phantasie vom Erlöschen des Ich in der Rolle. Doch die Rolle und mit ihr die Wirklichkeit erscheinen konkreter, die »Zurücknahme der eigenen Individualität, der Verzicht auf die Realisierung besonderer individueller Wünsche und Neigungen ist nur im Hinblick auf konkrete Aufgaben und Situationen gefordert«[161] und das Verhältnis des Subjekts zu seiner Rolle ist erstmals thematisiert. Auch bringen Verdecken des Gesichts und Rollenübernahme nicht absoluten Identitätsverlust; der Verlust der bisherigen Identität führt zum Gewinn einer, wenn auch kaum ausgeprägten, neuen: »Dann seid ihr von dieser Stunde an nicht mehr Niemand, sondern von dieser Stunde an und wahrscheinlich bis zu eurem Verschwinden unbekannte Arbeiter, Kämpfer, Chinesen, geboren von chinesischen Müttern«. Auch läßt die strenge Stilisierung ahnen, welche Gewalt sich das Ich antut, um sein Erlöschen in der Rolle zu phantasieren, wie stark also sein, wenn vielleicht auch nur unbewußter Widerstand sein muß. Die Verwendung der längst angegriffenen und entwerteten christlichen Sprechweise und die Umkehrung christlicher Vorstellungen und Rituale[162] zeigt das ambivalente Verhalten des Ich zu dem, was es phantasiert; es wehrt sich dagegen, Rollenübernahme als Selbstaufgabe zu denken.

Hier wird das Aufgehen in der rigiden Rolle des Revolutionärs »nicht einfach als vorbildlich propagiert, sondern als problematisch zur Diskussion gestellt«[163]. Der Lehrstück-Charakter macht die Distanz zum Aufgehen in der Rolle manifest: die Schauspieler sollen sich kritisch und lernend zum Text verhalten. Brecht treibt hier Realitätsflucht und Realitätszuwendung gleichzeitig so weit, daß die seine frühe Lyrik und seine frühen Stücke entscheidend bestimmende, aber bisher verdeckte Problematik ins Be-

---

161 Reiner Steinweg: *Brechts ›Maßnahme‹ - ein Übungstext, nicht Tragödie*. In: alternative 78/79, S. 133 ff.; dort S. 142.
162 Hildegard Brenner: *Die Fehldeutung der Lehrstücke. Zur Methode einer bürgerlichen Wissenschaft*. In: alternative 78/79, S. 146 ff.; dort S. 146/147: »[...] der christliche Kontext mit seinen vielfachen Motiven (das ›Gehet hin in *alle* Welt und lehret *alle* Völker‹ zu Szene 1; das Ritual der Taufe (Namengebung) zur ›Auslöschung‹ in Szene 2; die dreimalige Verleugnung Petri usw.; schließlich die Bestattung des Toten). Durchgängige Figur ist die Umkehrung dieser Motive und damit die Umkehrung des Mythos vom Leiden und Sterben, vom Erlösungstod Christi.«
163 Rasch, a. a. O., S. 257.

wußtsein dringen kann: das problematische Verhältnis eines konkreten Subjekts zu konkreten Rollen in der konkreten Situation des Lebens und Handelns in der bürgerlichen Gesellschaft.

In *Der gute Mensch von Sezuan* (1938/41) stellte Brecht Gesicht und Maske einander wiederum gegenüber, nun allerdings ohne den Zwang, um der besseren Zukunft willen Rollen rigid zu übernehmen. Shen Te muß immer wieder die Maske des systemkonform handelnden Vetters aufsetzen, um sich in der kapitalistischen Gesellschaft als ›guter Mensch‹ behaupten zu können.[164] In der Maske wird die unmenschliche, vom System geforderte Rolle sinnfällig, im offenen Gesicht – wie in der *Maßnahme* – das Subjekt, das im Umgang mit anderen seinen unmittelbaren Antrieben folgt; Maske und Gesicht stehen einander unvereinbar gegenüber. Das Individuum, das in der kapitalistischen Gesellschaft gut sein und sich zugleich bewahren will, kann keine Identität erlangen. Ein dialektisches Verhältnis von Subjekt und Rolle ist nicht möglich, es sei denn das irrationale Rollensystem dieser Gesellschaft und seine Voraussetzung, die kapitalistische Produktionsweise, werden abgeschafft, wie es das Stück nahelegt.

Hier hat Brecht die Identitätsproblematik am weitesten durchdrungen. Wie früher auch, kann er kein dialektisches Verhalten des Subjekts zu seiner Rolle zeigen,[165] in der es sich in der Gesellschaft verwirklicht, denn das ist wegen der Fremdbestimmung der Rollen im Kapitalismus nicht möglich. Doch im Gegensatz zu früher zeigt er die Ursachen. Früher suchte er aus den Rollen zu fliehen, jetzt weist er darauf hin, daß die Rollen der kapitalistischen Gesellschaft unmenschlich sind, weil sie Selbstverwirklichung des Individuums nicht zulassen.

In den »finsteren Zeiten«[166] des Kapitalismus und des Kampfes gegen ihn entspricht der nicht aufhebbaren Spaltung in ›guten Menschen‹ und systemkonformen Rollenträger auf der Seite derer, die das kapitalistische System stürzen wollen, die Spaltung

---

164 Vorformen dieser Spaltung begegnen in den *Sieben Todsünden* (1933) im Auftreten der beiden Schwestern Anna, in der Spaltung Maulers (vgl. besonders w. a., 2, S. 785 f.) und Puntilas.
165 Im *Kaukasischen Kreidekreis* hat Azdak ein listig-dialektisches Verhältnis zu seiner Richter-Rolle. Doch das ist nur im märchenhaften Zustand eines Interregnums möglich.
166 w. a., 9, S. 722.

zwischen der unmittelbaren Menschlichkeit des jungen Genossen und der rigide zu übernehmenden,[167] möglicherweise vom Stalinismus mitgeprägten[168] Rolle des Revolutionärs. Diese Spaltungen lassen sich an zahlreichen Stellen des Brechtschen Werks nach 1930 nachweisen. Der ›Freundliche‹ z. B. ist gut zu den Menschen, ändert die Verhältnisse aber kaum,[169] die unmenschlichen Rollen bleiben. Der Revolutionär dagegen sucht die Verhältnisse und mit ihnen die Rollen zu ändern, kann aber nicht freundlich sein;[170] der Kampf verzerrt sein Gesicht,[171] eine andere Art des Gesichtsverlustes. Er muß eine rigide Rolle übernehmen.
Von hier aus lassen sich zwei Ausprägungen der späteren Lyrik Brechts skizzieren. Der Spaltung in Revolutionär und ›Freundlichen‹ entsprechen die Parteilyrik einerseits, und andererseits eine freundlich-distanzierte, dem Chinesischen angenäherte und in einen Idyllen-, Natur- und Märchenraum entfernte Lyrik. In der freundlichen Lyrik verwirklicht sich das Subjekt in der Interpretation von Rollen, die den Zwängen der Gesellschaft relativ entrückt sind. Dialektisches Verhalten zur Rolle ist auf den zwischenmenschlichen Bereich beschränkt, Grundfragen und Grundgesetze des Systems werden nur mittelbar berührt. Die Rollen selbst – als prototypisch können die des Gärtners und des Weisen gelten – sind archaisierend gewählt.[172] Beide Ausprägungen der Lyrik zielen auf einen besseren Zustand: die ›freundliche‹ bewahrt die

---

167 Vgl. w. a., 2, S. 638: »Wer für den Kommunismus kämpft, hat von allen Tugenden nur eine: daß er für den Kommunismus kämpft.«
168 Die Durchsetzung des zentralistisch-bürokratischen Staatssozialismus und die starke Beanspruchung der menschlichen Arbeitskraft, die seit dem ›Stachanowjahr‹ 1936 besonders deutlich hervortritt, prägen das Bild vom Kommunisten, der sich zu seiner Rolle und damit zum Kollektiv nicht dialektisch verhalten kann. – Zu betonen bleibt demgegenüber freilich, daß sich der junge Genosse den Agitatoren so wenig bedingungslos und ohne Diskussion des richtigen Verhaltens unterordnet, wie diese dem Kontrollchor. Hierzu Lenin: *Was tun?* (W. J. Lenin: *Werke.* Berlin 1955, Bd. 7, S. 355-551) und *Ein Schritt vorwärts, zwei Schritte zurück* (ebenda, Bd. 7, S. 480-491). Vgl. auch »An einen jungen Bauarbeiter in der Stalinallee« (w. a., 10, S. 1003) von 1952 (*CR,* S. 64).
169 Der Zöllner z. B. bleibt trotz der Sprüche Laotses ein armer Mann und Zöllner (w. a., 9, S. 660 ›Legende von der Entstehung des Buches Taoteking‹).
170 w. a., 20, S. 80: »›Güte‹ bedeutet heute, wo die nackte Notwehr riesiger Massen zum Endkampf um die Kommandohöhe wird, die Vernichtung derer, die Güte unmöglich machen.«
171 w. a., 9, S. 725: »Auch der Haß gegen die Niedrigkeit/Verzerrt die Züge.«
172 Vgl. auch Adorno: *Engagement,* S. 125.

Utopie,[173] die parteiliche sucht zur Verbesserung der Gegenwart beizutragen. Eine Vereinigung beider glückte Brecht dort, wo er ihre Rollen in relativ kampffreiem Raum zur Deckung brachte; in den ›Fragen eines lesenden Arbeiters‹[174] z. B. vereinigte er die Rollen des klassenbewußten Proletariers und des Weisen. – Eine weitere Ausprägung seiner späteren Lyrik entspricht dem frühen Rückzug aus der Rolle auf die Kreatürlichkeit; hier zieht sich das Subjekt – wie z. B. in den Liedern aus *Die Reisen eines Glücksgotts*[175] – in den Raum vitaler Lust zurück. Dort bewahrt es den Anspruch auf Glück, läuft jedoch Gefahr, wie in der freundlichen Lyrik das Leiden an der Gesellschaft zu wenig ernst zu nehmen.

Diese historisch bedingte Spaltung bringt die Gefahr mit sich, daß einzelne Gedichte des späten Brecht die Totalität, die nur in ihren Widersprüchen erfahren werden kann, verfehlen. Die freundlichen Gedichte laufen Gefahr, die Widersprüche der Gesellschaft, auf die sie reagieren, um eines dialektischen Verhaltens zur Rolle willen zu übergehen oder abzuschwächen. Die parteilichen Gedichte dagegen laufen Gefahr, jenes dialektische Verhalten zu vernachlässigen und sich auf die vom Stalinismus mitgeprägte Rolle des Revolutionärs zu beschränken, der in einer konkreten Situation kämpft und den Sozialismus aufbaut. Gelingen und Mißlingen, Aussagekraft und Peinlichkeit dieser Gedichte hängen davon ab, wieweit es Brecht gelang, die Widersprüche trotz dieser Spaltung gegenwärtig zu halten.

Nachdem Brecht das Verhältnis des Subjekts zur Rolle in der Gesellschaft ebenso erkannt hatte wie die Bedingungen dieses Verhältnisses und die Möglichkeit, die Spaltung zu überwinden, konnte er weder die Flucht vor der Rolle noch das völlige Aufgehen in ihr als unproblematisch und notwendig darstellen; sie waren vor dem Bewußtsein nicht mehr zu vertreten. Völliger Gesichtsverlust, Vergessen und Vergessenwerden faszinierten seinen nach außen, auf die Gesellschaft gewandten Blick nicht mehr, nachdem das Verdrängte ans Licht getreten war. Deshalb lassen

---

173 Sie führt konkretes zwischenmenschliches Verhalten vor, während die Utopie in der frühen Lyrik, selbst dort, wo sie thematisiert wird, als leere Sehnsucht erscheint: »Er aber sucht noch in absinthenen Meeren [...] Immer das Land, wo es besser zu leben ist« (*w. a.*, 8, S. 217).
174 *w. a.*, 9, S. 656.
175 *w. a.*, 10, S. 889 ff.

sich seine späten Gedichte auch nicht mehr in dem Maße psychoanalytisch deuten wie seine frühen. Die verschiedenen Momente einer Lyrik, die auf erkannte gesellschaftliche Wirklichkeit antwortet und ihr Rechnung trägt, sind mehr durch diese Wirklichkeit und die Art ihrer Erkenntnis bestimmt als durch pathologische Züge des ›dichtenden Ich‹. Deshalb hat sich bei der Analyse der späten Lyrik Brechts das Hauptgewicht auf die – im engeren Sinne – soziologische Betrachtungsweise zu verlagern. Die frühe Lyrik war dagegen in stärkerem Maße psychoanalytisch zu untersuchen, weil in ihr das in der Entfremdung auf sich selbst zurückgeworfene Subjekt eine in sich relativ einstimmige, geschlossene und sich konsequent weiterentwickelnde psychische Struktur entfaltete, wenn diese auch gesellschaftlichen Ursprungs und Reaktion auf gesellschaftliche Verhältnisse war. Brechts spätere Gedichte sind jedoch immer daraufhin zu befragen, woher die psychische Energie kommt, die sich in ihnen niederschlägt. Auch kann hier schon deshalb auf die Psychoanalyse nicht verzichtet werden, weil die gesellschaftliche Wirklichkeit eine ausgebildete Dialektik von Subjekt und Rolle nicht gestattete, das Individuum also an seiner Selbstverwirklichung hinderte und in partikulare Phantasien trieb.

Wenn Brecht jetzt, nachdem Vergessen und Vergessenwerden einen Großteil ihrer Faszination für ihn verloren haben, noch vom Vergessen schreibt, betont er dessen lebenfördernde Kraft.[176] Vergeßlichkeit ist nötig, um bisherige Rollen aufzugeben, sich von Verbrauchtem zu lösen und den Kampf trotz vieler Niederlagen neu aufzunehmen. Der Rückzug von der Realität im Vergessen führt nicht mehr in dauernde Regression, sondern löst den Menschen von der Realität,[177] um ihn dann erneut mit ihr zu konfrontieren, und gibt so die Möglichkeit, sie und den Menschen zu ändern. Das Vergessen vermag nun zu einem dialektischen Verhalten des Subjekts zur Objektivität und damit zu einer autonomen Identität beizutragen. Deshalb kann Brecht Ende der dreißiger Jahre[178] die Vergeßlichkeit preisen:

---

176 Vgl. Neumann, a. a. O., S. 73.
177 Eine Zwischenstufe war die Lösung von der Realität, um von ihr unabhängig zu werden, ohne sie dann verändern zu müssen. Vgl. *w. a.*, 8, S. 141: »Timur, höre ich, nahm sich die Mühe, die Erde zu erobern./Ich verstehe ihn nicht:/Mit etwas Schnaps vergißt man die Erde.« Vgl. oben S. 70 ff.
178 *CR*, S. 50.

Lob der Vergeßlichkeit

Gut ist die Vergeßlichkeit!
Wie sollte sonst
Der Sohn von der Mutter gehen, die ihn gesäugt hat?
Die ihm die Kraft seiner Glieder verlieh und
Die ihn zurückhält, sie zu erproben.

Oder wie sollte der Schüler den Lehrer verlassen
Der ihm Wissen verlieh?
Wenn das Wissen verliehen ist
Muß der Schüler sich auf den Weg machen.

In das alte Haus
Ziehen die neuen Bewohner ein.
Wenn die es gebaut haben noch da wären
Wäre das Haus zu klein.

Der Ofen heizt. Den Hafner
Kennt man nicht mehr. Der Pflüger
Erkennt den Laib Brot nicht.

Wie erhöbe sich ohne das Vergessen der
Spurenverwischenden Nacht der Mensch am Morgen?
Wie sollte der sechsmal zu Boden Geschlagene
Zum siebenten Mal aufstehen
Umzupflügen den steinigen Boden, anzufliegen
Den gefährlichen Himmel?

Die Schwäche des Gedächtnisses verleiht
Den Menschen Stärke.[179]

Dem auf die Gesellschaft und nach vorn gerichteten Blick erscheint Vergessen als unproblematisches Mittel der Ablösung und als notwendiger Schritt auf dem Weg in die Zukunft. Das emphatisch humanitäre Pathos läßt die Erleichterung dessen spüren, der sich von Vergangenheit und Innerlichkeit befreit glaubt, verdeckt zugleich aber auch die Einseitigkeit dieses Lobs: die Schwäche des Gedächtnisses ist auch des Menschen Schwäche; wer die Vergangenheit vergißt, überantwortet sich ihr blind und kann die Zukunft nicht frei entwerfen. Das Vergessen ist hier nicht Ablösung,

---

[179] *w. a.*, 9, S. 628.

die zur bewußten Auseinandersetzung führt, sondern Auslöschen, das einzelne biographische Momente isoliert und die vertikale Dimension der Identität bedroht. Der Produzent, der – wie der Pflüger – sein Produkt nach einigen Arbeitsstufen nicht mehr erkennt, unterliegt der Entfremdung; und – Brechts ureigenstes Problem – wenn der Sohn sich von der Mutter durch Vergessen löst, verdrängt er die Bindung, weicht er aus vor dem Austrag des Konflikts. Selbst die auf die Gesellschaft bezogene und in die Zukunft gerichtete Lyrik Brechts ist also nicht frei von Entfremdung. In das Lob einer Vergeßlichkeit, die zur Distanz von der Realität und so zu ihrer Veränderung beitragen kann, geht die geheime und nicht ganz abgearbeitete frühe Sehnsucht nach dem Erlöschen der Realität ein. Das Subjekt kann sich jedoch nur zu dem dialektisch verhalten, was es sich entgegensetzt, nicht zu dem, was es vergessen hat. Wie es umgekehrt nur einem Objekt begegnen kann, wenn es sich ihm gegenüber als Subjekt konstituiert. Doch auch späte Reste der frühen Sehnsucht nach dem Erlöschen des Subjekts sind in das Gedicht eingegangen.
Solche Reste zeigt deutlicher noch das Gedicht »Warum soll mein Name genannt werden«[180] von 1936:[181]

5
Aber heute
Bin ich einverstanden, daß er [sc. ›mein Name‹] vergessen wird.
Warum
Soll man nach dem Bäcker fragen, wenn genügend Brot da ist?
Warum
Soll der Schnee gerühmt werden, der geschmolzen ist
Wenn neue Schneefälle bevorstehen?
Warum
Soll es eine Vergangenheit geben, wenn es eine Zukunft gibt?

6
Warum soll mein Name genannt werden?

Das ›dichtende Ich‹ wünscht insgeheim, vergessen zu werden; es wendet sich, in der Negation noch an den bürgerlichen Individualismus gebunden, gegen den eigenen Ruhm und ist nicht imstande, sein Weiterleben im Gedächtnis aus anderer denn aus gegenindivi-

---

[180] *w. a.*, 9, S. 561.
[181] *CR*, S. 47.

dualistischer Perspektive zu betrachten. Seine Vergangenheit könnte jedoch, als Monument und Dokument verstanden, sehr wohl eine Zukunft haben.
Im Gegensatz zur frühen Lyrik, in der sich das ›dichtende Ich‹ auf sich selbst und seine Konflikte zurückwendet und das heraufdrängende Verdrängte bearbeitet, fehlt es der späteren, auf die Gesellschaft und ihre Veränderung ausgerichteten Lyrik Brechts weitgehend an Aufmerksamkeit für die innerpsychischen Konflikte, die allerdings auch nur spärlicher Nachlaß der früheren sind. Der Kampf in der Gesellschaft läßt es kaum zu, die Irrationalität der eigenen Psyche zu beachten; das behindert jedoch wiederum den Blick auf die Gesellschaft. In den ›finsteren Zeiten‹ des Kapitalismus und des Kampfes gegen ihn ist es nicht möglich, zur voll ausgebildeten Dialektik von Subjekt und Rolle zu kommen. Brecht selbst sah, daß sich das Gesicht dessen verzerrt, der sich solchen Zeiten stellt:

> Ihr, die ihr auftauchen werdet aus der Flut
> In der wir untergegangen sind
> Gedenkt
> Wenn ihr von unseren Schwächen sprecht
> Auch der finsteren Zeit
> Der ihr entronnen seid.
>
> Gingen wir doch, öfter als die Schuhe die Länder wechselnd
> Durch die Kriege der Klassen, verzweifelt
> Wenn da nur Unrecht war und keine Empörung.
>
> Dabei wissen wir doch:
> Auch der Haß gegen die Niedrigkeit
> Verzerrt die Züge.
> Auch der Zorn über das Unrecht
> Macht die Stimme heiser. Ach, wir
> Die wir den Boden bereiten wollten für Freundlichkeit
> Konnten selber nicht freundlich sein.[182]

---

[182] *w. a.*, 9, S. 724.

Verzeichnis der zitierten Literatur

I Texte

A Brecht

(eine Bibliographie der Bibliographien führt Reinhold Grimm: *Bertolt Brecht.* Stuttgart ³1971, S. XVI ff.)

Gesammelte Werke in 20 Bänden. Frankfurt/M. 1967.
Trommeln in der Nacht. Drama. München o. J. (vielmehr 1923).
Hauspostille. Mit Anleitungen, Gesangsnoten und einem Anhange. Berlin 1927.
Hundert Gedichte 1918-1950. Berlin 1951.
Taschenpostille. Mit Anleitungen, Gesangsnoten und einem Anhange. Berlin ²1958.
Baal. Drei Fassungen. Kritisch ediert und kommentiert von Dieter Schmidt. Frankfurt/M. 1966.
Baal. Der böse Baal der asoziale. Texte, Varianten, Materialien. Kritisch ediert und kommentiert von Dieter Schmidt. Frankfurt/M. 1968.
Im Dickicht der Städte. Erstfassung und Materialien. Ediert und kommentiert von Gisela E. Bahr. Frankfurt/M. 1968.
Über Lyrik. Zusammenstellung und Redaktion E. Hauptmann und R. Hill. Frankfurt/M. 1968.
Materialien zu Brechts ›Der gute Mensch von Sezuan‹. Zusammengestellt und redigiert von Werner Hecht. Frankfurt/M. ²1969.
Texte für Filme, Drehbücher, Protokolle. Frankfurt/M. 1969.
Bertolt Brechts *Arbeitsjournal 1938-1955.* Hrsg. von Werner Hecht. Frankfurt/M. 1973.
Gedichte und Lieder. Auswahl Peter Suhrkamp. Berlin und Frankfurt/M. o. J.
Augsburger Kriegsbriefe. In: *München-Augsburger Abendzeitung.* Lokalanzeiger.
 Brief vom 20. August Nr. 158, 21. 8. 1914, S. 2.
 Brief vom 27. August Nr. 163, 28. 8. 1914, S. 1.
 Brief vom 3. September Nr. 168, 4. 9. 1914, S. 1.
 Brief vom 10. September Nr. 173, 11. 9. 1914, S. 1.
 Brief vom 18. September Nr. 179, 21. 9. 1914, S. 1.
 Brief vom 27. September Nr. 184, 28. 9. 1914, S. 2.

B Autoren außer Brecht

Anonymus: *Der furchtbare Mord, welchen der Sohn an seiner Mutter und seinen vier Geschwistern verübt hat. Geschehen den 17. Juni 1874 in Mühlhausen im Elsaß.* Druck und Verlag von H. Kohlbrock, Hamburg [o. J.].

Baudelaire, Charles: *Die Vorhölle. Eine lyrische Nachlese.* Unter Mitwirkung von Heinrich Horvat herausgegeben von Erich Oesterheld. Berlin 1911.

– *Die Blumen des Bösen.* Aus dem Französischen von Otto Hauser. Weimar 1917.

– *Œuvres complètes.* Edition etablie et annotée par Y. G. Le Dantec, révisée, complétée et présentée par Claude Pichois. Paris 1968 (Bibliothèque de la Pléiade).

Benn, Gottfried: *Gesammelte Werke.* Wiesbaden 1968.

Blei, Franz (Hrsg.): *Die Opale. Blätter für Kunst und Literatur.* Leipzig 1907.

Büchner, Georg: *Sämtliche Werke. Nebst Briefen und anderen Dokumenten.* Einleitung von Werner Bökenkamp. Hrsg. von Hans Jürgen Meinerts. Gütersloh ³1965.

Bürger, Gottfried August: *Gedichte.* Hrsg. von Karl Reinhard. Erster Theil. Göttingen 1796.

Camus, Albert: *Théâtre, récits, nouvelles.* Paris 1962 (Bibliothèque de la Pléiade).

– *Essais.* Paris 1965 (Bibliothèque de la Pléiade).

Cyrill von Jerusalem: *Des Heiligen Cyrillus Bischofs von Jerusalem Katechesen.* Aus dem Griechischen übersetzt von Philipp Haeser. München 1922.

Dante, Alighieri: *La Divina Commedia.* Milano 1960.

Epikur: *Epicurea.* Hrsg. von H. Usener. Leipzig 1887.

Flaubert, Gustave: *L'Education sentimentale. Histoire d'un jeune homme.* Edition de Edouard Maynial. Paris 1964.

Frisch, Max: *Stücke.* Frankfurt/M. 1962.

Goethe, Johann Wolfgang von: *Goethes Werke. Hamburger Ausgabe in 14 Bänden.* Hamburg 1948 ff.

Gryphius, Andreas: *Gesamtausgabe der deutschsprachigen Werke.* Hrsg. von Marian Szyrocki und Hugh Powell. Bd. 1, Tübingen 1963.

Heine, Heinrich: *Deutschland. Ein Wintermärchen.* In: H. Heine: *Sämtliche Werke.* Bd. 2, Hamburg 1885, S. 211-278.

Henckell, Karl: *Grotesken.* Nach Paul Verlaine von Karl Henckell. In: *Lieder aus dem Rinnstein.* Gesammelt von Hans Ostwald. Berlin 1904.

Herwegh, Georg: *Werke in drei Teilen.* Hrsg. von H. Tardel. Berlin-Leipzig-Stuttgart-Wien 1909.

Hesse, Hermann: *Gedichte*. Berlin ⁵1925.
- *Peter Camenzind*. Berlin 1913.

Heym, Georg: *Dichtungen*. München 1922.

Hofmannsthal, Hugo von: *Gesammelte Werke in Einzelausgaben*. Hrsg. von Herbert Steiner. Frankfurt/M. 1945-1959.

Huysmans, Joris-Karl: *A Rebours*. Paris 1955.

Janda, Elsbeth und Fritz Nötzold: *Die Moritat vom Bänkelsang oder Lied von der Straße*. München 1959.

Johst, Hanns: *Der Einsame. Ein Menschenuntergang*. München 1925.

Kipling, Rudyard: *Soldatenlieder und andere Gedichte*. Deutsch von Hanns Sachs. Leipzig 1910.

Lautréamont: *Das Gesamtwerk*. Hrsg. von Ré Soupault. Reinbek b. Hamburg 1963.

Titus Lucretius Carus: *De rerum natura libri 6*. Recogn. brevique adnot. crit. instr. Cyrillus Bailey. ed. 2. Oxford 1962.

Maeterlinck, Maurice: *Pelléas et Mélisande*. In: M. Maeterlinck: *Théâtre II*. Paris ³⁰1912.

Mallarmé, Stéphane: *Œuvres complètes. Poésie – prose*. Introduction, bibliographie, iconographie et notes par Henri Mondor et G. Jean-Aubry. Paris 1945 (Bibliothèque de la Pléiade).

Miller, Henry: *Tropic of Cancer*. 10th edition. London 1963.

Rasch, Wolfdietrich (Hrsg.): *Der vermummte Herr. Aus den Briefen Frank Wedekinds aus den Jahren 1881–1917*. München 1967.

Rilke, Rainer Maria: *Gesammelte Werke*. Leipzig 1927.

Rimbaud, Arthur: *Œuvres*. Ed. Suzanne Bernard. Paris 1960.
- *Leben und Dichtung*. Übertragen von K. L. Ammer. Eingeleitet von Stefan Zweig. Leipzig 1907.

Sartre, Jean-Paul: *La nausée*. Paris 1926.
- *Erostrate*. In: J. P. Sartre: *Le mur*. Paris 1939.

Schellenberg, Ernst Ludwig (Übs.): *Französische Lyrik*. Nachdichtungen von Ernst Ludwig Schellenberg. Leipzig 1911.

Schiller, Friedrich: *Sämtliche Werke*. Hrsg. von Gerhard Fricke und G. Göpfert. München ³1962.

Stenzel, J. (Hrsg.): *Gedichte 1700-1770*. Nach den Erstdrucken in zeitlicher Folge. München 1969.

Sternheim, Karl: *Bürger Schippel*. München 1912.

Tolstoi, Leo: *Wieviel Erde braucht der Mensch?* Bern 1953.

Verhaeren, Emile: *Œuvres*. Bd. 1, Paris 1912.

Verlaine, Paul: *Saturnische Gedichte. Galante Feste*. Aus dem Französischen von Otto Hauser. 3. Aufl. Weimar 1918.

Villon, François: *Des Meisters Werke*, ins Deutsche übertragen von K. L. Ammer. Berlin 1918.

Wedekind, Frank: *Gesammelte Werke*. München 1920.
Weiss, Peter: *Fluchtpunkt*. Roman. Frankfurt/M. ⁵1971.
– *Abschied von den Eltern*. Erzählung. Frankfurt/M. ⁶1971.

II. Literatur

A zu Brecht
(die ausführlichste Bibliographie bietet Grimm: Bertolt Brecht)

Bertolt-Brecht-Archiv. *Bestandsverzeichnis des literarischen Nachlasses.* Bd. 2. Gedichte. Bearb. von H. Ramthun. Berlin und Weimar 1970.
Benjamin, Walter: *Gespräche mit Brecht. Svendborger Notizen.* In: W. Benjamin: *Versuche über Brecht.* Frankfurt/M. 1966, S. 117-135.
– *Kommentare zu Gedichten von Brecht.* In: W. Benjamin: *Versuche über Brecht*, a. a. O., S. 49-83.
Blume, Bernhard: *Das ertrunkene Mädchen. Rimbauds Ophélie und die deutsche Literatur.* In: *GRM. NF.* 4 (1954), S. 108-119.
– *Motive der frühen Lyrik Brechts I. Der Tod im Wasser.* In: *Monatshefte* 57 (1965), S. 97-112; *II. Der Himmel der Enttäuschungen.* S. 273-281.
Bräutigam, Kurt: *Moderne deutsche Balladen.* Frankfurt/M. 1968.
– *Von der Freundlichkeit der Welt.* In: *Interpretationen zur Lyrik Brechts.* Hrsg. von Rupert Hirschenauer und Albrecht Weber. München 1971, S. 42-56.
Brenner, Hildegard: *Die Fehldeutung der Lehrstücke. Zur Methode einer Bürgerlichen Wissenschaft.* In: *alternative* 78/79, S. 146 ff.
Brüggemann, Heinz: *Theodor W. Adornos Kritik an der literarischen Theorie und Praxis Bertolt Brechts. Negative Dialektik des ›autonomen‹ Werks oder kultur-revolutionäre Fundierung der Kunst auf Politik?* In: *alternative* 84/85 (1972), S. 137-149.
Brüstle, Wilhelm: *Wie ich Brecht entdeckte.* In: *Neue Zeitung*, München, 27. 11. 1948.
Dietz, Günter: *Bertolt Brechts dialektische Lyrik.* In: *Deutschunterricht* (Berlin), 18 (1966), S. 66-77.
Esslin, Martin: *Brecht. Das Paradox des politischen Dichters.* Frankfurt/M. 1962.
Fleißer, Marieluise: *Avantgarde. Erzählungen.* München 1963.
Frank, Rudolf: *Brecht von Anfang.* In: *Das Ärgernis Brecht.* Basel 1962, S. 31-44.
Frisch, Max: *Brecht.* In: M. Frisch: *Tagebuch 1946-1949.* Frankfurt/M. 1958, S. 285-293.
Frisch, Werner: *›Ich, Bertolt Brecht bin aus den schwarzen Wäl-*

dern...‹ Kurzgefaßte Genealogie des Dichters. In: *Augsburger Allgemeine*. Nr. 34, 10. 2. 1968, S. IX.
- Zeitgenossen geben zu Protokoll. Aus einer Materialsammlung für eine künftige Biographie. In: *Augsburger Allgemeine*. Nr. 34, 10. 2. 1968, S. IX.

Grimm, Reinhold: *Bertolt Brecht und die Weltliteratur*. Nürnberg 1961.
- Ideologische Tragödie und Tragödie der Ideologie. Versuch über ein Lehrstück von Brecht. In: *Interpretationen. Deutsche Dramen von Gryphius bis Brecht*. Hrsg. von J. Schillemeit. Frankfurt/M. 1965, S. 309 f.
- Brechts Anfänge. In: *Aspekte des Expressionismus*. Hrsg. von Wolfgang Paulsen. Heidelberg 1968, S. 133-152.
- *Bertolt Brecht*. Stuttgart ³1971.
- *Bertolt Brecht. Die Struktur seines Werkes*. Nürnberg ⁶1972.

Hahn, Max: *Der Zeltraub oder der dialektische Materialismus. Eine Augsburger Jugenderinnerung*. In: *Süddeutsche Zeitung*, Juni 1957, München.

Hamlin, Cyrus: *The Development and Use of the Concept of ›Freundlichkeit‹ in the Drama of Bertolt Brecht*. Senior Thesis. March 15, 1958 (*BBA*, 1430/01).

Haug, Wolfgang Fritz: *Nützliche Lehren aus Brechts ›Buch der Wendungen‹*. In: *Das Argument* 46 (1968), S. 1-12.

Heller, Peter: *Nihilist into Activist: Two Phases in the Development of Bertolt Brecht*. In: *Germanic Review* 28 (1953), S. 144-155.

Herrmann, Hans Peter: *Von Baal zur Heiligen Johanna der Schlachthöfe. Die dramatische Produktion des jungen Brecht als Ort gesellschaftlicher Erfahrung*. In: *Poetica* 5 (1972), S. 191-211.

Heselhaus, Clemens: *Brechts Verfremdung der Lyrik*. In: *Immanente Ästhetik. Ästhetische Reflexion. Lyrik als Paradigma der Moderne*. Kolloquium Köln 1964. Hrsg. von W. Iser. München 1966, S. 307-326.

Högel, Max: *Bert Brecht. Ein Portrait*. Augsburg 1962.

Kantor, Robert E. und Lynn Hoffman: *Brechtian Theater as a Model for Conjoint Family Therapy*. In: *Family Process* 5. Baltimore 1966, S. 218-229.

Kesting, Marianne: *Die Groteske vom Verlust der Identität: Bertolt Brechts ›Mann ist Mann‹*. In: *Das deutsche Lustspiel. Zweiter Teil*. Hrsg. von Hans Steffen. Göttingen 1969, S. 180-199.

Killy, Walter: *Wandlungen des lyrischen Bildes*. Göttingen ⁵1967.

Klotz, Volker: *Bertolt Brecht. Versuch über das Werk*. Darmstadt ³1967.

Knopf, Jan: *Bertolt Brecht. Ein kritischer Forschungsbericht. Fragwürdiges in der Brechtforschung*. Frankfurt/M. 1974.

Kraft, Werner: *Augenblicke der Dichtung*. München 1964.

Kurella, Alfred: *Ein Versuch mit nicht ganz tauglichen Mitteln. Kritik der ›Maßnahme‹. Versuch von Brecht, Dudow und Eisler.* Zitiert nach: *Zur Tradition der sozialistischen Literatur in Deutschland. Eine Auswahl von Dokumenten.* Berlin und Weimar 1967, S. 342.

Kurz, Paul Konrad: *Bertolt Brecht. Gestalt und Werk.* In: P. K. Kurz: *Über moderne Literatur II. Standorte und Deutungen.* Frankfurt/M. 1969, S. 33-91.

Lenya-Weill, Lotte: *Das waren Zeiten.* In: *Bertolt Brechts Dreigroschenbuch. Texte, Materialien, Dokumente.* Hrsg. von Siegfried Unseld. Frankfurt/M. 1960, S. 220-225.

Lüthy, Herbert: *Fahndung nach dem Dichter Bertolt Brecht.* Zürich 1972.

Maiberger, Erich: *Bert Brechts Augsburger Jahre.* In: *Festschrift: Hundert Jahre Realgymnasium Augsburg.* Augsburg 1964, S. 3-15.

— *Der junge B. B. Ein Dichter und seine Stadt.* Typoskript. Bayerischer Rundfunk. Regionalprogramm. 6. Januar 1968. Funkbearbeitung: Kurt Hogl.

March, Edgar: *Brecht-Kommentar zum lyrischen Werk.* München 1974.

Mayer, Hans: *Über Brechts Gedichte.* In: *Études Germaniques* 20 (1965), S. 269-274.

— *Brecht in der Geschichte.* Frankfurt/M. 1971.

Meier-Lenz, D. P.: *Brecht und der Pflaumenbaum.* In: *Neue Deutsche Hefte* 18 (1971), S. 40-48.

Mennemeier, Franz Norbert: *Bertolt Brecht als Elegiker.* In: *Der Deutschunterricht* 23 (1971), S. 59-73.

Minder, Robert: *Die wiedergefundene Großmutter. Bert Brechts schwäbische Herkunft.* In: *Merkur* 20 (1966), S. 318-332.

Mittenzwei, Werner: *Bertolt Brecht. Von der ›Maßnahme‹ zu ›Leben des Galilei‹.* Berlin ²1965.

Morley, Michael: *An Investigation and Interpretation of two Brecht poems.* In: *Germ. Rev.* 46 (1971), S. 5-25.

Motekat, Helmut: *Bertolt Brecht: Von der Freundlichkeit der Welt.* In: *Orbis litterarum* 19 (1964), S. 145 ff.

Müller, Klaus-Detlev: *Die Funktion der Geschichte im Werk Bertolt Brechts. Studien zum Verhältnis von Marxismus und Ästhetik.* Tübingen 1967.

Münsterer, Hans Otto: *Bertolt Brecht. Erinnerungen aus den Jahren 1917-1922.* Zürich 1963.

Muschg, Walter: *Von Trakl zu Brecht. Dichter des Expressionismus.* München 1961.

Natonek, Hans: *Menschenuntergang mit Lyrik und Skandal. Bertolt Brechts ›Baal‹. Uraufführung im Alten Theater.* Neue Leipziger Zeitung, 10. 12. 1923. In: *SM II*, S. 173–175.

Neumann, Peter Horst: *Der Weise und der Elefant. Zwei Brecht-Studien.* München 1970.

Petersen, Klaus-Dietrich: *Kommentierte Auswahlbibliographie.* In: *Text und Kritik. Sonderband Bertolt Brecht I.* München 1972, S. 142-158.

Pielow, Winfried: *Weitere Gedichte von Bertolt Brecht im Unterricht.* In: *Westermanns pädagogische Beiträge im Unterricht 11* (1967), S. 515-523.

Politzer, Heinz: *Bertolt Brecht.* In: H. Politzer: *Triffst du nur das Zauberwort.* München 1959, S. 288-299.

Rasch, Wolfdietrich: *Bertolt Brechts marxistischer Lehrer.* In: W. Rasch: *Zur deutschen Literatur seit der Jahrhundertwende.* Stuttgart 1967, S. 243-273.

Rey, William: *Hohe Lyrik im Bordell. Bertolt Brechts Gedicht ›Die Liebenden‹.* In: *Monatshefte 63,* Nr. 1 (1971), S. 1-18.

Ross, Werner: *Vom Baden in Seen und Flüssen. Lebensgefühl und Literatur zwischen Rousseau und Brecht.* In: *Arcadia 3* (1963), S. 262 ff.

Rühle, Jürgen: *Das gefesselte Theater. Vom Revolutionstheater zum Sozialistischen Realismus.* Berlin 1957.

Rumler, Fritz: *»Mir hat er immer die Hand geküßt«.* Spiegelreporter Fritz Rumler über Brechts Jugendgeliebte Bie. In: *Der Spiegel,* Nr. 31 (1971), S. 108 f.

Rüsch, Jürg Peter: *Ophelia. Zum Wandel des lyrischen Bildes im Motiv der ›navigatio vitae‹ bei Arthur Rimbaud und im deutschen Expressionismus.* Diss. Zürich 1964.

Schäfer, Heinz: *Der Hegelianismus der Bert Brecht'schen Verfremdungstechnik in Abhängigkeit von ihren marxistischen Grundlagen.* Diss. TH Stuttgart 1957, Typoskript.

Schöne, Albrecht: *Bertolt Brecht. Erinnerung an die Marie A.* In: *Die Deutsche Lyrik. Form und Geschichte. Interpretationen. Von der Spätromantik bis zur Gegenwart.* Hrsg. von Benno von Wiese. Düsseldorf 1964, S. 485 ff.

Schuhmann, Klaus: *Die Entwicklung des Lyrikers Bertolt Brecht (1913-1933).* Diss. Leipzig 1963 (Masch.).

– *Der Lyriker Bertolt Brecht. 1913-1933.* Berlin 1964 und München 1971.

Schumacher, Ernst: *Die dramatischen Versuche Bertolt Brechts.* Berlin 1955.

Schwarz, Peter Paul: *Brechts frühe Lyrik 1914-1922. Nihilismus als Werkzusammenhang der frühen Lyrik Brechts.* Bonn 1971.

Steffensen, Steffen: *Bertolt Brechts Gedichte.* Kopenhagen 1972.

Steinweg, Reiner: *Die Lehrstücke als Versuchsreihe.* In: *alternative 78/79,* S. 121 ff.

- *Brechts ›Maßnahme‹ – ein Übungstext, nicht Tragödie.* In: *alternative* 78/79, S. 133 ff.
- *Das Lehrstück – ein Modell des sozialistischen Theaters. Brechts Lehrstücktheorie.* In: *alternative* 78/79, S. 102-116.

Sternberg, Fritz: *Der Dichter und die Ratio. Erinnerungen an Bertolt Brecht.* Göttingen 1963.

Szczesny, Gerhard: *Das Leben des Galilei und der Fall Bertolt Brecht.* Frankfurt/M.-Berlin 1966.

Völker, Klaus: *Brecht-Chronik. Daten zu Leben und Werk.* München 1971.

Walter, Hans-Albert: *Der Dichter der Dialektik. Anmerkungen zu Brechts Lyrik aus der Reifezeit.* In: *Frankfurter Hefte* 18 (1963), S. 532-542.

Weber, Albrecht: *Deutsche Barockgedichte.* Frankfurt/M. [o. J.], S. 137 ff.
- *Zu Liebesgedichten Bert Brechts:* In: *Interpretationen zur Lyrik Brechts.* Hrsg. von Rupert Hirschenauer und Albrecht Weber. Frankfurt/M. 1971, S. 57-87.

Weisbach, Reinhard: *Die Lyrik des frühen Brecht. Ein Beitrag zu Brechts Entwicklung zum Realismus.* Hausarbeit. Pädagogische Hochschule Potsdam 1959. Typoskript.

Weisstein, Ulrich: *›Apfelböck oder die Lilie auf dem Felde‹. Zur Interpretation eines Gedichtes aus Bertolt Brechts ›Hauspostille‹.* In: *G. Q.* 45 (1972), S. 295-310.

B zu allgemeineren Fragen

Aarne, A. und St. Thompson: *The Types of Folktale. A Classification and Bibliography. FF Communications* Nr. 74. Helsinki 1928.

Abeles, M. und P. Schilder: *Psychogenetic Loss of Personal Identity:* In: *Arch. Neurol. Psychiat.* 34 (1955), S. 587 ff.

Abraham, Karl: *Psychoanalytische Studien zur Charakterbildung und andere Schriften.* Hrsg. und eingel. von Johannes Cremerius. Frankfurt/M. 1969.
- *Psychoanalytische Studien II.* Hrsg. und eingel. von Johannes Cremerius. Frankfurt/M. 1971.

Adorno, Theodor W.: *Einleitungsvortrag.* In: *Individuum und Organisation.* Darmstädter Gespräch 1953. Hrsg. von Fritz Neumark. Darmstadt 1954.
- *Prismen. Kulturkritik und Gesellschaft.* Frankfurt/M. 1955
- *Zum Verhältnis von Soziologie und Psychologie.* In: *Sociologica.*

Aufsätze. Max Horkheimer zum 60. Geburtstag gewidmet. Frankfurt/M. 1955, S. 11 ff.
- *Noten zur Literatur I-III.* Frankfurt/M. 1958-1965.
- *Jargon der Eigentlichkeit. Zur deutschen Ideologie.* Frankfurt/M. 1964.
- *Ohne Leitbild. Parva Aesthetica.* Frankfurt/M. ²1968.
- *Nervenpunkte der Neuen Musik.* Reinbek bei Hamburg 1969.
- *Ästhetische Theorie.* Frankfurt/M. 1970.
- *Negative Dialektik.* Frankfurt/M. 1970.
- *Kleine Schriften zur Gesellschaft.* Frankfurt/M. 1971.

Arendt, Dieter: *Der Nihilismus – Ursprung und Geschichte im Spiegel der Forschungsliteratur seit 1945. Ein Forschungsbericht.* In: DVjs. 43 (1969), S. 346-369 und 544-566.

Auerbach, Erich: *Baudelaires Fleurs du Mal und das Erhabene.* In: Erich Auerbach: *Gesammelte Aufsätze zur Romanischen Philologie.* Bern 1967, S. 275 ff.

Ay, Karl-Ludwig: *Volksstimmung und Volksmeinung als Voraussetzung der Münchner Revolution von 1918.* In: *Bayern im Umbruch. Die Revolution von 1918, ihre Voraussetzungen, ihr Verlauf und ihre Folgen.* Hrsg. von Karl Bosl. München und Wien 1969, S. 345-386.

Bachelard, Gaston: *L'eau et les rêves. Essai sur l'imagination de la matière.* Paris ²1947.

Benjamin, Walter: *Schriften II.* Hrsg. von Th. W. Adorno und Gretel Adorno. Frankfurt/M. 1955.
- *Charles Baudelaire. Ein Lyriker im Zeitalter des Hochkapitalismus.* Frankfurt/M. 1969.

Beutin, Wolfgang (Hrsg.): *Literatur und Psychoanalyse. Aufsätze zu einer psychoanalytischen Textinterpretation.* München 1972.

Böttger, H.: *Vom alten und vom neuen Mittelstand.* Berlin 1901.

Blumenberg, Hans: *Licht als Metapher der Wahrheit. Im Vorfeld der philosophischen Begriffsbildung.* In: *Studium generale* 10 (1957), S. 432-447.

Böhme, Gabriele: *Bänkelsängermoritaten vornehmlich des 19. Jahrhunderts.* Diss. München 1922.

Bollnow, Otto Friedrich: *Existenzphilosophie.* Stuttgart ⁵1955.

Bonaparte, Marie: *Edgar Poe. Sa vie – son œuvre. Étude psychoanalytique.* Tome 1-3. Paris 1958.

Brednich, Rolf Wilhelm: *Die Legende vom Elternmörder in Volkserzählung und Volksballade.* In: *Festschrift zum 75. Geburtstag von Erich Seemann.* Hrsg. von Rolf Wilhelm Brednich. Berlin 1964.

Casès, C.: *Stichworte zur deutschen Literaturwissenschaft.* Wien 1969.

Casutt, L.: *Artikel ›Erleuchtung‹* in: *Lexikon für Theologie und Kirche,* Bd. 3. Freiburg i. Br. 1959.

Caudwell, Christopher: *Die Entwicklung der modernen Poesie.* In: *Marxistische Literaturkritik.* Hrsg. und eingel. von Viktor Žmegač. Bad Homburg 1970, S. 155-173.

Dahmer, Helmut: *Psychoanalyse und historischer Materialismus.* In: *Psychoanalyse als Sozialwissenschaft.* Frankfurt/M. 1971, S. 60-92.

– *Libido und Gesellschaft. Studien über Freud und die Freudsche Linke.* Frankfurt/M. 1973.

David, Claude: *Stefan George und der Jugendstil.* In: *Formkräfte der deutschen Dichtung vom Barock bis zur Gegenwart.* Hrsg von Hans Steffen. Göttingen 1963.

Delhess, Karl Heinz: *Die psychodiagnostische Syndromatik der Homosexualität. Nach psychoanalytischen Gesichtspunkten.* Bern und Stuttgart 1966.

Denker, Rolf: *Aufklärung über Aggression.* Stuttgart ³1971.

Dilthey, Wilhelm: *Gesammelte Schriften.* Bd. VII. Stuttgart-Göttingen 1927.

Dorn, Erhard: *Der sündige Heilige in der Legende des Mittelalters.* München 1967.

Erikson, Erik H.: *Identität und Lebenszyklus.* Frankfurt/M. 1970.

Federn, Paul: *Zur Psychologie der Revolution: Die vaterlose Gesellschaft.* In: *Der Aufstieg* Nr. 11/12, Leipzig-Wien 1919.

Feldman, A. B.: *Fifty Years of the Psychoanalysis of Literature 1900-1950.* In: *Literature and Psychology. The News Letter of the Conference on Literature and Psychology of the Modern Language Association.* Bd. IV-VI. New York 1954-1956.

Fenichel, Otto: *The Psychoanalytic Theory of Neurosis.* New York 1945.

Ferenczi, Sandor: *Bausteine zur Psychoanalyse*, Bd. 1-3. Bern 1964.

Frenzel, E.: *Stoffe der Weltliteratur.* Stuttgart 1963.

Freud, Sigmund: *Gesammelte Werke.* Unter Mitwirkung von Marie Bonaparte, hrsg. von Anna Freud. London-Frankfurt/M. 1940 ff.

Friedrich, Hugo: *Die Struktur der modernen Lyrik. Von Baudelaire bis zur Gegenwart.* Hamburg 1956.

Fromm, Erich: *Autorität und Familie. Sozialpsychologischer Teil.* In: *Studien über Autorität und Familie. Forschungsberichte aus dem Institut für Sozialforschung.* Hrsg. von Max Horkheimer. Paris 1936, S. 77-135.

– *Die Furcht vor der Freiheit.* Zürich 1945.

Garaudy, Roger: *Perspectives de l'homme. Existentialisme, pensée catholique, marxisme.* Paris ³1961.

Geiger, Theodor: *Die soziale Schichtung des deutschen Volkes. Soziographischer Versuch auf statistischer Grundlage.* Stuttgart 1932.

Geiger, Paul: *Artikel ›Begräbnis‹.* In: *Handwörterbuch des deutschen*

Aberglaubens. Hrsg. von H. Bächtold-Stäubli. Bd. 1, Berlin-Leipzig 1927, Sp. 976-997.

Gente, Hans-Peter (Hrsg.): *Marxismus, Psychoanalyse, Sexpol.* Frankfurt/M. 1970 und 1972.

Gerhardt, Uta: *Rollenanalyse als kritische Soziologie.* Neuwied 1971.

Gessain, Robert: *Le motif vagina dentata dans les mythologies eskimo et nord-amérindiennes.* In: *Proceedings of the 32. intern. Congr. of Americanists,* Copenhagen 1956. Kopenhagen 1958, S. 583-586.

Gillespie, W. H., F. Pasche, G. H. Wiedemann, R. R. Greenson: *Symposium on Homosexuality.* In: *Int J. Psychoanal.* 45 (1964), S. 203-219.

Goffman, Erving: *Stigma. Notes on the Management of Spoiled Identity.* Englewood Cliffs, N. J.: Prentice Hall, 3 rd. ed. 1965.

Gombrich, Ernst: *Freuds Ästhetik.* In: *Literatur und Kritik* 19 (1967), S. 511-528.

Gottschalch, Wilfried u. a.: *Sozialisationsforschung. Materialien, Probleme, Kritik.* Frankfurt/M. 1971.

Grimm, Reinhold: *Werk und Wirkung des Übersetzers Karl Klammer.* In: *Neophilologus* 44 (1960), S. 20 ff.

Grotius, Hugo: *De iure belli ac pacis libri tres. Drei Bücher vom Recht des Krieges und des Friedens.* Paris 1625. Neuer dt. Text und Einleitung von Walter Schätzel. Tübingen 1950.

Habermas, Jürgen: *Theorie und Praxis.* Neuwied 1963.

– *Erkenntnis und Interesse.* Frankfurt/M. 1968.

– *Theorie der Sozialisation. Vorlesung gehalten im WS 1968* (unveröffentlicht).

– *Technik und Wissenschaft als ›Ideologie‹.* Frankfurt/M. ^{2}1969.

– *Zur Logik der Sozialwissenschaften.* Frankfurt/M. ^{2}1971.

Haensch, Dietrich: *Repressive Familienpolitik. Sexualunterdrückung als Mittel der Politik.* Reinbek b. Hamburg 1969.

Haug, Frigga: *Kritik der Rollentheorie.* Frankfurt/M. 1973.

Haug, Wolfgang Fritz: *Waren-Ästhetik und Angst.* In: *Das Argument* 28 (1964), S. 14-31.

– *Jean-Paul Sartre und die Konstruktion des Absurden.* Frankfurt/M. 1966.

Hays, Hoffmann P.: *Mythos Frau. Das gefährliche Geschlecht.* Düsseldorf 1969.

Hegel, Georg Wilhelm Friedrich: *Ästhetik.* Hrsg. von F. Bassenge. Frankfurt/M. 2. Auflage o. J. (Mit einer Einführung von Georg Lukács).

Heidegger, Martin: *Sein und Zeit.* Tübingen ^{10}1963.

Heselhaus, Clemens: *Deutsche Lyrik der Moderne von Nietzsche bis*

Ivan Goll. Die Rückkehr zur Bildlichkeit der Sprache. Düsseldorf ²1962.

Heinrich, Klaus: *Versuch über die Schwierigkeit nein zu sagen.* Frankfurt/M. 1964.

– *Antike Kyniker und Zynismus in der Gegenwart.* In: *Das Argument,* 8. Jg. (1966), S. 106-120.

Hof, Walter: *Stufen des Nihilismus. Nihilistische Strömungen in der deutschen Literatur von Sturm und Drang bis zur Gegenwart. In*: GRM 44 (1963), S. 397-423.

Hofmann, Frederick J.: *Psychologie und Literatur.* In: *Moderne amerikanische Literaturtheorien.* Hrsg. von J. Strelka und W. Hinderer. Frankfurt/M. 1970, S. 244 ff.

Horkheimer, Max (Hrsg.): *Studien über Autorität und Familie. Forschungsbericht aus dem Institut für Sozialforschung.* Paris 1936 (F. Alcan).

– und Theodor W. Adorno: *Dialektik der Aufklärung. Philosophische Fragmente.* Frankfurt/M. 1969, S. 62.

Horn, Klaus: *Fragen einer psychoanalytischen Sozialpsychologie.* In: *Psyche,* 22. Jg. (1968), S. 896.

Horney, Karen: *The Dread of Women. Observations on a Specific Difference in the Dread Felt by Men and by Women Respectively for the Opposite Sex.* In: *Intern. Journal of Psychoanalysis.* London 1932, S. 348-360.

– *Neue Wege in der Psychoanalyse.* Stuttgart 1951.

Israel, Joachim: *Der Begriff der Entfremdung. Makrosoziologische Untersuchung von Marx bis zur Soziologie der Gegenwart.* Reinbek b. Hamburg 1972.

Jaspers, Karl: *Philosophie.* Berlin 1932.

Kant, Immanuel: *Kritik der praktischen Vernunft.* Hrsg. von Karl Vorländer. Hamburg 1952.

– *Metaphysik der Sitten.* Hrsg. von Karl Vorländer. Hamburg 1954.

Kilian, Hans: *Das enteignete Bewußtsein.* Neuwied 1971.

Kiell, N.: *Psychoanalysis, Psychology and Literature. A Bibliography.* Madison 1963.

Kirchner, Gottfried: *Fortuna in der Dichtung und Emblematik des Barock. Tradition und Bedeutungswandel eines Motivs.* Stuttgart 1970.

Kocka, Jürgen: *Unternehmensverwaltung und Angestelltenschaft am Beispiel Siemens 1847-1914.* Stuttgart 1969.

Krahl, Hans-Jürgen: *Konstitution und Klassenkampf. Zur historischen Dialektik von bürgerlicher Emanzipation und proletarischer Revolution.* Frankfurt/M. 1971.

Krappmann, Lothar: *Neuere Rollenkonzepte als Erklärungsmöglich-*

keit für Sozialisationsprozesse. In: *betrifft: erziehung.* 4. Jg. (1971), H. 3, S. 27 ff.
- *Soziologische Dimensionen der Identität. Strukturelle Bedingungen für die Teilnahme an Interaktionsprozessen.* Stuttgart 1971.

Kris, Ernst: *Psychoanalytic Explorations in Art.* New York ³1965.

Laplanche, J. und J. B. Pontalis: *Das Vokabular der Psychoanalyse.* Frankfurt/M. 1972.

Lenin, Wladimir Iljitsch: *Werke.* Berlin 1955.

Lesser, Simon O.: *Die Funktionen der Form.* In: *Moderne amerikanische Literaturtheorien.* Hrsg. von J. Strelka und W. Hinderer. Frankfurt/M. 1970.

Lethen, Helmuth: *Neue Sachlichkeit 1924-1932. Studien zur Literatur des ›Weißen Sozialismus‹.* Stuttgart 1971.

Levita, David J. de: *Der Begriff der Identität.* Frankfurt/M. 1971.

Lorenzer, Alfred, Helmut Dahmer u. a.: *Psychoanalyse als Sozialwissenschaft.* Frankfurt/M. 1971.
- *Zur Begründung einer materialistischen Sozialisationstheorie.* Frankfurt/M. 1972.
- *Über den Gegenstand der Psychoanalyse oder: Sprache und Interaktion.* Frankfurt/M. 1973.

Lukács, Georg: *Geschichte und Klassenbewußtsein.* Berlin 1923.
- *Die Zerstörung der Vernunft.* Berlin 1954.
- *Schriften zur Literatursoziologie.* Neuwied und Berlin ³1968.
- *Probleme des Realismus .* Neuwied und Berlin 1971.

Marcuse, Herbert: *Das Veralten der Psychoanalyse.* In: H. Marcuse: *Kultur und Gesellschaft 2.* Frankfurt/M. ⁴1967, S. 85-106.
- *Existentialismus.* In: H. Marcuse: *Kultur und Gesellschaft 2,* a. a. O., S. 49-84.
- *Zur Kritik des Hedonismus.* In: H. Marcuse: *Kultur und Gesellschaft 1.* Frankfurt/M. 1967, S. 128-168.
- *Triebstruktur und Gesellschaft. Ein philosophischer Beitrag zu Sigmund Freud.* Frankfurt/M. 1968.
- *Studie über Autorität und Familie.* In: H. Marcuse: *Ideen zu einer kritischen Theorie der Gesellschaft.* Frankfurt/M. ²1969, S. 55-156.

Marx, Karl: *Grundrisse der Kritik der politischen Ökonomie.* Frankfurt-Wien o. J. [Nachdruck der Moskauer Ausgabe von 1939 und 1941.]
- und Friedrich Engels: *Werke (MEW).* Berlin 1955 ff.

Matt, Peter von: *Literaturwissenschaft und Psychoanalyse. Eine Einführung.* Freiburg i. Br. 1972.

Mauke, Michael: *Die Klassentheorie von Marx und Engels.* Frankfurt/M. ⁴1973.

Mauron, Charles: *Des métaphores obsédantes au mythe personel. Introduction à la Psychocritique.* Paris ³1962.

– *Die Ursprünge des ›persönlichen Mythos‹.* In: *alternative* 49/50 (1966), S. 13-17.

Michel, Karl Markus: *Wer wann warum politisch wird – und wozu. Ein Beispiel für die Unwissenheit der Wissenschaft.* In: *Kursbuch 25* (1971), S. 1-35.

Mitchell, Allan: *Revolution in Bayern 1918/1919. Die Eisner-Regierung und die Räterepublik.* München 1967.

Mitscherlich, Alexander: *Auf dem Weg zur vaterlosen Gesellschaft. Ideen zur Sozialpsychologie.* München 1963.

– *Das soziale und das persönliche Ich.* In: *Kölner Zeitschrift für Soziologie und Sozialpsychologie* 18 (1966), S. 21-36.

– *Protest und Revolution.* In: *Psyche* XXIV, 1970, S. 510-519.

Mohr, Gerd Heinz: *Lexikon der Symbole. Bilder und Zeichen der christlichen Kunst.* Düsseldorf-Köln 1971.

Moreno, J. L.: *The Role Concept, a Bridge between Psychiatry and Sociology.* In: *Am. Journ. of Psychiatry* 118 (1962), S. 518.

Morgenthaler, F.: *Psychoanalytische Technik bei Homosexualität.* In: *Jahrbuch der Psychoanalyse,* Bd. 2 (1961/62), S. 174-198.

Moser, Paul: *Hundert Jahre Augsburger Liedertafel. Zusammenstellung der Konzerte und konzertähnlichen Veranstaltungen der Augsburger Liedertafel 1843 bis 1942* (Typoskript). o. O. [vielmehr Augsburg] o. J. [vielmehr 1943].

Müller, Karl Alexander von: *Die Familie Haindl.* In: *Lebensbilder aus dem Bayerischen Schwaben.* Hrsg. von Götz Freiherr von Pölnitz. Bd. 1, München 1952, S. 371-394.

Neumann, Erich: *Die große Mutter. Der Archetyp des großen Weiblichen.* Zürich 1956.

Neumann, Sigmund: *Die deutschen Parteien.* Berlin 1932.

Niekisch, Ernst: *Gewagtes Leben.* Köln-Berlin 1958.

Nietzsche, Friedrich: *Werke in drei Bänden.* Hrsg. von Karl Schlechta. München 1956.

Patch, Howard R.: *The Goddess Fortuna in Mediaeval Literature.* Cambridge 1927.

Pietzcker, Carl: *Das Groteske.* In: *DVjs* 45 (1971), S. 197-211.

– *Zum Verhältnis von Traum und literarischem Kunstwerk.* In: J. Cremerius (Hrsg.): *Psychoanalyse und Literaturwissenschaft.* Hamburg 1974.

– *Von der Kindesmörderin Marie Farrar.* In: J. Dyck u. a.: *Brechtdiskussion.* Kronberg/Ts. 1974.

Popitz, Heinrich: *Der entfremdete Mensch. Zeitkritik und Geschichtsphilosophie des jungen Marx.* Frankfurt/M. ²1967.

Pöggeler, Otto: *Der Denkweg Martin Heideggers.* Pfullingen 1963.
Poulet, Georges: *Metamorphosen des Kreises in der Dichtung.* Frankfurt/M. 1966.
Pressel, Wilhelm: *Die Kriegspredigt 1914-1918 in der evangelischen Kirche Deutschlands.* Göttingen 1967.
Rank, Otto: *Das Inzestmotiv in Sage und Dichtung. Grundzüge einer Psychologie des dichterischen Schaffens.* Leipzig und Wien 1912.
– und Hanns Sachs: *Die Bedeutung der Psychoanalyse für die Geisteswissenschaften.* Amsterdam 1965 [Nachdruck der Ausgabe Wien 1913].
– *Die Don Juan-Gestalt. Ein Beitrag zum Verständnis der sozialen Funktion der Dichtkunst.* Imago VIII (1922), S. 142-196.
Reich, Wilhelm: *Die Funktion des Orgasmus. Zur Psychopathologie und Soziologie des Geschlechtslebens.* In: *Neue Arbeiten zur ärztlichen Psychoanalyse.* Hrsg. von Prof. Dr. S. Freud. Nr. VI. Wien-Leipzig 1928, S. 164.
– *Charakteranalyse. Technik und Grundlagen für studierende und praktizierende Analytiker.* Wien 1933.
– *Der Einbruch der Sexualmoral.* Kopenhagen 1933.
– *Massenpsychologie des Faschismus. Zur Sexualökonomie der politischen Reaktion und zur proletarischen Sexualpolitik.* Kopenhagen-Prag-Zürich 1933.
– *Der Urgegensatz des vegetativen Lebens.* In: *Zeitschrift für politische Psychologie und Sexualökonomie* 1 (1934), S. 138 ff.
Reimann, Bruno W.: *Psychoanalyse und Gesellschaftstheorie.* Darmstadt und Neuwied 1973.
Ritter, Joachim: *Landschaft. Zur Funktion des Ästhetischen in der modernen Gesellschaft.* Rede bei der feierlichen Übernahme des Rektoramtes am 16. November 1962. Münster 1963.
Sandkühler, Hans Jörg (Hrsg.): *Psychoanalyse und Marxismus. Dokumentation einer Kontroverse.* Frankfurt/M. 1970.
Sartre, Jean-Paul: *Situations I.* Paris 1947.
– *Baudelaire. Ein Essay.* Hamburg 1953.
– *L'être et le néant. Essai d'ontologie phénoménologique.* Paris ^{5}1957.
– *Existentialismus und Marxismus. Eine Kontroverse zwischen Sartre, Garaudy, Hyppolite, Vigier und Orcel.* Frankfurt/M. 1965.
Saul, L. J. und A. T. Beck: *Psychodynamics of Male Homosexuality.* In: *Int. J. Psychoanal.* 42 (1961), S. 43-48.
Schäfer, Gerd: *Zum Problem der Dialektik bei Marx und W. I. Lenin.* In: *Studium generale* 21 (1968), S. 934-962.
Schaff, Adam: *Marxismus und das menschliche Individuum.* Wien-Frankfurt/M.- Zürich 1965.

Schnackenburg, Rudolf: *Artikel ›Tauftheologie‹.* In: *Lexikon für Theologie und Kirche,* Bd. 9, Freiburg i. Br. 1964, Sp. 1313-1314.

Schneider, Michael: *Neurose und Klassenkampf. Materialistische Kritik und Versuch einer Neubegründung der Psychoanalyse.* Reinbek b. Hamburg 1973.

Schuffenhauser, Werner: *Artikel ›Entfremdung‹.* In: *Philosophisches Wörterbuch.* Hrsg. von Georg Klaus und Manfred Buhr. Bd. 1, Leipzig ⁶1969, S. 289.

Staiger, Emil: *Grundbegriffe der Poetik.* Zürich und Freiburg i. Br. 1963.

Strack, Herrmann L. und Paul Billerbeck: *Kommentar zum Neuen Testament aus Talmud und Midrasch,* Bd. 4, Teil 2, München 1924.

Tomberg, Friedrich: *Der Begriff der Entfremdung in den ›Grundrissen‹ von Karl Marx.* In: F. Tomberg: *Basis und Überbau.* Neuwied 1969, S. 131 ff.

Vischer, Friedrich Theodor: *Ästhetik oder Kunst des Schönen.* München ²1922.

Wais, Kurt: *Das Vater-Sohn-Motiv in der Dichtung.* Berlin 1931.

Wiedemann, G. H.: *Survey of Psychoanalytic Literature on Overt Male Homosexuality.* In: *J. Americ. Psychoanal. Ass.* 10 (1962), S. 386-409.

Winterstein, Alfred und Bergler, Edmund: *Zur Psychologie des Pathos.* In: *Literatur und Psychoanalyse.* Hrsg. v. W. Beutin. München 1972, S. 159-168.

Wittfogel, Karl August: *Wirtschaftsgeschichtliche Grundlagen der Entwicklung der Familienautorität.* In: *Studien über Autorität und Familie. Forschungsberichte aus dem Institut für Sozialforschung.* Hrsg., von Max Horkheimer. Paris 1936, S. 473-522.

Wolff, Christian Freyherr von: *Vernünftige Gedanken von dem Gesellschaftlichen Leben der Menschen und insonderheit dem gemeinen Wesen.* Neue Auflage, Halle 1756.

Zedler, Heinrich: *Großes vollständiges Universallexikon aller Wissenschaften und Künste.* Bd. 1-64 nebst Suppl.-Bd. 1-4. Halle 1754.

Zoll, Rainer: *Der absurde Mord in der modernen deutschen und französischen Literatur.* Diss. Frankfurt/M. 1961.

Zorn, Wolfgang und L. Hillenbrand: *Sechs Jahrhunderte schwäbische Wirtschaft. 125 Jahre Industrie- und Handelskammer Augsburg.* Augsburg 1969.

– *Augsburg. Geschichte einer deutschen Stadt.* Augsburg ²1972.